Erika Weinzierl

PRÜFSTAND

Österreichs Katholiken und der Nationalsozialismus

Unter Mitwirkung von
Ursula Schulmeister

Verlag St. Gabriel

Inhalt

VORGESCHICHTE 1918–1938

DIE BEMÜHUNGEN UM EINEN „MODUS VIVENDI" VOM MÄRZ BIS OKTOBER 1938

VERFOLGUNG UND WIDERSTAND

CHRISTEN UND JUDEN

mas Michels OSB, nach dem Tod des ersten Vorstandes des Instituts, Univ.-Doz. DDr. Norbert Miko, aufgrund der Aufsätze in „Wort und Wahrheit" angeboten worden. Ich habe also bis heute immer wieder einzelne Aspekte des Themas in zahlreichen Aufsätzen behandelt, die in verschiedenen Sammelwerken und Zeitschriften publiziert wurden.

Vor dem 50. Jahrestag des sogenannten „Anschlusses" Österreichs an das Deutsche Reich trat Frau Ingrid Weixelbaumer, die Direktorin des Verlages St. Gabriel, mit dem Vorschlag an mich heran, aus diesem Anlaß auch für die Geschichte der Kirche in jener Zeit ein für einen größeren Leserkreis bestimmtes Buch zu veröffentlichen. Wegen Arbeitsüberlastung und Zeitmangels gerade im Gedenkjahr 1988 erklärte ich mich dazu zunächst außerstande. Ein glücklicher Zufall fügte es jedoch, daß Dr. Ursula Schulmeister nach vielen Jahren im familiären Bereich einen Wiedereinstieg in historisch-wissenschaftliche Arbeit suchte. Sie hatte zu Beginn der sechziger Jahre an dem ersten Seminar teilgenommen, das ich als junge Dozentin an der Universität Wien veranstaltet hatte. Ihre Wiener Dissertation über Antisemitismus in der „Reichspost", der offiziösen Zeitung der Christlichsozialen Partei seit dem Ende des 19. Jahrhunderts, hatte zudem ein Phänomen behandelt, das auch in diesem Buch eine gewichtige Rolle spielt. Frau Dr. Schulmeister und ich einigten uns nun darauf, daß sie alle einschlägigen Arbeiten von mir sammeln und prüfen sollte, ob sie die Basis für das gewünschte Buch sein könnten. Ihre Antwort war eindeutig positiv, und so gingen wir mit der Zustimmung des Verlages gemeinsam daran, ihre redaktionellen Vorschläge für das Konzept, für Kürzungen und Änderungen zu verwirklichen. Obwohl wegen des vom Verlag gewünschten Charakters des Buches alle Anmerkungen weggelassen wurden, überarbeitete ich jeden Beitrag und fügte wichtige Ergebnisse der neueren Forschung, für das Frühjahr und den Sommer 1938 vor allem jene des neuerschienenen Buches des Grazer Kirchenhistorikers Maximilian Liebmann, „Theodor Innitzer und der Anschluß — Österreichs Kirche 1938", ein. Das umfangreiche, dem wissenschaftlichen Standard entsprechende Literaturverzeichnis und das Register erstellte Dr. Ursula Schulmeister. Das Kapitel „Nostra Aetate" hat sie verfaßt.

Methodisch ergab sich schon seit dem Beginn der Arbeiten in den frühen sechziger Jahren die Notwendigkeit der Beschränkung, nicht nur was den Umfang der Darstellung, sondern auch das Ausmaß der Untersuchungen betraf. Hinzu kam noch, daß damals 90% aller Österreicher katholisch waren (heute 84%), das heißt auch die meisten Nationalsozialisten, ebenso wie ihre Gegner. Kirchliches Amt und katholisches Selbstzeugnis waren daher für die Quellenauswahl maßgebend.

Die Überzeugung, daß die Stellungnahme der österreichischen Katholiken zum Nationalsozialismus wesentlich von ihren geistlichen und geistigen Führern bestimmt wurde, führte zur Erfassung folgenden Materials als erstrangigen Quellen: der Äußerungen der Bischöfe in ihren Hirtenbriefen und Amtsblättern sowie auf ihren Konferenzen, ferner auch maßgebender katholischer Publizisten in den bedeutendsten periodischen Zeitschriften. Die *systematische* Aufarbeitung *aller* österreichischen Kirchen- und Klerusblätter, der katholischen Tagespresse und der Einzelpublikationen muß noch geleistet werden. Hingegen wurde als zeitlicher Ansatz der Untersuchung nicht 1938 oder 1933, sondern 1918 gewählt, da schon manche Reaktionen auf den Zusammenbruch der Monarchie und dessen politische und soziale Folgen spätere Entwicklungen vorzeichneten.

Für die Jahre von 1938 bis 1945 war es notwendig und infolge des Entgegenkommens kirchlicher Stellen und des Dokumentationsarchivs des österreichischen Widerstandes auch möglich, statt der gleichgeschalteten oder verbotenen katholischen Pressestimmen ungedruckte Quellen heranzuziehen, in erster Linie Protokolle österreichischer Bischofskonferenzen, aber auch Stimmungsberichte nationalsozialistischer Block- und Zellenleiter und Tagesrapporte der „Geheimen Staatspolizei". Sie stammen schon aus einer Zeit, in der Partei und Staat ihre wahre Einstellung zu Kirche und Glauben nicht mehr verbargen, was bis zum Herbst 1938 doch zumindest teilweise der Fall war. Daher ergibt sich aus ihnen ein unmittelbarer Eindruck von dem Wagnis, das in jener Zeit jedes Bekenntnis zu Kirche und Glauben bedeuten konnte.

Auch Berichte von „Zeugen der Zeit" wurden herangezogen, wofür ich 1979 auch eine Fragebogenaktion durchgeführt habe, deren Ergebnisse im folgenden mehrmals verwendet

Die Katholiken und die Demokratie

Der Anteil der Habsburger an der Rekatholisierung Österreichs zur Zeit der Gegenreformation und das josephinische Staatskirchentum haben maßgebend an der Prägung des österreichischen Katholizismus mitgewirkt. Der Untergang der Monarchie wurde daher im katholischen Raum allgemein auch als entscheidender Schicksalsschlag für die Kirche empfunden. Noch im August 1918 hatte der Gesamtepiskopat des Kaiserstaates in einem gemeinsamen Hirtenbrief auf die von der Vorsehung bestimmte Aufgabe dieses Staates „als katholische Vormacht im Herzen Europas und als Vaterland des Völkerbundes, den es beherbergt“ hingewiesen. Die österreichischen Bischöfe haben daher trotz der vom Wiener Kardinal Piffl angeregten Betonung des rechtmäßigen Zustandekommens der Republik und der Bereitschaft zur Mitarbeit am Aufbau des neuen Staates ihren Schmerz über den Zusammenbruch der Monarchie nicht verhehlt: „Über Nacht sind wir kaiserlos geworden.“ Sie versuchten dennoch, den Gläubigen die Demokratie mit dem Hinweis auf Thomas von Aquin zu empfehlen, der schon vor mehr als sechs Jahrhunderten gesagt habe, „das beste Mittel, Frieden zu halten und das Interesse des Volkes an der Erhaltung des Staates zu wecken, sei die Teilnahme möglichst aller an der Regierung“.

Der schon im Jänner 1919 um Ehegesetzgebung und Schulfragen einsetzende Kulturkampf der Sozialdemokraten, deren Kirchenaustrittspropaganda allein im ersten Jahrzehnt nach dem Zusammenbruch 135.000 Österreicher folgten, bewirkte jedoch bald immer entschiedenere Stellungnahmen des österreichischen Episkopats gegen Liberalismus, Sozialismus und Bolschewismus. In der weiteren Folge dieser Entwicklung wird dann auch in amtlichen bischöflichen Erklärungen jene Skepsis gegenüber der „sogenannten demokratischen Verfassung“ deutlich spürbar, die den Konservativen unter den österreichischen

gigkeit; das Sonderinteresse über das Allgemeininteresse. Die Ämter werden allmählich zu bloßen Versorgungsstellen für Parteiangehörige ... Wir erwarten das Heil vor allem von der Wiederherstellung starker Herrschermacht. Mit ihr, geführt von ihr, kann das Parlament gute Dienste tun, ohne sie taumeln wir in den Abgrund." Dieses — nach Eberle — „Stück Verfassung" war als Kompromiß zwischen sozialdemokratischem und christlichsozialem Konzept im wesentlichen von Hans Kelsen und Robert Danneberg einerseits und von Michael Mayr und Ignaz Seipel anderseits erarbeitet und von der christlichsozialen Parlamentsfraktion auch angenommen worden. Der Kommentar Eberles löste daher naturgemäß lebhaften Widerspruch auch im katholisch-demokratischen Lager aus. Zu dessen Wortführer machte sich der christlichsoziale Abgeordnete Richard Schmitz, der in der Zeitschrift „Volkswohl" über Demokratie, allgemeines Wahlrecht und neue Verfassung wesentlich günstiger urteilte als Eberle. Das christlichsoziale „Grazer Volksblatt" brachte in der Folge sogar eine ganze, von republikanischem Geist getragene Artikelserie.

Die innerkatholische Diskussion über die Demokratie wurde aber auch im studentischen Bereich geführt. Wenn in dieser Studie auch jene Stimmen stärker zur Geltung kommen, die auf spätere Affinitäten zum Nationalsozialismus hinweisen, so sollen hier doch wenigstens einige Zitate für alle jene Katholiken stehen, die die Demokratie als eine trotz Verzerrungen „im Wesen erhabene Idee" bejahten, wie z. B. 1921 der damalige Student Hans Schmitz: „Man kann grundsätzlich Gegner der demokratischen Idee sein, man kann sie für ungerecht halten. Die Art aber, wie die große Menge der katholischen Studentenschaft zur Demokratie Stellung nimmt, unterscheidet sich wenig von dem Verhalten der Altvorderen unseres Standes, als die Arbeiterfrage an sie herantrat. Hauptaufgabe der Demokratie in der Gegenwart ist bei uns, die gesamte Volksmasse mit Staatsbewußtsein zu erfüllen." Der Gedanke, daß zwischen Demokratie und Christentum kein prinzipieller Gegensatz besteht, daß die „Krise der Demokratie" in erster Linie auf mangelnde Erziehung zu staatsbürgerlicher Verantwortung zurückgeht, wurde nach Übernahme der Redaktion des „Neuen Reichs" 1925 durch den christlichsozialen Abgeordneten Prälaten Schoepfer und den jungen katholischen Sozialtheoretiker Dr. Johannes Messner auch in dieser Zeitschrift ausgesprochen. Dort stößt man gelegentlich auch schon auf Erkenntnisse aus dem praktischen Umgang mit Diktaturen. Die schlimmen Erfahrungen mit ihnen „werden zu einer größeren Wertschätzung der politischen Freiheiten führen mit mehr Überzeugung und mehr Opfergeist, zugleich aber auch zu einer Erziehung des Volkes zu breiterer und ernsterer Teilnahme am politischen Leben".

Ende der zwanziger Jahre finden jedoch Eberles frühe Rufe nach dem von den Wünschen und Leidenschaften einer wankelmütigen Menge „unabhängigen christlichen Diktator", nach dem „großen Retter", nach der „starken Autorität" sowie die Kritik des Wiener Staats- und Sozialphilosophen Othmar Spann an Individualismus und Demokratie unter den österreichischen Katholiken ein immer stärkeres Echo. Die Jugendbewegung, die vom vollkommenen, reinen „Jugendreich" mit „einer vom Machtkampf und Interessenfehden, Egoismus und Intrigen reinen Ordnung" träumt, ist aus diesen Beweggründen stark parteifeindlich und antidemokratisch. Und die Erwachsenen, enttäuscht und verbittert über die inneren Zustände in ihrem von Wirtschaftsnot und Bürgerzwist heimgesuchten Staat, sind nur zu gern bereit, das Heil von einem anderen politischen Konzept als dem der parlamentarischen Demokratie zu erwarten.

Für dieses andere Konzept bietet die seit der Mitte der zwanziger Jahre mit immer größerem Interesse beobachtete „faschistische Welle in Europa" manche Anregung. Nach dem Brand des Wiener Justizpalastes 1927 gelten die Hoffnungen vieler Katholiken für kurze Zeit der „Heimwehr". Ihr Kampf gegen den „Mißbrauch der Demokratie" wurde nicht nur von Prälat Ignaz Seipel, der 1929 vor Münchner und Tübinger Studenten herbe Kritik an der Demokratie übte, oder dem ihm nahestehenden Prälaten Schoepfer mit großen Erwartungen verfolgt. Ernst Karl Winter, der sich später als Wiener Vizebürgermeister um die Versöhnung der Arbeiterschaft mit dem Ständestaat bemühte, sah allerdings hinter dem Schild der „wahren Demokratie" Seipels schon den möglichen Heranzug einer Militärdiktatur. Winter sprach aber damals nur für eine kleine Minderheit unter den Katholiken. Eberle ließ in seiner 1925 gegründeten eigenen Wochenschrift „Schönere Zukunft", die es innerhalb von vier

Jahren auf eine Auflage von 18.000 Exemplaren brachte, den Heimwehrführer Steidle selbst über die Ziele und zum Teil auch berechtigten Anliegen der österreichischen Heimwehrbewegung schreiben. Nach der bei den Novemberwahlen 1930 offenbar gewordenen und mit Bedauern zur Kenntnis genommenen Krise der Heimwehr gewinnt das von Spann, Seipel, Schoepfer und vielen anderen weiterhin, wenn auch mit verschiedenen Zielsetzungen vertretene Konzept eines christlichen Ständestaates für die Katholiken wachsende Anziehungskraft. Dieses Konzept scheint 1931 durch die Enzyklika *Quadragesimo anno* Pius' XI. sogar vom Papst bestätigt. Nach 1945 erklärte P. Oswald von Nell-Breuning SJ, der die erste Fassung der Enzyklika konzipiert hatte, allerdings, diese habe in erster Linie die ständische Gliederung der *Gesellschaft* empfohlen.

Ende Jänner 1932, wenige Monate vor seinem Tod, ein Jahr vor der Machtergreifung Hitlers in Deutschland und der Ausschaltung des Parlaments in Österreich, hat Ignaz Seipel noch einmal zur Krise der Demokratie Stellung genommen. Der bedeutendste katholische Staatsmann und Politiker der Ersten Republik, der nach Tradition und Gefühl Monarchist war, trotzdem aber die Demokratie in Europa für unwiderruflich hielt und für Eberle etwa ein zu pazifistischer Führer der Christlichsozialen Partei gewesen war, betonte damals noch einmal seinen persönlichen Glauben an eine „höhere Demokratie". Aber auch die anderen Ausführungen Seipels in diesem Interview für die „Berliner Börsenzeitung" wurden von der katholischen Presse Österreichs mehr oder minder vollständig veröffentlicht. Sie gipfelten in der Bemerkung, daß der heutige unelastische und doktrinäre Zustand der Demokratie dem deutschen Volk durchaus wesensfremd sei. In manchen Schicksalsfragen sei eben die selbstverantwortliche, persönliche Führung notwendig, die auch bessere Parlamente, „als wir sie haben", nicht zu ersetzen vermögen: „Die Nation selbst, der Vergottung eines aufgeblähten Parlamentarismus zutiefst müde, fordert diese Entwicklung."

Ein Jahr später war dieser Entwicklung in Deutschland durch Hitler, in Österreich durch den Katholiken Dollfuß der Weg gebahnt. Doch nun waren es im sogenannten bürgerlichen Lager Österreichs gerade die alten Christlichsozialen und nicht wenige Priester, die gegen eine Ausschaltung des Parlaments und gegen einen autoritären Staat, auch mit christlichen Vorzeichen, schwerste Bedenken hegten. Im Klubvorstand der Christlichsozialen Partei sind am 9. März 1933 Leopold Kunschak, Richard Schmitz und die Oberösterreicher Dr. Aigner und Schlegel für das Festhalten an der Verfassung eingetreten. Ernst Karl Winter, ein Jugendfreund des Kanzlers, hat diesen geradezu beschworen, nicht vom Weg der Demokratie abzuweichen. Bundespräsident Wilhelm Miklas hat zweimal, im Spätherbst 1933 und 1935, ernsthaft erwogen, aus Gründen seines „verletzten Rechtsempfindens" und seines Gewissens von seinem Amt zurückzutreten, und hat dies auch dem jeweiligen Regierungschef mitgeteilt. Am 22. Februar 1934 brachte Miklas sogar vor der Bischofskonferenz seine Bedenken gegen den bisherigen Regierungskurs vor, die die Bischöfe — wohl auch im Hinblick auf das schon unterzeichnete, aber noch nicht ratifizierte Konkordat — allerdings zum Teil zu zerstreuen suchten.

In ihrer gedruckten Denkschrift über „Vaterländische Jugenderziehung" an das Bundesministerium für Unterricht hatten die Bischöfe im November 1933 — also noch vor dem Bürgerkrieg vom Februar 1934 — darauf hingewiesen, „daß gewisse Gefahrenmomente für Einbürgerung faschistischer Ideen nach italienischem Muster bestehen und immer mehr an die Öffentlichkeit treten. ‚Balilla'-Organisationen mögen für Italien am Platz sein, für unsere Verhältnisse kommt der Faschismus als ‚Importware' nicht in Betracht, ja muß in seiner Grundlage des absolutistischen Totalitätsstaates entschieden abgelehnt werden."

Am 10. April 1934 übermittelte der Linzer Bischof Gföllner seinen Amtsbrüdern ein Memorandum des Generalsekretärs der katholischen Arbeitervereine, Hausleitner, über die politische Lage in Österreich, das eine scharfe Verurteilung des faschistisch-totalitären Kurses enthielt. Hausleitner legte übrigens noch 1934 sein Amt als Generalsekretär nieder und ging in die Pfarrseelsorge. Der österreichische Episkopat beschäftigte sich im November 1934 eingehend mit Hausleitners Stellungnahmen.

1945 haben dann die österreichischen Bischöfe in ihren Diözesan-Verordnungsblättern allgemein der Weihnachtsansprache Pius' XII. von 1944 über die Demokratie einen bevorzugten Platz eingeräumt. Sie hatten ja die vom Papst angeführten Vorteile der Demokratie ebenso wie alle österreichischen Katholiken lange und bitter genug entbehren müssen: „Der rechte Volksstaat zeigt sich darin, daß jeder Bürger die Möglichkeit hat, seiner Überzeugung Ausdruck zu verleihen, ohne fürchten zu müssen, deshalb Nachteile zu erleiden. Die Kirche hat ein freies Betätigungsfeld, es gibt keinen Gewissenszwang, jeder hat die Freiheit, seine religiösen Pflichten zu erfüllen."

Katholischer Antisemitismus

Im katholischen Österreich war jahrhundertelang ein konfessionell bestimmter Antisemitismus vorherrschend. Er wird etwa durch die Haltung Maria Theresias charakterisiert, die ihre jüdischen „Hoffaktoren" nur hinter einem Vorhang verborgen empfing, um durch deren körperliche Nähe nicht befleckt zu werden, getaufte Juden jedoch selbst gegen Widerstände ihrer Ratgeber mit allen Mitteln förderte und in einflußreiche Stellungen gelangen ließ. Der nach der Emanzipation der Juden bald öffentlich sichtbar werdende jüdische Einfluß auf das Großkapital und damit in weiterer Folge auf die rasch voranschreitende Industrialisierung verstärkte in zunehmendem Maß schon vorhandene alte soziale Ressentiments. Ihrer bediente sich dann vor allem die Christlichsoziale Partei, während der Rassenantisemitismus vor allem die Domäne der Deutschnationalen war, die unter Georg von Schönerer als Antisemitenabzeichen gelegentlich „gehenkte Juden" an ihren Uhrketten trugen. Der vom Redakteur der Wiener Kirchenzeitung, dem Priester Sebastian Brunner, schon 1848 angeschlagene und von seinem Nachfolger Wiesinger noch verschärfte antisemitische Ton wurde vom christlichsozialen Parteiorgan „Reichspost" von der ersten Nummer an übernommen, wobei die von Juden in der Ära des Hochliberalismus gewonnenen Positionen im Wirtschafts- und Kulturleben der Monarchie Hauptziel der Angriffe waren. Aber auch der Anteil der Juden am Antiklerikalismus jener Epoche erregte naturgemäß heftigen Widerspruch. Nach 1895 mußte die Christlichsoziale Partei infolge der von Katholisch-Konservativen auch in dieser Hinsicht gegen sie in Rom vorgebrachten Anklagen über Weisung des Kardinalstaatssekretärs Rampolla ihren Antisemitismus etwas mäßigen.

Die politischen und sozialen Folgen des Zusammenbruchs 1918, die vor allem den Mittelstand trafen und zu dessen zunehmender Verarmung führten, haben dann allgemein eine neue und weitere Radikalisierung des Antisemitismus bewirkt. Jüdische Führer der österreichischen Sozialdemokratie, von Juden redigierte Presseorgane, der hohe jüdische Prozentsatz besonders unter den Wiener Akademikern, aus dem Osten eingewanderte und durch Inflationsgeschäfte schnell reich gewordene Spekulanten, der zwei- und eindeutige Jargon mancher jüdischer Literaten boten dabei den Katholiken Anlaß für nur zum Teil berechtigte Kritik. Der Weg von ihr zu einem leidenschaftlichen Antisemitismus, der die Grenzen der Vernunft und der Gerechtigkeit weit hinter sich ließ, war jedoch kurz. Ihm verfielen selbst Männer, die persönlich keinem Juden ein Haar gekrümmt hätten, die schließlich in der Ära des Nationalsozialismus verfolgten Juden bis zur Gefährdung der eigenen Existenz zu helfen suchten; durch ihren viele Jahre hindurch ausgeübten publizistischen Einfluß haben sie aber dazu beigetragen, daß dann auch Katholiken nicht rechtzeitig erkannten, welche Konsequenzen ein unmenschliches System, das nicht mehr zwischen „ethischem" und „rassischem" Antisemitismus unterschied, aus dem ersten Schritt, eine Gruppe von Staatsbürgern unter Sondergesetz zu stellen, werde ziehen können.

Für Joseph Eberle war die Judenfrage die „Frage der Fragen". Für ihre Lösung hielt er die „Beschränkung der Juden in allen Zweigen der Kultur und Wirtschaft auf den ihrem Bevölkerungsanteil entsprechenden Prozentsatz", die „Stellung der Juden unter Sondergesetz". Das Interesse der Gesellschaft verlange heute „die Konfiskation zahlreicher großer Judenvermögen über eine gewisse Höhe hinaus. Und im übrigen für zahlreiche Berufe den Numerus clausus, für andere, auch für gewisse Institutionen, den *Ausschluß* der Juden". Seine von katholischen Akademikern für die katholische Intelligenz geschriebene, in vielen religiösen und sozialen Fragen sehr aufgeschlossene Zeitschrift akzentuierte daher gerade in der Judenfrage bewußt den Rückgriff auf mittelalterliche Lösungen und scheute auch vor gelegentlichen Konzessionen an den Vulgärgeschmack nicht zurück. So veröffentlichte anläßlich der Stiftung eines Ehrengrabes der Gemeinde Wien für den Schriftsteller Peter Altenberg ein Anonymus 1919 einen Artikel über die „Klassiker unserer Judenrepublik", in dem er feststellte, „daß kaum ein zweiter literarisch sein wollender Jude in seiner ganzen Gesinnung und in seiner Auswirkung so intensiv (geistig gesprochen) nach Judentum gestunken hat". Der bekannte Gelehrte und Publizist Richard von Kralik sandte einen ihm übermittelten Vorschlag für eine provisorische Volkshymne ein: „Gott erhalte, Gott beschütze vor den Juden unser Land! Mächtig durch des Glaubens Stütze, Christen, haltet festen Stand! Laßt uns unsrer Väter Erbe schirmen vor dem ärgsten Feind, daß nicht unser Volk verderbe, bleibt in Treue fest vereint!" Den Bischof von Stuhlweißenburg, Dr. Ottokar Proházka, veranlaßten die starke jüdische Einwanderung nach Ungarn in der ersten Nachkriegszeit und die antikirchlichen Ausschreitungen der kommunistischen Rätediktatur Bela Kuns zu leidenschaftlichen Stellungnahmen gegen „all dies blutsaugende Geschmeiß".

Aber auch außerhalb des Kreises um das „Neue Reich" fehlte es im katholischen Raum nicht an radikalen Antisemiten. Der berühmte Ethnologe P. Wilhelm Schmidt SVD, der noch 1934 mit seiner rassenantisemitisch gefärbten Rede über die Judenfrage bei der Führertagung der Katholischen Aktion Wiens eine innerkatholische Polemik entfesselte, benutzte bei einem Wiener Bezirkskatholikentag knapp vor den Wahlen 1920 die Gelegenheit, darauf hinzuweisen, daß die Eroberung Wiens durch die Türken 1683 nicht so „verderblich und schmachvoll gewesen wäre, als wenn Wien sich diese jüdische Fremdherrschaft noch länger gefallen lassen würde". Der Sozialreformer Anton Orel verband seine radikale Ablehnung der Republik und der Verfassung von 1920 mit einem haßerfüllten Gericht über Juda, dem unsichtbaren wirklichen und absoluten Herrscher „unserer elenden Judenrepublik". Die Verbindung von Antidemokratismus und Antisemitismus findet sich übrigens auch bei Eberle, dem die parlamentarische Demokratie „zu stark nach polnischen Ghettos" roch. Aber auch Ernst Karl Winter schätzte den negativen Anteil der Juden am Weltgeschehen des letzten Jahrhunderts hoch ein. Zur gleichen Zeit veröffentlichte die Salzburger „Katholische Kirchenzeitung" einen Aufsatz, in dem auf das geschichtliche Verdienst der Kirche hingewiesen wurde, „jahrhundertelang die jüdische Gefahr durch Sondergesetze abgewehrt zu haben".

Allerdings erhoben sich immer wieder, auch im „Neuen Reich", katholische Stimmen, die, wie P. Peter Sinthern SJ oder

Bischof Waitz, die Lösung der Judenfrage nur in Israels Bekehrung zu Christus sahen und daher Judenmission und Gebet für die eigentlichen Aufgaben der Christen hielten. Die Radikalisierung des Rassenantisemitismus durch die deutschnationalen „Völkischen“ bewirkte im übrigen eine zunehmende Distanzierung der Katholiken von eben diesem Rassenantisemitismus. Sie ist im „Neuen Reich“ ab 1923 zu bemerken.

„Der berechtigte, schon vom Naturrecht nahegelegte Antisemitismus des Selbstschutzes der christlichen Kultur“ wird als „ethischer“ bzw. kulturpolitischer Antisemitismus von Eberle aber weiterhin verteidigt und propagiert. Die Christlichsoziale Partei, die mit ihrer alten Tradition vollkommen gebrochen und an deren Stelle da und dort „geradezu Philosemitismus“ gesetzt habe, wurde daher von der „Schöneren Zukunft“, Eberles Organ seit 1925, ebenso wegen mangelndem Antisemitismus angegriffen wie später das deutsche Zentrum. Die Christlichsoziale Partei hat dann auch tatsächlich in ihr neues Parteiprogramm vom November 1926 den Kampf gegen die „Übermacht des zersetzenden jüdischen Einflusses“ aufgenommen, was Seipel dahingehend kommentierte, daß die Christlichsoziale Partei seit ihrem Bestehen als antisemitische Partei bekannt gewesen sei. Die antisemitische Wendung im neuen Programm könne daher nicht überraschen. Vor Weihnachten 1927 machte Eberle den Slogan: „Christen, kauft bei Christen!“ publik. Im selben Jahr hatte der neue Seckauer Diözesanbischof Ferdinand Stanislaus Pawlikowski seine Diözesanen vor „volks-, boden- und landfremden Ausbeutern“ gewarnt, das Wort „Juden“ dabei allerdings vermieden.

Das nach Eberles Ausscheiden wesentlich gemäßigtere „Neue Reich“ wandte sich nur gelegentlich gegen die „Überfremdung“ der Universität Wien, für die folgende Zahlen angeführt wurden: Der jüdische Anteil an der Bevölkerung Wiens betrage 10,8 %, an der Gesamtösterreichs 3 %, jedoch 40 % bei den Wiener Universitätslehrern und 80 % bei den Wiener Ärzten. Von den Absolventen der Medizinischen Fakultät in Wien seien im Wintersemester 1929/30 33,8 %, bei den Staatswissenschaftlern und Pharmazeuten 42 % Juden gewesen. Vorherrschend in dieser Zeitschrift war jedoch eine Haltung, die mit tiefer Sorge die Radikalisierung des Antisemitismus durch das Ansteigen des Nationalismus, „der drohenden Ketzerei des 20. Jahrhunderts“, beobachtete. Daher lehnte Johannes Messner unter Berufung auf das Dekret des Heiligen Offiziums vom 25. März 1928 mit der Verurteilung des Antisemitismus Ausnahmegesetze entschieden ab. Schon ein halbes Jahr früher hatte die Redaktion des „Neuen Reichs“ anläßlich der Übersetzung des Buches von Hilaire Belloc „Die Juden“ durch Theodor Haecker gefragt und geantwortet: „Sollte es wahr sein, daß neue Judenverfolgungen zu befürchten sind? Sollte der Antisemitismus wirklich gefährlichere Formen annehmen, so ist es durchaus möglich, daß die Kirche auch dazu ihr Wort sprechen wird. Die christliche Jugend vor allem ist aufgerufen, hier Gerechtigkeit zu üben und den latenten Antisemiten (der in jedem Durchschnittsdeutschen lebt!) in sich zu töten.“

Der rapide Aufstieg des Nationalsozialismus in Deutschland mit seiner Kampfansage gegen Judentum und Altes Testament bewirkte seit 1930 der Zahl nach ständig zunehmende Absagen der Katholiken an den Rassenantisemitismus. Vom „ethischen Antisemitismus“ konnte sich allerdings selbst der Linzer Bischof Gföllner in seinem berühmten Hirtenbrief vom 21. Jänner 1933 gegen die Irrtümer des Nationalsozialismus noch nicht trennen, ja er erklärte die Brechung des schädlichen Einflusses des Judentums nicht nur als gutes Recht, sondern „als strenge Gewissenspflicht eines jeden überzeugten Christen“. Der österreichische Gesamtepiskopat hat dann in seinem ebenfalls von Gföllner konzipierten Hirtenbrief vom Dezember 1933 den „nationalsozialistischen Rassenwahn, der zum Rassenhaß und zu Völkerkonflikten führt, ja führen muß“, das unchristliche Sterilisationsgesetz und den „radikalen Rassenantisemitismus“ ausdrücklich verurteilt.

Die ersten Maßnahmen der Nationalsozialisten gegen die deutschen Juden nach dem 30. Jänner 1933, wie z. B. der Geschäftsboykott im Frühjahr desselben Jahres, wurden von den österreichischen Katholiken mit gemischten Gefühlen zur Kenntnis genommen. Noch werden Erklärungen Görings zitiert, daß die nationalsozialistische Regierung niemals dulden werde, „daß ein Mensch nur deshalb irgendwelchen Verfolgungen ausgesetzt werden sollte, weil er Jude sei“. Noch sieht man in diesen Maßnahmen teilweise die verdiente Buße für frühere

Schuld, hält Judenverfolgungen für unmöglich und legt Wert auf die Feststellung, daß der Antisemitismus keine Erfindung der Nationalsozialisten sei, wie das sogar in der „Reichspost“ geschah. Dagegen hat eine der Öffentlichkeit völlig unbekannte katholische Frau schon im Dezember 1931 dem damaligen nationalsozialistischen Wiener Gauleiter Alfred Eduard Frauenfeld geschrieben, daß ein Neger, der die Lehren der Bergpredigt begriffen habe und nach ihr lebe, dem Herzen Gottes bestimmt näherstehe „als der stramme Hakenkreuzler, der mit dem Gummiknüppel gegen einen Juden losgeht und dadurch das eine der größten Gebote übertritt“.

Der aus Österreichisch-Schlesien stammende Philosophieprofessor Hans Eibl betonte allerdings im März 1933 „die geschichtliche Schuld der Juden am Bolschewismus“. Nicht einmal ein Jahrzehnt später wird derselbe Professor beim nationalsozialistischen Gaugericht Wien wegen einer Eingabe zum Schutz der Familie einer jüdischen Schülerin angezeigt, wird sein Antrag zur Schaffung eines Kulturamts zur Sicherung des christlichen Humanismus abgelehnt werden. Und nicht einmal in seinen Vorlesungen wird Eibl verhehlen, wie er über die Judenverfolgung der Nationalsozialisten denkt.

Noch ist es nicht soweit. Die „Schönere Zukunft“ nimmt den Abschied des Regisseurs Max Reinhardt von Berlin betont „kühl“ zur Kenntnis, und mit der nationalsozialistischen Bücherverbrennung vom 8. Mai 1933 erklärt man sich sogar „solidarisch“; allerdings müßten das Naturrecht, die Zehn Gebote, die Lehre des positiven Christentums den Maßstab dafür abgeben, „was literarischer Schund und literarischer Wert ist“. Im selben Jahr veröffentlichte der Wiener Ethnologie-Professor Oswald Menghin in zweiter Auflage sein Buch „Geist und Blut“, in dem er aus rassischen Gründen den Zionismus bejahte, da die Aufnahme des Judentums in das Deutschtum die Gefahr einer Abänderung des deutschen Volkscharakters nach sich ziehen würde. Anfang 1934 ging durch die Zeitungen die Nachricht von einer halboffiziellen Warnung des Wiener Gesandten der USA, wonach die amerikanische Regierung nicht mit einem Land „sympathisch“ zusammenarbeiten könnte, „wo man Menschen ihrer Geburt wegen verfolgt“. Dieser Schritt mag auch auf Berichte jüdischer Emigranten in Wien zurückzuführen sein, das damals noch ein anziehendes Asyl für Flüchtlinge aus dem Dritten Reich war. Sie genossen zwar den Schutz der österreichischen Gesetze und der österreichischen Regierung, wurden aber doch gelegentlich in der Publizistik angegriffen, ja, man beantragte sogar gewisse Karenzfristen bei der Erlangung von Ämtern und Würden durch solche Personen. Auch die am 15. September 1935 erlassenen „Nürnberger Gesetze" („Gesetz zum Schutz des deutschen Blutes und der deutschen Ehre" und „Reichsbürgergesetz") brachten jene Stimmen noch nicht zum Schweigen, die in diesen Gesetzen vor allem eine Reaktion auf die Ereignisse der letzten Jahrzehnte sehen wollten. Selbst die Ermordung des Wiener Philosophen Schlick auf den Stufen der Universität durch einen ehemaligen Schüler im Sommer 1936 veranlaßte die „Schönere Zukunft" trotz allem Bedauern für das persönliche Schicksal Schlicks den unheilvollen geistigen Einfluß des Judentums hervorzukehren, wobei dem anonymen Autor nur entgangen war, daß es sich bei Schlick um gar keinen Juden handelte. Allerdings hatten sich zu dieser Zeit bereits mehrfach unterschiedliche Stimmen zur „Ordnung der Judenfrage" erhoben, die, wie der vormalige christlichsoziale Parteiobmann und Unterrichtsminister Czermak, eine Lösung durch „freiwillige und friedliche Dissimilation" der Juden auf der Basis der Gleichberechtigung befürworteten. Leopold Kunschak publizierte 1936 sogar einen Gesetzentwurf, den er seinerzeit aus sozialen Gründen mit Einverständnis Seipels ausgearbeitet habe, in dem den Juden die Rechte einer Minderheitsnation zugestanden werden sollten. Seipel habe sich allerdings von Kunschak versprechen lassen, diesen Entwurf erst einzubringen, wenn er, Seipel, dies für opportun halte, was nie eintrat. Gegen die Dissimilationslösung waren aber schon 1934 unter der Führung P. Bela Banghas SJ Bedenken geäußert worden. Er und der Konvertit Trebitsch lehnten eine „Ghetto-Ordnung" zur Lösung der Judenfrage ab und hielten Bekehrung und Assimilation für den richtigen Weg, für den sich 1936 auch Otto Brunner in der Zeitschrift „Der christliche Ständestaat" einsetzte. Im Herbst 1938 fand dann auch Joseph Eberle, der in seiner Redaktion übrigens lange Jahre einen Judenkonvertiten beschäftigt hatte, angesichts „der hart betroffenen Juden Regungen des Mitleids" begreiflich. Trotzdem ist er noch immer der Vorstellung verhaftet, es handle sich bei der allgemeinen Judenfeindlichkeit um bloße Reaktion auf jüdische Schuld in der Vergangenheit, die nun aufgrund der „Kollektivverantwortung" der Völker beglichen werde: „Oftmals bezahlen erst Enkel und Enkelkinder die Rechnungen und Schuldverpflichtungen der Väter."

1979 sandte die Verfasserin mit Hilfe der Diözesanschematismen an alle damals über 60jährigen Diözesan- und Ordensgeistlichen 2.700 Fragebogen zum Thema „Kirche und Nationalsozialismus" aus. 327 Fragebogen kamen ausgefüllt zurück, 50 Beantworter haben noch zusätzliche Informationen mitgeteilt, 53 Adressanten waren gestorben, und 34 Briefe wurden mit dem Vermerk „verzogen" oder aus anderen Gründen retourniert. 20 machten von der angebotenen Möglichkeit Gebrauch, anonym zu antworten. Die meisten Antworten (73) kamen aus der Erzdiözese Wien, in der ein Drittel aller Österreicher lebt. Dann folgte schon die territorial größte Diözese Linz mit 63 Antworten. Sechs bzw. acht Antworten kamen aus den kleinsten Diözesen Eisenstadt und Feldkirch. Die Antworten aus den fünf anderen Diözesen erreichten Zahlen zwischen 30 und 40. Die Antworten auf die gestellten zehn Fragen wurden zwar nicht exakt nach den Regeln der empirischen Sozialwissenschaften ausgewertet, können aber doch als Hinweis auf bestimmte Grundeinstellungen einer Gruppe von gleich ausgebildeten Menschen gewertet werden, die auch heute zumindest auf dem Land „opinion leaders" sind. (Siehe auch S. 88ff., S. 214ff., S. 278ff.)

Frage 5 lautete: „Wie war die Haltung der Katholiken zu den Juden vor dem März 1938?" Die Antworten auf diese Frage wurden in drei Kategorien eingeteilt: positiv, indifferent („unentschlossen", „wenig Berührung", „keine Juden in der Gegend", „nicht bekannt") und ablehnend. Nach dieser Skala ergibt sich folgendes Bild: 39 positive — an der Spitze Wien (13) und St. Pölten (11), am Ende Eisenstadt und Klagenfurt (je 1); indifferente 75 (Linz 21, Wien 14, Eisenstadt und Klagenfurt 0); *ablehnende* 132 (Wien 35, Linz 28, Graz 20, Klagenfurt und Innsbruck je 11, Vorarlberg 2). In den Antworten der 42 Ordensmitglieder (15 aus Wien, 12 aus Salzburg) ist kein auffallender Unterschied gegenüber den Weltgeistlichen bemerkbar. Die positiv gewerteten Antworten, auf ihren Kern reduziert, lauten „tolerant“, „sehr gut“, „an sich gut“, „loyal“, „ohne Vorurteil“, „für einfache Menschen kein Problem“. Die wiederkehrenden Inhalte der negativen Antworten lauteten: Schuld der Juden an Bolschewismus und Pornographie, betrügerische Geschäftsmethoden, Zersetzung, zu hoher Anteil an Presse, Medizin und anderen akademischen Berufen. Am aufrichtigsten ist sicher die lapidare Antwort: „Die meisten waren, wie ich selbst, Antisemiten, aber natürlich weit von dem Judenhaß der Nazis entfernt.“

Friedensverträge und Österreichs Eigenstaatlichkeit

Der einstimmige Beschluß der provisorischen und der konstituierenden Nationalversammlung vom 12. November 1918 und vom 12. März 1919, Deutschösterreich sei ein Bestandteil der Deutschen Republik, entsprach der damaligen Stimmung der Mehrheit der Österreicher in allen Parteien. In jener Zeit ist nur eine kleine Gruppe für die Eigenstaatlichkeit Österreichs eingetreten, die deren Beseitigung durch einen Anschluß an Deutschland als ernstes Hindernis für das erhoffte Wiedererstehen eines Donaureiches ansah. Dieser Gruppe gehörten der damalige christlichsoziale Abgeordnete und spätere Bundespräsident Wilhelm Miklas, mit seiner Planung auf weite Sicht auch Ignaz Seipel, vor allem aber Joseph Eberle und dessen Mitarbeiter im „Neuen Reich" an.

Als Eberle den Namen der jungen Zeitschrift „Die Monarchie" nach dem Zusammenbruch ändern mußte, wählte er den neuen als Ausdruck seines Glaubens „an ein aus der alten Monarchie neu entstehendes Reich". Der Mittelpunkt dieser kommenden neuen Donauföderation sollte Wien sein. Schon aus diesem Grund wurden der „blinde Nationalismus und die Anschlußwüteriche", vor allem aber der Terminus „Anschluß" befehdet: „Nie könnte Wien Berlin sich unterordnen." Akzeptabel wäre höchstens ein *Zusammenschluß* mit den sudetendeutschen und rheinländischen Katholiken, doch müßten auch dann die Aufgaben im Donauraum gewahrt werden. Die starke Betonung der Bedeutung Wiens und der kulturellen Leistungen Österreichs findet sich allerdings auch bei jenen Katholiken diesseits und jenseits der österreichischen Grenzen, die von verschiedenen Ausgangspositionen die „deutsche Lösung" im Sinne einer Wiederherstellung des Heiligen Römischen Reiches Deutscher Nation erhofften. Für den deutschen Jesuiten P. Friedrich Muckermann sollte daher 1926 Wien „das kostbarste

Kleinod in Deutschlands kommender Größe" sein, für Hans Eibl Österreich als Ostmark des Reiches „die Hochburg des Abendlandes" und für Karl Anton Prinz Rohan „Träger der neuen Reichsidee in Deutschland und Europa". „Österreichs Erbe und Sendung im deutschen Raum" ließen Mitte der dreißiger Jahre der Literarhistoriker Josef Nadler und der Historiker Heinrich von Srbik in einem wissenschaftlichen Sammelband durch hervorragende Fachleute würdigen.

Der Friedensvertrag von Saint-Germain, dessen Artikel 88 Österreichs Anschluß an Deutschland verbot, wurde wegen seiner sonstigen Härten und der Mißachtung des Selbstbestimmungsrechtes der Südtiroler und Sudetendeutschen auch von Anschlußgegnern als „Urteil der Henker" empfunden, gegen das Eberle im Namen des Christentums leidenschaftlichen Protest erhob. Seine Empörung wirkte so stark nach, daß ihn zwei Jahrzehnte später die Annullierung der Friedensverträge durch Hitlers Anfangserfolge im Zweiten Weltkrieg noch mit Befriedigung erfüllte, obwohl er sich zu diesem Zeitpunkt über die wahre Natur des Nationalsozialismus keine Illusionen mehr machte. Auch den Wiener Philosophen Hans Eibl führte in erster Linie der leidenschaftliche Kampf gegen die Friedensverträge zu einer positiven Beurteilung des Nationalsozialismus, in dem Eibl „die instinktive und mächtige Reaktion gegen Versailles" sah. Den Vertrag von Saint-Germain haben auch die österreichischen Bischöfe in Übereinstimmung mit der Meinung des ganzen Volkes als bitteres Unrecht empfunden: „ein furchtbarer Friede wurde uns aufgezwungen, viele Millionen unserer deutschen Mitbürger und Stammesgenossen sind gewalttätig von uns getrennt worden". Noch 1932 warnten sie gemeinsam vor den „furchtbaren Folgen des Unrechts des Gewaltfriedens", Folgen, denen nur durch Wiederherstellung von Frieden und Eintracht auf christlicher Basis vorgebeugt werden könne.

In diesem Sinn waren auch die ständigen Hinweise Eberles und seiner Mitarbeiter auf die Notwendigkeit eines geistigen Konzeptes gedacht, das schon 1919 gegen die von den Sozialdemokraten propagierte „Entösterreicherung" des Geschichtsunterrichts gefordert wurde. Nach diesem Konzept ist zunächst nur in der Donaugemeinschaft „wirklich Österreich", da nach Eberle eine Angliederung Österreichs an ein Preußen-

Deutschland „ausgesprochener Hohn auf Österreichs ganze Geschichte" wäre. Auch der Präsident des Reichsbundes der Österreicher, Generaloberst Dankl, sah Österreichs Zukunft nur im Donauraum, für den führenden Legitimisten Hans Zeßner-Spitzenberg war Österreich die „Koexistenz von vier besonderen Kulturkreisen" im Donauraum, dem alpenländischen, dem böhmischen, dem ungarischen und dem kroatischen. Die Verbindung beider Konzepte, des Anschlusses und der Donauföderation, als Vorstufe für eine umfassendere Ordnung, empfahl Ignaz Seipel in seiner bekannten Pariser Rede 1926: „Unserer innersten Überzeugung nach wollen wir beides, in Wirklichkeit aber auch dies nur, um schließlich in ein großes europäisches System einzugehen . . ."

Die europäische Aufgabe des „österreichischen Menschen" betonte auch Friedrich Funder, der Chefredakteur der christlichsozialen „Reichspost"; einen breiten Raum nimmt sie dann in der seit Dezember 1933 erscheinenden Zeitschrift Dietrich von Hildebrands „Der christliche Ständestaat" sowie in der 1936 gegründeten „Monatsschrift für Kultur und Politik" unter der Redaktion von Johannes Messner ein. Um diesen österreichischen Menschen ging es im katholischen Lager schon 1922 in einer bedeutsamen Diskussion zwischen dem damaligen Studentenseelsorger Karl Rudolf und dem Universitätsprofessor Karl Gottfried Hugelmann, der nach dem Zusammenbruch für den sofortigen Anschluß Österreichs an Deutschland eingetreten war. Rudolf wünschte eine bewußte Pflege des in den letzten Jahren und Jahrzehnten zu sehr vergessenen Österreichertums, wofür sich übrigens auch in Zeitschriften der Jugendbewegung Stimmen erhoben. Rudolf bekannte sich dabei zu Deutschtum *und* österreichischem Volk: „*Unser* Volk sind uns die Nieder- und Oberösterreicher, die Steirer und Kärntner, die Salzburger und Tiroler und Vorarlberger . . ." Hugelmann, der dann 1932 in das nationalsozialistische Lager überging, reagierte darauf mit leidenschaftlicher Ablehnung: „Unser Volk ist das ganze deutsche Volk . . ."

Ein knappes Jahrzehnt später hat der ehemalige k. k. Offizier und katholische Schriftsteller Richard Schaukal, ebenso wie Hugo von Hofmannsthal oder Anton Wildgans, das Werden des österreichischen Volkes aus seiner Vergangenheit verstanden, an die allein „der Österreicher, der als österreichischer Mensch seiner Herkunft und seiner Natur gemäß fühlt und denkt", einen „Anschluß" wünschen muß, zugleich also an das Landgebiet, „das ihn in Wechselwirkung seit Jahrhunderten bestimmt hat". Als dann Schaukal 1933 gar noch erklärte, er singe nicht das Deutschlandlied, da ihm als Österreicher, der eben anders sei als die anderen deutschen Stämme, nicht Deutschland, sondern Österreich über alles gehe, verfiel er der Ächtung des Nationalisten Wilhelm Stapel, des Herausgebers der Hamburger Zeitschrift „Deutsches Volkstum". Stapels Aktionen gegen Schaukal quittierte die „Schönere Zukunft" mit den Worten: „Euer Weg führt nicht zur Verwirklichung des großdeutsch-großösterreichischen Zieles, sondern treibt immer mehr Österreicher in die Abwehrstellung!"

Bis dahin war die großdeutsche Gesinnung im österreichischen Katholizismus weit verbreitet gewesen. Sie hatte sich in zahlreichen Kundgebungen, Festen und Fahrten der bündischen Jugend ebenso manifestiert wie etwa in einer Rede Dr. Wilhelm Wolfs, des nachmaligen Außenministers im Kabinett Seyss-Inquart, bei einer Tagung des Reichsbundes der katholischen Jugend Österreichs 1931: „Österreich ist und bleibt, was es durch ein Jahrtausend war: des deutschen Reiches Herz und Harnisch." Selbst bei Bundeskanzler Dollfuß und seinen Gesinnungsfreunden bewirkte erst 1932 der immer bedrohlichere Aufstieg des Nationalsozialismus im „Reich" die Abkehr von der großdeutschen Idee. Dollfuß war übrigens vor 1933 so wie Arthur Seyss-Inquart und Kardinal Friedrich Gustav Piffl Mitglied einer nach 1918 gegründeten deutschvölkischen Geheimorganisation „Deutsche Gemeinschaft" gewesen.

Nach der nationalsozialistischen Machtergreifung 1933 ergaben sich durch nachdrückliche Betonung der österreichischen Eigenstaatlichkeit und Eigenart durch die Regierung einerseits, durch Terrorakte österreichischer Nationalsozialisten anderseits bald ernste Spannungen zwischen den „zwei deutschen Staaten". Ihre zunehmende Verschärfung wurde gerade auch von den österreichischen Katholiken, einschließlich des Episkopats, als „unseliger Zwist" und „Bruderkrieg" empfunden, die allerdings nicht die Österreicher heraufbeschworen hätten. Besonders hart hat dieser „Bruderzwist" Joseph Eberle und die „Schönere Zukunft“ getroffen, die aber noch immer an ihrem alten föderalistischen, mit dem Nationalstaatsgedanken unvereinbaren Mitteleuropakonzept festhält. In der Folge wird dann die „Brücken-Funktion“, die „volksdeutsche“ Aufgabe der „Schöneren Zukunft“, betont, deren Bezieher nur mehr zu einem kleinen Teil in Österreich beheimatet waren. Aber auch Dollfuß und Schuschnigg sahen in ihrer Abwehr des Nationalsozialismus sehr stark die Erfüllung einer deutschen Aufgabe, in Österreich ein Bollwerk des Katholizismus gegen den Nationalsozialismus zu errichten. Diese Anschauung ist damals ebenso im Vatikan vertreten wie in der französischen Jesuitenzeitschrift „Études“, und Bischof Pawlikowski von Seckau-Graz koppelte im Herbst 1933 die Aufforderung an seine steirischen Diözesanen, sich auf ihre vaterländischen Pflichten zu besinnen, mit der Feststellung: „Je treuere Österreicher, umso bessere Deutsche!“

Die Nachricht vom österreichisch-deutschen Abkommen vom 11. Juli 1936, das notgedrungen die österreichische Außenpolitik auf den Berliner Kurs festlegte, wurde daher auch von dem aus dem Sudetenland stammenden Wiener Erzbischof, Kardinal Dr. Theodor Innitzer, im Namen des Episkopats „als erlösende Kunde von der Beendigung des unseligen Bruderzwistes“ begrüßt. Für Ernst Karl Winter bedeutete diese Nachricht dagegen die letzte Stärkung seiner Überzeugung, die „soziale Monarchie“, für die er schon 1927 in der Gemeinschaftspublikation „Österreichische Aktion“ eingetreten war, „nunmehr als die einzige Plattform anzusehen, auf der sich die politischen Kräfte von rechts bis links gegen die drohenden Gefahren rüsten können, die am Horizont aufsteigen“. Auch die „Schönere Zukunft“ benützte die letzten Jahre der Ersten Republik noch zu gelegentlichen Darlegungen ihres alten Donauraum-Konzeptes: die unbedingte Bejahung der Selbständigkeit Österreichs, das von Natur aus zu geistigem und materiellem Güteraustausch mit „Andersnationalen“ angelegt sei, im Sinne Seipels Kulturbrücke und Organisationskern für die Völkerschaften Mitteleuropas sein solle, erschien unter dem Pseudonym „Prof. Danubianus“, obwohl Bundeskanzler Schuschnigg starke Sympathien für die legitimistische Bewegung empfand und zeitweise sogar der Gedanke einer Restauration innerhalb Österreichs in Form einer Reichsverweserschaft erwogen wurde.

Nach dem Einmarsch der deutschen Truppen im März 1938, umgeben vom „Jubel und der Zuversicht der Sieger“, richtete Eberle an diese nur eine Bitte: „Österreich in Deutschland die Stellung zu erringen, die seiner grandiosen Geschichte, seinen Kulturtraditionen, seinen besonderen schöpferischen Kräften entspricht“. Hinter dieser Bitte des eigenwilligsten und auf weite Sicht wohl einflußreichsten katholischen Publizisten der Ersten Republik stand das, was die Mehrheit der österreichischen Katholiken damals empfand, auch wenn sie am 10. April 1938 ihr „Ja“ zu einem Teil gern und mit Überzeugung gab, und was Bundeskanzler Schuschnigg in seiner Abschiedsrede am Abend des 11. März 1938 eindringlich ausgesprochen hatte: die bange Sorge vor einer Zukunft ohne Österreich. Wenige Jahre später haben katholische Priester und Laien ihren Einsatz für das Wiedererstehen eben dieses Österreich unter dem Fallbeil mit dem Leben bezahlt.

Katholizismus und Nationalsozialismus bis 1933

Der Name Hitlers und seiner Bewegung wurde in der österreichischen katholischen Publizistik erst seit 1923 öfter genannt. Sechs Tage vor Hitlers Marsch zur Münchner Feldherrnhalle am 9. November stellte Eberle grundsätzliche Erwägungen über die letzten österreichischen Wahlen an. Dabei suchte er seine Ansicht, daß Demokratie und Parlamentarismus ihrem Niedergang entgegengingen, auch durch den Hinweis auf Hitler, „den Hasser des Parlamentarismus", zu bekräftigen, der das Hosianna der Massen habe.

Die Kommentare des „Neuen Reichs" zum Hitler-Prozeß aus der Feder des Münchener Verlagsdirektors Wetzel zeugen dann von einer erstaunlichen Einsicht in den wahren Charakter des Nationalsozialismus: „Der deutsch-völkische Staatsgott ist geschaffen und auf den Altar gehoben. Machiavelli aber setzt in seinem Namen Recht und versucht, sich mit ihm personifizierend, kraft ‚eigenen Rechtes' die Diktatur über ein ganzes Volk aufzurichten." Der Wahlsieg des „Völkischen Blocks" bei den bayerischen Landtagswahlen Anfang April 1924, der fast ein Fünftel aller abgegebenen Stimmen erhalten hatte, wurde daher auch mit Bedauern als Folge des „sonderbaren Urteils" gegen die „Hitlerputschleute" zur Kenntnis genommen. Die in ihrer Existenz bedrohte Staatsautorität habe nicht mehr die Rechtsautorität aufgebracht, sich gegen den rechtsradikalen Umsturz zu sichern. Dieser Wahlausgang veranlaßte auch den Leiter des Tiroler „Volksboten", Msgr. Grinner, zu einer ernsten Warnung an die deutschen Katholiken, die durch eine unsichere Politik gegenüber dem Nationalsozialismus am stärksten in Mitleidenschaft gezogen würden: „Im Bund mit solch kurzsichtiger Verblendung am Wohl seines Volkes (zu) arbeiten, sollten sich die deutschen Katholiken doch nochmals überlegen, damit für sie ein zweiter Kulturkampf überflüssig wird. Sie würden ihn vielleicht nicht so gut bestehen wie den ersten ..."

In den folgenden Jahren glaubte man allerdings nicht, einen Sieg des Nationalsozialismus befürchten zu müssen, zumindest solange sich nicht Armee und Polizei auf seine Seite schlügen. Auf die Notwendigkeit der Bekämpfung des im Heidentum wurzelnden Nationalsozialismus und die Unvereinbarkeit von Katholizismus und Nationalsozialismus, diesem Ideenkonglomerat aus chauvinistischem Nationalismus, Imperialismus und Pangermanismus, wird jedoch frühzeitig hingewiesen.

Die bayerischen Gemeindewahlen 1929 boten dann dem „Neuen Reich" unter dem Titel „Deutschland im Zeichen des Hakenkreuzes" Gelegenheit zu einer scharfsichtigen Analyse der Anhängerschaft des Nationalsozialismus: „... so finden sich denn auch radaulustige Kleinbürger, verbitterte Frontkämpfer, rachsüchtige Deklassierte, enttäuschte Inflationsopfer, in diese Zivilisation verirrte Landsknechte und Abenteurer mit rauflustigen Studenten zusammen, um die Stimme staatspolitischer Vernunft niederzubrüllen: das ist die Flucht eines tief verzweifelten Volkes in die Selbstbetäubung durch Krawall und hemmungslosen Haß gegen den ‚internationalen Juden', der an allem, allem schuld hat. Wie schrecklich wird das Erwachen sein." Im Sommer 1929 hat auch erstmals ein österreichischer Bischof in einem Hirtenbrief seine warnende Stimme gegen den Nationalsozialismus erhoben. Bischof Johannes Maria Gföllner von Linz wies auf jene „falschen Propheten" hin, die sich auf ihren unerschrockenen Kampf gegen Marxismus, Bolschewismus, Freimaurer, Juden und Rom beriefen. Dieser Gegensatz zu Rom sei „der letzte und tiefste Sinn des immer lauter ertönenden Rufes nach völkischer Organisation, die der übervölkischen römischen Kirche entgegengestellt wird". Die Gläubigen sollten daher ihre Ohren und Herzen vor diesem Ruf verschließen.

1930 steigen die Nationalsozialisten zur zweitstärksten Partei im Deutschen Reich auf, was die Besorgnisse der österreichischen Katholiken vermehrt. Das Hakenkreuz sei kein begrüßenswertes Gegengewicht gegen Rotfront, wird betont, und weiters: „Wir brauchen keine Uniformen mehr und vor allem keine Feldwebel." Das gleichzeitige Ansteigen der Heimwehr-Bewegung in Österreich gibt Anlaß, „einer drohenden

Verwirrung und Verwechslung zu steuern". Gewiß seien, äußerlich gesehen, beide Rechtsbewegungen, die sich jedoch ihrer Herkunft und innerstaatlichen Funktion nach grundlegend voneinander unterschieden. Als dann sogar der Bundesführer der Heimwehr, Fürst Starhemberg, kurze Zeit einer Verbindung mit dem Nationalsozialismus das Wort redete, rügte Prälat Schoepfer dies als äußerst bedauerliche Rede-Entgleisung und den „faschistischen Kurs gewisser Heimwehrführer" als Irrweg.

Zu dieser Zeit wurden im „Neuen Reich" einige abstruse Ideen des Nationalsozialismus zum Teil auch auf den „Hohen Arischen Lehrer" Guido von List zurückgeführt, der 1917 von Wien aus an Frontoffiziere Broschüren verschickt habe, in denen das Hakenkreuz, die Runensprache u. ä. propagiert wurden. Die kompromißlos-ablehnende Haltung des „Neuen Reichs" gegenüber dem Nationalsozialismus wurde der Zeitschrift allerdings von einigen Lesern übelgenommen, die mit den „Hitlerischen liebäugelten und meinten, auch ein Christ könne dieser schwungvollen Partei mit gutem Gewissen angehören". Die Zeitschrift versäumte nicht, diese Leser auf die Gefährlichkeit ihres Irrtums nachdrücklich aufmerksam zu machen und auch auf die geistige Verwandtschaft zwischen Nationalsozialismus und Kommunismus hinzuweisen.

Etwas andere Wege war seit Beginn des Jahres 1930 die „Schönere Zukunft" Eberles gegangen. Wohl lehnte man auch hier den Nationalsozialismus als kirchenfeindlich und als Partei eines übersteigerten, radikalen Nationalismus ab; für das beste Mittel zu seiner Bekämpfung hielt man jedoch die Übernahme jener Ideen und Parolen in geläuterter Form, die der Nationalsozialismus „dem Kern nach mit Recht, wenn auch in unzulänglicher Form" vertrete. Eberle führte die Erfolge des Nationalsozialismus vor allem auf die Unterlassungssünden der anderen deutschen Parteien, z. B. deren mangelnden Antisemitismus, zurück: „Es gäbe kaum den rüden, wüsten, verdammenswerten Antisemitismus der Hitler-Leute, wenn die wirklichen Deutschen und die wirklichen Christen die Judenfrage in christlicher Weise zu stellen und zu lösen verstünden." Andere Autoren betonten wiederum die Unterlassungssünden, vor allem des Zentrums, auf wirtschaftlichem und sozialem Feld, wodurch die unklaren Forderungen des Nationalsozialismus nach einer ständischen Ordnung, nach Erhaltung und Erneuerung eines breiten Mittelstandes, nach Bekämpfung der Plutokratie im Interesse der Allgemeinheit für nicht wenige Katholiken anziehend würden.

Das entschiedene Nein des Mainzer Ordinariats auf die offizielle Anfrage der nationalsozialistischen Gauleitung Offenbach im Herbst 1930, ob ein Katholik auch Nationalsozialist sein könne, wurde von der „Schöneren Zukunft“ ebenso publiziert wie vom „Neuen Reich“. Die „Schönere Zukunft“ berichtete dann allerdings auch über ablehnende Stimmen zu der Mainzer Entscheidung in der katholischen Presse Deutschlands. Im Dezember 1930 führte Eberle den Aufstieg des Nationalsozialismus in Deutschland wiederum „nicht in erster Linie auf ihren wüsten Antiklerikalismus und ihre dummen Wotansideologien“ zurück, „sondern vor allem auf ihre Neubelebung des Patriotismus, ihre Besserwertung der Geschichte, auf ihre Ablehnung (der Friedensverträge) von Versailles, auf ihren Kampf um Reparationserleichterung, auf ihre Kritik eines unzulänglichen Parlamentarismus, auf ihren Kampf gegen unsoziales Bank-, Börsen- und Warenhaustreiben, gegen Plutokratisierung und Verjudung“. Im Jänner 1931 begann Eberle dann eine Artikelserie: „Wie überwindet Deutschland Radikalismus und Revolutionsgefahr?“ In der Verwirklichung eines großen Reformprogramms sah er, im Gegensatz zu einer bloßen Widerlegung und Brandmarkung des Nationalsozialismus, die einzige Möglichkeit, die Gefahr zu bannen.

Aus diesen Kommentaren der „Schöneren Zukunft“ glaubte ein führender französischer Katholik und Professor für deutsche Literatur, Robert d'Harcourt, in der französischen Jesuitenzeitschrift „Études“ schließen zu müssen, der deutsche Katholizismus tendiere immer stärker zum Nationalsozialismus. Der Artikel d'Harcourts, der u. a. auch Professor Eibl als Vertreter eines geistigen Pangermanismus apostrophiert hatte, sowie der Bericht der Saarbrückerin Klara Faßbinder im „Neuen Reich“ über die Besorgnisse d'Harcourts führten zu mehreren Richtigstellungen Eberles in katholischen Zeitschriften Frankreichs und zu einer unerfreulichen Polemik zwischen Eberle und Eibl einerseits, dem Herausgeber der deutschen katholischen „Allgemeinen Rundschau“, Georg Moenius, der katholischen „Augsburger Postzeitung“ und Klara Faßbinder anderseits. Eberles Ausfälle ließen dabei an Heftigkeit nichts zu wünschen übrig. Er beschuldigte Klara Faßbinder, eine frühere Autorin der „Schöneren Zukunft“, des Analphabetismus, weil sie nicht wisse, daß sein Antisemitismus und seine Ablehnung des Parlamentarismus und „Demokratismus“ alte christliche Ideen seien, deren Anhänger man keinesfalls als „Hitlerianer oder Mussolinisten“ bezeichnen dürfe.

Das Ergebnis dieser katholischen Auseinandersetzung um den Nationalsozialismus zu einer Zeit, da der deutsche Episkopat laufend Kundgebungen gegen diese Bewegung erließ, war aber doch ein eindeutiges Abrücken Eberles von Hitler und in gewisser Hinsicht auch vom Antisemitismus. Die „Schönere Zukunft“ veröffentlichte entschiedene Stellungnahmen gegen den Nationalsozialismus, wie z. B. jene des Regensburger Bischofs Michael Buchberger, bald aber wieder auch positive Stimmen führender deutscher Katholiken wie die des Prälaten Pieper, der hinter dem Nationalsozialismus den tatbereiten Lebenswillen „einer mit Ergriffenheit erlebten Lebenswahrheit, nämlich der von der Fülle der Zeit geforderten neuen, menschenwürdigen Lebensgemeinschaft“ wirken sah. Damals begann sich auch Franz von Papen unter die Autoren der „Schöneren Zukunft“ einzureihen, und zwar mit dem Artikel: „Die Stunde für den Staatsmann und die Ecclesia militans ist da!“ Das „Neue Reich“ erhielt indessen Drohbriefe wegen seiner „niederträchtigen Verleumdungen“ des Nationalsozialismus von Männern, die sich selbst als „gebildete und unterrichtete Katholiken“ bezeichneten. Die Antwort der Redaktion darauf klang in die „noch“ gehegte Hoffnung aus, daß das deutsche Volk von dem Abgrund weggerissen werden könne, „an den der Affe des italienischen Diktators es unfehlbar führen würde“.

Im Spätherbst 1931 bemühten sich österreichische Nationalsozialisten aber schon zielbewußt um Kontakte mit führenden Katholiken, in deren Kreise sie mit allen Mitteln einzudringen wünschten. Da der akademische Verein „Logos“ zu dieser Zeit 14 Vorträge über den Nationalsozialismus vor katholischen Akademikern plante, wurde z. B. dem Wiener Gauleiter Alfred Eduard Frauenfeld von Gesinnungsfreunden dringend geraten, „Kampftruppen“ in den „Logos“ zu entsenden. Der Boden sei heute auch in katholischen Kreisen für den Nationalsozialismus vorbereitet, für den es vielleicht nur eine Frage der Zeit sei, daß er die besten katholischen Kräfte für sich gewinne. Hierzu sei jedoch als erstes notwendig, die weltanschaulichen und metaphysischen Bedenken der Katholiken zu überwinden. Der Nationalsozialismus brauche dies auch selbst, da es ihm derzeit noch an wirklich überragenden Köpfen fehle. Hitler habe ja selbst zu Professor Othmar Spann gesagt, „seine Arbeit werde vergeblich bleiben, wenn ihr die wissenschaftliche Untermauerung fehle, wenn nicht die Universitätslehrer ihr dienen werden".

Wenig später antwortete Frauenfeld persönlich auf die schon erwähnten Einwände einer Katholikin auf seine Bemerkungen über das Christentum in einer Propagandarede in Wien. Er hatte dabei die Kampfweise des Nationalsozialismus aufgrund des Christuswortes, Jesus sei nicht gekommen, Frieden auf die Erde zu bringen, sondern das Schwert, als gottgewollt erklärt. Dem Hinweis auf die Lehren der Bergpredigt entgegnete Frauenfeld, daß die Vergangenheit des Christentums „keineswegs jene wehleidige, durchaus orientalisch duldende Form" zeige, die man ihm heute fälschlich immer wieder unterschiebe. Die Nationalsozialisten als Idealisten und Kämpfer würden das Christentum besser wahren und vertreten als manche gehässige Kanzelredner: Wenn man auf christlichsozialer Seite „die Religion mißbraucht, um schmutzige Politik zu machen, dann ist es wohl nicht am Platz, es uns zu verübeln, wenn wir als eine Bewegung selbstloser Kämpfer für unser Volk auch für uns das Wort des Herrn in Anspruch nehmen".

Wenige Tage vor diesem Briefwechsel hatte sich die Bischofskonferenz Ende November 1931 erstmals ausführlicher mit dem österreichischen Nationalsozialismus beschäftigt, dem gemeinsam mit der Heimwehr-Bewegung ein Referat des Bischofs Pawlikowski gewidmet war. Pawlikowski berichtete über die Kundgebungen des deutschen Episkopats gegen den Nationalsozialismus und den Stand der Bewegung in den einzelnen Bundesländern. Sie sei „infolge der allgemeinen Unzufriedenheit mit den gegenwärtigen Zuständen", ebenso wie die Heimwehr-Bewegung, überall im Aufstieg begriffen und erfasse besonders die Jugend. Die Bischöfe einigten sich dahingehend, von einem kirchlichen Einschreiten gegen diese Bewegungen aus taktischen Erwägungen abzusehen, dafür aber in dem gemeinsamen Fastenhirtenbrief über die Enzyklika *Quadragesimo anno,* mit dessen Konzipierung der Apostolische Administrator von Innsbruck-Feldkirch, Bischof Waitz, beauftragt wurde, die Irrtümer aufzuzeigen und abzulehnen.

In diesem gemeinsamen Fastenhirtenschreiben vom 7. Februar 1932 haben die österreichischen Bischöfe dann ausdrücklich erklärt, daß man vom Nationalsozialismus ebensowenig wie von Kommunismus und Bolschewismus erwarten könne, daß er die Übel der Zeit banne. Er drohe im Gegenteil, noch mehr Verwirrung und Feindseligkeit in das Volk hineinzutragen, obwohl sich „eine beträchtliche Anzahl von sonst guten Katholiken" ihm anschlösse. Das Programm des Nationalsozialismus selbst sei schon verwirrend und lasse die verschiedensten Auslegungen zu, aber die schriftlichen und mündlichen Äußerungen namhafter Führer zeugten klar von einer außerordentlich feindseligen Einstellung gegen die katholische Religion und die Kirche. Wenn den Bestrebungen der radikalen Programmverkünder nicht rechtzeitig Einhalt geboten werde, führten sie zu Bürgerkrieg, neuen Revolutionen und neuen Kriegen, und „das alles würde noch viel ärgere Übel herbeiführen, als der frühere Weltkrieg und frühere Revolutionen herbeigeführt haben".

Wenige Tage nach Publizierung dieses Hirtenbriefes ging das Interview durch die österreichische Presse, das Altbundeskanzler Prälat Ignaz Seipel der „Berliner Börsenzeitung" über die Krise der Demokratie gewährt hatte. Dabei kam er zwar vorsichtig, aber doch relativ wohlwollend auch auf die Nationalsozialisten zu sprechen. Er betonte, daß er schon immer den Standpunkt vertreten habe, auch radikale Flügelparteien in einem frühen Stadium vor ernste Aufgaben zu stellen, wie er ja auch tatsächlich schon bei einem Interview in Oslo nach den deutschen Septemberwahlen von 1930 mit deutlicher Adressierung an das Zentrum erklärt hatte, es sei von den alten Parteien undemokratisch, die Zusammenarbeit mit einer Partei abzulehnen, die in den Wahlen gewonnen habe. Nun verwies Seipel außerdem noch auf die glühende Vaterlandsliebe zahlreicher nationalsozialistischer Studenten, die er auf deutschen Hochschu-

len kennengelernt habe. Er wisse freilich, daß es zweierlei Nationalsozialismus gebe und die nationalsozialistische Agitation keineswegs nur das Bild solch glühender Vaterlandsliebe widerspiegle: „Man muß eben die Entwicklung abwarten."
Die Entwicklung brachte als nächstes den Nationalsozialisten nun auch in Österreich steigende Erfolge. Bei den Landtagswahlen vom 24. April 1932 in Wien, Niederösterreich, Salzburg, Kärnten und der Steiermark schnitten sie überraschend gut ab, während die Christlichsoziale Partei, vor allem in Wien, bei diesem Wahlgang, der übrigens drei Tage nach dem Tod Kardinal Piffls stattfand, fast die Hälfte ihrer bisherigen Wähler verlor. Bischof Pawlikowski beurteilte daher vor der österreichischen Bischofskonferenz Mitte Juni in Salzburg die politische Lage als äußerst unsicher und trist. Die für den Herbst in Aussicht stehenden Wahlen würden neue Einbußen der Christlichsozialen zugunsten der Nationalsozialisten bringen. Was die Stellungnahme der Bischöfe zum Nationalsozialismus betreffe, so könne sie nach dem Beispiel der deutschen Bischöfe nur eine ablehnende sein. Nuntius Sibilia habe erklären lassen: „Das Wesentliche an der Stellung zum Nationalsozialismus ist, ob er der Kirche feindlich gegenübersteht oder nicht. Auf zwei Fragen ist er besonders zu prüfen: 1. Ehefrage, 2. religiöse Erziehung in der Schule. Wenn der Nationalsozialismus in diesen zwei Fragen sich kirchenfeindlich zeigt, können die Katholiken den Nationalsozialisten bei der Wahl ihre Stimme nicht geben. Solange der Nationalsozialismus jeder Feindseligkeit fernsteht, könne den Katholiken die Freiheit gelassen werden, bis die Bischöfe definitive Stellung zum Nationalsozialismus nehmen. Wenn er Garantie leistet, daß er nicht kirchenfeindlich ist, soll man ihn nicht bekämpfen."
Die Bischöfe beschlossen daraufhin, den Klerus anzuweisen, auf der Kanzel zum Nationalsozialismus nur insoweit Stellung zu nehmen, als er in seinem Programm antireligiös sei. In den Versammlungen der katholischen Organisationen solle der Klerus für ausgiebige Aufklärung über die Irrtümer der heutigen Zeit, auch des Nationalsozialismus, sorgen. Die katholische Presse möge sich in grundsätzlichen Artikeln mit dem Programm des Nationalsozialismus auseinandersetzen. Der Linzer Bischof Gföllner stellte außerdem einen Hirtenbrief über die religiösen Irrtümer des Nationalsozialismus in Aussicht.

Ungefähr zur selben Zeit, im Frühsommer 1932, wurde Professor Eibl vom Grafen Gatterburg im Namen des Malteser-Ritters Pawel Ramingen aufgefordert, an Besprechungen über ein „gemeinsames christlich-humanistisches" Programm zwischen führenden Katholiken und maßgebenden Nationalsozialisten teilzunehmen, wobei man sich auch auf einen Wunsch des verstorbenen Kardinals Piffl berief, den dieser knapp vor seinem Tod geäußert habe. Eibl, dem damals P. Friedrich Muckermann SJ schon öffentlich seine viel zu optimistische Haltung gegenüber dem Nationalsozialismus vorgehalten hatte, sagte zu. Die Verhandlungen, zu denen auf Eibls Wunsch noch P. Montjoye SJ und P. Hartmann OFM sowie zwei Professoren der Theologischen Fakultät der Wiener Universität beigezogen wurden, begannen im Herbst 1932. Gerade damals bekundete die Gauleitung Wien der NSDAP, der Nationalsozialistischen Deutschen Arbeiter-Partei, wieder einmal besonders deutlich ihr Interesse, in Veranstaltungen der Partei Kulthandlungen einzubeziehen. Das Ansuchen, im Rahmen des Gauparteitages für die SA als geschlossene Formation mit Standarten in St. Stephan eine Messe lesen zu lassen, wurde vom Generalvikar Kamprath jedoch „aus grundsätzlichen Erwägungen" ebenso wie eine dann vorgesehene Feldmesse auf dem Heldenplatz abgelehnt. Der abschlägige Bescheid wurde übrigens in der Registraturabteilung „Propaganda" der Gauleitung hinterlegt.

Bei den Verhandlungen der „Wiener Arbeitsgemeinschaft für den religiösen Frieden" war nach den Aufzeichnungen Eibls der Gesprächspartner der Katholiken in erster Linie der nationalsozialistische Landesinspekteur für Österreich, der Norddeutsche Theo Habicht. Im Mittelpunkt der Diskussion stand der vielberufene Artikel 24 des nationalsozialistischen Parteiprogramms, die Frage der Auslegung des „positiven Christentums". Eibl vertrat die Ansicht, daß nach einem hundertjährigen Sprachgebrauch darunter ein „historisch begründetes, nicht abstrakt konstruiertes und sich im praktischen Leben bewährendes, nicht nur ästhetisch gefühltes Christentum" zu verstehen sei. Man schlug daher vor, Hitler möge erklären, wie er es meine. Sei das historische und praktizierte Christentum darunter zu verstehen, so sei vom Standpunkt der Kirche aus gegen das Programm nichts einzuwenden.

Theo Habicht versprach, Hitler darüber zu befragen.

Während man noch auf Hitlers Antwort wartete, tagten vom 22. bis 24. November 1932 in Salzburg die österreichischen Bischöfe in ihrer ordentlichen Herbstkonferenz, der Bischof Gföllner seinen im Frühjahr angekündigten Hirtenbrief über den wahren und falschen Nationalismus vorlegte. In der folgenden Generaldebatte wurden Für und Wider einer Veröffentlichung des Hirtenbriefes Gföllners erwogen, der schließlich die Abstimmung über die Frage beantragte, ob der Hirtenbrief nun veröffentlicht werden solle oder nicht.

Der Ausgang dieser Abstimmung wurde von einem Bericht des neuen Erzbischofs von Wien, Theodor Innitzer, bestimmt. Diesem hatte zwei Monate vorher Dr. Walter Riehl, vor Hitler schon Führer einer nationalsozialistischen Bewegung in Österreich und 1933 von Habicht aus der NSDAP ausgeschlossen, zu seiner Ernennung herzlich gratuliert. In dem Glückwunschschreiben, von dem Riehl der nationalsozialistischen Gauleitung einen Durchschlag zur Kenntnis übermittelte, hatte er auch erklärt, daß wohl Gegensätze zwischen der Christlichsozialen Partei und der Hitler-Bewegung, aber keine Gegensätze zwischen der katholischen Kirche und der Hitler-Bewegung bestünden: „Ganz im Gegenteil, die Christlichsoziale Partei ist ein morsch und schwach gewordener Schutz, die Hitler-Bewegung ist eine Säule der christlichen Bekenntnisse.“ Außerdem war Innitzer auch über die Wiener Verhandlungen mit Habicht unterrichtet worden, über die er nun der Bischofskonferenz referierte. Daher sprach sich die Mehrheit, eben wegen dieser Verhandlungen, „für eine dilatorische Stellungnahme“ aus. Innitzer wurde gebeten, bei den weiter zu führenden Verhandlungen eine parteiamtliche Erklärung über jene Programmpunkte einzuholen, die mit den Lehren der katholischen Kirche nicht vereinbar seien. Bei der Erörterung der Zusammenlegung des auflagenschwächeren „Neuen Reichs“ mit der damals in 20.000 Exemplaren aufgelegten „Schöneren Zukunft“ unter der Oberleitung Eberles, weil die kommenden schweren Jahre und Jahrzehnte die Konzentration und Einigung aller katholischen Kräfte benötigten, beschloß man, die Redakteure beider Zeitschriften durch Innitzer über die Wünsche der Bischöfe informieren zu lassen. Die neue „Schönere Zukunft“ solle führend sein im Kampf gegen Unglauben und Sittenlosigkeit, Liberalismus und Nationalsozialismus. Innitzer berichtete auch noch über die in Wien geplante Abhaltung eines Allgemeinen Deutschen Katholikentages, gegen die sich noch im Juni Bischof Gföllner ausgesprochen hatte. Der Katholikentag in Wien sei bereits eine festgelegte Sache, die allgemein freudig begrüßt worden sei.

Vor Weihnachten 1932 brachte Habicht die Antwort Hitlers. Sie lautete, wie nicht anders zu erwarten, daß Hitler das historische und praktische Christentum meine und diese Auffassung auch öffentlich verkünden werde. Erzbischof Innitzer wurde von dieser Antwort unterrichtet. Er scheint ihr aber doch nicht mehr Bedeutung zugemessen zu haben, als ihr zukam. Nach den Protokollen der Bischofskonferenz zu schließen, hat er sie zumindest dort nicht zur Diskussion gestellt. Allerdings hat auch die politische Entwicklung mit der Machtergreifung Hitlers in Deutschland einerseits, der Festigung des antinationalsozialistischen Regimes Dollfuß in Österreich anderseits, das bereits am 5. Juni 1933 das seit langem erhoffte und seit 1931 weitgehend ausgehandelte Konkordat abgeschlossen hatte, eine solche Diskussion zunehmend illusorisch gemacht.

Professor Eibl wollte jedoch trotzdem das einmal aufgenommene Gespräch weiterführen, und zwar mit dem Ziel eines Konkordates der Kirche mit Hitler, durch das dieser festgelegt werden sollte. Als ihm am Abend des 23. März 1933 Theo Habicht mitteilte, Hitler habe eben in der Berliner Kroll-Oper die gewünschte Erklärung gegeben, daß das nationalsozialistische Reich die historischen Rechte der Kirche achten werde, stürzte er sich daher in eine Reihe von Aktionen. Schon am nächsten Tag machte er den Generalvikar von Berlin und in weiterer Folge auch den Vorsitzenden der deutschen Bischofskonferenz, Kardinal Adolf Johannes Bertram, auf den seiner Meinung nach bestehenden Zusammenhang zwischen dieser Erklärung und den Wiener Gesprächen sowie auf seine Konkordatspläne aufmerksam. Am 25. März 1933 berichtete er sogar Goebbels davon, der Eibl allerdings nur dieses eine Mal empfangen hat. Der Professor empfahl auch Goebbels Gespräche zwischen Nationalsozialisten und Mitgliedern des Zentrums über ein gemeinsames Kulturprogramm, was dieser jedoch für unnötig hielt. Die Kirche werde sich dem Nationalsozialismus anschließen,

„weil nur wir die Macht haben, sie vor dem Bolschewismus zu schützen". Goebbels sprach damit zwar nur eine Auffassung aus, die die römische Agentur „La Corrispondenza" wenige Tage vorher veröffentlicht hatte und die auch von der Wiener nationalsozialistischen Presse sofort übernommen worden war. Gerade deswegen ist die Antwort Eibls beachtlich: „Sie irren, Herr Reichsminister, die Kirche hat in einer 1.900jährigen Geschichte schwere Krisen, auch innere, überwunden. Sie werden die Kirche brauchen, nicht umgekehrt, wenn Sie nicht im Bolschewismus untergehen wollen." Wenige Tage nach diesem für die künftigen Beziehungen zwischen Kirche und nationalsozialistischem Staat nicht gerade verheißungsvollen Gespräch ist Eibl aber dennoch, ebenso wie sein Kollege Hugelmann, als Proponent des von Papen gegründeten Bundes katholischer Deutscher „Kreuz und Adler" an die Öffentlichkeit getreten. Zweck dieses Bundes war, den Aufbau des Dritten Reiches „geistig zu fördern".

In Österreich hatte sich unterdessen Eberle noch nicht ganz auf die Wünsche der Bischöfe hinsichtlich der Linie der neuen „Schöneren Zukunft" eingestellt. Im „Neuen Reich" war im Sommer 1932 die Stellungnahme des Zentrumsabgeordneten Joos zum Nationalsozialismus veröffentlicht worden: „Für uns ist die nationalsozialistische Bewegung die Gefahr für unsere nationale Kultur, nicht Aufstieg, sondern Rückfall. Dahinter kann nur Auflösung, Rückgang auf allen Seiten, Absturz in Tiefen sein, von denen wir uns heute noch keine Vorstellung machen können. Was in Jahrhunderten erarbeitet worden ist, das kann in Jahrzehnten verwirtschaftet sein. Auf diesem Weg ist unser unglückliches deutsches Volk." Eberle dagegen führte am Vorabend der nationalsozialistischen Machtergreifung in Deutschland mit dem führenden katholischen Zentrumsjournalisten Buhla eine Diskussion über die Zukunft Deutschlands. Dabei meinte er, ein autoritärer Staat brauche nicht ein totaler zu sein. Mit der politischen Diktatur könne sehr wohl die religiös-kulturelle Autonomie der christlichen Konfessionen Hand in Hand gehen.

Die Reaktion auf die Veröffentlichung des Hirtenbriefes Gföllners vom 21. Jänner 1933, der sich nun doch zu ihr entschlossen hatte, ohne eine weitere Entscheidung der Bischofskonferenz abzuwarten, ließ eine solche Möglichkeit jedoch mehr als unwahrscheinlich erscheinen, und die österreichischen Bischöfe haben sie damals wohl auch nicht mehr erwartet. Bischof Pawlikowski von Seckau-Graz und Erzbischof Rieder von Salzburg haben den Hirtenbrief Gföllners in ihre Diözesanblätter aufgenommen und sich damit hinter ihn gestellt. In Linz mußte der Hirtenbrief, in dem nach der entschiedenen Ablehnung der Irrtümer des Nationalsozialismus ausdrücklich gesagt wurde, es sei unmöglich, „gleichzeitig guter Katholik und wirklicher Nationalsozialist zu sein", binnen weniger Wochen achtmal aufgelegt werden. Er wurde in fremde Sprachen übersetzt und erregte gerade auch wegen seines zeitlichen Zusammentreffens mit Hitlers Machtergreifung in ganz Europa Aufsehen. Kardinal Faulhaber von München, der gemeinsam mit dem deutschen Episkopat im Frühjahr 1933 eine Versöhnung mit dem neuen Machthaber suchte, war allerdings über ihn nicht erfreut.

Die österreichischen Nationalsozialisten reagierten auf den Hirtenbrief mit schärfsten Angriffen auf den Bischof und die Kirche. Am Gründonnerstag 1933 klebte am Tor des Gebäudes des Katholischen Preßvereins in Linz ein handgemaltes Plakat, das Christus als einen mit dem Galgenstrick am Hakenkreuz gehenkten Verbrecher darstellte. Darunter stand: „Einmal ist er aus jüdischen Horden von arischen Römern gekreuzigt worden. Jetzo, der Heiland Hitler gebeut's, hängen wir Christus ans Hakenkreuz. Heil Hitler! Juda-Christus verrecke!" Bischof Gföllner setzte dieser Blasphemie, die eindeutig nicht „positives Christentum", sondern „bolschewistische Greueltat" sei, neuerlich die entschiedene Ablehnung der „grundstürzenden Ideen und verkehrten Grundsätze eines falschen Nationalismus" entgegen. Er habe diese schon in seinem Hirtenbrief gebrandmarkt, den er unverändert aufrechterhalte und der alle Diözesanen im Gewissen zu religiösem Gehorsam verpflichte. Den katholischen Eltern lege er besonders ans Herz, ihre heranwachsenden Kinder, vor allem die studierende Jugend, von nationalsozialistischen Kreisen fernzuhalten: „Noch ist es Zeit, aber es ist höchste Zeit!"

Die Haltung des Episkopats zum Nationalsozialismus 1933 bis 1938

1933 war für das Deutsche Reich und Österreich politisch und kirchlich ein hartes „Wendejahr". Die Ernennung Hitlers zum deutschen Reichskanzler am 30. Jänner 1933 war der Beginn eines zwölfjährigen NS-Regimes, das noch im Frieden alle Bereiche der Gesellschaft organisierte und erfaßte, ehe es 1939 einen schließlich fast die ganze Welt umfassenden Krieg entfesselte. Nach dem Abschluß des Reichskonkordates am 8. Juli 1933 begann sich auch bald wieder der wahre antikirchliche Charakter eines auch einen Kirchenkampf nicht scheuenden Systems zu zeigen.

In Österreich hatte der christlichsoziale Bundeskanzler Dr. Engelbert Dollfuß am 4. März 1933 den aufgrund eines formalen Abstimmungsfehlers erfolgten Rücktritt aller drei Präsidenten des Nationalrats zu dessen Ausschaltung genützt. Er regierte von nun an mit Hilfe des Kriegswirtschaftlichen Ermächtigungsgesetzes von 1917 autoritär, ehe er nach dem für die Regierung siegreichen Ausgang des Bürgerkrieges im Februar 1934 und der Niederringung der Sozialdemokratie am 1. Mai 1934 die Verfassung des christlichen Ständestaates proklamierte. Sie trennte nicht mehr Gesetzgebung und Verwaltung. Auch die Innenpolitik war nach dem Vorbild des faschistischen Italien ausgerichtet, das damals noch als Schutzmacht der österreichischen Souveränität gegenüber dem Deutschen Reich auftrat. Wie sich seit der Zäsur 1933 in den noch bleibenden fünf Jahren österreichischer Selbständigkeit die Bischöfe, aber auch führende katholische Laien über die immer größer werdende nationalsozialistische Gefahr äußerten, wird in den beiden folgenden Abschnitten dargestellt.

Vom Hirtenbrief des Linzer Bischofs Gföllner vom 21. Jänner 1933 war bereits ausführlich die Rede. Der Wiener Erzbischof Theodor Innitzer machte den für den Herbst 1933 in Wien geplanten „Allgemeinen deutschen Katholikentag“ zum Gegenstand seines ersten Fastenhirtenschreibens. Die Einladung nach Wien war übrigens auf dem deutschen Katholikentag 1932 in Essen auch von Bundeskanzler Dollfuß ausgesprochen, aber von den österreichischen Bischöfen zunächst nicht einhellig begrüßt worden. Erzbischof Innitzer hatte sich jedoch positiv zu dem Plan gestellt und ihm seine Unterstützung geliehen. In seinem Fastenhirtenbrief erinnerte er an jene Zeit, in der für die Deutschen die Glaubens- und Volkseinheit noch im vollen Umfang bestand. Nun weise alles darauf hin, „daß der große Kampf der Zukunft in der Seele des deutschen Volkes entscheidend ausgetragen werde“. Daraus erwachse den deutschen Katholiken — die österreichischen mit eingeschlossen — eine ungeheure Verpflichtung. Die Betonung der „deutschen“ Aufgabe des österreichischen Katholizismus als Bollwerk gegen den Nationalsozialismus und die alte katholische Reichsidee haben dann auch beim Katholikentag selbst, an dem die deutschen Katholiken infolge der von ihrer Regierung verhängten Tausend-Mark-Sperre nicht teilnehmen konnten, eine beträchtliche Rolle gespielt.

Am 2. April 1933 erklärte Innitzer bei der Hauptversammlung der katholischen Männervereine, daß ihm gegenüber Papst Pius XI. erst kürzlich in Rom seine große Besorgnis vor dem gottlosen Bolschewismus ausgesprochen habe und die Kirche alle Bemühungen gegen diesen mit Aufmerksamkeit verfolge. Damit sei aber nicht gesagt, daß die Kirche alle Lehren und Unternehmungen gutheiße, die diese drohende Macht bekämpften. Mit einer neutralen Stellungnahme der Bischöfe sei daher noch keine Empfehlung einer Partei ausgesprochen. Die innenpolitische Entwicklung im Frühjahr und Sommer 1933 mit den Terrorakten der Nationalsozialisten einerseits, dem Verbot der NSDAP durch die Regierung anderseits ließ jedoch eine neutrale Stellung bald als überholt erscheinen. Bischof Pawlikowski von Seckau-Graz warnte daher im Oktober in einem Hirtenbrief über den Katholikentag seine Diözesanen eindringlich vor allen österreichfeindlichen Sendlingen, die als „Wölfe im Schafspelz“ Umstürze heraufbeschwören wollten. Für den Klerus erließ Pawlikowski zur selben Zeit Weisungen, in denen er unter religiösem Gesichtspunkt den Gegensatz des Nationalsozialismus zu Christentum und Kirche aufzeigte, der auch durch das Reichskonkordat nicht überbrückt worden sei: „Mag auch das nationalsozialistisch geführte Deutschland mit dem Heiligen Stuhl ein Konkordat abgeschlossen haben, es hat die von katholischer Seite gegen die Grundideen des Nationalsozialismus erhobenen Bedenken nicht entkräftet. Das Konkordat ist schließlich ein staatspolitischer Vertrag, welcher die Rechte des katholischen Glaubens und der Kirche zu sichern versucht. Konkordate geht der Apostolische Stuhl auch mit Staaten ein, deren Regierungen nicht katholisch sind. Ein Konkordat ist noch immer nicht eine kirchliche Gutheißung einer augenblicklich vorherrschenden Regierungsanschauung." Politische Einflußnahme sei nicht Aufgabe des Klerus, aber gerade in diesen unruhigen Zeiten müsse er auf die Gläubigen aufklärend, vermittelnd und beruhigend einwirken.

Auf dieser Linie lag auch die Entscheidung der Bischofskonferenz vom November 1933, die nach reiflicher Erwägung der „gegenwärtig besonders heiklen politischen Verhältnisse" beschloß, den Klerus aus der aktiven Politik abzuberufen. Außerdem einigte man sich auf die Herausgabe eines Hirtenbriefes, in dem im Anschluß an den Katholikentag besonders die Pflichten des katholischen Volkes gegenüber Regierung und Vaterland klargestellt werden sollten. Mit der Konzipierung des Hirtenbriefes wurde Bischof Gföllner betraut. Dieser übernahm in das gemeinsame Hirtenschreiben die wesentlichen Gedanken aus seinem Hirtenbrief vom Jänner. Darüber hinaus wurde folgendes erklärt: Das Entgegenkommen der deutschen Bischöfe nach der politischen Neuordnung aufgrund der feierlichen und amtlichen Zusicherung eines geordneten Rechtsverhältnisses zwischen Staat und Kirche und auch das Reichskonkordat wären „nicht im geringsten eine Anerkennung und Billigung der religiösen und kirchlichen Irrtümer des Nationalsozialismus". Ob und wie dieses Konkordat eingehalten werde, darüber stehe das Urteil dem Heiligen Stuhl zu, aber alle Welt wisse, wie gespannt das Verhältnis zwischen Staat und Kirche im Deutschen Reich sei, und der Papst habe erst kürzlich von seiner Angst um die Religion in Deutschland gesprochen: „Es darf daher nicht wundernehmen, wenn auch uns Katholiken

Österreichs eine ähnliche Sorge um die Religion erfüllt, falls der Nationalsozialismus bei uns zur Herrschaft käme; und die christliche Regierung Österreichs wahrt in ihrem Abwehrkampf gegen den Nationalsozialismus nicht nur ihre berechtigten politischen Rechte und Interessen, sondern errichtet gleichzeitig einen mächtigen Schutzdamm gegen das weitere Eindringen dieser religiösen Irrtümer." Da Nation und Staat voneinander verschieden seien und der Staat über der Nation stehe, verurteilten die Bischöfe das extreme Nationalitätenprinzip, verteidigten die geschichtlichen Rechte des Vaterlandes und begrüßten die Pflege des österreichischen Gedankens. Als vierte und letzte Grundwahrheit aber verkündeten sie: „Über allem Nationalismus steht die Religion, die nicht national, sondern übernational ist." Sie wüßten sehr wohl, daß nicht alle Anhänger des Nationalsozialismus seine religiösen Irrtümer teilten, aber sie sähen tiefer und blickten weiter und fürchteten daher mit Recht, daß die „Logik der Ideen und Tatsachen sowie äußere Machteinflüsse" schließlich doch zu jenem Endergebnis führen würden, „das alle überzeugten Katholiken mit uns Bischöfen ablehnen müßten".

Die Reaktion der deutschen nationalsozialistischen Presse und des deutschen katholischen Vizekanzlers von Papen auf diesen Hirtenbrief reichte von Beschimpfungen bis zu maßvoll entrüsteter Zurückweisung, da nach Papen „nichts bekannt sei, das es rechtfertigen würde, einen der von den österreichischen Bischöfen genannten Irrtümer dem Nationalsozialismus zur Last zu legen". Die vatikanische Tageszeitung „Osservatore Romano" wies dagegen die Angriffe des „Völkischen Beobachters", des nationalsozialistischen Zentralorgans, gegen den österreichischen Episkopat entschieden zurück. Die kirchliche Lehrautorität der Bischöfe betonte dann neuerlich Bischof Memelauer von St. Pölten in seinem Fastenhirtenbrief 1934: „Die von Gott beauftragten Lehrer und Hüter des Wortes können und dürfen nicht schweigen zu Tendenzen, die anstelle des bekenntnistreuen Christentums eine Art allgemeinen Christentums setzen wollen, die den einen oder anderen Baustein aus den Offenbarungswahrheiten brechen wollen."

Im Sommer 1934, noch vor dem nationalsozialistischen Attentat auf Dollfuß, erhob der Salzburger Erzbischof Rieder, auf dessen Palais im Mai ein Bombenanschlag verübt worden war, vom Krankenbett aus seine Stimme gegen die Sprengstoffattentäter: „Sünde, sehr große Sünde ist es, mit Terrorakten Schrekken und Schaden zu stiften! Sünde ist es auch, diesem verbrecherischen Tun die Mauer zu machen durch offenes und verstecktes Sympathisieren, durch Schützen der Frevler! Laßt euch nicht täuschen mit dem Gerede, als ob solches Treiben eine erlaubte Gegenwehr sei gegen eine ungesetzliche Regierung. Ganz schlimme Freveltat ist es, wenn aus politischen Demonstrationsgründen heraus zum Abfall von der katholischen Kirche gehetzt wird, zu unberechenbarem Schaden für einzelne und Familien. Gerade hier zeigt sich blitzgrell, daß letztlich der Kampf nicht um Politik und Nation geht, sondern nur um das katholische Christentum, auf dessen Fundamenten das neue Österreich aufgebaut werden soll."

Nach der Ermordung des Bundeskanzlers Dollfuß am 25. Juli 1934 ordneten der Wiener Erzbischof Innitzer und der Klagenfurter Bischof Hefter einen Sühne- und Bettag an. Fürstbischof Adam Hefter, ein gebürtiger Bayer, hatte in der normalen Folge seines kirchlichen Verordnungsblattes wohl das Verbot der politischen Betätigung für den Klerus, nicht aber das den Regierungskurs stützende Weihnachtshirtenschreiben 1933 des Gesamtepiskopats veröffentlicht. Beim Begräbnis der Opfer der Juli-Kämpfe 1933, die in Kärnten besonders heftig getobt hatten, drückte der Bischof seinen Schmerz über den in Land und Diözese wütenden Bürgerkrieg aus: „Viele der Toten starben und leiden als Opfer der schweren Pflicht, und viele starben und leiden als bedauernswerte Opfer einer großen Verwirrung und Verirrung." Hefter hat sich dann auch für die Begnadigung von zum Tod verurteilten Kärntner Nationalsozialisten, den Brüdern Zechner, bei Bundespräsident Miklas mit Erfolg eingesetzt. Der zwar deutschnational, aber nicht nationalsozialistisch gesinnte Bischof hat nie ein Hehl daraus gemacht, daß ihn zu solchen Schritten nur das Interesse der Seelsorge und christliche Nächstenliebe veranlaßten. Trotzdem geriet er — vor allem auch dank der Propaganda Vizekanzler von Papens — in den Ruf, mit dem Nationalsozialismus als solchem zu sympathisieren, ja der „einzige deutsche" Bischof Österreichs zu sein, was einen gewissen Gegensatz zu seinem bischöflichen

Amtsbruder Pawlikowski von Seckau-Graz hervorkehrte.

Ein nachdrückliches Bekenntnis zu Dollfuß und zum autoritären, christlichen Ständestaat hat dagegen noch im Spätherbst 1934 der Linzer Bischof Gföllner bei der letzten Generalversammlung des Katholischen Volksvereins für Oberösterreich abgelegt, der sich im Juli 1934 auf Wunsch Gföllners formell als Teil der Katholischen Aktion erklärt hatte. Der Bischof stellte bei dieser Rede fest, daß sich die Katholiken mit Herz und Sinn zum österreichischen Gedanken bekennten und daher „jeden sogenannten national betonten Kurs“ entschieden ablehnten. Im Bereich des Pressewesens forderten sie „die Unterdrückung getarnten Vaterlandsverrats durch versteckt antiösterreichische Artikel“. Wenige Wochen später veröffentlichten die österreichischen Bischöfe eine gemeinsame „Kundgebung in ernster Zeit und zu ernsten Fragen der Gegenwart“, in der sie zum gesellschaftlichen, wirtschaftlichen, bürgerlichen und religiösen Frieden nach dem Naturrecht und den Lehren der Päpste Stellung nahmen. Bei der Behandlung des religiösen Friedens wiesen sie darauf hin, daß die im In- und Ausland von Protestanten verbreitete Nachricht, die Erneuerung des Staatswesens in Österreich habe eine Beeinträchtigung oder gar Verfolgung anderer Bekenntnisse mit sich gebracht, ein besonders bedauerlicher Teil der seit einiger Zeit gegen Österreich betriebenen Lügenpropaganda sei. Die Bestrafung von Protestanten, die sich offenkundig an der „Revolution“ (Juli-Putsch 1934) beteiligt hatten, sei völlig zu Unrecht als religiöse Gehässigkeit ausgelegt worden.

Zu dieser Zeit befand sich bereits der vormalige deutsche Vizekanzler Franz von Papen als außerordentlicher Gesandter und späterer Botschafter Hitlers in besonderer Mission seit einigen Monaten in Österreich. Papen war am 30. Juni 1934 nur mit Mühe und mit Hilfe Görings den Röhm-Mördern entkommen, die dafür einen seiner engsten Mitarbeiter erschossen hatten. Trotzdem kam er nach dem Debakel des nationalsozialistischen Juli-Putsches in Österreich Hitler zu Hilfe und stellte seine diplomatische Erfahrung, seine gesellschaftliche Gewandtheit und seinen Namen in den Dienst einer „evolutionären“ Lösung der österreichischen Frage. Der Katholik Papen mag vielleicht wirklich geglaubt haben, mit den sechs Millionen österreichischen Katholiken das katholische Potential im Reich beträchtlich stärken zu können. In seinen amtlichen Berichten hat er auch mehrfach die ungünstigen Rückwirkungen des nationalsozialistischen Kulturkampfes auf die österreichischen Katholiken betont. Trotzdem hat der „Steigbügelhalter Hitlers" in Deutschland durch die von ihm mit zäher Geduld und mit allen Mitteln auf vielen Ebenen betriebene Anschlußpolitik auch in Österreich eine wahrhaft verhängnisvolle Rolle gespielt.

Der Nachfolger von Dr. Engelbert Dollfuß im Amt des Bundeskanzlers hieß seit 29. Juli 1934 Dr. Kurt Schuschnigg. Zunächst war der Empfang, den Regierung und Kirche in Österreich Papen bereiteten, ein äußerst kühler. Nuntius Sibilia hielt ihn für einen „Wolf im Schafspelz", und der Wiener Kardinal Innitzer weigerte sich nach dem formellen Austausch der Begrüßungsbesuche zwei Jahre lang, ihn zu empfangen. Papen führte diese Haltung auf einen Wunsch der Bischofskonferenz zurück, hinter dem der neue Salzburger Erzbischof Sigismund Waitz gestanden sein soll. Waitz und Gföllner waren in der Ablehnung des Nationalsozialismus durch den österreichischen Episkopat sicherlich führend. Sie haben auch auf ihren Klerus in dieser Hinsicht eingewirkt. So veröffentlichte im Herbst 1935 das fürsterzbischöfliche Salzburger Konsistorium eine Weisung an den Klerus, bei Zusendung getarnten Schriftenmaterials sofort Verbindung mit der von Dollfuß 1933 als staatspolitische Organisation gegründeten „Vaterländischen Front" und den Sicherheitsbehörden aufzunehmen. Der Nationalsozialismus habe unter „falscher Flagge" seiner Sorge um die katholische Kirche und den Klerus in Österreich Ausdruck verliehen und vor dem „gegenwärtigen System" gewarnt: „Der hochwürdige Klerus wird, wissend, daß Staat und Kirche nicht dasselbe sind, wünschend, daß Kirche und Staat einträchtig zusammenwirken, seine Einstellung zur Regierung aus dem Gewissen heraus selbst finden, ohne auf Belehrung von dieser Seite her angewiesen zu sein. Auch wird es ihn nicht gelüsten nach einer nationalsozialistischen Regierung, wenn er auch noch so vom Märtyrerwillen für den Notfall erfüllt wäre."

Daß Franz von Papen angesichts einer solchen Haltung bei österreichischen Diözesanbischöfen nur schwer zu Ansehen und Geltung kommen würde, war auch von ihm vorauszusehen. Umso stärker hat er sich daher dort um Kontakte bemüht, wo eine nationale Grundeinstellung Aufnahmebereitschaft für seine alte Idee, den Aufbau des nationalsozialistischen Staates aus katholischem Geist, verhieß. Dies traf zum Teil auf Bischof Hefter, ganz besonders aber auf den aus der Südsteiermark stammenden Rektor der Anima in Rom, Bischof Alois Hudal, zu, der schon in seinem Wappen die Devise „ecclesiae et nationi“ führte. Hudal hatte bereits bei der Maifeier der deutschen Gemeinde in Rom 1933 erklärt, die auslandsdeutschen Katholiken begrüßten das kommende Deutsche Reich, „dessen Grundlage auf Christus und Volkstreue aufgebaut werden sollen“. Dieses Mannes, der eine umfängliche historische und philosophische Bildung und auch Neigung zu publizistischer Tätigkeit besaß, beschloß sich nun von Papen zu bedienen. Er ermunterte Hudal zu einer ideengeschichtlichen Auseinandersetzung zwischen Nationalsozialismus und Katholizismus, die in Österreich und Deutschland als Diskussionsgrundlage dienen und daher in beiden Ländern in großer Auflage erscheinen sollte, worüber er auch Hitler und Goebbels informierte. Vor allem Goebbels lehnte jedoch ein solches Vorhaben entschieden ab und dachte an ein polizeiliches Verbot des geplanten Buches. Obwohl Papen das ebenso bekannt war wie der Widerstand einiger Kurienkardinäle gegen das Projekt Hudals, ließ er den Bischof ruhig weiterarbeiten und stärkte in diesem noch die Überzeugung, daß das von Papen seit mehr als einem Jahr vorbereitete österreichisch-deutsche Abkommen vom 11. Juli 1936 die Richtigkeit ihrer beider Ansichten bestätige.

Da die offizielle Beendigung des „Bruderkrieges“ auch von Kardinal Innitzer namens der österreichischen Bischöfe in einem Telegramm an Bundeskanzler Schuschnigg begrüßt worden war, ließ sich die „Reichspost“ zur Veröffentlichung eines Leitartikels „Der 11. Juli von katholischer Warte“ bewegen, als dessen Autor ein nicht namentlich genannter österreichischer Kirchenfürst angegeben wurde. In dem Artikel hieß es, daß besonders „das von der jüdischen Presse reichlich geförderte Ausspielen des Österreichertums gegen das Deutschtum“ auf alle Kenner der Geschichte Österreichs „empörend“ wirken müsse und daß der Bruderkampf durch Austritte und Übertritte zum Protestantismus der Kirche schwere Wunden geschlagen habe. Es lag nahe, daß die deutsche Presse einschließlich des „Völkischen Beobachters“ eine solche Stellungnahme ausführlich wiedergeben und zustimmend besprechen würde. Papen zog daraus in seinem Bericht vom 28. Juli 1936 an Hitler persönlich folgende Schlüsse: Österreich als katholisches Land werde den inneren Anschluß an das Reich überhaupt erst dann finden können, „wenn im Reiche der Kampf mit dem politischen Katholizismus zu einem Abschluß gebracht worden ist“. Das kommende Buch Hudals, dessen Intervention in Rom es übrigens ausschließlich zu danken sei, daß bei Schuschnigg die Ernennung Professor Eibls zum Nachfolger des erschossenen Professors Schlick als Ordinarius für Philosophie an der Wiener Universität erreicht werden konnte, müsse zur Diskussion freigegeben werden, damit man in Rom nicht sagen könne, „wir schlügen jede Diskussion mit dem Polizeiknüppel tot“.

Die österreichischen Bischöfe beurteilten den Artikel allerdings weit weniger positiv, und als in der Öffentlichkeit das Gerücht kursierte, Kardinal Innitzer sei sein Verfasser, erklärte Fürsterzbischof Waitz in einer öffentlichen Versammlung, daß kein österreichischer Bischof ihn geschrieben habe. Nach den heftigen Angriffen, vor allem von seiten der Zeitschrift „Der christliche Ständestaat“, hat dann Bischof Hudal seine Autorschaft öffentlich in der „Reichspost“ einbekannt, worauf „Der christliche Ständestaat“ nochmals leidenschaftlich entgegnete: „Friede mit dem Deutschen Reich ist gut, Friede mit dem Nationalsozialismus ist der Tod. Fallen Sie uns in diesem schweren Abwehrkampf nicht in den Arm. Lassen Sie uns ohne ‚Rechnen‘ kämpfen, und wenn wir in diesem Kampf fallen, dann sind wir, hochwürdigster Herr Bischof, als Katholiken gefallen. Aber Sie, hochwürdigster Herr Bischof, waren in unserer schwersten Stunde nicht bei uns.“

In der Folgezeit sah sich dann Bischof Gföllner veranlaßt, im Linzer Diözesanblatt noch einmal ausdrücklich zum Nationalsozialismus Stellung zu nehmen. Es seien in der Öffentlichkeit wiederholt Stimmen laut geworden, durch die der Anschein erweckt werden konnte, „als ob nunmehr in Österreich kirchlicherseits eine neue Stellungnahme zum Nationalsozialismus erfolgt sei oder erfolgen müsse“. Der Hirtenbrief des österreichischen Episkopats vom Dezember 1933 gelte jedoch noch immer. Das Lehr- und Hirtenamt stehe ausschließlich dem Papst und den regierenden Diözesanbischöfen zu und bilde für alle Katholiken die verpflichtende Norm in religiösen und kirchlichen Fragen.

Damals war Hudals Buch „Die Grundlagen des Nationalsozialismus" bereits erschienen. Der Bischof versuchte in seiner eingehenden und nicht unkritischen Darstellung des ideengeschichtlichen Zusammenhanges zwischen dem 19. und dem 20. Jahrhundert durch Trennung des politischen vom weltanschaulichen Element im Nationalsozialismus „vom christlichen Standpunkt einen Weg zum Verständnis des Nationalsozialismus zu ebnen". Hudal hatte das mit seinem „Herzblut" geschriebene Buch „dem inneren Frieden unseres deutschen Volkes" geweiht. Das erste Exemplar widmete er Hitler, dem es Papen persönlich überbrachte und dabei in einem angeblich stundenlangen Gespräch die deutsche Einfuhrerlaubnis für das Werk zu erhalten trachtete. Aber immer, wenn Hitler überzeugt zu sein schien, „öffnete sich die Tür, und Bormann schaltete sich ein". Schließlich wurde die Einfuhr von insgesamt 2.000 Stück zur Verteilung an führende Parteikreise bewilligt — ein Hudal tief enttäuschendes Ergebnis. Sein in die Geschichte eingegangener „Vorschuß an Vertrauen" war wieder einmal vergeblich geleistet worden. Der Bischof, der nach 1945 sogar prominenten geflüchteten österreichischen Nationalsozialisten Hilfe gewährt hatte, hatte sich aber auch 1943 bei der deutschen Militärkommandantur in Rom um die Rettung der von der Deportierung in die Vernichtungslager bedrohten römischen Juden bemüht.

In Österreich wurde Hudals Buch innerhalb eines Jahres fünfmal aufgelegt und erregte in katholischen Kreisen großes Interesse, obwohl in Zeitungen und Zeitschriften nicht mit herber Kritik gespart wurde. Der Salzburger Erzbischof Waitz stellte daher bei der Bischofskonferenz im Herbst 1936 einen Dringlichkeitsantrag auf Stellungnahme zum Werk Hudals, über das eingehend debattiert wurde. Man einigte sich schließlich, jedem Bischof persönlich die Entscheidung zu überlassen und durch Kardinal Innitzer in Rom eine halboffizielle Erkundigung einzuholen, wie man dort dazu stehe. Dieser Schritt dürfte aber Hudal bekannt geworden sein und in ihm die Überzeugung geweckt haben, daß Waitz und Gföllner seine Initiatoren gewesen seien, da er die Betreuung der Agenden der Diözesen dieser Bischöfe in Rom niederlegte. In Rom hatte bereits am 13. November 1936 der „Osservatore Romano“ gemeldet, das Buch Hudals sei nicht mit vorherigem Einverständnis des Heiligen Stuhls abgefaßt und weder von irgend jemandem inspiriert noch aufgrund eines offiziellen Auftrages geschrieben worden. Ein gemeinsamer Schritt des österreichischen Episkopats gegen das Werk Hudals erfolgte jedoch nicht. Gföllner hat seine schon erwähnte Kundgebung gegen den Nationalsozialismus aber nur vier Tage nach der Bischofskonferenz erlassen, sodaß in ihr wohl seine unmißverständliche Stellungnahme zu sehen ist. Auch Erzbischof Waitz wies in seinem Fastenhirtenbrief 1937 noch einmal auf die Welle des Nationalismus hin, die in verhängnisvollem Übermaß durch die Länder gehe und zwangsläufig einen Kulturkampf bewirke: „Wir brauchen kein anderes Land, in welchem solche bitteren Kämpfe sind und solche Zerwürfnisse, um seine Zustände zu beneiden.“ Bischof Gföllner hat dann die Enzyklika Papst Pius' XI. *Mit brennender Sorge* vom März 1937 persönlich seinen Diözesanen zur Kenntnis gebracht, während die Enzyklika über den Kommunismus durch die Katholische Aktion verbreitet wurde. Die Kirche in Deutschland stehe Österreich nicht nur räumlich und geschichtlich näher. Die Gefahren, denen die Kirche in Deutschland ausgesetzt ist, seien auch eigene Gefahren, „denen wir ganz gewiß ebenfalls ausgesetzt wären, wenn die vom Papst verurteilte Gedankenwelt des deutschen Nationalsozialismus auch bei uns noch weitere Verbreitung fände oder gar infolge politischer Verhältnisse zur Herrschaft gelangte“.

Ganz anderer Meinung war Papen, und er suchte ihr auch in der Wiener Nuntiatur Eingang zu schaffen. Im Gegensatz zu dem Papen völlig ablehnenden Nuntius Sibilia faßte der seit 1936 in Wien akkreditierte Nuntius Gaetano Cicognani zum deutschen Sondergesandten ein gewisses Vertrauen. Er wußte nicht, daß sich dieser aus der Nuntiatur schon seinerzeit Abschriften aus der Korrespondenz seines Vorgängers mit Kardinalstaatssekretär Pacelli zu verschaffen gewußt und deren Inhalt zum Teil wörtlich an Hitler berichtet hatte. So konnte es geschehen, daß Papen, Anfang März 1937 voll Befriedigung

Hitler melden durfte: „Der hiesige Nuntius, viel verständiger als sein Vorgänger, hat mir erst kürzlich erklärt, daß angesichts der Weltgefahr des Bolschewismus der Vatikan den größten Wert auf eine friedliche Regelung mit dem Deutschen Reich lege und er daher alles unterlassen werde, was die Stellung des österreichischen Katholizismus zum Reiche präjudizieren könne."

Umso unangenehmer war Herr von Papen daher von der öffentlichen Sympathiekundgebung der österreichischen Bischofskonferenz vom November 1937 für Deutschlands Kardinäle und Bischöfe überrascht. Die österreichischen Bischöfe — wohl veranlaßt durch ein Referat von Erzbischof Waitz über den Nationalsozialismus — sprachen ihren deutschen Amtsbrüdern ihre Anteilnahme angesichts der schweren Bedrängnis des katholischen Glaubens, der Geistlichkeit und des katholischen Volkes im Deutschen Reich aus. Sie wiesen ferner darauf hin, daß „viele bemüht sind, solche Verhältnisse, wie sie bei euch sich herausgebildet haben, auch in unserem Staat erstehen zu lassen und der Gottlosigkeit zum Siege zu verhelfen". Obwohl sie darauf vertrauten, daß diese Bemühungen vergeblich sein würden, seien sie sich der jetzt notwendigen Beachtung des Wortes Petri bewußt: „Die Zeit ist da, da das Gericht beim Hause Gottes anfängt. Beginnt es aber zuerst bei uns, was wird das Ende derer sein, die sich dem Evangelium nicht beugen?"

Daraufhin telegrafierte der Katholik Papen an das deutsche Auswärtige Amt folgende für Hitler bestimmte Meldung: „In ‚Osservatore Romano' veröffentlichte und hier wiedergegebene Sympathieerklärung österreichischen Episkopats ist Rückfall in frühere Methode der Einmischung in reichsdeutsche kirchliche Angelegenheiten. Hiesige Regierung ablehnt jede Verantwortung und beklagt mir gegenüber Schritt. Habe keinen Zweifel gelassen, daß bei uns bekannten engen Beziehungen zwischen Episkopat und Regierung solche Veröffentlichungen nicht ohne Folgen für deutsch-österreichisches Verhältnis bleiben können. Erbitte Empfang Anfang nächster Woche, um Vorschläge vorzutragen unsererseits gegenüber der Regierung Schuschnigg."

Das Schicksal Österreichs ist bekanntlich nicht durch die Sympathiekundgebung des österreichischen Episkopats entschieden worden. Die Differenzen über die Auslegung und Erfüllung des Juli-Abkommens von 1936 und die Folgen der am 12. Februar 1938 zwischen Hitler und Schuschnigg getroffenen Abmachungen von Berchtesgaden gaben den Anstoß zu jenen Ereignissen, die zum „Anschluß“ bzw. zur Besetzung Österreichs führten. Papens evolutionäre Methode und das Hitler-Göring-Konzept der Lösung mit Militärgewalt hatten einander vortrefflich ergänzt. Der „deutsche“ Weg, gegen den nach dem Treffen von Berchtesgaden auch Nuntius Cicognani schärfstens Stellung nahm, führte Nationalsozialisten und Nationale zum so ersehnten und bald so enttäuschenden Ziel. Der österreichische Episkopat aber hat mit seiner Kundgebung vom November 1937 seine Unabhängigkeit von eben diesem Weg noch einmal bewiesen.

Katholische Akademiker und „deutscher Weg“: die „Brückenbauer“

Die nationalsozialistische Machtübernahme im Deutschen Reich wurde von den österreichischen Katholiken im allgemeinen mit Sorge verfolgt. Selbst die „Schönere Zukunft“, die wegen zu positiver Beurteilung des Nationalsozialismus Anlaß zu innerkatholischer Polemik gegeben hatte, hegte nun starke Befürchtungen in bezug auf den Weg Deutschlands unter der Herrschaft des Nationalsozialismus, wenn auch Eberle Hitlers Rede am 23. März 1933 in der Berliner Kroll-Oper noch als Beweis dafür ansah, daß Hitler den Weg vom bloßen Trommler und Agitator zum Staatsmann gefunden habe. Der vom Verlag Franz Eher 1934 herausgegebene „offizielle Wortlaut“ dieser Rede enthielt übrigens nicht mehr den Satz, daß die nationale Regierung in Schule und Erziehung den christlichen Konfessionen den ihnen zukommenden Einfluß einräumen werde. In der „Schöneren Zukunft“ wies man auch schon im April 1933 aufgrund der nationalsozialistischen Kirchenpolitik gegen den deutschen Protestantismus auf einen möglichen Kulturkampf hin und lehnte einen Anschluß Österreichs an das nationalsozialistische Deutschland entschieden ab. Edgar Mühlen sah die beste Erfüllung der deutschen Mission Österreichs in der Pflege der katholischen, universalen und „völkerverbundlichen“ Traditionen sowie in der Erhaltung und Kräftigung des selbständigen Österreich.

Eberle selbst begrüßte im Mai 1933 die Regierung Dollfuß als die Wiedergeburt der christlichsozialen Bewegung in Österreich. Im Zuge der Verschärfung der innenpolitischen Situation rief er aber bereits im Juni zur Beendigung des Bruderstreites auf, wobei er erklärte, daß schon rein ziffernmäßig die österreichischen Nationalsozialisten keinerlei Anspruch auf Herrschaft hätten, die außerdem auf keinen Fall zu wünschen sei: „Wir fürchten die Danaer, auch wenn sie Geschenke bringen."

Wenige Tage später vollzogen die Vertreter der österreichischen CV-Verbindungen bei einer gemeinsamen Beratung der neuen Lage der katholischen Studentenverbindungen in Deutschland einen entscheidenden Schritt. Bis dahin hatten die 26 österreichischen Verbindungen, ebenso wie Schweizer und sudetendeutsche, dem überstaatlichen „Cartellverband katholisch-deutscher Studentenverbindungen" angehört, der jedoch nun der unter nationalsozialistischer Führung stehenden „Deutschen Studentenschaft" beigetreten war. Nach Unruhen auf der Wiener und Grazer Universität im Frühjahr 1933, bei denen katholische Studenten von nationalsozialistischen tätlich angegriffen wurden, waren die österreichischen Korporationen zunächst aus der deutschen Studentenschaft ausgetreten. Als dann ein vom Führer des nationalsozialistischen Studentenbundes eingesetzter „Commissarius" bindende Rechte in Hochschulangelegenheiten des deutschen CV erhielt, die auch für den „Österreichischen Kreis" gelten sollten, entschloß sich der österreichische CV, das ihm gestellte und mit 10. Juli 1933 befristete Ultimatum abzulehnen. Nach diesem hätten die Verbindungen schriftlich ein „vorbehaltloses Bekenntnis zur Zusammenfassung aller Deutschen in einem Deutschen Reich" ablegen müssen. Die Altherren Robert Krasser, Richard Wollek, Emmerich Czermak und der Chefredakteur der „Reichspost", Friedrich Funder, gaben den Ausschlag für die Weigerung, sich dieser Forderung zu unterwerfen. Die Ablehnung des Ultimatums und die Nachricht von der Konstituierung eines „Österreichischen CV" wurde von der nationalsozialistischen Stabsleitung des deutschen CV mit der Verfügung beantwortet, daß es den deutschen CV-Mitgliedern bei Strafe des Ausschlusses verboten sei, weiterhin Beziehungen zu österreichischen Verbindungen aufrechtzuerhalten oder diese zu unterstützen.

Für die im Frühjahr und Sommer 1933 sich vollziehende Klärung des Verhältnisses der österreichischen Katholiken zum Nationalsozialismus bedeutete die Nachricht vom Abschluß des Reichskonkordates allerdings einen gewissen Schock. Es wurde als großer Erfolg der Reichsregierung gewertet, während man den Gewinn für die Kirche mehr in einem Wechsel für die Zukunft sah, auf dessen Einlösung man nur hoffen könne. Ignaz

Zangerle meinte in seinem prophetischen Artikel „Zur Situation der Kirche“ in Ludwig von Fickers „Brenner“ zu Weihnachten 1933, daß das Reichskonkordat „ohne tiefergehende Auseinandersetzung mit dem sich erst allmählich enthüllenden Gegenüber“ zustande gekommen sei. In tiefer Sorge vor der Gewalt des totalen Staates lehnte er das Wirken der Kirche und der Katholiken im Dienste jeglicher Parteipolitik als für die Seelsorger schädlich ebenso ab wie die ideologischen Versuche geistig führender Katholiken, „eine tiefere, ja religiöse Beziehung zwischen der Kirche und dem nationalsozialistischen Staat herzustellen“.

Nicht alle sahen jedoch so klar wie dieser junge Publizist. Hans Eibl, der schon 1932 eine Denkschrift an Papen nach Lausanne geschickt und am 27. März 1933 dem deutschen Vizekanzler erklärt hatte, „es sei nun Zeit für das Reich, sich unmittelbar mit Rom zu verständigen“, begrüßte das Reichskonkordat als Verwirklichung seiner Versöhnungsidee, zu der er unter allen Umständen zu stehen bereit war. Als er im Herbst 1934 von P. Wilhelm Schmidt SVD erfuhr, der Vatikan plane ein Weißbuch über Verletzungen des Reichskonkordates durch das Dritte Reich, machte er davon sofort dem nunmehrigen deutschen Gesandten in besonderer Mission Papen Mitteilung, der daraufhin Eibl nach Rom schickte, wo sich dieser an den Prälaten Kaas mit dem Ersuchen wenden sollte, „dem Vatikan Geduld zu empfehlen“. Mit Hinweis auf die Erklärung Molotows, daß die bolschewistische Weltrevolution in größter Gefahr sei, wenn es zur organisatorischen und ideologischen Verständigung zwischen der katholischen und der faschistischen Internationale komme, hat Eibl diese Bitte im Frühjahr 1935 auch wirklich an den Prälaten Kaas gerichtet. Kaas versprach, sie zu erfüllen, verlangte aber dafür von Papen, bei Hitler auf Einstellung des Kirchenkampfes und der Einhaltung des Konkordates zu bestehen.

Außer Frage steht jedenfalls die ab 1935 zunehmende Bedeutung, die für die Geschicke Österreichs in jenen Jahren Männern zukam, die — obwohl nicht Mitglieder der NSDAP — gewisse Sympathien für den Nationalsozialismus hegten und ihn vor allem mit der Kirche versöhnen wollten. Zu ihnen gehörte Eibl, der den Austritt Deutschlands aus dem Völkerbund als ergreifendes Ereignis feierte, ebenso wie Eberle, der in der „Schöneren Zukunft" Anfang 1934 Stellungnahmen führender deutscher Katholiken veröffentlichte, die wie Papen eine Zusammenarbeit von Kirche und Nationalsozialismus für möglich hielten. Die Rede Professor Martin Spahns bei der Reichsgründungsfeier der Kölner Universität, in der Spahn auf die enge ideologische Verwandtschaft zwischen der österreichischen christlichsozialen Bewegung und dem Nationalsozialismus hingewiesen hatte, wurde zum Teil sogar wörtlich zitiert: „Das christliche Fundament der Bewegung unter Luegers Führung finde auch bei Hitler einen deutlichen Niederschlag in der Katholizität seines Denkens." Trotz der immer wieder aufscheinenden Meldungen über den Kirchenkampf im Dritten Reich und der starken Spannungen zwischen diesem und dem Ständestaat hielt die „Schönere Zukunft" daher bewußt an ihrer „Brückenfunktion" und an ihrer „volksdeutschen Aufgabe" fest. Sie befand sich damit im scharfen Gegensatz zu anderen Publikationsorganen aus dem katholischen Lager, die den Nationalsozialismus entschieden ablehnten und deswegen von den österreichischen Nationalsozialisten heftig angegriffen wurden. Zu ihnen gehörten z. B. die „Reichspost" — von einer kurzen Periode vor und nach dem 11. Juli 1936 abgesehen —, das „Neuigkeitsweltblatt" und andere. Von den von kirchlichen Preßvereinen erhaltenen oder subventionierten Zeitungen erregten das „Linzer Volksblatt", die „Salzburger Chronik", die „St. Pöltner Zeitung" und der „Tiroler Volksbote" bei den Nationalsozialisten besonderes Ärgernis.

Geistig führend waren dabei die „Wiener Politischen Blätter" Ernst Karl Winters und die seit 1933 von dem aus Deutschland emigrierten Universitätsprofessor Dietrich von Hildebrand herausgegebene Zeitschrift „Der christliche Ständestaat". Hildebrand und seine Hauptmitarbeiter Josef Resch, Hans Zeßner-Spitzenberg, Ernst Karl Winter, Heinrich Mataja, Johann Staud, Viktor Frankl, Raimund Poukar, Karl Lugmayer und andere vertraten ein anti-nationalsozialistisches, monarchistisches, ständestaatliches und katholisches Österreich-Konzept, zu dessen Verwirklichung vor allem nach Winters Wunsch auch die Arbeiterschaft herangezogen werden sollte. Sie bekämpften den Nationalsozialismus und den Antisemitismus, wo immer sie ihn antrafen. Sie waren gegen die „Reichsmystiker“ und „Brückenbauer“ und gegen alle jene, die Anteil hatten „am Heraufkommen des Dritten Reiches und dem Mangel an Immunität weiter katholischer Akademikerkreise gegenüber dem Nationalsozialismus, der so lange andauert und gefährlich ist, als nicht klar und deutlich erkannt wird, daß der Nationalsozialismus die deutsche Erscheinungsform des Bolschewismus ist und diesem an Gefährlichkeit und Verwerflichkeit nicht im mindesten nachsteht, sondern höchstens an Klugheit und Überlegtheit“. Den „Brückenbauern“ widmet der „Ständestaat“ noch im Mai 1936 das Grillparzer-Zitat: „Glaubst du, man könne kosten vom Gemeinen? Du mußt es hassen oder dich ihm einen.“ Wenig später übernimmt die Redaktion Gedanken aus einem Leitartikel des ihr weltanschaulich fernstehenden, linksliberalen Wiener „Tag“, in dem vor einer verhängnisvollen Wiederholung der Papen-Experimente von 1933 gewarnt wurde.

Zu dieser Zeit hatte die „Greisenpolitik“ jener, die unter der Führung Papens meinten, in der „Diskussion mit dem Diktator“ das Heil zu finden, schon beachtliche Fortschritte erzielt. Nach mehr als einem Jahr geduldigen Wartens war es Papen doch gelungen, Kontakte zu Persönlichkeiten der katholischen Gesellschaft zu finden, die ihm den weiteren Weg ebneten. Er verstand es dabei ausgezeichnet, sich die bestehenden Gegensätze im konservativen Lager, vor allem die Abneigung der alten Christlichsozialen gegen die Heimwehr, zunutze zu machen. Diese vertrat einen strikt italienischen Kurs Österreichs, dessen Sicherheitsgarantien aber durch die Folgen des Abessinien-Konfliktes ab 1935 zunehmend in Frage gestellt wurden, sodaß der von Papen propagierte Gedanke der Aussöhnung mit Deutschland an Boden gewann. Hatte Papens Friedensinitiative vom Jänner 1935 noch keinen greifbaren Erfolg gezeitigt, so gelang es ihm im November 1935, Staatsrat Funder, der ihm bis dahin ablehnend gegenübergestanden war, für seine Pläne so weit zu interessieren, daß dieser die Möglichkeit einer österreichisch-deutschen Verständigung ausführlich mit ihm diskutierte und schließlich direkte Kontakte Papens mit Schuschnigg ermöglichte. Als Funder dann seinerseits an der Jahreswende 1937/38 die Vermittlung Papens zur Beilegung eines deutsch-österreichischen Pressekonflikts über einen Artikel Funders im englischen „Tablet“, in dem er auf die verhängnisvollen Folgen einer Zerstörung der Unabhängigkeit Österreichs für den ganzen Donauraum hingewiesen hatte, in Anspruch nehmen wollte, lehnte Papen höflich, aber bestimmt ab.

Die Beziehungen Papens zu den Bischöfen Hudal und Hefter wurden bereits erwähnt. Die Abneigung des Wiener Kardinals Innitzer überwand Papen durch die Vermittlung eines Wiener Geistlichen, Herrn von Jauner, der im Ersten Weltkrieg k. k. Offizier gewesen war und auch der Verbindungsmann des Kardinals zur österreichischen Regierung gewesen sein soll. Im Februar 1938 versuchte Papen durch Jauner beim Kardinal gegen den 1934 aus Deutschland geflohenen und seit kurzem in Wien ansässigen P. Friedrich Muckermann SJ Stimmung zu machen. Dieser wurde von Papen so genau beobachtet, daß sogar seine Äußerungen bei einem Empfang, den Graf Coudenhove-Kalergi, der Leiter der Paneuropa-Bewegung, ihm zu Ehren veranstaltet hatte, zur Kenntnis Papens gelangten und an das Auswärtige Amt berichtet wurden. Die von Papen nach Berlin gemeldete Bemerkung Muckermanns über die Möglichkeiten eines Attentats auf Hitler während dessen geplanter Italienreise kam bei der von Papen arrangierten Unterredung in Berchtesgaden am 12. Februar 1938 zur Sprache und wurde Schuschnigg von Hitler in größter Erregung vorgehalten. Damals lag der große Erfolg der Papenschen Politik, das österreichisch-deutsche Versöhnungsabkommen vom 11. Juli 1936, das Papen den Botschaftertitel eingetragen hatte, schon so weit zurück, daß die radikalen österreichischen Nationalsozialisten, die den Vertrag und Papen immer bekämpft hatten, wieder Boden gewinnen konnten, Hitler selbst ungeduldig geworden war und im Zuge der Ablösung Neuraths als Reichsaußenminister auch Papen von seinem Posten abberufen ließ. Papen war allerdings bald mit einem neuen Sonderauftrag — eben der Vorbereitung des Treffens von Berchtesgaden — wieder nach Wien zurückgekommen.

Dem Abkommen vom 11. Juli 1936 und dem ergänzenden geheimen „Gentleman-Agreement“ vom selben Tag hatte Bundeskanzler Schuschnigg zugestimmt, als er von Italien keine wirksame Hilfe mehr erhoffen konnte. Die Übereinkommen vom 11. Juli sahen die Respektierung der österreichischen Souveränität und Eigenstaatlichkeit sowie die Behandlung des österreichischen Nationalsozialismus als innerösterreichische Angelegenheit durch das Deutsche Reich und eine Amnestie für die österreichischen Nationalsozialisten, die Aufnahme von Männern der nationalen Opposition in die Regierung sowie die Heranziehung österreichischer Nationalsozialisten zur Mitarbeit in der Vaterländischen Front durch Österreich vor. Außerdem sollte Österreich, das sich als deutscher Staat bekannte, „auf die friedlichen Ziele der deutschen Außenpolitik Bedacht nehmen“.

Diese doch recht weitgehende Anpassung an die realen Machtverhältnisse, über die Schuschnigg vorher zwar Otto von Habsburg, der sie ganz entschieden ablehnte, aber nicht den österreichischen Bundespräsidenten Miklas informiert hatte, ist von den österreichischen Katholiken nicht einheitlich beurteilt worden. Der Chef des Bundespressedienstes Eduard Ludwig hat schon vor der Unterzeichnung um seine Entlassung gebeten, da er „diese Politik nicht weiter vertreten und publizieren“ könnte. Als Wortführer der Gegner des Vertrages erklärte E. K. Winter am 19. Juli: „Ein Österreich, das die ‚Traditionspflege‘ proklamiert, den österreichischen Militärmarsch pflegt, im übrigen aber ein ‚deutscher Staat‘ ist, der die verhängnisvolle Europapolitik Deutschlands mitzumachen sich verpflichtet, ist nicht Österreich, sondern ein Vasallenstaat Deutschlands.“ Im September hat Winter den 11. Juli, „falls es bei ihm bleibt“, als entscheidendsten Tag der österreichischen Geschichte seit dem 12. November 1918 bezeichnet. Er lasse nur mehr zwei Lösungen zu, den Untergang oder die Neuschöpfung Österreichs: „Wer für Österreich ist, muß gegen Deutschland sein, denn Deutschland und der nationalsozialistische Staat sind heute identisch.“

Der „Ständestaat“ brachte im Oktober einen Artikel aus einer elsässischen Zeitung, in dem vor dem „Brückenbau“ Papens eindringlich gewarnt wurde: „Wir verhehlen nicht, daß gewisse Ahnungen und Sorgen wegen Österreich unser Herz beschleichen ... Wie immer die politischen Möglichkeiten gewertet werden mögen, auch Österreich wird den Kulturkampf des Dritten Reiches erleben, und zwar in noch weit mehr verschärfter Form, wenn es in dieser religiösen Frage, in der es nur ein Ja oder Nein gibt, den Weg der Brückenbauer beschreitet, den Weg des Herrn von Papen, den heute heillos in der ganzen

Welt kompromittierten Kompromiß zwischen dem Christentum und dem Rassenwahn." Im November sah sich dann Bundeskanzler Schuschnigg selbst infolge der Angriffe von Funktionären der „Vaterländischen Front" gegen den Abschluß des Abkommens veranlaßt, bei einem Amtswalter-Appell in Klagenfurt ausdrücklich zu erklären, daß der Vertrag nur Vereinbarungen von Staat zu Staat enthalte und nichts mit der Stellungnahme der Regierung zum österreichischen Nationalsozialismus, der der Feind des Staates sei und bleibe, zu tun habe. Papen beschrieb im Jänner 1937 die Gegner des Juli-Abkommens und damit des deutschen Kurses folgendermaßen: „Mit Ausnahme des extrem-klerikalen Lagers, des CV (Katholischer Studentenverband) und der Katholischen Aktion und den damit eng verbundenen Legitimisten, leugnet niemand wirklich ernstlich, daß ohne ein Einverständnis zwischen den regierenden Kreisen und der nationalen Opposition es in Österreich nicht möglich sein wird, den für den Aufbau des Staates unerläßlichen Frieden zu erlangen."

Die „Brückenbauer" sahen in dem Abkommen natürlich die Bestätigung der Richtigkeit ihrer alten Ansicht. Die „Schönere Zukunft" konnte mit vollem Recht feststellen, daß sie schon immer für die Versöhnung eingetreten sei. In der Polemik um Bischof Hudal stellte sich Eberle daher auch entschieden auf die Seite des Bischofs. Auseinandersetzungen dieser Art konnten nicht ganz ohne Rückwirkung auf die Katholiken bleiben. Daher standen schließlich auch einige wenige Priester dem Nationalsozialismus nicht mehr ablehnend gegenüber und verliehen in Einzelfällen ihrer Sympathie sogar von der Kanzel herab Ausdruck. Auch in der Bundesheer-Seelsorge waren einzelne Priester tätig, die eine Zusammenarbeit zwischen Kirche und Nationalsozialismus für möglich hielten und gelegentlich auch als Verbindungsmänner zum sogenannten katholisch-nationalen oder betont-nationalen Lager — die Grenzen sind fließend — fungierten.

Die katholisch-nationale Gruppe gelangte durch das Juli-Abkommen zu nicht unbeträchtlichem Einfluß. Sie rekrutierte sich im wesentlichen aus Katholiken, die zum Teil in überparteilichen nationalen Organisationen eine prominente Rolle spielten, aber — so wie Eibl oder Eberle — nicht Mitglieder

der NSDAP waren. Zu ihnen gehörte der Direktor des Kriegsarchivs, Edmund Glaise-Horstenau, der im „Volksdeutschen Arbeitskreis österreichischer Katholiken" auch mit einigen führenden Männern, die aus dem Bund „Neuland" kamen, zusammenarbeitete. Von diesem Kreis wurde das Katholikentagsbuch 1933 „Katholischer Glaube und deutsches Volkstum in Österreich" vorbereitet und das Nadler-Srbik-Werk „Österreich — Erbe und Sendung im deutschen Raum" angeregt. Glaise-Horstenau ist aufgrund des Abkommens vom 11. Juli, dessen innenpolitische Seite Schuschnigg vor allem mit ihm ausgehandelt hatte, als Staatssekretär ohne Portefeuille in die Regierung berufen worden. Bekannte Katholisch-Nationale, unter denen sich auch einige Mitglieder des Cartellverbandes befanden, waren ferner der Wiener Universitätsprofessor für Urgeschichte Oswald Menghin, der in dem nach dem 11. Juli zum Einbau der nationalen Kräfte in die „Vaterländische Front" geschaffenen „Siebener-Komitee" als Sprecher der Katholisch-Nationalen galt, Professor Eibl, Dr. Wilhelm Wolf, der nachmalige Außenminister im Kabinett Seyss-Inquart, und Dr. Fritz Flor, Pressechef Seyss-Inquarts seit 1937. Auch der aus der Iglauer Sprachinsel stammende Rechtsanwalt Dr. Arthur Seyss-Inquart, den einerseits Schuschnigg durch den Generalsekretär der „Vaterländischen Front" Zernatto zur politischen Mitarbeit aufgefordert und andererseits Papen Hitler empfohlen hatte, galt als gläubiger Katholik und war sogar als Rechtsberater der Katholischen Aktion in der Pfarre Dornbach tätig. Noch Anfang März 1938 erklärte Seyss-Inquart, damals schon Innenminister, öffentlich: „Positives Christentum muß für jeden von uns und für uns alle Selbstverständlichkeit sein."

Der Staatssekretär für Auswärtige Angelegenheiten seit dem 11. Juli 1936, Dr. Guido Schmidt, der noch als Kabinettsvizedirektor des Bundespräsidenten im Mai 1936 die ins Stocken geratenen deutsch-österreichischen Verständigungsgespräche im Auftrag Schuschniggs wieder in Gang gebracht hatte, ist der katholisch-nationalen Gruppe jedoch nur bedingt zuzurechnen. Schmidt war ebenso wie Schuschnigg im Jesuitenkonvikt „Stella matutina" erzogen worden und verdankte seine Ernennung zum Staatssekretär seiner persönlichen Freundschaft mit dem Kanzler und seinen schon von Seipel erkannten Fähigkeiten. Die Nationalsozialisten haben ihn daher auch nicht als ihren Vertrauensmann betrachtet, was in den Differenzen um die Erfüllung des Juli-Abkommens deutlich zum Ausdruck gekommen ist. Seine Mitarbeiter hat sich der von brennendem Ehrgeiz erfüllte junge Staatssekretär allerdings zum Teil schon aus dem katholisch-nationalen Lager geholt, doch dürften dabei auch persönliche Gründe ausschlaggebend gewesen sein. So war z. B. Sektionsrat Wilhelm Wolf, den Schmidt aus dem Unterrichtsministerium als Leiter der kulturpolitischen Abteilung in das Außenamt berief, ein Vorarlberger Landsmann und Nachbar des Staatssekretärs.

Die Bedeutung der Katholisch-Nationalen resultierte zunächst aus dem Vertrauen, das ihnen Bundeskanzler Schuschnigg, ein Teil seiner Mitarbeiter und auch einige kirchliche Würdenträger entgegenbrachten. Schuschnigg, der aufrechte und mutige Gegner des Nationalsozialismus, war persönlich noch so sehr von Verständnis für die alte großdeutsche Idee erfüllt, daß er eine loyale Zusammenarbeit mit den Katholisch-Nationalen nicht nur für möglich, sondern unter Umständen sogar für wünschenswert halten konnte. Herr von Papen hat ihren Wert als Träger des „Brückenbaues“ voll erkannt und gewürdigt und sich häufig ihrer bedient. Auf ihre Bedeutung hat er anläßlich der Ernennung Professor Eibls zum Ordinarius für Philosophie an der Wiener Universität im Juli 1936 Hitler nachdrücklich hingewiesen: „Daß wir diesen Posten mit einem unserer Leute besetzen konnten, darf als ein großer Erfolg gebucht werden.“

Ihrer Funktion als Werkzeug im Dienste nationalsozialistischer Machtpolitik waren sich die Katholisch-Nationalen allerdings nicht bewußt, denn ihnen allen dürfte die völlige Verkennung der nationalsozialistischen Realität gemeinsam gewesen sein. Vielen von ihnen können weder Opferbereitschaft noch ehrlicher Wille, das Beste für Österreich und die Kirche zu tun, abgesprochen werden. Gerade für diese Idealisten bedeuteten daher die Folgen des März 1938 ein böses Erwachen aus dem jahrelangen „Traum vom Reich“ und einer „Schöneren Zukunft“. Die sehr bald nach dem 13. März 1938 verbreitete Geschichte von einer „Nazigreißlerin“, die auf die Frage, wie ihr die neue Zeit gefalle, erklärte, *so* habe sie sich diese nicht vorgestellt, charakterisiert treffend die Stimmung der meisten österreichischen Nationalsozialisten und vor allem der Katholisch-Nationalen nach dem „Umbruch". Sie alle — selbst Seyss-Inquart mit eingeschlossen — hatten als letztes Ziel einen „Zusammenschluß", aber nicht einen „Anschluß" mit dem Untergang Österreichs angestrebt. Noch am Abend des 11. März 1938 hat Seyss-Inquart, der sich schon als Bundeskanzler fühlte, Zernatto erklärt, in zwei Hauptpunkten werde er nicht mit sich handeln lassen. Das seien die Selbständigkeit Österreichs und die ungestörte Entfaltung des katholisch-konservativen Elements. Dr. Wilhelm Wolf, der von Guido Schmidt nach dessen Ablehnung des Portefeuilles des Außenministers im Kabinett Seyss-Inquart für diesen Posten vorgeschlagen worden war, versicherte in seiner Rede vor den Beamten des Außenamtes am 12. März 1938, daß er die Außenpolitik Österreichs als die Politik eines zweiten deutschen Staates führen werde. Das Wort „Nationalsozialismus" kam in seiner Erklärung nicht einmal vor. Er und Dr. Flor sind später bei geheimnisvollen Autounfällen umgekommen. Glaise-Horstenau und Seyss-Inquart, der nach einer glaubwürdigen Aussage Hitler persönlich sagte, daß er als aktiver Katholik einen Kulturkampfkurs nicht mitmachen könne, wurden auf Stellen abgeschoben, die ihnen dann in den besetzten Gebieten zum Verhängnis wurden. Die Tragik ihres persönlichen Schicksals entschuldigt freilich nicht ihre unheilvolle Rolle beim Untergang Österreichs. Unzählige katholische Akademiker haben nämlich sehr wohl die wahre Natur des Nationalsozialismus erkannt, und viele von ihnen haben aus dieser Erkenntnis jene Konsequenzen gezogen, deretwegen sie, wie Kienböck, Schmitz, Skubl, Vollgruber, Ludwig, Zeßner-Spitzenberg, die Brüder Hohenberg und andere, schon im März 1938 in das KZ geschleppt wurden.

Richard Schmitz und die Männer des christlichen Gewerkschaftsflügels haben bis zum letzten Augenblick um eine Zusammenfassung aller demokratischen Kräfte Österreichs gerungen und wurden deswegen von Papen und dessen Mitarbeitern als „Volksfront-Anhänger" verdächtigt. Der österreichische Generalstabschef Jansa, der nach Berchtesgaden für bewaffneten Widerstand gegen Hitler eintrat, ist vom Staatssekretär im Auswärtigen Amt Ernst von Weizsäcker als Hindernis für ein kameradschaftliches Verhältnis zwischen der deutschen und der österreichischen Armee bezeichnet und daher schon im Jänner 1938 zum Rücktritt aufgefordert worden. Der Präsident der Nationalbank Viktor Kienböck galt den deutschen Diplomaten am 18. Februar 1938 als „Judenfreund“, „der die derzeitige Katastrophenpolitik der Juden nicht nur duldet, sondern sogar noch fördert“.

DIE BEMÜHUNGEN UM EINEN „MODUS VIVENDI" VOM MÄRZ BIS OKTOBER 1938

Der „Anschluß“ und die März-Erklärungen der Bischöfe

Die enge Verbindung des christlichen Ständestaates mit der katholischen Kirche und deren Organisationen ist noch in den letzten Wochen seines Bestandes deutlich zum Ausdruck gekommen. Sie reichte von dem Faktum, daß der Abt des Wiener Schottenstiftes als Staatsrat in Erscheinung trat, bis zum Programm von Veranstaltungen auf Pfarrebene: Am 11. Februar 1938 wurde vor der Männergemeinde der Katholischen Aktion der Pfarre Breitenfeld ein Vortrag über das Buch des Bundeskanzlers Schuschnigg „Dreimal Österreich“ gehalten. Am 23. Februar wurde in der „Reichspost“ eine gemeinsame Messe der Katholischen Aktion und der katholischen Frauenorganisation im Stephansdom angekündigt, „welche für das Vaterland und Kanzler Dr. Kurt Schuschnigg aufgeopfert wird“. Am 5. März 1938 fand im Festsaal der Universität Wien eine Veranstaltung der Katholisch-Deutschen Studentenschaft statt, an der der Wiener Kardinal-Erzbischof Dr. Theodor Innitzer und Mitglieder der Bundesregierung teilnahmen. Der Dekan der theologischen Fakultät, Prof. Dr. Hollnsteiner, erklärte dabei in seiner Festansprache, daß die Katholisch-Deutsche Studentenschaft wie ein Mann geschlossen hinter dem Bundeskanzler stehe und für die „Eingeleisigkeit der Dollfußstraße“ eintrete. Der aus dem Sudetenland stammende Kardinal, der stets gute Beziehungen zu Dollfuß und Schuschnigg hatte, gab seiner Freude und seinem Dank über das Treuegelöbnis der Katholisch-Deutschen Hochschülerschaft für Schuschnigg und Österreich mit Worten Ausdruck, die sein Verhalten nach dem 11. März 1938 etwas verständlicher machen: „Im Sinn des von Bundeskanzler Dr. Schuschnigg verkündeten deutschen Friedens werden wir jedem die Hand reichen, der von *ehrlichem* Idealismus erfüllt von der anderen Seite kommt.“ Zwietracht sei nicht aufbauend. „Das Volkstum ist immer ein wahrer und realer Wert im natürlichen Bereich gewesen, und die Kirche hat es bei vielen Völkern geehrt und gepflegt; pflegen wir es bis ins Heiligtum der Kirche hinein! Was bisher in Österreich ein feindliches Gegenüberstehen war, möge jetzt zu einer freundschaftlichen Auseinandersetzung werden, die auch für uns fruchtbar und anregend sein wird, wenn wir nur unseren Prinzipien treu bleiben und stark sind. Andererseits dürfen auch wir erwarten, daß diejenigen, die bisher noch abseits stehen, ebenso *unsere religiösen Werte achten* und das, was wir heilig nennen, nicht geringschätzig machen." Der Vorsitzende der Katholisch-Deutschen Hochschülerschaft, Dr. Burghardt, der in seinem Schlußwort das Treuegelöbnis erneuerte, war dagegen weniger verbindlich und optimistisch: „Wenn der Kanzler die Worte gebraucht hat ‚Österreich wird deutsch sein, oder es wird nicht sein', so kann man auch sagen ‚Österreich wird christlich sein, oder es wird nicht sein'. Der organisierte Katholizismus ist der Garant der Dollfußstraße und sonst niemand!"

Der Ernst der Situation spätestens seit Berchtesgaden wurde aber auch dem Kardinal von Tag zu Tag klarer. Bei einer Fahnenweihe der St.-Georgs-Pfadfinder in Kaisermühlen am 6. März erklärte er, daß die Zeiten ernst seien, doch brauche sich die Kirche nicht zu fürchten. Er bewundere die Zuversicht des Papstes (Pius XI.), der ihm bei einem seiner Besuche gesagt habe: „Für die Kirche fürchte ich nicht, aber für die Menschen, die zugrunde gehen."

Die Feier des 70. Geburtstages des schon genannten Ethnologen Univ.-Prof. P. Dr. Wilhelm Schmidt SVD im Auditorium Maximum der Universität am 9. März, dem Tag, an dem Schuschnigg in Innsbruck für den 13. März eine Volksbefragung über die Selbständigkeit Österreichs ankündigte, dürfte die letzte offiziöse Zusammenkunft führender Männer des österreichischen Katholizismus vor dem Anbruch der NS-Herrschaft gewesen sein. Bundespräsident Miklas, Kardinal Innitzer, Nuntius Cicognani, Justizminister Dr. Ludwig Adamovich u. a. hatten sich eingefunden. An der Jahresversammlung des Wiener Paramentenvereines am gleichen Tag hatten nur Innitzer und die Frau des Bundespräsidenten Miklas teilgenommen.

In der Nacht vom 10. zum 11. März wurden Mitglieder der katholischen Studentenverbindung „Austria", die mit „Heil-

Schuschnigg!"-Rufen durch die Florianigasse zogen, von Burschen, die aus dem Café Florianihof kamen, überfallen und beschossen. Drei katholische Studenten erlitten Schußverletzungen. Die „Reichspost" vom 11. März 1938 sah allerdings wie immer aus, auch wenn sie ganz im Zeichen der Werbung für eine positive Stimmabgabe bei der Volksbefragung am 13. März stand. Sie veröffentlichte diesbezügliche Aufrufe der Katholischen Aktion der Erzdiözese Wien („Als christliche Menschen kämpfen wir für das christliche Österreich . . . Deutsch sein und christlich sein, christlich sein und deutsch sein: das ist uns als geheiligtes Erbe der Väter von Geschlecht zu Geschlecht überliefert worden"), des Bundes katholischer Arbeiter Österreichs und der Zentralkommission der christlichen Arbeiter- und Angestellten-Kommissionen unter dem Vorsitz von Präsident Franz Spalowski, der Christlich-Deutschen Turnerschaft sowie des Evangelischen Oberkirchenrates vom 10. März. Dessen Empfehlung ist übrigens schon am 11. März noch vor dem „Umbruch" von den führenden Persönlichkeiten aller evangelischen Organisationen in Wien und von der Evangelischen Gemeinde Salzburg entschieden abgelehnt worden und hat bereits am 12. März zu seiner Auswechslung geführt.

Daß die „Reichspost" in ihrer letzten regulären Nummer noch eine Meldung über den „starken Rückgang der Übertrittsbewegung zum Protestantismus" brachte, ist deswegen symptomatisch, weil diese Konversionen im Ständestaat vorwiegend politisch-demonstrativen Charakter besessen hatten. In Wien waren 1937 3.079 Personen zum Protestantismus übergetreten. Die Hauptstadt wies damit die höchste Zahl der Übertritte in Österreich auf.

Als einziges Alarmzeichen hätte man die Notiz verstehen können, daß bei der Generalversammlung der Päpstlichen Missionsvereinigung katholischer Frauen und Jungfrauen die Festrede an Stelle des dafür vorgesehenen P. Friedrich Muckermann SJ P. Georg Bichlmair SJ hielt. Muckermann hatte infolge seiner entschiedenen Gegnerschaft zum Nationalsozialismus aus dem Dritten Reich emigrieren müssen und hatte nun gerade noch rechtzeitig auch Österreich verlassen.

Am Morgen des 11. März 1938 hat Seyss-Inquart, eine zentrale Figur dieses Tages, an der 7-Uhr-Messe in der Kirche seiner Wohnpfarre Dornbach teilgenommen. Anschließend sagte er zu einem geistlichen Freund, dem Seelsorger seiner Kinder: „Heute habe ich einen schweren Tag, ich habe jetzt nur gebetet, daß kein Blut fließt." Seyss-Inquart war sich also in diesem Punkt mit seinem politischen Gegner Schuschnigg ebenso einig wie über den deutschen Charakter des christlichen Österreich, der ja auch in den durch die Volksbefragung vom 13. März 1938 zu bestätigenden Aussagen aufscheint.

Nach dem dramatischen Verlauf jenes wirklich „schwarzen Freitags" der österreichischen Geschichte verabschiedete sich Bundeskanzler Schuschnigg kurz nach 19 Uhr vom Bundeskanzleramt am Ballhausplatz aus über die RAVAG (Radio Verkehrs AG) mit seiner bekannten Rede, in der er betonte, daß „um keinen Preis, auch in ernster Stunde nicht, deutsches Blut" vergossen werden solle. Er endete mit den Worten: „So verabschiede ich mich in dieser Stunde von dem österreichischen Volke mit einem deutschen Wort und einem Herzenswunsch: Gott schütze Österreich!" Nicht einmal drei Stunden später wurde Bürgermeister Schmitz, der im Gegensatz zu Schuschnigg bis zuletzt gesonnen war, gemeinsam mit bewaffneten Arbeitern gegen die nationalsozialistische Machtübernahme zu kämpfen, im Wiener Rathaus verhaftet. Schuschnigg blieb zunächst in seiner Wohnung konfiniert.

Kardinal Innitzer rief dagegen schon am 12. März die Katholiken der Erzdiözese Wien auf, „Sonntag, 13. d., zu beten, um Gott, dem Herrn, zu danken für den unblutigen Verlauf der großen politischen Umwälzung und um eine glückliche Zukunft für Österreich zu bitten. Selbstverständlich möge allen Anordnungen der Behörden gerne und willig Folge geleistet werden."

Ob der Kardinal tatsächlich am 14. März dem sich auf der Fahrt nach Wien befindenden „Führer" ein Telegramm gesendet hat, in dem Hitler nach Aussage des Staatssekretärs Keppler vor dem Nürnberger Gerichtshof eine Begrüßung durch das Glockengeläute aller Wiener Kirchen und die Beflaggung der Wiener Kirchen mit der Hakenkreuzfahne angekündigt worden sein soll, ist umstritten. Die Glocken der Wiener Kirchen haben allerdings während der Fahrt Hitlers von Schönbrunn zum Hotel Imperial geläutet.

Mit Sicherheit hat der neue Präsident des Evangelischen

Oberkirchenrates, Dr. Robert Kauer, am 13. März 1938 folgendes Telegramm geschickt: „An den Führer und Reichskanzler Adolf Hitler auf dem Wege nach Wien durch Deutsch-Österreich. Im Namen der mehr als 330.000 evangelischen Deutschen in Österreich begrüße ich Sie auf österreichischem Boden. Nach einer *Unterdrückung,* die die schrecklichsten Zeiten der Gegenreformation wieder aufleben ließ, kommen Sie als *Retter* aus fünfjähriger schwerster Not aller Deutschen hier ohne Unterschied des Glaubens. Gott segne Ihren Weg durch dieses deutsche Land, Ihre Heimat!" Die geistlichen Führer der evangelischen Kirchen A. B. und H. B. Österreichs, die Superintendenten Dr. Beyer, Dr. Eder, Dr. Heinzelmann und Dr. Zwernemann, haben dann am folgenden Tag die „Evangelische Kirche Deutschösterreichs" zum Glied der Deutschen Evangelischen Kirche erklärt.

Der Bischof und der Synodalrat der Altkatholischen Kirche „Deutschösterreichs" erließen am 15. März folgende Verfügung: „1. Am Sonntag, dem 20. d., ist in allen Gottesdienststellen ein festlicher Dankgottesdienst für die Befreiung der Heimat durch unseren Führer Adolf Hitler abzuhalten. Die Teilnahme der altkatholischen Schuljugend an diesem Gottesdienst ist Pflicht. 2. Im Kanon des heiligen Amtes ist von nun an die Fürbitte für unseren Führer Adolf Hitler einzufügen."

An eben diesem 15. März 1938 stattete Kardinal Innitzer seinen aufsehenerregenden Besuch im Hotel Imperial ab. Dieser sollte dem Plan dienen, Hitler in der Hochstimmung des „Anschlusses" zu der Zusicherung zu bewegen, „Österreichs geistige und religiöse Grundlage nicht anzugreifen". Er war Innitzer vom Leiter des Interventionsbüros der Katholischen Aktion in Wien, dem früheren Rittmeister Johann Jauner-Schrofenegg, einem Vertrauten des Kardinals und Papens, nahegelegt worden. Auch katholische Mitglieder der Regierung Seyss-Inquart hatten dem Kardinal zu diesem Schritt geraten. Arthur Seyss-Inquart und Franz von Papen, den Hitler — wie schon berichtet — nach dem Dollfuß-Mord 1934 als Sondergesandten nach Wien beordert hatte, wo es Papen in mühevoller und zäher Arbeit tatsächlich gelang, in katholischen Kreisen Einfluß zu gewinnen, fungierten als Vermittler. Er hatte ja auch wesentlich zum Abschluß des Juli-Abkommens 1936 beigetragen.

Nun meinte auch er, wenn Hitler durch den Kardinal zu dem genannten Versprechen zu bewegen sei, „wäre alles gewonnen". Von Wien schon abberufen, aber neuerlich zurückgekehrt, bat er am 13. März seinen Mittelsmann am Stephansplatz, Jauner, Innitzer Ort und Zeit eines Treffens mit Hitler mitzuteilen. Hitler, der am 12. Februar in Berchtesgaden Schuschnigg gesagt hatte, er werde die Einigung des deutschen Volkes, da die Kirchen dabei nicht mitmachen wollten, „jetzt ohne und notfalls gegen die Kirchen machen", war bereit, Innitzer am 15. März nach der großen Parade auf dem Ring im Hotel Imperial zu empfangen. Wie Innitzer von der Menge vor dem Hotel Imperial empfangen wurde — mit Jubel oder Schmährufen („In den Kanal mit dem Kardinal!") — und wie lange die Unterredung dauerte, darüber gingen die Meinungen auseinander.

Es dürfte jedoch zutreffen, daß der Kardinal in Begleitung seines Sekretärs Weinbacher und Jauners von der Menge beschimpft wurde und daß das Gespräch mit Hitler kaum länger als eine Viertelstunde gedauert hat. Auch die Authentizität der Kernaussagen der beiden so verschiedenen Gesprächspartner scheint durch die nachträglichen Aufzeichnungen Jauners, der als einziger Zeuge anwesend gewesen war, wenn er auch nicht Innitzers Wünsche festhielt, gesichert. Innitzer erklärte nach anderen verläßlichen Quellen, „daß deutsches Fühlen und Denken in Österreich nie gefehlt haben, aber daß die Opposition gegen den Anschluß ausschließlich aus der Furcht vor den revolutionären Methoden des Nazismus geboren worden sei. Er könnte versprechen, daß die österreichischen Katholiken die treuesten Söhne des großen Reiches werden würden, in dessen Arme dieser denkwürdige Tag sie zurückgebracht hatte, vorausgesetzt, daß Schulen und Kirche sich weiterhin der Freiheit, die im Konkordat zugesagt wurde, erfreuen könnten, und vorausgesetzt vor allem, daß die Kirche bei der Jugenderziehung nicht ausgeschlossen sein sollte, wie dies im Reich der Fall gewesen ist." Hitler versprach „alles" und bemerkte wörtlich: „Wenn sich die Kirche loyal zum Staate stellt, wird sie es nicht zu bereuen haben. Wenn sich hier in Österreich eine gute Zusammenarbeit ergibt, kann sich dieser religiöse Frühling auch auf das Altreich auswirken." Hitler selbst, der Innitzer sogar mit der „Andeutung eines Handkusses" begrüßt hatte, bestätigte das auch in einem Abendgespräch mit seinen Mitarbeitern. Die Loyalitätserklärung des Kardinals hielt er für besonders wertvoll. „Dieser habe aber auch von ihm freie Ausübung der kirchlichen Tätigkeit verlangt, und diese habe er ihm zugesichert."

Der von der Persönlichkeit Hitlers sehr beeindruckte Kardinal wollte den Inhalt dieser Unterredung in einem kurzen Hirtenwort veröffentlichen, in dem die Gläubigen aufgefordert werden sollten, sich loyal zum Staat zu stellen. In der Seelsorge werde jede Politik vermieden werden. Die österreichischen Zeitungen und der Rundfunk brachten diese Erklärung nicht, worauf sich Innitzer am 16. März in einem Schreiben an den Reichskommissar für die Wiedervereinigung, Gauleiter Joseph Bürckel, wandte und seiner Verwunderung darüber Ausdruck verlieh, daß die Veröffentlichung seiner Ausführungen, „die auf dem Boden der gegebenen Tatsachen dem neuen Staat gerecht werden", auf Schwierigkeiten stoße. Dieser Brief des Kardinals scheint zumindest keiner schriftlichen Antwort gewürdigt worden zu sein. Ein Zusammenhang mit dem Telegramm des deutschen Botschafters beim Heiligen Stuhl, Bergen, an das deutsche Auswärtige Amt vom 15. März, in dem angeregt wurde, alles zu vermeiden, „was als Beibehaltung des für uns untragbaren österreichischen Konkordates gedeutet werden könnte", ist derzeit nicht nachweisbar. Unklar ist auch, auf welchem Weg die Erklärung des Kardinals in das Ausland gelangte und dort zum Teil mit sehr kritischen Kommentaren in der Presse veröffentlicht werden konnte. Den Wunsch des Kardinals, angesichts der neuen Lage ein Wort an die Gläubigen zu richten, wollte Bürckel aber auf jeden Fall auf seine Weise nützen. Als die österreichischen Bischöfe nach telegrafischer Einberufung zu einer außerordentlichen Konferenz am 18. März in Wien zusammentrafen, wurde ihnen der Besuch Bürckels, der eine Aussprache mit ihnen wünschte, für 11 Uhr angekündigt. Zu diesem Zeitpunkt erschien dann allerdings nicht der Reichskommissar persönlich, sondern eine aus drei Sonderbeauftragten Bürckels bestehende Abordnung, von denen der aus einer katholischen Studentenverbindung kommende Dr. Josef Himmelreich, Pressereferent des bayrischen Statthalters Ritter von Epp, infolge seiner betonten Katholizität den Bischöfen das meiste Vertrauen einflößte. Bürckel hat mit der Entsendung dieser Männer bereits seine bis zum Ende der Appeasement-Phase konsequent beibehaltene Taktik angewandt, die Verhandlungen mit der Kirche und den Katholiken durch relativ einflußlose Mittelsmänner führen zu lassen, denen aber der geheimnisvolle Titel „Sonderbeauftragter" in den Augen Uneingeweihter eine gewisse Aura von Macht und Bedeutung verlieh.

An jenem 18. März 1938 nahmen die Abgesandten Bürckels zunächst mit höflichem Verständnis die Beschwerden der durch die neue Lage ohnedies äußerst beunruhigten Bischöfe über die ihnen bisher widerfahrene Behandlung entgegen. Bischof Stanislaus Pawlikowski von Seckau-Graz war 24 Stunden im Gefängnis eingesperrt und der vom 12. bis 16. März in seinem Palais konfinierte Salzburger Erzbischof Sigismund Waitz vor seiner Abreise nach Wien einer Leibesvisitation unterzogen worden. Nach der bedauernden Kenntnisnahme dieser Vorfälle legten die Unterhändler Bürckels dann einen Kardinal Innitzer seit 16. März bekannten Entwurf einer Erklärung vor, in der die Bischöfe anerkennen, was in Deutschland wirtschaftlich, völkisch und sozialpolitisch zugunsten der ärmsten Klasse und zur Abwehr des Bolschewismus geschehen sei, und in der sie die Gläubigen zur Teilnahme an der Volksabstimmung auffordern sollten. Erzbischof Waitz war von Innitzer schon vorher informiert worden und hatte seinerseits mit einem ehemaligen Schüler, Univ.-Prof. Dr. Johannes Messner, das Konzept einer Erklärung ausgearbeitet, das er nun ebenfalls der Konferenz vorlegte. Da die Emissäre Bürckels sehr drängten, nahmen die Bischöfe, die der ganzen Angelegenheit keine allzu große Bedeutung beimaßen bzw. glaubten, daß man nun nachgeben müsse, den sogenannten „Regierungsentwurf" nach einigen Änderungen der Hauptsache nach an und kehrten nach der Konferenz so schnell wie möglich in ihre Heimatdiözesen zurück. Dieser Entwurf war übrigens die fünfte Fassung (vier stammten von Bürckel, und eine war der Messner-Waitz-Entwurf). Erzbischof Waitz, der vor allem die von Bürckel konzipierte Einleitung für äußerst bedenklich hielt, blieb jedoch in Wien und informierte Nuntius Cicognani. Dieser legte größten Wert auf Abänderung im Sinne klarerer Zusicherung der Wahrung der Rechte der Kirche. Kardinal Innitzer und Erzbischof

Waitz verhandelten daher zunächst mit Himmelreich und schließlich sogar mit Bürckel persönlich über die von ihnen für das „Vorwort zur feierlichen Erklärung“ gewünschte Einfügung der Worte „unter Wahrung (bzw. unbeschadet) der Rechte Gottes und der Kirche“. Bürckel, dem Kardinal Innitzer am Tag vorher schriftlich mitgeteilt hatte, daß die österreichischen Bischöfe auf die ehemalige „Vaterländische Front“ in politischer Hinsicht keinerlei Einfluß ausgeübt hätten und auch nicht über die Abstimmungspläne Schuschniggs informiert gewesen seien, zeigte sich bei dem Besuch der beiden Erzbischöfe am 21. März im Parlament äußerst entgegenkommend. Er versprach sogar, wegen der an Erzbischof Waitz vorgenommenen Leibesvisitation den neuen Landeshauptmann von Salzburg, Pg. Ing. Wintersteiger, zur Verantwortung zu ziehen. Wegen der Änderung im Vorwort erbat er sich aber eine kleine Bedenkzeit. Auf keinen Fall dürfe der Eindruck erweckt werden, als ob die Bischöfe „nur notgedrungen ihre Gefolgschaft dem deutschen Staat bekannt“ hätten und „als hätte andererseits er mit Zugeständnissen sich die Erklärung erkauft“. Da das „hüben wie drüben“ nur einen ungünstigen Eindruck hervorrufen könnte, schlug er voll Biederkeit vor:

„Wir wollen deshalb nicht markten und feilschen, sondern wie Männer uns das Wort geben. Haben Sie Vertrauen zu mir; Sie können sich darüber erkundigen; ich hatte ein einziges Mißverständnis mit dem Bischof von Speyer, das aber mehr in der politischen Richtung lag. Ich bedaure es ebenso, wie er es sicher heute bedauert, aber in religiöser Hinsicht gab es keinen Streitpunkt. Ich bin ja nicht der Bravste, aber das eine kann ich sagen, daß ich genau den Bezirk des Religiösen abzugrenzen weiß. Die Religion hat die Leute brav zu machen, das ist ihre Aufgabe, und da soll sie frei wirken können.“ Auf die Einwendung seiner kirchlichen Gesprächspartner, daß doch so manches in der nationalsozialistischen Bewegung den Lehren der Kirche widerspreche, bat er nochmals um Vertrauen und versprach, alles in günstiger Form zu regeln. „Nach dem 10. April, wenn aller Trubel vorüber ist, wollen wir dann einen ganzen Tag der Besprechung dieser Angelegenheiten widmen.“

Nach 20minütiger Unterredung einigte man sich schließlich dahingehend, daß Waitz bis 15 Uhr eine neue Fassung des Vorwortes ausarbeiten solle. Aber schon um 14 Uhr erschien Dr. Himmelreich mit folgendem Text beim Kardinal: „Gauleiter Bürckel gab die aufrichtige Linie seiner Politik bekannt, welche unter dem Motto stehen soll: ‚Gebet Gott, was Gottes, und dem Kaiser, was des Kaisers ist.'" Himmelreich sagte dem Kardinal, dies sei dem früher vorgeschlagenen Passus „unbeschadet der Rechte Gottes und der Kirche" mindestens gleichwertig. Daraufhin unterschrieb der Kardinal, der von Himmelreich auch noch zu dem bekannten Begleitschreiben überredet wurde. Das handschriftliche „Heil Hitler!" fügte er hinzu, als ihm Himmelreich versicherte, das sei im Reich allgemeiner Brauch und werde auch von den deutschen Bischöfen ausnahmslos so gehalten. Innitzer vertraute Himmelreich so sehr, daß er über ihn am 19. März bei Bürckel für eine Reihe verhafteter oder dienstenthobener Katholiken intervenierte, von denen der Direktor des Verlages Tyrolia auch tatsächlich am 27. März aus der Haft entlassen werden sollte. Erst dann kam Himmelreich zu Erzbischof Waitz, der nun ebenfalls unterschrieb. Dessen Bedenken waren aber noch immer so groß, daß er umgehend ein Promemoria zur Information der Kurie ausarbeitete, das durch den Nuntius nach Rom weitergeleitet wurde. Daß der Nuntius auch mit dem „Vorwort" nicht einverstanden war, läßt sich zumindest aus der Tagebucheintragung von Erzbischof Waitz vom 21. März erschließen: „Volle Befriedigung hatte ich selbst nicht. Heldentaten haben wir Bischöfe keine vollzogen, unterstehen der Kritik weitester Kreise in ungünstigster Weise." Bürckel ließ unterdessen die Erklärung des Episkopats, die sich letztlich trotz der bischöflichen Versuche, den Text zu ändern, in der publizierten Form vom ersten Bürckel-Entwurf nicht grundsätzlich unterschied, samt dem faksimilierten Brief des Kardinals (Anhang) in millionenfacher Auflage drucken und als wirksamen Propagandaschlager in die Wahlschlacht werfen. Selbst an den Plakatwänden des „Altreichs" konnten die Katholiken daher lesen:

„Am Tage der Volksabstimmung ist es für uns Bischöfe selbstverständliche nationale Pflicht, uns als Deutsche zum Deutschen Reich zu bekennen, und wir erwarten auch von allen gläubigen Christen, daß sie wissen, was sie ihrem Volke schuldig sind."

Die Bischöfe hatten einen solchen Gebrauch ihrer Erklärung

nicht im mindesten erwartet, die sie selbst in ihren Diözesanblättern uneinheitlich oder gar nicht publizierten. Kardinal Innitzer ließ sie samt Vorwort im Wiener Diözesanblatt vom 23. März veröffentlichen. In der normalen Folge der kirchlichen Verordnungsblätter der Diözesen Linz und Salzburg scheint sie nicht auf. In der Diözese Linz wurde auch die für den 27. März vorgesehene Verlesung von den Kanzeln nicht generell vorgenommen. Im St. Pöltner Diözesanblatt wurden zwei Fassungen publiziert, wobei erst die zweite mit den Worten beginnt: „Aus innerster Überzeugung und mit freiem Willen erklären wir ..." Mit Ausnahme Bischof Adam Hefters von Gurk-Klagenfurt gaben die Bischöfe die Erklärung ohne jeden Kommentar bekannt. Der Vorarlberger Generalvikar Weihbischof Franz Tschann versuchte sogar, in einem Brief vom 23. März 1938 an Erzbischof Waitz die Erlaubnis zu einer Umformulierung zu erhalten:

„Die gegenwärtige Textierung entspricht nicht dem Denken und Fühlen unseres Vorarlberger Volkes, ringt der nationalsozialistisch gesinnten Bevölkerung keine Achtung ab, macht die in gutem Glauben der früheren Regierung treu ergebenen Anhänger irre und verwundet diejenigen, die in dieser nun einmal unvermeidlichen Übergangszeit Opfer an Freiheit bringen müssen."

Tschann erreichte allerdings nur eine Verschiebung der Verkündigung auf den 3. April.

Bischof Adam Hefter, ein gebürtiger Bayer, war mit dem als praktizierenden Katholiken bekannten Kärntner Landesamtsdirektor Wolsegger befreundet, der — wie sich dann im März 1938 herausstellte — illegales Mitglied der NSDAP gewesen war und die Anschauungen des sonst verschlossenen und menschenscheuen Bischofs über Nationalsozialismus und Anschluß sicherlich beeinflußt hat. So hat Hefter denn die Erklärung vom 18. März, die ihn zunächst mit großer Sorge erfüllt hatte, mit einer persönlichen Einbegleitung versehen. Er machte das Ereignis, daß Österreich „ein Teil des großen deutschen Vaterlandes geworden sei", zum Ausgangspunkt von weiteren Hinweisen auf die sozialen Leistungen des Nationalsozialismus und die „schwerste sittliche Verpflichtung" des Christen zum Dienst an Heimat und Volk. Die Arbeitsbeschaffung im Dritten Reich dürfte Hefter übrigens wirklich beeindruckt haben, da er selbst sich mit der sozialen Frage und der Arbeitslosigkeit seit 1919 immer wieder in seinen Hirtenbriefen beschäftigt hatte. Als Hitler dann auch nach Klagenfurt kam, zog sich der Bischof aber auf das Schloß Pöckstein zurück, um nicht beim Empfang anwesend sein zu müssen. Vor allem auf Drängen Wolseggers wurde er aber eigens aus Pöckstein geholt und Hitler im Landhaus vorgestellt. Der Händedruck, den er mit Hitler wechselte, wurde fotografiert, in Großaufnahme im ganzen Reich verbreitet und von den „Münchner Neuesten Nachrichten" allen Ernstes als Lohn für Hefters Bemühungen um die Begnadigung von zum Tode verurteilten Kärntner Nationalsozialisten bezeichnet. Wenige Monate später hat Hefter bei der Einführung der Ewigen Anbetung in der Diözese Gurk die Gläubigen zum Gebet für die Kirche, „um die der Kampf tobt", und für die Jugend, „um deren Wohl wir zittern", aufgerufen.

Im übrigen Österreich wurde die „Erklärung" am 27. März von den Kanzeln verkündet, wobei jedoch aufgrund einer Intervention des Nuntius über päpstlichen Auftrag bei Kardinal Innitzer folgende Einleitung verlesen wurde: „Um jegliches Mißverständnis zu vermeiden, wird betont, daß diese feierliche Erklärung verstanden werden muß mit voller Wahrung der Rechte Gottes und der Kirche." Der Eindruck, den sie auf die österreichischen Katholiken machte, war trotzdem ein zwiespältiger. Die Aussagen von Zeitgenossen reichen von bitteren und schmerzlichen Erinnerungen politisch aktiver Katholiken, die sich zum Zeitpunkt der Veröffentlichung der Erklärung bereits in Haft befanden, bis zur dankbaren Anerkennung, sie habe gerade politisch belasteten Angehörigen das in diesem Fall öffentlich abzugebende „Ja" bei der Volksabstimmung moralisch erleichtert. Der Salzburger Historiker Gerhard Botz ist der Meinung, daß wohl eher die „dankbare Zustimmung" überwog. Vom Vorarlberger, Tiroler und Salzburger Klerus ist allerdings erwiesen, daß er die „Erklärung" sehr kritisch, ja ablehnend beurteilt hat, was damals auch bereits dem Münchner Kardinal Faulhaber bekannt war.

Die Erhebung von 1979 „Kirche und Nationalsozialismus" (siehe Seite 29) ergab nach den Antworten auf die ersten drei einschlägigen Fragen folgendes Bild, wobei die Antwort auf die ersten zwei Fragen hier ganz knapp zusammengefaßt wurden.

Die erste Frage lautete: „Wie haben die österreichischen Katholiken bzw. die Katholiken Ihrer Diözese den Nationalsozialismus vor dem 11. März 1938 beurteilt?"

Die Antworten sind in Zustimmung, Ablehnung und „unterschiedlich" geordnet. Es zeigte sich, daß präzise Antworten gerade auf diese Frage offensichtlich nicht leicht waren. Die jüngsten Beantworter gingen vor 1938 noch in die Schule oder waren im Priesterseminar. Dennoch haben sie sich auch hier um durchaus differenzierte Antworten bemüht. In allen Diözesen erreichte die „Zustimmung" nur zwischen 10 und 25%, was darauf zurückzuführen ist, daß gerade die Priester selten aus deutschnationalen Familien kamen, von den Diözesanbischöfen in ihrer Ablehnung des Nationalsozialismus massiv bestärkt wurden und zum Teil auch enge Verbindungen mit der „Vaterländischen Front" hatten. Ihre Antworten gelten daher, wie sie selbst auch häufig betonen, in erster Linie für das streng kirchliche Milieu bzw. die aktiven, praktizierenden Katholiken. Im folgenden werden nur die häufigsten Motive und besonders differenzierte Aussagen angeführt. Zustimmung wurde in allen Diözesen mehrheitlich mit der wirtschaftlichen Not und der großen Arbeitslosigkeit begründet.

In der Erzdiözese Wien wurden politische Gründe „teils als neues Europa, teils als Gralsrittertum" und „Liebäugeln mit dem Faschismus als christliche Macht gegen den Bolschewismus" angegeben. Einige „Neuländer" und Schwärmer wären positiv zum Nationalsozialismus eingestellt gewesen. Bei den Ablehnungen wird zweimal auf Schuschnigg rekurriert, der am 13. März 70% der Stimmen gewonnen hätte, wenn es zur geplanten Volksbefragung gekommen wäre.

Über die Apostolische Administratur Eisenstadt informieren nur drei positive, mit der Wirtschaftslage und Bauernverschuldung begründete Antworten. Eine negative berichtet, daß die burgenländischen Kroaten schon vor 1938 voll Angst und Skepsis waren. In St. Pölten wurde für die Zustimmung nicht nur die Arbeitslosigkeit, sondern auch die Jugend genannt. Als Gründe der Ablehnung neben den Glaubensgründen die Haltung Bischof Gföllners von Linz, der sich ja mit seinem Hirtenbrief vom Jänner 1933 und danach als besonderer Gegner des Nationalsozialismus profiliert hatte. Vom Ort Kilb wird berichtet, daß nur der Oberlehrer und dessen Frau „eingefleischte Nazi“ waren.

In Linz wurde verständlicherweise Gföllner sechsmal als Hauptgrund der Ablehnung genannt; einmal erfolgte Zustimmung „trotz Gföllner“. Von der Pfarre Peilstein wurde berichtet, daß 1938 von den zirka 2.000 Einwohnern 15 illegale Nationalsozialisten waren. Von ihnen ist einer am 12. März 1938 als österreichischer Patriot aus der NSDAP ausgetreten.

Als Gründe für die wenigen Zustimmungen in Salzburg wurde neben der Wirtschaftslage angeführt, daß Salzburg schon immer liberal und ein „großdeutsches Exil“ gewesen sei. Eine anonyme Antwort lautete lapidar: „Großteil gegen Katholizismus und Nationalsozialismus“, womit zweifellos der relativ starke Salzburger Liberalismus zu verstehen ist. In Klagenfurt werden als frühe Nationalsozialisten „Freisinnige“ bezeichnet. Ein Anonymus verweist auf den „Heiland Hitler“, ebenfalls anonym wurde die Zugkraft der Parole „Heim ins Reich!“ betont. In Graz wurden „sogenannte bürgerliche Schichten“, für die Jahre 1928 bis 1930 viele Liberale und „nationale Katholiken“, die die aus Deutschland kommenden Warnungen nicht beachteten, der Vertrag von Saint-Germain und die Bauernverschuldung genannt. Ein Grazer Religionsprofessor bekannte sich selbst als Neuländer. Er habe zu jener Hälfte des Bundes Neuland gehört, der sich von Hitler nichts erwartete, aber für das „Reich der Deutschen“ viele Ideale und Hoffnungen hegte.

In Innsbruck waren liberale Kreise für den Nationalsozialismus, aus staatspolitischen Gründen war auch „Seipels Anschlußidee noch in positiver Erinnerung“. Zwei Beantworter nannten die Ermordung von Dollfuß als Motiv für Ablehnung. „Die Polarisierung ‚Vaterländische Front‘ — Nationalsozialismus reichte bis in den Kirchenraum; einzelne Geistliche bekannten sich als braun.“ Alle drei Vorarlberger Antworten berichteten von eindeutiger Ablehnung.

In der zweiten Frage wurde die Stimmung der Katholiken am 11. März und am 10. April 1938 zu erkunden versucht. Positiv wurden Begeisterung, Jubel und Zustimmung gewertet, negativ Depression, Trauer, Angst, Verzweiflung. Geteilte Antworten („unterschiedlich“, „teils — teils“) wurden gesondert erfaßt. Diese waren jedoch schon weniger häufig als bei Frage 1. In allen Diözesen überwogen wieder die negativen Antworten bis zu 85 %, allerdings fast ausschließlich auf die aktiven Katholiken, Priester und Laien, bezogen.

Die größten Emotionen bewirkte die Frage nach der damaligen Beurteilung der März-Erklärung der österreichischen Bischöfe. Aus allen Diözesen waren die Antworten mit starker Mehrheit negativ. Aus der Erzdiözese Wien kamen z. B. nur zehn positive und 18 unentschiedene bzw. „Teils-teils“-Antworten. Selbst bei den positiven überwiegt die Argumentation, die Erklärung war ein Versuch, zu retten, was noch zu retten war, oder sie war eine Entlastung des Gewissens. Die negativen Beurteilungen lassen nichts an Deutlichkeit zu wünschen übrig. Da heißt es: „Wir Theologen waren dafür, daß sie abdanken sollten.“ Oder: „Sie hängen den Mantel nach dem Wind, spöttelten Nazis. Katholiken sagten: ‚Innitzer ist ein Sudetendeutscher, er kann nicht aus seiner Haut.‘“ Ein damaliger Seminarist schrieb: „Obwohl wir Kardinal Innitzer liebten, waren wir wütend über ihn.“ Folgendes Erlebnis aus Wiener Neustadt wurde berichtet: „Innitzer, dieses Schwein, ist er noch nicht hin? So fragte mich ein Arbeiter.“ Als besonderer Schock wurde das „Heil Hitler!“ empfunden. Die Erklärung wurde „mit Befremden, zum Teil mit Erschütterung zur Kenntnis genommen“, „mit Entrüstung“, „von den noch nüchtern gebliebenen praktizierenden Katholiken bedauert und als feig verurteilt“. Auch der politische Wandel wurde kritisch vermerkt: als „‚ungereimt‘ im Vergleich zu früheren Erklärungen“; „sonst immer der Ruf ‚Österreich‘, plötzlich ‚Heil Hitler!‘“; „der Kardinal predigte zuerst vom katholisch-deutschen Österreich“; „mit Verbitterung bei den Katholiken, die sich für den christlichen Ständestaat engagiert hatten — teils aber auch mit Erleichterung: nun werden wir nicht politisch verfolgt“. Für Wien sollen zuletzt Pfarrer i. R. Kurt Harmann und Oberstudienrat Dr. Hermann Schießl aus Stockerau zu Wort kommen.

Kurt Harmann: „Alle von ihrer Sendungsaufgabe durchdrungenen katholischen Familien sehr pessimistisch negativ ablehnend! Extrem Eingestellte sprachen von einem schmählichen Verrat der historisch erwiesenen Sendungsaufgabe des österreichischen Katholizismus. Soweit ich das damals überschauen konnte, waren es sicher mehr als 60% der mir Bekannten.

Diese Sendungsaufgabe wurde klar und deutlich so verstanden:

a) Weltweit im Ausgleich von Gegensätzlichkeiten durch Gerechtigkeit als angewendete Wahrheit.

b) Für den konkreten Nahbereich galt es helfen und zur Selbsthilfe befähigen durch Vermittlung klarer christlicher Wertordnung. Die Fähigkeit, die Ruhe in dieser Ordnung im eigenen Wirkungsbereich herzustellen, war damals allgemeine Überzeugungsgrundlage, müßte den Frieden retten und in und um uns bringen."

Dr. Hermann Schießl: „Die Erklärung der österreichischen Bischöfe konnte nicht verstanden werden. Als Illustration: Meine Mutter, eine tief religiöse Frau, die nie einen Bischof kritisiert hätte, war damals empört. Ich selbst war bestürzt, betroffen, umso mehr, als ich wenige Tage vorher Kardinal Innitzer im Seminar sprechen gehört hatte, er sprach damals über die Begegnung Schuschnigg — Hitler in Berchtesgaden. Später versuchte ich diese Stellungnahme zu verstehen."

Aus Eisenstadt kamen eine positive — „Beruhigung der Gläubigen" —, eine „geteilte" und zwei negative Antworten. Die letzte lautet: „Nicht nur Wigel-Wagel-Spiele, sondern Kniebeuge. Man hat das Vertrauen verspielt." In der Diözese St. Pölten enthalten die 21 negativen Berichte besonders deutliche Aussagen. In zwei wurde ausdrücklich am „Heil Hitler!" Anstoß genommen. Kardinal Innitzer wurde damals deshalb als feiger „Ranftlböhm" bezeichnet. Pfarrer Schuch aus Niederfladnitz berichtete: „Die Erklärung der österreichischen Bischöfe wurde als ein Akt unter moralischem Druck aufgefaßt: ‚Sie taten es, um Ärgeres zu verhindern.' Bischof Memelauer von St. Pölten erklärte zu wiederholten Malen, daß er überhaupt nicht unterschreiben wollte; die anderen Bischöfe ersuchten ihn dann, doch keinen ‚Alleingang' zu unternehmen. Späterhin sagte er: ‚Immer noch tut es mir leid, daß ich mich habe überreden lassen. Diese Herren waren eine Empfehlung nicht wert, wie man sieht.'"

Auch in der Diözese Linz nahm man am „Heil Hitler!" Anstoß. Sehr deprimiert war man auch über den Wandel:

„Vorher galt NSDAP als Ausbund des Teufels, dann als freudiges Ja." Pfarrer i. R. Kücher aus Braunau berichtete, daß damals Pfarrer Karl Lackner die Verlesung der Erklärung mit den Worten einleitete: „Die österreichischen Bischöfe wurden zur folgenden Erklärung gezwungen ... Daraufhin mußte er von der Pfarre gehen ..." Besonders die Tatsache, daß auch Bischof Gföllner unterschrieben hatte, der vorher so entschieden gegen den Nationalsozialismus aufgetreten war, beunruhigte Linzer Priester. Sie konnten es sich nur damit erklären, daß die Bischöfe „Schreckliches" verhindern wollten. Auch der Kirchenhistoriker Professor Lenzenweger nahm auf Bischof Gföllner Bezug: „Die Erklärung der österreichischen Bischöfe wurde zunächst als überraschend, ja zum Teil als niederdrückend empfunden. Man hatte den Eindruck, daß die Bischöfe überrumpelt worden seien und eben in der Situation noch zu retten versuchten, was zu retten war. Sie wurde auch als Versuch angesehen, Katholiken, die durch ihre Mitwirkung am christlichen Ständestaat Repressalien ausgesetzt waren, Hilfe zu leisten und den ersten Haßausbruch der Nazis zu mildern. Besonders überrascht hat der vollkommene Zusammenbruch, welchen Bischof Gföllner erlitt. Er war ganz niedergeschlagen und in seinem Konzept gestört, fand aber jetzt eine überaus väterliche Einstellung gegenüber dem Klerus."

Rektor Wild vom Bildungshaus Puchberg bei Wels berichtete: „Die Erklärung der österreichischen Bischöfe hat zunächst Staunen und Enttäuschung hervorgerufen. Sehr bald aber ist die Sache mit viel Verständnis betrachtet worden. Wer die Stimmung damals erlebt hat, klagt nicht an. Ich bin als Verhafteter stundenlang in Ried i. Innkreis auf einem Polizeiwagen auf einer sehr belebten Straße ausgestellt worden. Da kamen Menschen vorbei, die mich nicht gekannt haben und gerufen haben: ‚Hängt ihn auf, den Sauhund' usw. Die drei oben Genannten sind in das Bezirksgefängnis eingeliefert worden, sind auf der Straße durch die Stadt Ried geführt worden, umgeben von Sechs-Mann-Wache mit Karabinern. Wiederum gab es Schreie, Flüche von Passanten: ‚Hunde! Systemschweine! Hängt sie auf!' Ich muß gestehen, daß ich damals sehr froh war, als die Kerkertür hinter mir sich geschlossen hat. Man hat bald danach auch erfahren, wie Innitzer behandelt worden ist. Das Vorgehen der NSDAP-Funktionäre ist durch die Flüsterpropaganda in alle Kreise verbreitet worden. Sehr bald sind die Bischöfe nicht mehr angeklagt worden. Man hat keinem Plakat mehr getraut, auch keiner Zeitung."

In Salzburg betrachtete man die Erklärung als „Kapitulation und Preisgabe der Kämpfer für die Kirche". Auch hier fragte man: „Wie war es möglich, daß Gföllner, der so radikal gegen die Nazis war, diese moralisch erzwungene Erklärung unterschrieb?" Der damalige Seminarist Lüftenegger schrieb: „Wir schämten uns und hielten die Erklärung für ein Machwerk der Partei." Die Unzufriedenheit Papst Pius' XI. war bekannt. Er soll den österreichischen Bischöfen, d. h. Innitzer, gesagt haben: „Ich wußte, daß Sie kein Märtyrer sind; bin enttäuscht, daß Sie nicht einmal ein Bekenner sind." Daß Pius XI. Innitzer gefragt habe, „was der rote Kardinalspurpur bedeute (Martyrium!) . . .", wurde auch in Tirol kolportiert.

Kanonikus Haslinger aus Seekirchen antwortete: „Das Niederschmetterndste für alle Geistlichen und katholischen Laien war die Anschlußerklärung der Bischöfe mit der Bemerkung, ‚daß eine tausendjährige Sehnsucht' in Erfüllung gegangen sei. Sie erschien uns lächerlich; als der Ortspfarrer mich beauftragte, bei meinem Gottesdienst diese Erklärung von der Kanzel zu verlesen, sprach ich so leise, daß mich kein Mensch unter den Zuhörern verstehen konnte. Die Zuhörer aber verstanden mich und meine Einstellung sehr wohl. Traurig stimmte mich und alle guten Katholiken, daß beim Umzug, von dem ich fernblieb, der Pfarrer das Wort ergriff und vor den Leuten auf dem Marktplatz die Erklärung abgab, wir müssen jetzt dem ‚Führer' ebenso folgen wie seinerzeit dem Kaiser und dem Bundespräsidenten. ‚Pfui!' riefen einige aus dem Hintergrund, ich auch . . . Dieser Pfarrer war aber eine unrühmliche Ausnahme. Es war auch für ihn nur eine Alibi-Tarnung, eine feige Ausflucht zum Schutz vor Angriffen. Durch die Erklärung der Bischöfe hat der österreichische Katholizismus die Chance verpaßt, sich durch Heldenmut auszuzeichnen, wie es der Glaube verdient hätte. Man spielte schlaue Kirchenpolitik, statt ehrlichen Kampf um die christliche Weltanschauung aufzunehmen und dem Nazismus ins Angesicht zu widersprechen. Die Bischöfe haben es auch unterlassen, ihre Katholiken für den Fall einer gewaltsamen Invasion vorzubereiten, sondern gaben als schwache Hirten ihre Herde den Wölfen preis."

Auch in der Diözese Klagenfurt-Gurk war man enttäuscht, empfand die Erklärung als „Verrat". Die Seelsorger verstanden die Bischöfe nicht und verlasen sie „nur mit größtem Widerwillen". Man sah in ihr auch einen „Treubruch gegenüber den nunmehr politisch sehr Verfolgten". Theologen waren enttäuscht und entmutigt. Sie hätten einen Aufruf zu treuerem Festhalten und Mitarbeit mit der Kirche auch in neuen Verhältnissen gebraucht.

Kanonikus Josef Weiss berichtete: „Die Erklärung der österreichischen Bischöfe vom 18. bzw. 21. März 1938 war für viele enttäuschend. Wir konnten nicht erkennen, was die Bischöfe zu dieser Erklärung bewog, und meinten, daß sie unter Druck gesetzt worden sind. Ein Teil der Theologen unseres Seminars (Klagenfurt) wollte deshalb auch nicht zur sogenannten Wahl gehen. Erst als unser Regens, damals Weihbischof Andreas Rohracher, sagte, daß unsere freie Willensentscheidung nicht beeinträchtigt würde, gingen wir zur Wahl. Der Wahlsprengel, in dem das bischöfliche Priesterseminar gelegen war, hatte die meisten Nein-Stimmen. Vielleicht war dies mit ein Grund, noch im gleichen Jahr das erst einige Jahre alte Priesterseminar zu beschlagnahmen."

Aus Graz-Seckau waren elf negative, elf unentschiedene und 15 positive Antworten gekommen, die höchste positive Zahl aus allen österreichischen Diözesen. Dennoch gab es auch in der „Stadt der Volkserhebung" herbe Kritik. Man sah in den Erklärungen Charakterlosigkeit und einen Verrat an Dollfuß und Schuschnigg. Josef Laufer nahm auf die Memoiren des langjährigen Rektors der „Anima", des Kollegs für studierende deutsche Priester in Rom, Alois Hudal, Bezug. Dieser sei wenigstens ehrlich bezüglich der Charakterschwächen seiner Umgebung, die er in späteren Tagen beschrieb: „Charakterfehler hatten alle schon vorher."

Prof. Fischl nahm ausführlich Stellung: „Natürlich waren unsere guten Katholiken, bei denen es innerlich gärte, geschockt von der Bischofserklärung vom März 1938, besonders vom ‚Heil Hitler!' des Kardinals Theodor Innitzer. Sie fühlten sich irgendwie von ihren Hirten verlassen und verraten. — Wir hatten in der Steiermark einen Glücksfall. Unser Fürstbischof

Dr. Ferdinand Pawlikowski war von SA-Männern in seiner Residenz verhaftet und in das Grazer Polizeigefängnis gebracht worden. Weil er aber als Militärvikar im Offiziersrang war, hat das Heer das als Eingriff gesehen und seine Freilassung nach zwei Tagen erwirkt. Wir wußten also von unserem Bischof, wie ‚freiwillig' er mitunterschrieben hat. Auch die Tausende, die in ihren Ämtern mit ‚Heil Hitler!' grüßen mußten, wußten alle, wie solche Erklärungen zustande kamen. Unser Bischof verdient alles Lob. Er hat an den Sieg der Nazis nie geglaubt. Darum hat er trotz bedrängter Finanzlage der Diözese uns Theologieprofessoren, die mit kleinen Pensionen abgebaut waren, alle gehalten, bezahlt, Büchergelder gegeben, uns nicht als Pfarrer angestellt, obwohl wir nur zwei bis fünf Hörer hatten (pro Vorlesung) und in manchem Semester gar keinen. ‚Wenn das Regime zusammenbricht, brauche ich gute Priester.'"

Pfarrer Jaklitsch schrieb: „An zwei Erklärungen kann ich mich nicht mehr erinnern. Ich sehe nur noch die großen Plakate vor mir. Die Haltung von Kardinal Innitzer war bekannt, die anderen Bischöfe, wenigstens der steirische, waren eingeschüchtert. Er hat uns empfohlen, gestanzte Hakenkreuze zu tragen. Ich komme damit zur Maiandacht in Donawitz. Die Leute konnten es nicht fassen. Ich habe es sofort weggegeben. Die Parteigenossen haben es auch als Heuchelei aufgefaßt."

P. Benno Roth OSB, der von 1940 bis 1945 mit dem ganzen Seckauer Konvent aus dem Gau Steiermark ausgewiesen war, erinnerte an ein „Unicum", nämlich an die Durchführung der Volksbefragung am 13. März in St. Georgen bei Obdach am Lavantegg, wo man die Absetzung der Befragung nicht erfahren hatte. Nach der Messe wurde am 13. März in Obdachegg die Befragung durchgeführt. Das Ergebnis waren 100% für Schuschnigg. Am 10. April ergab die Volksabstimmung 99% für den „Anschluß". Eine Gegenstimme stammte von Pfarrer Heinrich Dallarosa, der gegen Kriegsende in Wien enthauptet wurde.

Aus Innsbruck-Feldkirch kamen 16 negative, acht positive und acht unentschiedene Beurteilungen. Man sprach von „Feigheit und unverständlichem Verrat". Das „Heil Hitler!" wurde besonders kritisch vermerkt. Betroffenheit erregte die Unterschriftsleistung des nunmehrigen Salzburger Erzbischofs Waitz, der vorher Administrator in Innsbruck gewesen und als entschiedener Gegner des Nationalsozialismus bekannt war. Man empfand sie wie einen „Schlag mit dem Holzhammer“. Bei Lehrern und Gendarmen rief die Erklärung bittere Enttäuschung hervor: „Warum haben Sie uns das nicht früher gesagt, jetzt sind wir die Dummen.“ Ein Pfarrer, der selbst die Erklärung verurteilte, gab allerdings auch eine Äußerung seines Bruders wieder, der Offizier im österreichischen Bundesheer war, den Eid auf Hitler nicht mit seinem Gewissen vereinbaren konnte und aus diesem Grund seinen Beruf aufgeben wollte: „Die Erklärung der Bischöfe war für mich eine Erlösung aus der Gewissensqual.“

Der Prämonstratenser Tanzer aus Aldrans beschrieb die Stimmung der jungen Priester: „Am 11. März war die Stimmung der Katholiken auf dem Tiefpunkt. Wir konnten nur hoffen, daß es doch nicht so schlimm werden wird! Am 10. April wählten doch fast alle auf den Aufruf der Bischöfe hin für den Anschluß. Dazu: Der Aufruf sollte auf den Kanzeln verlesen werden. Wie verwirrt auch unsere geistliche Führung war, zeigt auch, daß zu diesem Aufruf noch am Abend vorher ein ‚Zusatz‘ an die Pfarrer ausgesandt wurde. ‚Gebt dem Kaiser . . .‘ Ich war damals Kleriker des Stiftes Wilten und wurde vom Abt beauftragt, diesen Zusatz dem Stadtpfarrer Adrian Höck in Hötting zu überbringen. An der Pfarrhaustür empfing mich der damals noch junge Pfarrer, er las das Papier und zerriß es. Pfarrer Höck ist allerdings dann bald nach Brasilien ausgewandert und kam wieder 1947 zurück. Die Bischöfe wollten retten, was noch zu retten war.“

Die Beurteilung dieses Rettungsversuches durch Gauleiter Bürckel zeigte dessen nach dem zutreffenden Urteil von Erzbischof Waitz „ordinäre“ Wahlrede am 24. März im Wiener Konzerthaus. Der Gauleiter hatte in dieser Rede das „Blut“ als die „übergeordnete Kraft des Volkes“ bezeichnet und nach einer wüsten Beschimpfung Schuschniggs als Gotteslästerer — der den „Herrgott selbst“ in Anspruch genommen habe, „um sein eigenes Werk zu vernichten“, und dabei den Herrgott mit dem Teufel verwechselt habe — zum Verhältnis von Nationalsozialismus und Religion folgendermaßen Stellung genommen:

„Über die Vorsehung selbst gibt es keine Vorstellung, die der

Staat seinen Bürgern aufzwingen könnte. Aber man kann *der Vorsehung dienen,* und zwar dadurch, daß man ihren sichtbaren Werken dient. Das sichtbare Werk der Vorsehung ist das Volk. Dem sichtbaren Werk hat die Vorsehung das Gesetz zur Erhaltung gegeben. Dem Vollzug dieses Gesetzes gilt unsere Arbeit. Wie selbstverständlich *ist daher unsere positive Einstellung für den Glauben,* der für das betet, wofür wir arbeiten, nämlich *für unser Volk.* Wenn nun hin und wieder das Verhältnis von Kirche und Partei zu gegenseitigen Diskussionen Anlaß gibt, so liegt dies nach meinem Erachten *nicht im Christentum oder Nationalsozialismus* begründet, sondern *in den Menschen,* die auf der einen oder anderen Seite Anschauungen verbreiten oder sich auf solche festlegen, die ihre Stifter nicht haben wollten, d. h. *in beiden Fällen sind die Beteiligten auf dem falschen Wege,* der eine beim Christentum als Lehre der ewigen Belange, der andere beim Nationalsozialismus als dem Lebensgesetz unserer Nation. *Der Nationalsozialismus soll sich um die völkischen Dinge kümmern, die Kirche ausschließlich um das Seelenheil. Und wenn beide guten Willens sind,* muß diese Aufgabe zum Segen des Volkes gereichen. Christus hat die Pflichten verteilt, wenn er sagt: ‚Gott, was Gottes ist, dem Kaiser, was des Kaisers ist!' *Und bei dieser Entscheidung, die wir anerkennen, muß es endlich bleiben.* (Beifall.) Ich vermerke dankbar, daß die *Kirchenfürsten von Österreich* ihre Stellungnahme, insbesondere im Zusammenhang mit der bevorstehenden Abstimmung bekunden werden. Wer noch in alten Bindungen befangen ist und wem es daher schwerfallen sollte, sein eigenes Blut zu Worte kommen zu lassen, den bitte ich, doch einmal unbefangen und ehrlich vor seinen Herrgott zu treten, vor den gleichen Herrgott, der uns Deutsche erschaffen hat. Sollte er diese Begegnung wagen und es dann noch für richtig halten, gegen den Willen seines Schöpfers zu entscheiden, so mag er dies tun. Wenn nun in den letzten Tagen *aus dem Haus Habsburg* der Ruf kommt: ‚Versündigt Euch nicht an Eurer Religion!', so haben wir absolut Verständnis für diese ‚Sorge' um die Religion. Es gibt einen alten Satz: ‚Sie reden von Christus und meinen Kattun.' Gaben bisher die Kabarettstückchen, aus dieser Zeit genommen, immer wieder den Stoff ab, den Zeitungen eine heitere Note zu geben, so wird es doch jetzt an der Zeit sein, daß die Nachfolger dieser Gilde zum Verstand kommen. Sie mag nun verschwinden, wenn notwendig noch mit einer Träne bestreut. ‚Glücklich ist, wer vergißt, was nicht mehr zu ändern ist.‘ (Lebhafte Heiterkeit.)“

Es braucht nicht viel Einfühlungsvermögen, um sich vorzustellen, was die österreichischen Bischöfe empfunden haben müssen, als sie diese Rede wenige Tage nach der Unterzeichnung ihrer noch gar nicht veröffentlichten „Erklärung“ hören mußten. Diesen Worten war außer den bereits erwähnten Fakten eine Reihe weiterer antiklerikaler Aktionen vorausgegangen, von denen bisher sicher erst ein Bruchteil bekanntgeworden ist. Zu ihnen gehört z. B. die Durchsuchung des steirischen Klosters Maria Lankowitz durch die SA am 14. März, wobei 110 Gewehre und zwei Maschinengewehre beschlagnahmt worden sein sollen. In den Zeitungen wurde das so dokumentiert: „Es wird wohl eine nähere Aufklärung nötig sein, wieso und zu welchem Zwecke in einem Kloster eine so beträchtliche Waffenmenge aufgestapelt war. Um ein legales Depot kann es sich an einem solchen Ort doch kaum gehandelt haben.“

Am 18. März veröffentlichte dagegen der Leiter der Gestapo-Leitstelle Salzburg, Regierungsrat Müller, eine Strafandrohung für alle jene, die die „umgehenden Gerüchte“ weiterverbreiteten, daß bei Erzbischof Waitz zwei Maschinengewehre sowie im Kloster Nonnberg, im Mutterhaus der Barmherzigen Schwestern und in der Kirche von Maxglan Waffen gefunden worden seien. Die Gerüchte entbehrten jeder Grundlage und „sind geeignet, die öffentliche Ruhe, Sicherheit und Ordnung zu stören“. Ebenfalls dementiert wurde das von „unverantwortlichen Elementen“ verbreitete Gerücht, daß Nationalsozialisten das Kruzifix des Burschenvereinszimmers in Kuchl auf den Boden geworfen und zertrümmert hätten. Nicht dementiert, sondern gemeldet wurde, daß *alle* Betriebe und Zeitungen der Katholischen Preßvereinsanstalten der Diözesen Seckau und Salzburg der kommissarischen Leitung des Pg. Rudolf Pokorny unterstellt wurden, daß der Chefredakteur der „Reichspost“, Dr. Friedrich Funder, zurückgetreten sei und diese ebenfalls kommissarisch geleitet werde. In den ersten Tagen nach dem „Anschluß“ wurden auch — im Gegensatz zu später — zahlreiche Meldungen über Selbstmorde, Verhaftungen, Dienstenthebungen und Emigrationen veröffentlicht, oft mit hämischen Bemerkungen versehen.

Selbstmorde im konservativen Lager seien hier aus dem politischen Bereich des Ständestaates nur zwei angeführt: jener des Vizekanzlers a. D. Emil Fey mit Frau und Sohn, der dem schon vor dem 11. März 1938 als nationalsozialistisch bekannten „Salzburger Volksblatt" eine Extraausgabe wert war, und der Selbstmord des Postoffizials Alois Huemer aus Schafwiesen bei Wels, Dienststellenleiter der „Vaterländischen Front" (VF). Auch von den Verhaftungen können hier nur wenige — stellvertretend für viele — erwähnt werden: Von Bundeskanzler Schuschnigg hieß es, daß er sich „unter reichsdeutschen Schutz gestellt habe" und sich in seiner Wohnung befinde, „wo ihm 150 SS-Männer beigegeben werden mußten, um ‚ihn vor der Liebe seines Volkes' zu schützen", wie das „Salzburger Volksblatt" am 17. März meldete. Unter den Verhafteten der ersten Tage befanden sich die Minister Pernter und Heinl, der Präsident des österreichischen Bundestages Hoyos, der Leiter des Bundespressedienstes Oberst Adam und dessen Mitarbeiter Generalkonsul Kleinwächter und Dr. Sobek, der Chef der Staatspolizei Hofrat Weiser, der Präsident der Pressekammer Ludwig, der Propagandaleiter der VF Ing. Becker, der Generalsekretär der Vereinigung österreichischer Tageszeitungen Hofrat Dr. Dörfler, der Wiener Bürgermeister Richard Schmitz, der Linzer Bürgermeister Dr. Bock, der oberösterreichische Landesführer der VF Dr. Heinrich Gleißner, der Präsidialchef der oberösterreichischen Landesregierung Hofrat Dr. Sommer, der Linzer Landesschulinspektor Dr. Messenböck, der Erste Sekretär der Linzer Arbeiterkammer Dr. Maleta, der Generaldirektor der Katholischen Aktion Oberösterreichs Prof. Ohnmacht, der schon erwähnte Chefredakteur der „Salzburger Chronik" Kanonikus Steinwender und viele andere. Einige dieser Männer, wie z. B. Steinwender, wurden relativ rasch wieder enthaftet und konnten dann noch emigrieren. Die Mehrheit blieb jedoch in längerer Haft bzw. gehörte dem ersten österreichischen Transport nach Dachau am 1. April 1938 an.

Daß in der Literatur die Angaben über die Zahl der in den ersten Wochen nach dem „Anschluß" vorgenommenen Verhaftungen sehr differiert, ist bekannt. Ganz genau wird sie wohl nie mehr eruierbar sein. Daß sie jedenfalls mehrere Zehntausende betrug, kann allerdings als ebenso sicher gelten wie das Faktum, daß *mindestens* ein Drittel der Verhafteten aus christlichsozial-ständestaatlich orientiertem Milieu stammte. Hier sei daher nur noch auf die in den Zeitungen verwendete Terminologie aufmerksam gemacht: Ing. Becker wurde „eingezogen", Dr. Dörfler „zur Verfügung gestellt".

Die Meldungen über Dienstenthebungen enthalten so viele Namen, daß sie hier nicht angegeben werden können. Von den Emigranten bzw. Flüchtlingen seien die Witwe des 1934 von den Nationalsozialisten getöteten Bundeskanzlers Dollfuß mit ihren Kindern, die Minister Zernatto und Stockinger, der Führer der Legitimisten Gesandter Wiesner, der Pazifist und Paneuropäer Coudenhove-Kalergi, Felix Habsburg und der deutsche Emigrant Fürst Löwenstein genannt. Die ersten Fluchtorte befanden sich meist in den Nachbarstaaten Tschechoslowakei und Ungarn.

Wenn es damals auch nicht öffentlich bekannt wurde, so ist doch festzuhalten, daß sich kirchliche Stellen für verhaftete bzw. „gemaßregelte" Katholiken einzusetzen versuchten, wie dies z. B. das Wiener Erzbischöfliche Ordinariat in einem Schreiben an Gauleiter Bürckel vom 2. Mai 1938 getan hat. Es heißt darin, daß man die Familienmitglieder von Inhaftierten nicht darben lassen solle, daß man jene Beamte, die nur ihre Pflicht taten, nicht deswegen, „weil sie Katholiken sind", maßregeln sollte und daß Ausschreitungen gegen Katholiken wie am 25. April in Stockerau hintangehalten werden sollten. „Während man die Priester in Ruhe läßt, werden katholische Laien geprügelt und gequält."

Kehren wir aber nochmals zu Priestern und Laien zurück, die nach dem 11. März öffentlich zum „Anschluß" positiv Stellung nahmen. So gaben z. B. die katholischen Religionsprofessoren an den Mittelschulen der Erzdiözese Wien in ihrer Vollversammlung am 15. März 1938 auf Antrag ihres Obmannes Dr. Langhammer ihrer „Freude über die endgültige Eingliederung Österreichs in das Deutsche Reich" Ausdruck und begrüßten Hitler „als den Schmied des großen volksdeutschen Reiches ehrfurchtsvoll". „Freudig haben sie ihre Bereitwilligkeit erklärt, an dem

Aufbau des neuen Deutschland mitzuarbeiten." Der Katechet der Salzburger Ursulinen Ziegler, der sich auch in der „Kampfzeit" nicht gescheut hatte, „sich als Deutscher zu bekennen", feierte in einem Zeitungsartikel „den Zusammenschluß des Volkes, *die Einheit der Deutschen*" als etwas „Höheres, Gottgewolltes". Auch Dr. Nikolussi, Chorherr in St. Florian, erließ Ende März 1938 einen Aufruf an den katholischen Klerus, sich aktiv an der Aufklärungsarbeit in der Abstimmungszeit zu beteiligen, da es sich bereits jetzt in Dutzenden von Fällen zeige, „wie kraftvoll in Priesterherzen das deutsche Empfinden, der deutsche Nationalstolz aufrauscht. Er wird sich mit dem katholischen Glauben zu einer wundervollen Synthese vereinigen". Priester, die solches glaubten, fanden sich im April in der von dem Wiener Dozenten van den Bergh und Professor Johann Pircher, beide Geistliche, geleiteten „Arbeitsgemeinschaft für den religiösen Frieden" zusammen. Im Spätsommer 1938 hatte sie 526 Mitglieder. Sie vertrat die Ansicht, daß zwischen Kirche und Staat, Katholizismus und Nationalsozialismus keine Gegensätze, sondern sogar gemeinsame Interessen beständen und sie daher zusammenarbeiten könnten. Daß dies im Frühjahr 1938 die Meinung nicht weniger Katholiken war, sei trotz der vielen zuvor zitierten kritischen Stimmen nicht bestritten.

Aufmerksamen Beobachtern konnte allerdings nicht entgehen, daß es trotz der im Hinblick auf die Volksabstimmung gerade in Wien von den Nationalsozialisten zurückgehaltenen stärkeren Angriffe auf die Kirchen schon im März 1938 genügend Indizien gab für das, was später kommen sollte. Die Redaktion der „Reichspost" befand sich bereits am 12. März in kommissarischer Verwaltung, ihr Chefredakteur Friedrich Funder war — wie viele andere bekannte Katholiken — verhaftet.

Am 13. März meldete sich der neue Chefredakteur Otto Howorka mit einem Leitartikel „Der Erfüllung entgegen". Die erste Seite der alten christlichsozialen Zeitung „zierte" ein großes Hitler-Bild. Die ständige Rubrik „Kirchliches" war verschwunden und tauchte — auf ein Minimum reduziert — erst am 26. März kurzfristig wieder auf. Das Konvikt für Sängerknaben wurde am 22. März von einem kommissarischen Leiter übernommen.

Auf die zum Teil noch massiveren Wahlempfehlungen der anderen Kirchen wird hier nicht eingegangen. Sie sind erst Anfang April publiziert worden. Insgesamt muß jedoch festgestellt werden, daß die Leitungen aller christlichen Kirchen Österreichs im März 1938 *offiziell* nur Akkomodation mit geringfügigen Abstufungen an das neue politische System versucht haben. Daß sich die ersten Ansätze eines christlichen Widerstandes aufgrund der antiklerikalen Maßnahmen des NS-Regimes sehr bald formieren sollten, war im *März* 1938 jedenfalls kaum erkennbar.

Das zeigen auch die ausführlichen Antworten des international angesehenen, bedeutenden Pastoraltheologen Prof. Ferdinand Klostermann (1907—1982), der niemals mit dem Nationalsozialismus sympathisiert hatte und während der NS-Zeit ein Jahr im Gefängnis war, auf Fragen der Aussendung „Kirche und Nationalsozialismus" von 1979:

Wie war die Stimmung am 11. März und am 10. April 1938?

„Für den von mir ins Auge gefaßten Kreis kann man wohl allgemein sagen: Voll Sorge und Angst; man war völlig geschockt, ja gelähmt. Eine Ausnahme bildeten nur die wenigen Priester und Laien, meist Intellektuelle, die — schon vor dem Einmarsch — mehr oder weniger offen mit dem Nationalsozialismus sympathisiert hatten, weil sie Nationalsozialisten waren und meinten, die Deutschen könnten sich nur durchsetzen, wenn sie in einem Staat beisammen wären, oder (und) weil sie hofften, nur durch die Mitarbeit von Christen könne das nationalsozialistische System entschärft, ja schließlich getauft werden. Zweifellos spielte der christlich-soziale (und katholische) Antisemitismus auch eine gewisse Rolle. Den hielten ja sogar manche fest, die sonst völlige Gegner des Nationalsozialismus waren."

Wie wurde die Erklärung der Bischöfe vom März 1938 beurteilt?

„Weithin mit tiefer Erschütterung und Beschämung. Besonders ärgerlich wurde das ‚und Heil Hitler!' Kardinal Innitzers empfunden, das dann lange auf allen Plakatsäulen zu lesen war. Als ich die Erklärung der Bischöfe auf der Kanzel hatte verlesen müssen — es muß darin oder in einem Begleitschreiben von einer nun erfüllten tausendjährigen Sehnsucht die Rede gewesen sein —, kam der mit mir befreundete Sparkassendirektor Karl Loidl, Mitglied der oberösterreichischen Landesregierung, auf mein Zimmer und sagte: ‚Das hättet Ihr uns schon früher sagen sollen, daß Ihr Euch auf diesen Gauner (Hitler) schon tausend Jahre gefreut habt, dann hätten wir nicht unsere Familien und uns selbst gefährdet.' Kurz nachher, ich glaube schon am nächsten Tag, wurde er verhaftet und fortgebracht. Wie empört ich noch nach Jahren über die Erklärung der Bischöfe war, zeigt, daß ich als nachmaliger Sekretär des Linzer Bischofs Johannes Maria Gföllner diesem gegenüber gelegentlich eines Spazierganges, auf dem ich ihn begleitete, meiner und vieler junger Priester Enttäuschung, ja Unverständnis Ausdruck verlieh. Der Bischof war offensichtlich schwer getroffen und redete mit mir auf dem ganzen Spaziergang kein Wort mehr. Als wir das Tor des bischöflichen Palais durchschritten hatten, blieb er stehen und sagte: ‚Wenn Sie wüßten, was damals vor sich ging, würden Sie vielleicht auch milder urteilen.' Dann war nie mehr von der Sache die Rede."

Gab es nach dem 11. März 1938 von vornherein zum Widerstand oder zur Kooperation entschlossene Gruppen, oder wollte man vor allem abwarten?

„Schon der lähmende Schock bewirkte, daß zunächst auch die meisten der praktizierenden Gruppen nicht an organisierten Widerstand dachten. Damit soll nicht geleugnet werden, daß nicht wenige gläubige Menschen innerlich, ihrer ganzen Einstellung nach, fest entschlossen waren, das neue System in keiner Weise zu unterstützen, ja ihm auch zu widerstehen. Das wirkte sich aber zunächst kaum nach außen oder in Gruppenbildungen aus. Das war sicher die allgemeine Haltung. Einzelne Freundeskreise, vor allem wohl in der sozialdemokratischen Arbeiterschaft, mochten schon zum Widerstand entschlossen gewesen sein, wie es auch einige wenige und kleine katholische Gruppen gab, die zur Kooperation entschlossen waren. Darunter spielten die schon erwähnten und meist schon vor der Machtergreifung als Sympathisanten bekannten wenigen Priester eine Rolle. Wie stark der Schock war, kann man daraus ersehen, daß auch die aktive katholische Jugend zunächst völlig von der Bildfläche verschwunden schien. Erst allmählich sammelten sich in einigen Pfarren, vor allem in größeren Orten, um aktive Kapläne wieder Gruppen von Jugendlichen. Wie viele das in Oberösterreich waren, zeigte die von diesen Gruppen vorbereitete und veranstaltete berühmte Jugendwallfahrt am 14. Mai 1939 nach dem Wallfahrtsort Maria Scharten bei Wels, die nicht nur die Geheime Staatspolizei, sondern auch die Veranstalter überraschte."

Kardinal Innitzer zwischen Vatikan und Nationalsozialismus: April 1938

Von der geteilten Aufnahme der März-Erklärungen bei den österreichischen Katholiken war bereits die Rede. Im katholischen Ausland, besonders in kirchlichen Kreisen Frankreichs, wurde an der Erklärung gerade auch wegen ihres Gegensatzes zur Sympathiekundgebung der Bischöfe für den deutschen Episkopat vom November 1937 scharfe Kritik geübt. Auch habe Kardinal Innitzer noch Ende Februar zum Gebet für Frieden und Freiheit des österreichischen Vaterlandes aufgefordert. Gegen eine Havas-Meldung aus Berlin, die Erklärung sei eine entspannende Geste der Bischöfe, verwahrte sich Kardinal Innitzer in einem Schreiben an Bürckel: Er halte es für unter seiner Würde, in einer so wichtigen geschichtlichen Stunde Gesten zu machen. Vor allem zu den französischen Angriffen hat Erzbischof Waitz in der „Schöneren Zukunft" Stellung genommen, die die Erklärung zunächst „von besonderer Seite" hatte würdigen lassen. Waitz wies in seiner Verteidigung auf die Funktion der Erklärung als Hilfe aus Gewissensnot und schließlich ziemlich deutlich auf ihre Genesis hin: „Schon die einfachste Überlegung müßte den Kritikern der Märzkundgebung übrigens sagen, daß ihnen die Umstände, unter denen Österreichs Bischöfe Entscheidungen zu fällen haben, zu wenig bekannt sind ..."

Die „Erklärung" im Vatikan zu verteidigen war allerdings Aufgabe Kardinal Innitzers, des Vorsitzenden der Österreichischen Bischofskonferenz.

Daß man im Vatikan mit den Erklärungen unzufrieden war, war Innitzer bereits ebenso bekannt wie der Wunsch des Papstes, er möge selbst nach Rom kommen. Unter welchem Druck Innitzer stand, diese Reise nicht anzutreten, hat der Grazer Kirchenhistoriker Maximilian Liebmann auch aufgrund bisher unbekannter Dokumente eindringlich dargestellt. Bürckel ließ kein Mittel unversucht, Innitzer von der Reise, die er am Abend des 4. April mit der Bahn antrat, abzuhalten. Dafür schaltete er sogar Hitler ein. Eine Stunde vor Abfahrt des Zuges langte aus Klagenfurt ein Telegramm des Adjutanten Hitlers an Innitzer ein. Dieser wurde davon verständigt, daß ihn der „Führer" bitte, sich für ein Treffen am Donnerstag oder Freitag bereitzuhalten, da er ihm auf seinen „Friedensvorschritt" eine Erklärung abgeben wolle. Nähere Angaben über Ort und Zeit würden noch folgen. Da jedoch der Wiener Nuntius Cicognani und der Berliner Nuntius Orsenigo, der sich damals auch in Wien befand, dem Kardinal schon vorher klargemacht hatten, daß er die Reise nicht mehr aufschieben könne, blieb Innitzer selbst gegenüber einem beschwörenden Anruf Bürckels zehn Minuten vor Abfahrt des Zuges schweren Herzens in seinem Entschluß fest. Seine Reisebegleiter waren sein Sekretär Weinbacher, der Generalsekretär der Katholischen Aktion, Msgr. Engelhart, und Prof. P. Wilhelm Schmidt SVD, der auch Direktor des Lateranmuseums war. In dessen Aufzeichnungen sind die Vorgänge der folgenden Tage genau beschrieben. In Rom nächtigten Innitzer, Weinbacher und Engelhart in der „Anima", dem deutschen Priesterkolleg. Ihr Rektor war der schon mehrmals genannte Bischof Alois Hudal, damals noch selbst ein überzeugter „Brückenbauer".

Kardinalstaatssekretär Eugenio Pacelli (der spätere Papst Pius XII.) hatte den Kardinal noch am Abend des 5. April freundlich empfangen und in der Nacht eine Erklärung entworfen, die die Erklärung der österreichischen Bischöfe „richtigstellen und ergänzen" solle. Innitzer hatte diesen bereits von Papst Pius XI. genehmigten Text noch vor seiner Audienz bei diesem am Vormittag des 6. April unterschrieben, jedoch größte Bedenken gegen seine Veröffentlichung im „Osservatore Romano" noch am gleichen Tag geäußert. Die eineinhalbstündige Unterredung mit Pius XI. hat Innitzer zutiefst deprimiert. Der Papst hat nach den Aufzeichnungen P. Schmidts aus seiner starken Ablehnung des Nationalsozialismus und Hitlers kein Hehl gemacht und vermutlich auch seine Kritik an der „Feierlichen Erklärung" ausgedrückt. Daß Innitzers — laut Schmidt — „tastende Versuche", „ob er einen Gruß des Papstes an den

Führer überbringen oder die Freude über seine Versprechungen ausdrücken dürfe", von Pius XI. entschieden abgelehnt wurden, ist anzunehmen.

Das Ergebnis der Unterredungen war seine, Innitzers, bekannte Ergänzung zur Erklärung im Namen aller österreichischen Bischöfe vom 6. April 1938 (Abb.). Sie wurde vom „Osservatore Romano", der vorher gemeldet hatte, die österreichischen Bischöfe wären ohne Wissen und daher auch ohne Zustimmung der Kurie vorgegangen, und von Radio Vatikan veröffentlicht. In ihr wurde gesagt, daß die Erklärung vom 18. März selbstverständlich keine Billigung dessen aussprechen wollte, „was mit dem Gesetze Gottes, der Freiheit und den Rechten der katholischen Kirche nicht vereinbar war und ist". Außerdem dürfe sie „von Staat und Partei nicht als Gewissensbindung der Gläubigen verstanden und propagandistisch verwertet werden". Für die Zukunft verlangten die Bischöfe in allen das Konkordat betreffenden Fragen keine Änderung ohne vorausgehende Vereinbarung mit dem Heiligen Stuhl, Sicherung der religiös-sittlichen Erziehung der Jugend, Verhinderung religions- und kirchenfeindlicher Propaganda sowie Freiheit der Glaubensverkündigung, -verteidigung und -verwirklichung. Ob Papst Pius XII. in seiner Ansprache an das Kardinalskollegium am 2. Juni 1945 mit der Bemerkung, es sei kein reiner Zufall, „daß gewisse Gebiete, die dann vom nationalsozialistischen System besonders hart getroffen wurden, ausgerechnet jene waren, wo die Enzyklika *Mit brennender Sorge* wenig oder gar kein Gehör fand", auch auf Österreich anspielen wollte, sei dahingestellt.

Nach der Rückkehr nach Wien wurde Kardinal Innitzer nicht nur mit Nachrichten von der schweren Enttäuschung Bürckels über das Scheitern der ganzen Friedensaktion infolge der römischen Verlautbarung beunruhigt. Hitler selbst sagte ihm bei seinem Wiener Aufenthalt am Vorabend der Volksabstimmung: „Ich wollte eine bindende Erklärung bezüglich der katholischen Kirche in Österreich abgeben. Nach dieser Ihrer Erklärung in Rom muß ich aber davon Abstand nehmen." Dann versprach er aber neuerlich, nach den Wahlen alles so zu ordnen, daß Österreich ein Beispiel dafür sein werde, „wie Kirche und nationalsozialistischer Staat sich ja vertragen können, und die österreichische Lösung soll das Muster werden für das ganze Reich!" Der Kardinal berichtete diese Bemerkung Hitlers nach Rom, worauf der Kardinalstaatssekretär erwiderte, „daß die Erfahrungen der Vergangenheit dazu zwingen, sich nicht mit Zusicherungen für die Zukunft abzufinden, sondern auf greifbare Taten und eindeutige Sicherungen in der Gegenwart hinzuarbeiten".

Nicht dieser Meinung waren die „Brückenbauer". Sie haben dem ohnedies verunsicherten Kardinal nach seiner Rückkehr aus Rom besonders schwer zugesetzt. Eine nicht geringe Zahl — im Oktober 1938 hatte sie, wie schon erwähnt, 526 Mitglieder — von Priestern und Laien hatten sich in der schon genannten „Aktion" bzw. „Arbeitsgemeinschaft für den religiösen Frieden" zusammengeschlossen, deren Anfänge bis in die Mitte der dreißiger Jahre zurückreichten. Eine zentrale Rolle spielte in ihr der 1906 in Wien geborene Karl Rudolf Pischtiak, der seit 1924 der NSDAP angehörte, im Ständestaat zumeist arbeitslos und politischer Häftling gewesen war. Seine Berufsausbildung an einer höheren technischen Lehranstalt hat er nicht abgeschlossen. Vom März 1938 an war er der Verbindungsmann der „Brückenbauer" zu Gauleiter Bürckel und auch zum schon genannten Geistlichen Jauner, der sich in unmittelbarer Nähe des Kardinals befand. Nach seinem eigenen Bericht hat Pischtiak am 7. April einen Brief an den Kardinal entworfen, in dem dieser beschworen wurde, nicht von dem mit der Erklärung vom 18. März eingeschlagenen Kurs abzuweichen.

Der Inhalt dieses Briefes besteht aus einer vernichtenden Kritik des Ständestaates, einer Hymne auf die Leistungen des Nationalsozialismus und folgenden Beschwörungen: „In dem Augenblick, da sich die Kirche gegen den neuen Staat stellt, wird in den Augen der Bevölkerung der zum Verräter, der die Partei der Kirche ergreift. Nur ein Wahnwitziger kann von der Kirche in Österreich fordern, daß sie sich selbst vernichtet." Und:

„Mit mindestens demselben Recht, mit dem die französischen Katholiken sich mit der Regierung des Gottesleugners Leon Blum gutstellen dürfen, können wir österreichischen Katholiken einen tiefgläubigen Adolf Hitler unterstützen, der durch Taten christlicher Barmherzigkeit mehr Menschen mit Gott versöhnt

hat, als in Frankreich mit Streik und Klassenhaß dem Satan in die Hände getrieben werden."

Es gelang Pischtiak, „die Unterschriften fast aller Persönlichkeiten zu erreichen, die beim Kardinal etwas gelten". Unter den Unterzeichnern befanden sich auch solche, die der Verfasserin nach 1945 als überzeugte Katholiken bekannt wurden. Allerdings gehörte auch der Historiker Dr. Taras von Borodajkewycz zu ihnen. Er war 1933 Sekretär des Allgemeinen Deutschen Katholikentages in Wien gewesen und wurde während des Krieges Professor an der Universität Prag. Als Professor an der damaligen Hochschule für Welthandel in Wien hat er in der Zweiten Republik so antisemitisch Geschichte gelehrt, daß es 1965 deswegen zu Demonstrationen kam, die zum bisher einzigen politischen Todesopfer in der Zweiten Republik führten.

Dem Kardinal wurde der Brief der Aktion von einer Delegation unter der Führung des offiziellen Leiters der Aktion, Dozent van den Bergh, überreicht: Innitzer soll laut Pischtiak „sichtlich bestürzt" gewesen sein und versprochen haben, „auf der Linie zu bleiben".

Was diese Linie bewirkt hatte, war jedoch schon damals über die bereits berichteten Übergriffe hinaus deutlich.

Noch vor der Volksabstimmung waren in österreichischen Ordinariaten verläßliche schriftliche Berichte über willkürliche Verhaftungen und Mißhandlungen von Priestern eingelangt, die in einigen Fällen unter schwersten Beschimpfungen — „Hund", „Schwein", „Drecksau", „Dreckseele" — durch die SA-Wache geprügelt und mit Füßen getreten, zu erniedrigenden Arbeiten wie Abortreinigungen herangezogen worden waren. Was es mit der ebenfalls noch vor dem 10. April festgelegten „freiwilligen" Auflösung einiger katholischer Vereine (Reichsbund, Piusverein, Katholischer Arbeiterverein, Christlich-Deutscher Turnverein u. a.) tatsächlich auf sich hatte, geht eindeutig aus der Schlußbemerkung der Erklärung des kirchlichen Beauftragten hervor, daß die sich auflösenden Vereine womöglich gemeinsam liquidiert werden sollten und die Gestapo sich bereit erklärt habe, „dem Liquidator eine geeignete Person namhaft zu machen, um etwa auftretende Schwierigkeiten zu beseitigen".

Die Bischöfe hatten Beschwerden über Verhaftungen und Beschlagnahmungen schon vor der Volksabstimmung bei Bürckel vorgebracht, auch hatten sie die Enthaftung der Leiter der katholischen Verlage, die Frage der katholischen Presse und der Ordensschulen besprechen wollen, allein sie waren auf die Zeit nach dem 10. April vertröstet worden. Bürckel hatte Kardinal Innitzer und Erzbischof Waitz ja schon bei deren Besuch im Wiener Parlament am 21. März versprochen, nach der Abstimmung einen ganzen Tag der Besprechung dieser Angelegenheiten zu widmen.

Aber noch waren die Weichen der nationalsozialistischen Kirchenpolitik in Österreich offiziell nicht endgültig gestellt. Ein in einer Ordensburg geschulter Lehrer teilte daher zur selben Zeit seinen Kollegen auf einem Pongauer Lehrerkurs in St. Rupert folgendes mit: „Man weiß noch nicht, ob der Führer den Kampf mit der Kirche aufnehmen wird. Aber Sie müssen sich heute schon entscheiden, ob Sie dann zu Bischof, Kirche und Papst stehen oder zum Führer. Wer nicht zum Führer steht, für den ist dann in Deutschland kein Platz mehr!"

Diesem „Man weiß noch nicht" entsprach weitgehend die Haltung der Gauleiter und Reichsstatthalter. Selbst der radikal-nationalsozialistische Tiroler Gauleiter Hofer fühlte sich trotz der besonders starken Behinderung des kirchlichen Lebens in Tirol bei einer Unterredung mit den für den Tiroler Bereich zuständigen Bischöfen über den Erstbeicht- und Erstkommunionunterricht durch die Seelsorger bemüßigt, zu betonen, daß er die *Seelsorge* der Kinder und Jugendlichen nicht behindern wolle. Seine Vorstellungen von einer unbehinderten Seelsorge entsprachen dabei völlig dem Lebensraum, den jede Diktatur der Kirche zugesteht: „Es seien ja die Spendung und der Empfang der Sakramente und die Pfarrpredigt wie früher möglich." Auf jeden Fall sind auch in seinem Machtbereich damals noch gelegentlich antikirchliche Maßnahmen rückgängig gemacht oder verhaftete Katholiken freigelassen worden. Der Direktor des Vorarlberger Caritasverbandes, dessen Vermögen zusammen mit dem der Katholischen Aktion schon am 15. März beschlagnahmt worden war, gab daher im Mai folgenden Lagebericht an Erzbischof Waitz: „In Vorarlberg sind gegenwärtig nicht mehr viele Führende verhaftet. Leider sitzt der Redakteur des Vorarlberger Volksblattes H. H. Georg Schelling in Bregenz noch immer in der Oberen Stadt im Gefängnis und hat trotz Intervention des Hochwst. Weihbischofs scheinbar noch wenig Aussicht, die Freiheit bald zu genießen. Auch Herr Toni Ulmer und der frühere Landeshauptmann Dr. Ender teilen scheinbar noch dasselbe Schicksal. Der Fonds unseres Pressevereines wurde auch beschlagnahmt, und es ist wohl noch fraglich, ob etwas davon gerettet werden kann."

Die Hoffnung, durch Verhandlungen eine Stabilisierung, ja vielleicht sogar eine Besserung der Verhältnisse erzielen zu können, schien zwar nicht mehr groß, aber auch noch nicht völlig unbegründet.

Die österreichischen Bischöfe konnten im Mai 1938 eben doch noch immer einzelne Vereinbarungen erzielen, die die Freigabe von Gesellenhäusern oder Pfarrheimen vorsahen. Die Realisierung dieser Abkommen ließ in den Bundesländern jedoch auf sich warten, sodaß zum Beispiel in Salzburg mit Recht festgestellt wurde, die Freigabe werde zumeist an Bedingungen geknüpft, „die einem Widerhaken gleichen, der womöglich in jeder Einrichtung, in der eine Organisation der NSDAP Einfluß gewann, haften bleiben soll". Auch die „Abfallshetze in HJ und BdM" („Hitler-Jugend" und „Bund deutscher Mädchen") wurde trotz gegenteiliger Zusicherungen fortgeführt.

Besonders das Salzburger Ordinariat war damals laufend mit Protesten gegen nationalsozialistische Übergriffe beschäftigt, sei es, um massive Drohungen gegen den von der Gestapo (der Geheimen Staatspolizei) im März verhafteten und dann wieder freigelassenen Pfarrer von Großgmain abzuwehren, die Aufhebung der Beschlagnahme des Vermögens der Katholischen Aktion zu erreichen, die unbegründete Enthebung eines Katecheten vom Religionsunterricht oder die Besetzung des Caritasverbandes rückgängig zu machen. Dazu kam noch, daß sich auch die Salzburger Diözesanbischöfe an ihren Metropoliten um Hilfe wandten, wie das zum Beispiel Bischof Hefter von Gurk anläßlich der bevorstehenden Räumung des Klagenfurter Knabenseminars Marianum für SS-Unterkünfte tat. In dieser Situation mußten selbst kleine Erfolge wie die Wiederzulassung eines aufgrund einer HJ-Anzeige vom Schuldienst suspendierten Kooperators als Ansporn zu weiterem unablässigem Bemühen wirken. Die zahlreichen Dienststellen von Partei und Staat führten zwar einen Kleinkrieg gegen die Kirche, aber noch schien er nicht systematisch, noch konnte man gelegentlich sein Recht bekommen, noch konnte man meinen, er solle die Bischöfe für weitere Verhandlungen über einen „Modus vivendi" mürbe machen.

Die Erkenntnis der Bischöfe, getäuscht worden zu sein, fand dann schon Ende April in den Weisungen an den Klerus, die die Diözesanblätter veröffentlichten, einen deutlichen Niederschlag. Sie zeichneten sich besonders in Wien durch ein klares Konzept der Konzentrierung auf die Seelsorge aus, die sich, der neuen Situation entsprechend, vom mehr bewahrenden Prinzip der Vereinsseelsorge auf die opferbereite, offen missionarische, von Mensch zu Mensch wirkende und gewinnende Arbeitsweise umstellen müsse. Damit war der Beginn jenes „Aufbaues im Widerstand" gemacht, der vor allem vom Wiener Seelsorgeamt unter der Leitung Karl Rudolfs, eines der Gründer und Führer des Bundes „Neuland", getragen worden ist. Für die neue Orientierung der Seelsorge, „die Besinnung auf das Wesentliche", sind damals auch Michael Pfliegler und August Zechmeister publizistisch eingetreten. Bischof Pawlikowski von Graz, Bischof Gföllner von Linz und Bischof Memelauer von St. Pölten haben ebenfalls Weisungen dieser Art erlassen. Erzbischof Waitz nahm zum Thema „Seelsorge und Seelsorgshilfe in jetziger Zeit" am 1. Mai 1938 ausführlich Stellung und bat die Gläubigen schließlich um ihr eifriges und inniges Gebet: „Die Kirche Christi hat schon schwerere Zeiten überdauert, und immer ist sie siegreich aus Schwierigkeiten wie auch aus den Verfolgungen hervorgegangen. Sie wird ihre Kraft auch jetzt entfalten, aber freilich bedarf es einer ganz ernsten Tätigkeit von uns allen, von Geistlichkeit und katholischem Volk. Das ist der Ernst der Zeit, das ist die Größe der Aufgaben."

Die Verhandlungen im Sommer 1938

Das von Kardinal Innitzer immer wieder eingemahnte Versprechen Bürckels, nach der Volksabstimmung ein ausführliches Gespräch über die kirchenpolitische Entwicklung zu führen, wurde von ihm erst nach einer langen Denkschrift Innitzers voller Beschwerden vom 24. Mai am 30. Mai eingelöst. Im Gegensatz zu Innitzer wußte Bürckel bereits, daß Hitler das österreichische Konkordat nicht anerkannte und auch das Reichskonkordat nicht auf die „Ostmark" angewendet wurde. Das stärkte seine Position, und dementsprechend war die Aussprache. Sie dauerte 15 Minuten — Innitzer, sein Sekretär Dr. Weinbacher und Minister Klausner waren anwesend.

Bürckel ging von Innitzers Brief aus und sagte dazu, daß die Volksabstimmung vom 10. April auch ohne die kirchlichen Erklärungen für den „Anschluß" ausgegangen wäre; die Nein-Stimmen hätten nichts daran geändert, daß Österreich zu Deutschland gekommen wäre. Dieser brutalen Offenheit erwiderte Innitzer: „Die Leute sind durch ihr Gewissen bedrängt worden und haben sich nur durch die Geistlichen aufklären lassen, mit JA zu stimmen. Darauf antwortete Bürckel: „Selbst wenn die Kirche dagegen gewesen wäre, hätten wir doch 50 Prozent bekommen." Dieser Satz aus dem von Maximilian Liebmann erstmals veröffentlichten Protokoll ist deshalb besonders bemerkenswert, weil er die Richtigkeit der Meinung der österreichischen Historiker bestätigt, die sich heute darüber einig sind, daß Schuschnigg bei der von ihm für den 13. März angesetzten Volksbefragung mit den sozialdemokratischen Stimmen eine Mehrheit von 60 bis 70% erhalten hätte. Deswegen mußte sie ja auf Berliner Druck abgesetzt werden, was der erste entscheidende Schritt zum „Anschluß" war.

Schließlich einigten sich Innitzer und Bürckel, daß Rom und Hitler religiösen Frieden wollten. Auf den Wunsch Innitzers nach einem Verbindungsmann, wie vor der Wahl Himmelreich, ließ Bürckel Pischtiak hereinrufen, stellte ihn vor und sagte, für einige Wochen werde dieser, allerdings ohne Entscheidungsvollmachten, diese Funktion übernehmen. Da die Münchner Parteileitung Bürckel keinen anderen Verbindungsmann für längere Zeit zur Verfügung stellte, berief er wieder Dr. Himmelreich aus München. Wie er Reichsstatthalter von Epp mitteilte, sollte er ihm dabei helfen, „seine Ideen der Befriedung im Sinne seiner Saargrundsätze zu realisieren".

Im Prinzip war das von Bürckel, Himmelreich, Bischof Hudal, dessen „Vorschuß an Vertrauen" 1938 noch immer nicht erschöpft war, und Pischtiak entworfene Konzept ein Nichteinmischungsabkommen zwischen Partei und Kirche, wobei diese allerdings, um ihre Verbundenheit mit der deutschen Volksgemeinschaft zu beweisen, aus ihrem Grundbesitz in „Deutschösterreich" dem Deutschen Reich Siedlungsland nach besonderer Vereinbarung zur Verfügung stellen sollte. Der Titel des Entwurfes lautete „Feierliche gemeinsame Erklärung von Partei und katholischer Kirche in Österreich zum kulturellen Frieden". Himmelreich wurde mit diesem Entwurf am 2. Juli zu den Bischöfen geschickt, um ihr Einverständnis einzuholen. Bis 5. Juli hatte er tatsächlich die provisorische Unterschrift von Innitzer, Waitz und Hefter, die allerdings alle dringend einige Änderungen zugunsten der Kirche verlangten. Bischof Gföllner von Linz dagegen verweigerte unter Hinweis auf die für den 8. Juli angesetzte Bischofskonferenz strikt seine Unterschrift.

Mittlerweile hatte Bürckel, infolge der Nachricht von der Unterschriftsleistung von Innitzer und Waitz des Abschlusses des Abkommens sicher, diesen Entwurf am 6. Juli Hitler persönlich auf dem Obersalzberg vorgelegt. Hitler genehmigte nicht nur die Abmachungsgrundlage, sondern ordnete auch an, daß der Kirche für den Religionsunterricht Schulräume zur Verfügung gestellt werden sollten. Himmelreich wurde von Bürckel noch am 7. Juli davon verständigt. Er änderte sofort die Abmachungsgrundlage in diesem Sinn und übergab sie noch vor Beginn der Konferenz am Morgen des 8. Juli dem Kardinal. Dessen Ordinariat hatte für die Konferenz eine Materienaufstellung anfertigen lassen. Sie enthielt 32 Punkte, deren Regelung nach Ansicht der Bischöfe die Voraussetzung für alles Weitere sein mußte. Die wichtigsten von ihnen waren: religiöse und seelsorgliche Betreuung der Jugend auch im Rahmen der Hitler-Jugend, Privatschulen und Religionsunterricht, Seelsorge und Amnestie für die politischen Gefangenen, Freigabe der Pfarrheime und kirchlicher Vereinsvermögen, Feiertagsfrage, Kirchenaustrittspropaganda, Schicksal und religiöser Unterricht der jüdischen Konvertiten, katholische Kindergärten, Seminare, Nürnberger (Rassen-)Gesetze, Zivilehe. Erst nach Aufhebung aller kirchenfeindlichen Maßnahmen, von denen man annehmen könne, daß sie nur untergeordnete Stellen zu verantworten hatten und „von den maßgebenden Stellen nicht gebilligt wurden und werden", und der Schaffung eines besseren Verhältnisses auf der Grundlage gegenseitigen Vertrauens sei eine neue Erklärung der Bischofskonferenz möglich.

Die neue Erklärung wollten sie nur nach der Genehmigung der Verhandlungen durch Rom unterzeichnen. Mit ihrer weiteren Führung wurde Erzbischof Waitz beauftragt. Er sollte auch zunächst in ihrem Namen den Unterhändlern der Gegenseite, Himmelreich und dem „katholisch-nationalen" Außenminister des so kurzlebigen Kabinetts Seyss-Inquart, Dr. Wilhelm Wolf, der der künftige Treuhänder werden sollte, ihre ablehnende Haltung — als Meinung jedes einzelnen — mitteilen: „Wir wollen Taten sehen, ehe wir irgendeine Unterschrift geben." Wolf und Himmelreich gerieten daraufhin in große Erregung. Diese Haltung sei verhängnisvoll, nun werde die radikale, kirchenfeindliche Richtung in der Partei die Oberhand gewinnen und alle Friedenspläne zunichte machen. Unter dem Eindruck dieses Argumentes informierte man durch das Sekretariat des Wiener Kardinals den Berliner Nuntius und über diesen Rom, daß doch ein wenigstens erträgliches Verhältnis zwischen Kirche und Staat geschaffen werden müsse und der Antrag Bürckels daher nicht ohne weiteres abzulehnen sei.

Wenige Tage später reiste Erzbischof Waitz, der von den Bischöfen mit der Führung aller weiteren Verhandlungen betraut worden war und damals im Vatikan auch mit einer günstigeren Aufnahme rechnen konnte als der durch die Wahlerklärung vom Frühjahr noch etwas belastete Wiener Kardinal, in Begleitung seines Sekretärs Dr. Simmerstätter nach Rom, wohin sich auch Dr. Wolf begab. Der Erzbischof sprach zunächst allein bei

Kardinalstaatssekretär Pacelli vor, informierte ihn über die Situation und bat ihn schließlich, auch Wolf zu empfangen. Pacelli war dazu aber nur sehr ungern bereit und verhielt sich Wolf gegenüber äußerst ablehnend. Der Vatikan habe auf sein bereits vier Wochen zurückliegendes Ansuchen, die Konkordatsfrage zu regeln, von Berlin überhaupt keine Antwort bekommen: „Wie können wir mit einer Regierung verhandeln, die uns in einer so wichtigen Angelegenheit auf einen offiziellen Brief nicht einmal eine Antwort gibt?" Wolf, der davon auch nichts wußte, erschrak und hielt nach der Audienz die Angelegenheit für verloren und jede weitere Bemühung für aussichtslos. Er reiste ab und berichtete in Wien, „daß wegen der Spannungen zwischen Kirche und Staat im Altreich die Ansichten des Vatikans über die Möglichkeiten eines gesicherten Kirchenfriedens für Österreich nicht sehr optimistisch seien".

Erzbischof Waitz blieb noch in Rom und verhandelte weiter mit dem Kardinalstaatssekretär. Dieser entschloß sich schließlich, über Nacht selbst einen Entwurf auszuarbeiten, der auch Papst Pius XI. vorgelegt wurde. Dessen Erzbischof Waitz bei einer Audienz in Castel Gandolfo mitgeteilte Entscheidung lautete: „Die österreichischen Bischöfe sind ermächtigt, diese Vereinbarung mit der neuen Regierung abzuschließen; sie müssen es jedoch nicht tun. In grundsätzlichen Dingen der Vereinbarung darf nichts mehr geändert werden, wohl aber in nebensächlichen Dingen." Das Vertragskonzept des Kardinalstaatssekretärs, das in den weiteren Verhandlungen als „Rom-Entwurf" bezeichnet wurde, trägt den Titel: „Bestellung eines Treuhänders für religiös-kulturelle Angelegenheiten im Lande Österreich" und unterscheidet sich nach Inhalt und Formulierung beträchtlich vom ersten Entwurf Himmelreichs, Hudals und Pischtiaks („Wiener Entwurf"). Es sah zwar auch die Anerkennung der ausschließlichen Zuständigkeit der staatlichen Organe in den rein politischen Angelegenheiten vor, doch wurden diese näher definiert als jene, „die das christliche Glaubens- und Sittengebiet nicht berühren". Für die Katholiken sei es selbstverständliche Gewissenspflicht, „alle Forderungen des staatsbürgerlichen Lebens, die mit dem Gesetz Gottes und unveräußerlichen Rechten der Kirche im Einklang stehen, treu zu erfüllen". Die katholischen Organisationen und Verbände würden ausschließlich religiösen, kulturellen und karitativen Zwecken dienen, doch umfaßten diese naturgemäß auch die Erziehung zu einer religiösen und sittlichen Auffassung der sozialen Ordnung und des Berufslebens. Katholische Organisationen und Verbände, die sich in der Vergangenheit auch rein politischen oder gewerkschaftlichen Aufgaben widmeten, würden diese Tätigkeit einstellen und ihre Statuten den genannten Zielen anpassen. Im rein kirchlichen Bereich sei ausschließlich die Kirche zuständig. Die religiös-sittliche Betreuung, die Verkündigung und Verteidigung des katholischen Glaubens sollten ausdrücklich den Schutz des Staates und der Partei genießen. Da sich die Partei zum Grundsatz der Glaubens- und Gewissensfreiheit des einzelnen als oberster Norm bekenne, dürfe diesem aus Bekenntnis und öffentlicher Ausübung der katholischen Religion keinerlei Nachteil erwachsen. Religions- und kirchenfeindliche Propaganda, direkte oder indirekte Förderung des Kirchenaustritts würden „strenge geahndet".

Ein eigener Abschnitt, der dritte, war den sogenannten „gemischten Angelegenheiten" gewidmet, die, wie zum Beispiel Ehe und Schule, in den Zuständigkeitsbereich der Kirche und des Staates fallen. Sie würden so behandelt werden, „daß den berechtigten Ansprüchen beider Teile Genüge geschieht. Soweit nicht schon das Österreichische Konkordat vom 5. Juni 1933 und das Reichskonkordat vom 20. Juli 1933 derartige Lösungen bieten, sollen vergleichbare Bestimmungen der genannten Konkordate für die Regelung auftauchender Fragen richtunggebend sein". Im besonderen seien das gesamte Unterrichtswesen und die Jugenderziehung in Schule oder staatlichen Organisationen so zu handhaben, daß die religiösen Rechte und Gefühle der Jugendlichen nicht verletzt und ihr katholischer Glaube nicht gefährdet werde. Der lehrplanmäßige Religionsunterricht bleibt wie bisher aufrechterhalten.

Auch die Formulierung des Punktes 3b (Abtretung von kirchlichem Grundbesitz für Siedlungsland) des Entwurfes I ist im „Rom-Entwurf" abgeändert. In ihm wird in Abschnitt 4 nur die Bereitwilligkeit des Episkopates zum Ausdruck gebracht, das innere Siedlungswerk der Regierung nach Maßgabe der vorhandenen Möglichkeiten in gegenseitigem Einverständnis zu fördern.

Der mit sofortiger Wirkung zu ernennende Treuhänder mit Sitz in Wien untersteht zwar auch im „Rom-Entwurf" unmittelbar dem Reichskommissar, doch hat er seine Entscheidung im Einvernehmen mit dem zuständigen Bischof, bei Gesamtösterreich betreffenden Angelegenheiten mit dem österreichischen Gesamtepiskopat oder dessen gewählten Vertretern zu fällen. Kann eine Einigung zwischen Treuhänder und Episkopat nicht erzielt werden, so ist der Heilige Stuhl bzw. die Reichsregierung die nächste Instanz. Abschließend wird von Staat und katholischer Kirche in Österreich die Hoffnung ausgesprochen, „daß mit diesen grundlegenden Feststellungen ein erster Schritt erfolgt ist zu einer umfassenden religiösen Befriedung". Die österreichischen Bischöfe seien zugleich überzeugt, im Sinne des Heiligen Stuhles zu handeln, „wenn sie zur Überwindung der steigend wachsenden Spannungen und Gegensätze die vorliegende wegbereitende Abmachung treffen, auf die nach ihrem sehnlichen Wunsch der Abschluß eines gerechten und dauernden Friedens zwischen den beiden höchsten Gewalten folgen müsse".

Der „Rom-Entwurf" versuchte also wesentlich stärker und präziser als der „Wiener Entwurf" die Rechte der Kirche zu wahren und sollte wohl auch eine Art Vorkonkordat für Österreich darstellen. Erzbischof Waitz fand ihn klug, vornehm und tolerant, der mit Waitz wieder in Salzburg zusammentreffende Dr. Wolf wertvoll. Pischtiak, der den Entwurf bereits in Innsbruck einsah, nahm ihn weniger positiv auf. Himmelreich wurde der Text zur Weiterleitung an Reichskommissar Bürckel in einer Besprechung mit Kardinal Innitzer und Erzbischof Waitz am 21. Juli 1938 übergeben. Bürckel war jedoch nicht bereit, den Entwurf als Verhandlungsgrundlage anzunehmen, sondern erklärte sich nur zur Einfügung einiger Änderungen aufgrund der vatikanischen Anregungen in den Wiener „Urentwurf" bereit, was Himmelreich zu besorgen hatte. Dieser hat in den nächsten Tagen und Wochen keine Mühe gescheut, das Einverständnis der österreichischen Bischöfe zu dem nun als „Wiener Abmachung über die religiös-kulturelle Befriedung und Bestellung eines Treuhänders im Land Österreich" bezeichneten Entwurf zu gewinnen. Er hatte Ende Juli und in der ersten Augusthälfte mehrere Konferenzen mit Kardinal Innitzer, den er mit Erzbischof Waitz auch auf Schloß Kranichberg aufsuchte, mit dem Salzburger Erzbischof Waitz als dem eigentlichen kirchlichen Verhandlungsführer sowie mit den geistlichen Mitarbeitern bzw. Sekretären beider österreichischer Metropoliten. Aber schon bei der Konferenz am 28. Juli äußerten beide Bischöfe ihre tiefe Betroffenheit und Sorge über die gerade während der letzten Wochen erfolgten Eingriffe in die bisherigen kirchlichen Rechte, deren bedrohliche Einengung ihr ohnedies schon erschüttertes Vertrauen weiter minderte. Himmelreich hat ihre Klagen seinem Versprechen gemäß schon am nächsten Tag an Bürckel weitergegeben. Dessen Erklärung, daß nach Abschluß des Vertrages einschneidende Veränderungen wieder rückgängig gemacht werden würden, legt die Vermutung nahe, daß mit ihnen — vermutlich wirklich ohne Wissen Himmelreichs — auf den österreichischen Episkopat Druck ausgeübt werden sollte. Die Verhandlungen wurden zwar über Auftrag Bürckels geheim geführt, sodaß Ministerien, Gestapo und Sicherheitsdienst nichts Näheres über sie wußten, doch steht außer Zweifel, daß der Reichskommissar zumindest ihm untergeordnete Stellen von Eigenmächtigkeiten hätte zurückhalten können, wenn er es gewollt hätte.

Die antikirchlichen Maßnahmen im Juli und August 1938

Zur selben Zeit, in der Bürckel über seine Mittelsmänner mit den österreichischen Bischöfen und durch sie mit Rom verhandelte, standen die katholische Ehe und Schule im Mittelpunkt nationalsozialistischer Attacken. Mit staatlichem Gesetz vom 6. Juli 1938 war auch für Österreich die obligatorische Zivilehe ab 1. August 1938 eingeführt worden. Bis dahin hatte es in Österreich nicht einmal die fakultative Zivilehe gegeben, d. h., das staatliche Eherecht war seit 1868 trotz der nach 1918 die Zahl von 50.000 überschreitenden sogenannten Dispensehen nicht über das Zugeständnis einer Notzivilehe hinausgegangen. Am 9. Juli veröffentlichten die steirischen Zeitungen eine Verordnung des steirischen Gauleiters und Landeshauptmannes, derzufolge die Kinder aller Parteimitglieder und öffentlich Bediensteten vom Schuljahr 1938/39 an nur noch öffentliche Schulen besuchen durften. Zur selben Zeit wurden im Bereich des Landesschulrates Salzburg, der in einer Verlautbarung vom 15. Juni erklärt hatte, er werde keinen amtlichen Auftrag dieser Art erteilen, da die Eltern „von sich aus den vorgezeigten Weg beschreiten" würden, an verschiedenen Orten Abstimmungen für die öffentliche Schule vorgenommen. Diese „freie und unbeeinflußte Entscheidung der Elternschaft" wurde vom Klerus mit Recht bezweifelt, denn die Ergebnisse erzielten durchwegs 90% für die öffentliche Schule.

Dem Ordinariat der Diözese St. Pölten hatte der Landesschulrat schon am 5. Juli 1938 schriftlich mitgeteilt, daß das Realgymnasium der Englischen Fräulein in St. Pölten im nächsten Schuljahr nicht mehr bestehen, sondern in eine städtische höhere Schule umgewandelt werde. Der Ordinariatskanzler Distelberger wandte sich daraufhin mit einer direkten Eingabe an Bürckel, in der er nachdrücklich auf die mit der Erklärung der österreichischen Bischöfe vom März 1938 und den in diesem Zusammenhang gegebenen Versprechungen Bürckels verknüpften Hoffnungen der Katholiken verwies, die deshalb ihr Vertrauen durch ihre einhellige Stimmenabgabe unter Beweis gestellt hätten: „Und nun muß die katholische Bevölkerung sehen, daß katholische Schulen gegen alles bestehende Recht den katholischen Schwestern weggenommen, daß katholische Schwestern, Töchter des katholischen Volkes, einer schweren, sorgenvollen Zukunft überantwortet werden. Das katholische Volk kann dieses Mißverhältnis zwischen den Versprechungen aller führenden Persönlichkeiten und dem Handeln untergeordneter Stellen nicht verstehen."

Am selben Tag, mit dem der Einspruch des St. Pöltner Ordinariates datiert ist, am 19. Juli 1938, gab der Stadtschulrat für Wien allen ihm unterstellten Schulen und Lehranstalten und Schulinspektoren eine Verfügung des Bürgermeisters von Wien bekannt, die das Öffentlichkeitsrecht aller Privatschulen und Lehranstalten in Wien mit sofortiger Wirkung für erloschen erklärte. Die Eröffnung einer ersten Klasse im nächsten Schuljahr wurde ihnen untersagt.

Drei Tage später erließ das Ministerium für innere und kulturelle Angelegenheiten in Wien an alle Direktoren der Wiener öffentlichen Krankenanstalten und an alle Landeshauptmannschaften, die eingeladen wurden, eine analoge Verfügung zu treffen, eine Weisung über den Seelsorgedienst am Krankenbett, um „Unzukömmlichkeiten und eine Beeinträchtigung des ärztlichen Dienstes zu vermeiden". Seelsorge sollte künftig nur bei jenen Kranken versehen werden, die sie ausdrücklich wünschten. Ihre Wünsche hatte das Pflegepersonal täglich entgegenzunehmen und schriftlich zu einer bestimmten Zeit der Direktion zu übermitteln. Eine Beeinflussung in irgendeiner Richtung wurde verboten, doch hieß es auch ausdrücklich, daß die Ausübung des Seelsorgedienstes *jederzeit* nach Maßgabe des ärztlichen Dienstes zu erfolgen habe.

Eine Anfrage des Wiener Ordinariates beim Ordinariat München-Freising und bei der Leitung des Deutschen Caritasverbandes in Freiburg ergab, daß Maßnahmen dieser Art bisher im Altreich nicht getroffen worden waren. Damit wurde noch vor Abbruch der Verhandlungen zwischen Staat und Kirche in dem konkordatär nicht geschützten Österreich eine aggressivere Kulturpolitik eingeschlagen als im übrigen Reichsgebiet. Die Schaffung der Sonderstellung, die sich die österreichischen Katholisch-Nationalen damals noch immer für ihr Land erhofften, wurde immer deutlicher in genau entgegengesetztem Sinn in Angriff genommen. An dieser Entwicklung änderten weder der Protest Kardinal Innitzers bei Bürckel gegen die Entziehung des Öffentlichkeitsrechtes der Wiener katholischen Privatschulen vom 23. Juli noch die Proteste von Erzbischof Waitz vom 24. Juli gegen die vorläufige Auflösung der theologischen Fakultät in Innsbruck und vom 11. August gegen die Aufhebung der Knabenseminare und die Angliederung Osttirols an Kärnten etwas. Jetzt wurden derartige Schreiben nur noch abschlägig oder gar nicht beantwortet. So wurde zum Beispiel Erzbischof Waitz am 6. August vom Jesuitenprovinzial P. Miller darüber informiert, daß er soeben ein vom 31. Juli datiertes, aber erst am 5. August abgeschicktes Schreiben des Ministeriums für innere und kulturelle Angelegenheiten erhalten habe, demzufolge die Auflösung der theologischen Fakultät endgültig sei, obwohl Bürckel am 29. Juli Himmelreich erklärt hatte, daß diese nach Abschluß des Vertrages „wieder grundsätzlich errichtet werden solle“.

Kurz vorher war beim Salzburger Ordinariat der Bescheid der Landeshauptmannschaft in Salzburg eingelangt, daß sie ihren Erlaß vom 28. April über die Einstellung des Religionsunterrichtes an den gewerblichen Fortbildungsschulen aufgrund der Entscheidung des Ministeriums nicht zurücknähme. Mit Rücksicht auf die Änderung der Verhältnisse und die empfindliche Mehrbelastung der Schüler durch den Religionsunterricht könne dieser nicht aufrechterhalten werden. In jenen Sommerwochen liefen gerade im Salzburger Ordinariat laufend Bescheide dieser Art ein, war ein ermüdender bürokratischer Kleinkrieg mit den verschiedensten nationalsozialistischen Stellen zu führen. Anfang Juli war es darum gegangen, das Kolpinghaus vor einer Zwangsvermietung an die HJ-Bannführung zu bewahren. Dann gab es Meinungsverschiedenheiten mit den Tiroler Gaubeauftragten über die „Sicherstellung des Vermögens des katholischen Tiroler Lehrervereines“, der zu den sich „freiwillig“ auflösenden Vereinen gehörte. Am 14. August wandte sich der Schriftleiter des „Zweigroschenblattes“, Prälat

Gorbach, verzweifelt an Erzbischof Waitz, die Staatspolizei habe telefoniert, das Blatt, an dem er „mit allen Fasern seiner Priesterseele" hing, sei vom 12. August an verboten.

Zu all dem kamen noch die Klagen der einzelnen Pfarrer, die ihrerseits einen ergebnislosen Kampf um die Freigabe von Pfarrheimen führten, obwohl dies in einer Vereinbarung der Reichsjugendführung mit dem Salzburger Ordinariat am 9. Mai zugesagt worden war. Die enttäuschten, zum Teil unter schwierigsten Bedingungen wirkenden Priester wandten sich daher mit der Bitte um Hilfe an ihre vorgesetzte Behörde und informierten sie auch über die ständige kirchenfeindliche Propaganda der HJ, die gerade im Pfarrheim folgendes Lied ebenso laut wie unermüdlich einübte: „Der Papst in Rom sitzt auf seidnem Thron, / und bei uns hier sind die Pfaffen. / Was hat einer deutschen Mutter Sohn / mit Papst und den Pfaffen zu schaffen?" Der Gruppenführer erläuterte dann das Lied mit der ausdrücklichen Zielsetzung, „daß man nicht eher ruhen wolle und werde, bis Juden und Pfaffen (Kuttenträger) als Volksaussauger aufgehängt sind".

Sicherlich sind nicht in allen HJ-Gruppen solche Äußerungen gefallen, und gewiß sind dies Details, doch charakterisieren sie besser als die damalige staatliche, aber auch die offizielle, naturgemäß vorsichtige und zurückhaltende kirchliche Presse die Atmosphäre. Sie durch ein Abkommen verbessern zu können, erschien nun immer fraglicher, aber noch waren die Bischöfe unter bestimmten Bedingungen dazu bereit, weil sie ebenso wie der Vatikan von ihm zumindest die Zurücknahme der kirchenfeindlichen Akte der letzten Zeit erhofften. Diese Hoffnung währte bis Mitte August, dann erlosch auch sie.

Die Sistierung und der Abbruch der Verhandlungen

In den ersten Wochen des August 1938 hatte noch eine Reihe von Besprechungen Himmelreichs mit Erzbischof Waitz, der die Verbindung mit Rom herstellte, aber auch mit Kardinal Innitzer und den jungen Mitarbeitern der beiden Metropoliten, Dr. Franz Simmerstätter und Dr. Jakob Weinbacher, stattgefunden. Der Vatikan nahm zwar noch eine positive Haltung zu dem geplanten Vertrag ein, doch wünschte er „zur Klärung und Verdeutlichung" noch Abänderungen der die Schule und die Jugend betreffenden Formulierungen, worauf Bürckel zunächst einzugehen bereit war. Außerdem ließ er durch Himmelreich Erzbischof Waitz mitteilen, daß sofort nach Inkrafttreten des Abkommens alle konfessionellen Angelegenheiten dem Treuhänder „zur vermittelnden Regelung übertragen werden sollten" und daß dieser auch die Frage der Knabenseminare zur Zufriedenheit des Episkopates lösen werde. Waitz hatte daher schon nach dem 3. August den nunmehr vorliegenden Vertragsentwurf nach Rom weitergeleitet.

Dieser letzte Entwurf enthält zwar einige Bestimmungen und Formulierungen des „Rom-Entwurfes", ist aber wieder viel stärker auf die Interessen von Staat und Partei orientiert als dieser. In ihm sind die Fragen politischer Natur sämtliche Fragen, „die Staat, Volk und Nation politisch angehen". Der Hinweis auf das christliche Glaubens- und Sittengebiet fehlt. Für die Katholiken ist es nun selbstverständliche Gewissenspflicht, in Verantwortung vor dem Gesetze Gottes „dem nationalsozialistischen Reich in treuer Hingabe" zu dienen. Religiös-kulturelle und religiös-karitative Vereine sind jene, die als solche auch staatlich anerkannt sind. Die Bischöfe sollen nicht nur selbst darüber wachen, daß diese Vereine jede Politik und die Befassung mit Aufgabengebieten des nationalsozialistischen Staates unterlassen, sondern „im Gegenteil die Gläubigen zur positiven Haltung gegenüber Staat und Partei anhalten". Der Passus über die gemischten Angelegenheiten sowie der Hinweis auf das österreichische Konkordat aus dem „Rom-Entwurf" fehlen ganz. Dafür heißt es: „Der katholische Religionsunterricht findet im lehrplanmäßigen Umfang statt. Der Staat stellt die für diesen Zweck würdigen Schulräume zur Verfügung. Religionslehrer kann nur der sein, dem von Staat und Kirche die Befähigung zur Erteilung des Religionsunterrichtes zugesprochen wurde." Die Berechtigung religiöser Genossenschaften zur Betätigung auf pädagogischem Gebiet wird dagegen nicht erwähnt. Ebenso fehlt der Hinweis auf die Förderung des staatlichen Siedlungswerkes durch die Kirche. Der Treuhänder hat vermittelnd einzugreifen, doch ist der Passus über sein notwendiges Einvernehmen mit dem zuständigen Bischof oder dem Gesamtepiskopat ausgelassen, ebenso der Instanzenzug Heiliger Stuhl bzw. Reichsregierung. Seine besonderen Aufgaben können nach Vereinbarung noch festgelegt werden. Wie im „Rom-Entwurf" ist jedoch auch in diesem letzten Konzept, und zwar — nach Bericht Himmelreichs über sein Betreiben — eine Art von Sanktionen für jeden vorgesehen, der die Beziehungen zwischen Staat und katholischer Kirche in der „Deutschen Ostmark" stört. Der Name Österreich kommt in den Vertragsartikeln A bis F nicht mehr vor. Das Abkommen wird geschlossen zwischen dem Staat und der Partei auf der einen und den Bischöfen der „Deutschen Ostmark" auf der anderen Seite.

Dieser Entwurf war aber für den Vatikan nicht mehr annehmbar. Die von Kardinalstaatssekretär Pacelli mit Datum vom 12. August 1938 in deutscher Sprache verfaßte Antwortnote lautete, wenn die österreichischen Bischöfe aufgrund örtlicher Gründe, die Rom noch nicht bekannt seien, glauben, die Annahme des Vertrages mit ihrem Gewissen vereinbaren zu können, so handelten sie auf „eigene und ausschließliche Verantwortung". In einem solchen Fall sei „die im letzten Absatz vorgesehene Bezugnahme auf die unterstellte Zustimmung des Heiligen Stuhles zu streichen". Damit war für den österreichischen Episkopat die Unterzeichnung unmöglich geworden. Daher faßte die Bischofskonferenz bei ihrer Tagung am 19. August in Wien folgenden Beschluß: „Die Verhältnisse haben sich seit dem Beginn der Verhandlungen fortwährend bis zum heutigen Tag verschlechtert, sodaß wir nicht imstande sind, die Verhandlungen weiterzuführen."

Himmelreich, der vom römischen Bescheid nichts wußte, hat die Sistierung der Verhandlungen später als „völlig unerwarteten Entschluß" bezeichnet und keine näheren Gründe außer den von den Bischöfen vorgebrachten Beschwerden für ihn angegeben. Ein kirchlicher Unterhändler, der damalige Salzburger Konsistorialrat Dr. Franz Simmerstätter, hielt jedoch zusätzlich einen Vorfall für den Anlaß der Sistierung, von dem Himmelreich seinerzeit der Verfasserin erklärte, sich an ihn nicht erinnern zu können. Bei einer Verhandlung über die auch von Rom noch vorgesehenen redaktionellen Änderungen des letzten Entwurfes in Wien zwischen Kardinal Innitzer, Dr. Weinbacher und Dr. Simmerstätter einerseits und Dr. Himmelreich sowie dessen Begleiter anderseits war es bei der Formulierung der Schule, Kirchengut und Jugend betreffenden Punkte zu einer schweren Auseinandersetzung zwischen Himmelreich und Simmerstätter gekommen. Himmelreich hatte dabei sogar erklärt, daß er nicht weiterverhandeln werde, solange Simmerstätter am Verhandlungstisch sitze, da er „kein Vertrauen" habe. Über Bitte von Kardinal Innitzer, der die Sitzung doch weiterführen wollte, verbrachte Simmerstätter daher den Rest der Verhandlung im anschließenden Nebenzimmer. Er hörte aber dort die vereinbarte Formulierung der drei strittigen Punkte, die er zur Sicherheit mitschrieb. Besonders wichtig war dabei die Formulierung hinsichtlich der der Kirche für den Religionsunterricht zur Verfügung stehenden Räume. Die staatlichen Unterhändler waren zunächst für die Formulierung gewesen: „der Staat stellt die für den Religionsunterricht würdigen Räume zur Verfügung". Die kirchlichen Vertreter wollten dagegen nur die klare Fassung „die Schulräume" akzeptieren, die auch im letzten, von Erzbischof Waitz nach Rom übermittelten Entwurf aufscheint, also von den staatlichen Unterhändlern bereits einmal angenommen worden war. Am Nachmittag desselben Tages überbrachte Himmelreich die Nachricht, daß Bürckel den Text des Entwurfes gebilligt habe, der nun nur noch der feierlichen Unterzeichnung bedürfe, wofür Bürckel sogar einen Staatsakt vorsehe. Als Simmerstätter daraufhin den von Bürckel genehmigten Text durchsah, entdeckte er, daß dieser in den drei Punkten nicht den am Vormittag ausgemachten Text enthielt. Er meldete sich zu Wort und las die Differenzen vor. Daraufhin herrschte zunächst große Stille. Endlich erklärte der Kardinal: „Nun habe auch ich kein Vertrauen mehr."

Sicherlich war der römische Bescheid der wichtigste Grund für den Sistierungsbeschluß vom 29. August 1938, doch hatte es noch zusätzliche Belastungen für die Bischöfe gegeben. Sie wurden Dr. Himmelreich und Dr. Englram, die Innitzer bis zu dessen Sommersitz Schloß Kranichberg nachgefahren waren, vom Kardinal auch bekanntgegeben. Innitzer begründete den Entschluß der Konferenz mit den Mitteilungen, die der Linzer Bischof Gföllner über die Frage der Knabenseminare im Ministerium für innere und kulturelle Fragen erhalten hatte, sowie mit den „Gravamina, die gegenwärtig das Verhältnis Staat und Kirche stark belasten, sodaß eine Unterzeichnung des Friedensabkommens zur Zeit nicht möglich sei". Im übrigen verwies er Himmelreich an den offiziellen kirchlichen Verhandlungsführer, Erzbischof Waitz, der daraufhin am 25. in Gastein, wo er sich gerade zur Kur aufhielt, von Himmelreich besucht wurde. Der Erzbischof bestätigte jedoch die Klagen des Kardinals, über die dem Reichskommissar eine eigene Denkschrift der Bischöfe zugehen werde. Die Bischöfe könnten nur dann einem Abkommen zustimmen, wenn die Mißstände beseitigt und durch eine Art Garantie für die Zukunft ausgeschlossen würden.

Eine Vorstufe für die von Erzbischof Waitz angekündigte Denkschrift für Bürckel stellt ein von Waitz zusammengestellter „Bericht über die österreichischen Ereignisse und Anliegen kirchenpolitischer Art" dar, dessen Schwergewicht naturgemäß auf den Salzburger Vorfällen liegt. Die Denkschrift selbst geht von der Erklärung der Bischöfe vom März 1938 aus, mit der sich diese auf den Boden der politischen Tatsachen gestellt und der neuen Regierung ihr Vertrauen ausgesprochen hätten. Das Vertrauen der Bischöfe sei jedoch nicht erwidert worden: „Es setzte vielmehr ein Kulturkampf ein, der schärfer und feindseliger wurde, schärfer geführt wird, als er im Altreich geführt wird." Der Kulturkampf spiele sich vor allem auf dem Gebiet der Schule, von der Kinderbewahranstalt bis zur Hochschule, ab. Er treffe aber auch die Caritas, das ganze Pressewesen und die kirchlichen Vereine. Nicht einmal rein religiöse Sonntagsblätter könnten erscheinen, und sogar die Fronleichnamsprozession sei an manchen Orten durch kleinliche Schikanen unmöglich gemacht worden. Von der Verkündigung des neuen Eherechts habe man die Kirche überhaupt nicht verständigt. Unter diesen Umständen sei es eine starke Zumutung, „eine öffentliche Erklärung abzugeben, die als Sympathiekundgebung der österreichischen Bischöfe für den nationalsozialistischen Staat ausgewertet werden könnte".

Die Bischöfe seien daher, fährt die Denkschrift fort, zu dem Urteil gelangt, daß die bisherigen Verhandlungsmethoden nicht mehr anwendbar seien. Die Regierung müsse zuerst einmal ihren guten Willen beweisen und von sich aus die vermittelnde Treuhänderstelle errichten. Außerdem solle sie in der Veröffentlichung deutlich kundgeben, „daß sie auf dem Standpunkt der Gewissensfreiheit stehe, daß sie den konfessionellen Frieden im Schulwesen erhalten wolle, daß sie dem Religionsunterricht die nötige Entfaltungsmöglichkeit gewähre und daß die Erziehung nicht in einem kirchenfeindlichen Sinn erfolge. Sie möge kundgeben, daß auch den klösterlichen Anstalten das Vertrauen zuerkannt werde, die Kinder ordentlich zu erziehen wie zu unterrichten. Notwendig ist hierfür freilich, daß die nationalsozialistische Weltanschauung nicht in sich oder ihrem ganzen Wesen nach als im Widerspruch stehend mit der christlichen Weltanschauung erscheine. Nur auf dieser Basis ist eine Vereinbarung denkbar und tragbar und ohne verletzende Rückwirkung auf die katholische Bevölkerung, die durch so viele Maßnahmen bitter gekränkt worden ist und gekränkt wird".

Für das „katholische Volk" bestimmt war ein ebenfalls am 19. August beschlossener gemeinsamer Hirtenbrief der österreichischen Bischöfe über Ehe und Schule, der den Pfarren vervielfältigt zuging und am 4. September in den Kirchen verlesen werden sollte. Auch in ihm wurde eingangs auf die ernstlichen Bemühungen der Bischöfe verwiesen, „mit der neuen Obrigkeit zu einem gedeihlichen Einvernehmen zu gelangen". Die betrübenden Ereignisse der letzten Zeit drängten aber nun zu einem offenen Wort an die Gläubigen, die durch vielerlei Maßnahmen hart getroffen worden seien. Viele hätten um ihres Bekenntnisses willen ihr Brot verloren. Den Kranken in den Spitälern erschwere man den Zugang zu den Sakramenten außerordentlich, den Gefangenen werde die seelsorgliche Betreuung verwehrt. Nach dieser Einleitung folgt eine Aufklärung über das neue Eherecht, durch das für die Kinder der Kirche die gewissenhafte Beobachtung der kirchlichen Ehegesetze nicht aufgehoben worden sei. Sodann wird bittere Klage über die Maßnahmen gegen die geistlichen Lehranstalten geführt und an das katholische Volk die inständige Bitte gerichtet, vor allem den so hart getroffenen Klosterfrauen über die erste Not hinwegzuhelfen. Mit einem dringenden Appell an die Eltern, die Seelen ihrer Kinder nicht „durch das Verderben des Unglaubens der jetzigen Zeit" trüben und verwüsten zu lassen, schließt dieser Hirtenbrief, der den seit dem Frühjahr erfolgten Wandel im kulturpolitischen Klima und die Entschlossenheit der österreichischen Bischöfe, die Gläubigen über die Lage der Kirche offen zu informieren, besonders deutlich beweist.

In dieser Situation hatten die Bemühungen Himmelreichs, die Verhandlungen noch einmal in Gang zu bringen, nur dann Aussicht auf Erfolg, wenn Bürckel sich ernstlich zu der von den Bischöfen geforderten „Vorleistung" bereitfand. Allein schon eine Zusage in dieser Richtung von ihm zu gewinnen war nicht leicht. Der Reichskommissar hatte die Denkschrift und vor allem das Schreiben der Konferenz mit der Mitteilung von der Sistierung der Verhandlungen, in der „jede Anrede fortgeblieben" sein soll, übelgenommen und betrachtete die Befriedung von Kirche und Staat in Österreich als gescheitert, obwohl nach seinen Worten Hitler selbst auch das geänderte Abkommen genehmigt habe und die Unterzeichnung in dessen Namen hätte erfolgen sollen. In einem persönlichen Gespräch mit Bürckel in Neustadt in der Pfalz gelang es Himmelreich aber doch, die Bewilligung zu erhalten, noch einmal auf eigene Verantwortung eine Einigung zu erzielen. Er schlug einen „Vorfriedenszustand" vor, dem auf staatlicher Seite eine „Friedensvorleistung" entsprechen sollte. Diese sollte mit Zustimmung Bürckels in der Verlängerung des Öffentlichkeitsrechtes der bischöflichen Knabenseminarien zunächst auf unbestimmte Zeit und in der sofortigen Wiedererrichtung der Innsbrucker theologischen Fakultät bestehen. Da aber deren Aufhebung bereits von Berlin als definitiv erklärt worden war, erhebt sich die Frage, inwieweit diese Vorschläge überhaupt noch eine

Realisierungsmöglichkeit besaßen bzw. ob Bürckel sie ernstlich in Betracht gezogen hat. Nach der weiteren Entwicklung muß dies jedenfalls sehr bezweifelt werden.

Himmelreich, der für den „Vorfriedensschluß" sogar eine „gemeinsame protokollarische Feststellung" entwarf, glaubte allerdings noch immer an das Zustandekommen eines Vertrages und begab sich am 29. August gemeinsam mit Erzabt Dr. Petrus Klotz auf eine Rundreise zu den einzelnen österreichischen Bischöfen, um sie zur Wiederaufnahme der Verhandlungen zu bewegen. Selbst nach dem Bericht Himmelreichs wurde er jedoch in den einzelnen Diözesen recht unterschiedlich empfangen. Kardinal Innitzer war sogar nur für Erzabt Klotz zu sprechen. Allgemein war das Verlangen der Bischöfe, Fakten zu sehen. Auch eine persönliche Aussprache mit Bürckel wurde von einigen Bischöfen gewünscht, wozu sich Bürckel schließlich am 2. September in Gegenwart des Erzabtes bereit erklärte. Als Termin für diese Besprechung wurde der 8. September in Aussicht genommen. Bürckel stellte für sie ganz neue, für die Kirche günstige Vorschläge in Aussicht. Die Bischöfe vereinbarten daher, in einer eigenen Konferenz am Vortag, also am 7. September, in Wien noch einmal alles gemeinsam zu beraten.

Noch vor dieser Konferenz beantwortete aber Bürckel einen Protest des Grazer Bischofs Pawlikowski vom 1. September wegen der Maßnahmen gegen die kirchlichen Schulen und Seminare am 5. September mit einem Telegramm, in dem er erklärte, der Eindruck der Bischöfe, er hätte Zusagen irgendwelcher Art vor einem fraglichen Friedensabkommen gemacht, entspreche den Tatsachen in keiner Weise. Pawlikowski, der sich ebenso wie Kardinal Innitzer, Bischof Gföllner von Linz und nun auch Bischof Hefter von Gurk von den Verhandlungen nicht mehr viel erwartete, hatte das Telegramm zu der Konferenz am 7. September nach Wien mitgebracht. An diesem Tag mußten die österreichischen Bischöfe auch schon im Besitz des Protestes des Bischofs von Berlin, Graf Preysing, gewesen sein, den dieser am 29. August an den Reichspropagandaminister Goebbels gerichtet und von dem er zumindest Erzbischof Waitz eine Abschrift übermittelt hatte. Der Protest richtete sich gegen das Schreiben von Goebbels an die Schriftleitung des Berliner Kirchenblattes wegen der dort veröffentlichten Kritik des Filmes „Jugend“. Bischof Preysing stellte in diesem Zusammenhang fest, daß er bis jetzt keine Antwort auf seine Beschwerde über die Goebbels-Rede vom 28. Mai 1937 über die Sittlichkeitsdelikte des deutschen Klerus erhalten habe. Er schloß daher seinen Protest vom 29. August 1938 mit einem Zitat aus seinem Hirtenbrief vom Dezember 1937: „Man kennzeichnet nur die wahre Lage der offenbarungsgläubigen Christen in unserem Vaterlande, wenn man feststellt: der gläubige Katholik steht in Deutschland unter Ausnahmerecht. Er muß Spott und Hohn, Unfreiheit und Bedrängnis für seinen Glauben dulden, ohne sich verteidigen zu können, während die Kirchenfeinde Freiheit des Wortes, des Angriffes und des Spottes genießen.“

Bei der Konferenz selbst erfuhren die Bischöfe die mit der Beschlagnahmung der Häuser und Güter verbundene Aufhebung der Ballei (Ordensbezirk) Österreich des Deutschen Ritterordens, dessen Protektor der Kardinal war, aus der amtlichen „Wiener Zeitung“. Ebenfalls aus Zeitungsmeldungen ging außerdem hervor, daß das Bischof Hefter gegebene Versprechen, für die Überlassung des Klagenfurter Marianums an die Partei dem Stiftsgymnasium St. Paul in Kärnten das Öffentlichkeitsrecht zu belassen, nicht gehalten worden war. Diese neuen Schläge und die polizeilich verfügte Aufhebung der katholischen Gesellenvereine zu einem Zeitpunkt, zu dem man über neue Versprechungen beraten sollte, veranlaßten die Bischöfe, nun die Verhandlungen endgültig abzubrechen und zu der Konferenz mit Bürckel am nächsten Tag nicht mehr zu erscheinen. Dieser Beschluß wurde Bürckel noch am 7. September mit einem Schreiben des Kardinals mitgeteilt, das durch dessen Sekretär persönlich im Parlament abgegeben wurde. Bei der Entgegennahme des Briefes fiel in der Kanzlei Bürckels das Wort vom „Kardinal, diesem Indianerhäuptling“, für das dann auch Englram eine Entschuldigung brüsk ablehnte. Himmelreich ließ sich noch am 7. von seinem Sonderauftrag entbinden und teilte dies am 8. dem Wiener Ordinariat mit. Ein noch am Abend des 7. September in einer Privatbesprechung Bürckels mit Himmelreich, Englram und Erzabt Klotz gefaßter Beschluß, über Erzbischof Waitz, der wegen eines Herzanfalls nicht an der Konferenz am 7. teilgenommen hatte, doch noch die Wiederaufnahme der

Verhandlungen zu erreichen, scheiterte. Himmelreich, Englram und der Erzabt fuhren zwar noch zum Erzbischof nach Gastein, doch ließ sich dieser nur über die Vorgänge informieren. Dasselbe, nur von kirchlicher Seite aus, unternahm ebenfalls in Gastein Dr. Simmerstätter beim Erzabt, der daraufhin erklärte, nun auch nichts mehr in dieser Angelegenheit unternehmen zu wollen.

Zu diesem Zeitpunkt war der „Parteitag Großdeutschland", der in Nürnberg vom 5. bis 10. September 1938 stattgefunden hatte, bereits abgeschlossen. In seinem Rahmen hatte Reichsleiter Alfred Rosenberg in seiner Funktion als Beauftragter für die Überwachung der weltanschaulichen Erziehung der Partei in einer Rede erklärt, daß sich „vernünftige Männer wie Kardinal Innitzer" unter dem Druck der Tatsachen immer mehr der nationalsozialistischen Führung unterordnen müßten. Es sei schon ein sehr großer Erfolg, „daß zwischen den österreichischen und deutschen Bischöfen eine Kluft besteht, die wir, so hoffe ich bestimmt, im gesamtdeutschen Katholizismus aufreißen können und damit dem ärgsten Feind des Nationalsozialismus den Todesstoß geben können". Ob Rosenberg damit auf die Verhandlungen mit dem österreichischen Episkopat anspielte, sei dahingestellt. Daß die Erklärung der österreichischen Bischöfe vom März im deutschen Episkopat große Überraschung und auch Verstimmung hervorgerufen hatte, wird allerdings auch durch Briefe deutscher Bischöfe und durch glaubhafte Zeugen bestätigt. Erzbischof Gröber von Freiburg fuhr sogar eigens nach Salzburg, um sich dort persönlich über die Haltung der österreichischen Bischöfe informieren zu lassen. Die letzten noch bestehenden Zweifel an der Richtigkeit des vom österreichischen Episkopat vom Frühjahr bis Herbst 1938 eingeschlagenen Weges wurden jedoch durch Kardinal Innitzer und Erzbischof Waitz bei ihrer ersten Teilnahme an der gesamtdeutschen Bischofskonferenz in Fulda beseitigt.

Rom bestätigte die Kenntnisnahme vom Abbruch der Verhandlungen am 17. September. Am 28. September erklärte Gauleiter Bürckel seinerseits die Diskussion für beendet, deren Wiederaufnahme nicht von ihm ausgegangen sei. Dies wurde der am selben Tag in Wien versammelten Bischofskonferenz mitgeteilt.

Die Denkschrift der österreichischen Bischöfe vom 28. September 1938

In den drei Wochen zwischen dem Abbruch der Verhandlungen am 7. und der Tagung der Konferenz vom 28. September waren von den staatlichen Behörden folgende Erlässe herausgegeben worden: am 12. September 1938 die Abschaffung des konfessionellen öffentlichen Schulwesens im Burgenland, das die ganze Erste Republik überdauert hatte. Am 15. September folgte, zunächst für Niederösterreich, ein Erlaß, in dem die Freiwilligkeit der Teilnahme an den religiösen Übungen betont und jede Beeinträchtigung des Schulbetriebes verboten wurde. Am 17. September wurde für ganz Österreich der auf eine Anordnung des „Stellvertreters des Führers" zurückgehende Erlaß des Reichsministers für Wissenschaft, Erziehung und Volksbildung vom 26. Juni 1936 publiziert, der besagte, daß zur Teilnahme am schulplanmäßigen Religionsunterricht, an Schulgottesdiensten und ähnlichen religiösen Schulveranstaltungen kein Schüler gezwungen werden dürfe. Zur Vermeidung von Störungen des Schulbetriebes sei allerdings eine ordnungsgemäße Abmeldung durch die dazu berechtigten Personen erforderlich. Dieser Erlaß wurde durch die Bemerkung ergänzt, daß eine ordnungsgemäße Abmeldung *sofortige* Wirkung habe und nach Erreichung des 14. Lebensjahres die Schüler sich selbst abmelden könnten. Am 23. September gab das Ministerium für innere und kulturelle Angelegenheiten die Verfügung heraus, daß es sich nicht mit den Pflichten eines Beamten (Vertragsbediensteten, Lehrers) des nationalsozialistischen Staates vertrage, seine Kinder ohne zwingende Gründe einer privaten Schule zuzuführen. Schon vorher, am 5. September, hatte das Ministerium der Privatmädchenvolks- und -hauptschule in Goldenstein (Salzburg) die Wiederzuerkennung des Öffentlichkeitsrechtes mit der Begründung verweigert, „daß die Erziehung und Ausbildung der Jugend grundsätzlich Sache des Staates ist". Mitte September ließ sich im Ministerium ein Vertrauensmann des „Stellvertreters des Führers" als Spezialist in kirchlichen Angelegenheiten nieder und zog die Behandlung aller einschlägigen Akten an sich. In diesem Zusammenhang erging am 16. September ein Erlaß des Reichsstatthalters in Österreich, der verfügte, daß alle wichtigen und grundsätzlichen kirchlichen und religiösen Angelegenheiten nur nach vorherigem Einvernehmen mit der Abteilung IV des Ministeriums für innere und kulturelle Angelegenheiten zu bearbeiten seien.

Die österreichischen Bischöfe sahen sich also einer wahren Flut von Erlässen gegenüber, die sie nach der bisherigen kirchlichen Rechtslage in Österreich als schwere Beeinträchtigungen empfinden mußten. Dazu trafen laufend Nachrichten von einer Verschärfung des Kirchenkampfes auch im „Altreich" ein, wie zum Beispiel von der Beschlagnahme und vom Verbot des „Katholischen Kirchenblattes für das Bistum Berlin" durch die Gestapo am 10. September 1938 wegen angeblich möglicher Störung der öffentlichen Ruhe und Ordnung durch einen historischen Artikel über den Berliner Missionsvikar Müller und zwei Notizen über Eheberatung. Bischof Preysing richtete daraufhin sofort an Reichsminister Goebbels einen energischen Protest, in dem er erklärte, angesichts des „Vernichtungskampfes" der Gestapo „gegen das offenbarungsgläubige Christentum" und der Erfahrungen der deutschen Katholiken in den letzten Jahren erwarte er nicht mehr die Zurücknahme des Verbotes: „Trotzdem werde ich nicht aufhören, ein seelsorgsamtliches Blatt als ein mir als Bischof und meinen Gläubigen unabdingbar zustehendes Recht zu fordern." Die Gläubigen ließ Preysing fast mit den gleichen Worten am 25. September durch eine in allen Messen von den Kanzeln zu verlesende „Vermeldung" informieren, die mit den Worten schloß: „Dieser neue Schlag gegen das katholische Leben in unserem Bistum wird Euch aber in Eurer Treue zu Christus und zur Kirche nicht wankend machen." Abschriften seines Protestes und der Vermeldung ließ Preysing zur Kenntnisnahme sofort wieder seinen bischöflichen Amtsbrüdern zukommen.

Soweit diese österreichischen Diözesen vorstanden, entschlossen sie sich in ihrer Konferenz vom 28. September, sich nun an Hitler selbst zu wenden und ihm eine Denkschrift über „die seit der Machtübernahme geschaffene Lage der katholischen Kirche in Österreich" zu übermitteln. Diese Denkschrift, von der sich ein kürzeres Konzept im Nachlaß von Erzbischof Waitz befindet, ist ebenfalls mit dem 28. September datiert und für den österreichischen Episkopat von Kardinal Innitzer und Erzbischof Waitz unterschrieben. Sie umfaßt 13 Maschinschreibseiten und geht wieder von der März-Erklärung der österreichischen Bischöfe, ihrer Auswertung im Wahlkampf und von den eigenen Versprechungen Hitlers aus: „wurde doch von höchster Stelle selbst ausdrücklich versichert, daß die Kirche es nie zu bereuen haben werde, wenn sie sich mit dem Staate verständige." Entgegen den bischöflichen Erwartungen und den gegebenen Versprechungen „setzte aber bald ein *Kulturkampf* ein, der innerhalb der wenigen Monate, die seither verflossen sind, sehr scharfe Formen annahm". Im einzelnen werden nun folgende kirchenfeindliche Maßnahmen aufgezählt: die Aufhebung der theologischen Fakultäten in Innsbruck und Salzburg; die Beschlagnahme des Vermögens des Katholischen Universitätsvereines in Salzburg; die Entziehung des Öffentlichkeitsrechtes von Privatschulen und in Wien die Entziehung der Berechtigung der Weiterführung der katholischen Schulen, Heime und Kindergärten; die Umwandlung mehrerer katholischer Anstalten in öffentliche Gemeinschaftsschulen und nationalsozialistische Schülerheime gegen den Willen ihrer Eigentümer; die Enthebung bisheriger Direktoren katholischer Schulen und die Einsetzung kommissarischer Leiter; das in mehreren Gauen für die Mitglieder der NSDAP erlassene Verbot, ihre Kinder in katholische Schulen zu schicken; die Abschaffung des Religionsunterrichtes an den gewerblichen und kaufmännischen Schulen; die teilweise Aufhebung oder Reduzierung des bisherigen Religionsunterrichtes. Jede dieser Maßnahmen widerspreche der persönlichen Freiheit der Eltern, der Gewissensfreiheit der gläubigen Katholiken, den in Österreich noch bestehenden Schulgesetzen und „auch den staatlich zugesicherten und in ihrer göttlichen Sendung begründeten Rechten der Kirche". In ihrer Gesamtheit seien sie schwerstes Unrecht gegen die katholischen Eltern und die Kirche, die ihr Recht auf die religiöse Erziehung der Jugend nicht preisgeben könne. Die Bischöfe müßten daher offen aussprechen, daß sie „bei der Beschränkung und Vernichtung unserer katholischen Lehr- und Erziehungsanstalten sowie bei der Verdrängung des religiösen Einflusses auf die Jugend nur der Gewalt weichen".

An weiteren Mißständen werden sodann angeführt: religionsfeindliche Schulungskurse der Lehrerschaft, die Anforderung aller bischöflichen Knabenseminare für weltliche Zwecke, die Einengung der Seelsorge in den Spitälern, gehässige Kontrolle der karitativen Tätigkeit der Kirche, Aufhebung katholischer Vereine und Beschlagnahme ihrer Vermögen, Beschlagnahme der meisten Pfarrheime, widerrechtliche Beschränkung des katholischen Pressewesens — es sei in Österreich nicht möglich, rein religiöse Diözesanblätter herauszugeben —, antikirchliche Propaganda in der Presse, Behinderung des Verkehrs der Bischöfe untereinander und des Verkehrs mit dem Heiligen Stuhl, Einführung der obligatorischen Zivilehe, Verschleppung oder Nichterledigung kirchlicher Eingaben, Aufhebung ganzer Klöster, Erschwerung der Seelsorgstätigkeit von Ordensleuten, Inanspruchnahme kirchlichen Besitzes von Grund und Boden bis zur Pfarrkanzlei und schließlich sogar Beeinträchtigung der Feier kirchlicher Feste.

Die Katholiken Österreichs fühlten sich daher in ihren heiligsten Rechten und Gefühlen angegriffen und tief verletzt. Trotz der zahlreichen Einsprüche der Bischöfe gegen geschehenes Unrecht könne man diesen jedoch nicht den Vorwurf machen, daß sie zur Schaffung eines Friedensabkommens zwischen Kirche und Staat „etwa nicht alles getan" hätten: „Wir Bischöfe haben die monatelangen Verhandlungen, die in diesem Sinne zwischen dem Episkopat und dem Reichskommissariat in Wien geführt wurden, bis Anfang September dieses Jahres offen und im Glauben an die Möglichkeit eines loyalen Abkommens geführt. Unser Glaube wurde aber erschüttert, da der Kulturkampf umso bedrückendere und bedrohlichere Formen annahm, je länger wir verhandelten und je näher der in Aussicht gestellte Friede erschien. Wir Bischöfe stellen daher fest, daß die Schuld nicht an uns liegt, wenn der Friede bis jetzt nicht zustande kam. — Soll aber wirklich Frieden werden, so sind von Seite der Regierung und der Partei die vielen Ursachen aus der Welt zu schaffen, die den Frieden verhindern und unmöglich machen." In dieser Absicht wende sich der Episkopat nun unmittelbar an den Führer, in dessen Händen die Schaffung eines gedeihlichen und friedlichen Verhältnisses zwischen Kirche und Staat in Österreich liege.

Hitler hat die Denkschrift der österreichischen Bischöfe vom 28. September 1938 nicht beantwortet. Der Chef der Reichskanzlei gab sie am 1. November an Bürckel zur Stellungnahme weiter, zu der sich der Reichskommissar bis 14. Jänner 1939 Zeit ließ. Er ging in ihr davon aus, daß die Bischöfe „ihre These vom Bestehen eines Kulturkampfes" hauptsächlich durch die Anführung von Maßnahmen der österreichischen Landesregierung auf dem Gebiet der Schule und der Erziehung zu stützen versucht hatten. Diese dienten jedoch alle der Verwirklichung von Punkt 20 des Parteiprogramms, demzufolge die schulische Erziehung der Jugend ausschließlich Sache des Staates sei. Keine dieser Maßnahmen richte sich gegen die Religion oder die Kirche als Künderin der Religion. Von einem Kulturkampf könne daher keine Rede sein.

Im einzelnen führte Bürckel folgende „Gründe" für das nationalsozialistische Vorgehen an: Die theologische Fakultät in Innsbruck wurde aufgelöst, weil ihr Lehrkörper ausschließlich vom Jesuitenorden gestellt wurde: „Es kann nicht angehen, daß vom nationalsozialistischen Staat eine Fakultät erhalten wird, deren ganze Führung besonderen Ordensregeln unterworfen ist." Auch bei der theologischen Fakultät in Salzburg habe es sich um „eine Art Ordensuniversität" gehandelt. Die Notwendigkeit des Einschreitens gegen das private und damit auch gegen das konfessionelle Schulwesen habe sich deswegen ergeben, weil von den 168 in der Ostmark bestehenden höheren Schulen nur 92 staatliche und 76 private Schulen gewesen seien. Von den insgesamt 64.538 Mittelschülern besuchten mehr als 20.000 private Anstalten, 60% aller Mädchen konfessionelle Schulen. Besonders kraß sei das Mißverhältnis bei den Lehrerinnenbildungsanstalten (15 konfessionelle und sechs staatliche). Die Mehrheit der an diesen Anstalten wirkenden Lehrkräfte hätte keine Gewähr für einen Unterricht im nationalsozialistischen Sinn geboten. In den Internaten sei auch eine sittlich einwandfreie Erziehung nicht mehr gewährleistet gewesen, „wie sich aus einer Anzahl von Sittlichkeitsprozessen gegen Ordensmitglieder, die in Internaten beschäftigt waren, ergeben hat". Aus diesen Gründen konnten auch die bischöflichen Knabenseminare nicht von der Schließung ausgenommen werden, in denen außerdem Kinder vom vollendeten 10. Lebensjahr an unter Abschließung von der übrigen Welt gänzlich unter kirchlichem Einfluß gestanden seien. Die Enthebung von Direktoren sei bei allen Schulen „im Zuge der politischen Angleichung der Ostmark an das Reich" erfolgt.

Bei einer Anzahl weiterer Beschwerden der Bischöfe verwies Bürckel ohne Kommentar auf Erlässe des Reichsministers des Innern (Verbot für öffentliche Beamte, ihre Kinder in Privatschulen zu schicken) oder des Ministeriums für innere und kulturelle Angelegenheiten in Wien (Krankenhausseelsorge). Die Abschaffung des Religionsunterrichts an den gewerblichen und kaufmännischen Schulen sowie die Reduzierung des Religionsunterrichtes an einzelnen Volksschulen und höheren Schulen sei wegen der Erhöhung der Turnstundenzahl erforderlich gewesen, um eine Überlastung der Schüler zu vermeiden. Die Auflösung der österreichischen Kolpingfamilien erfolgte wegen der ausgesprochen antinationalsozialistischen Einstellung eines Großteils der Mitglieder „vor dem Umbruch".

Seine knapp zehn Seiten lange, völlig unpersönliche Erwiderung, in der die monatelangen Verhandlungen mit dem österreichischen Episkopat mit keinem einzigen Wort erwähnt werden, schloß der Reichskommissar mit folgenden Worten: „Die weiter vorgebrachten Beschwerden der Bischöfe sind so allgemein gehalten, daß eine Überprüfung ihrer Richtigkeit und gegebenenfalls eine Abhilfe nur möglich ist, wenn mir einzelne Fälle benannt werden." Zur Zeit der Niederschrift dieser Worte waren aber erst drei Monate seit jenen turbulenten Ereignissen vergangen, die nicht nur den Österreichern, sondern auch der ganzen Welt klargemacht hatten, wie es um das Verhältnis von Staat und Kirche in Österreich wirklich bestellt war.

VERFOLGUNG UND WIDERSTAND

Oktober 1938 in Wien

Schon sofort nach Abbruch der Verhandlungen durch die österreichischen Bischöfe am 7. September 1938 war vorauszusehen gewesen, daß der kalte Krieg, den die Nationalsozialisten bisher gegen die Kirche in Österreich geführt hatten, über kurz oder lang in offene Verfolgung übergehen werde. Kardinal Innitzer sprach daher bereits am 11. September bei einer Predigt in dem kleinen Ort Kirchschlag von möglicherweise noch schwereren Zeiten, in denen die Gläubigen standhaft und treu bleiben müßten. Diese Zeiten brachen vor allem für den Kardinal selbst am Tag nach der Kundgebung der Katholischen Jugend Wiens vom 7. Oktober 1938 an, bei der zum erstenmal seit dem März 1938 junge österreichische Katholiken in großer Zahl geschlossen in Erscheinung getreten waren und in einer religiösen Feierstunde für die lebendige Kirche Zeugnis abgelegt hatten.

Die Kundgebung hatte mit einer Andacht im Stephansdom begonnen, in deren Rahmen der Kardinal eine warmherzige Ansprache an die ungefähr 7.000 dort versammelten Jugendlichen richtete. Er dankte ihnen für ihr Bekenntnis zum Glauben, der Ehre und Stärke der Gläubigen sei. Der schmerzliche Verlust ihrer Verbände und Fahnen in den letzten Monaten werde durch den Gewinn der jetzt gleichsam von allen wiederentdeckten Gemeinschaft der Pfarre, der Kirche und aller Kinder Gottes wettgemacht. Dieser Gemeinschaft sollten sie treu bleiben. Und nach der Erinnerung von Wolfgang Müller-Hartburg: „Einer ist euer Führer, euer Führer ist *Christus,* wenn ihr ihm die Treue haltet, werdet ihr niemals verlorengehen." Daraufhin bereitete die begeisterte Jugend ihrem Bischof vor seinem Palais Ovationen, die in bewußter Parallelität in den Ruf mündeten: „Wir danken unserem Bischof! Wir wollen unseren Bischof sehen!" Ungefähr 200 „Andersgläubige", die sich auch auf dem Stephansplatz befanden, wurden mühelos abgedrängt, was das sofortige Eingreifen von Polizei und Gestapo bewirkte. Unter den Katholiken wurden mehrere Verhaftungen vorgenommen, während die anderen, die „Herunter mit dem Judas!“ und „Innitzer nach Dachau!“ gerufen hatten, unbehelligt blieben.

Obwohl sogar der Polizeibericht bezeugte, daß die Jugendfeierstunde im Dom einschließlich der Predigt des Kardinals durchaus religiösen Charakter getragen habe, erregten die Kundgebung und besonders die Ovationen der Jugendlichen für den Kardinal den Zorn und die Rachsucht der Nationalsozialisten. Sie reagierten blitzschnell. Bereits am Morgen des nächsten Tages — es war Samstag, der 8. Oktober — erhielten die St. Stephan benachbarten Ortsgruppen das Aviso, sich zu einem Einsatz bereit zu halten. Am selben Morgen konnten die erstaunten Wiener im „Völkischen Beobachter“ unter dem Titel „Ruhige Überlegenheit“ bereits dunkle Drohungen gegen politische Gegner lesen, die „berufsmäßig gewöhnt“ seien, an bestimmten Orten regelmäßig das Wort zu ergreifen, und sich wieder in jene Zeiten zurückversetzt fühlten, in denen sie „aus der unbequemen Stimmung von Verdauungsstörungen heraus ungestört öffentliche Willenskundgebungen von sich geben“ konnten. „Diese Zeiten sind für die betreffenden Zeitgenossen nun einmal vorbei . . . Es fragt sich aber, wie sich die nationalsozialistische Bevölkerung zu derartigen Ausbrüchen verhalten soll.“

Ein Exempel solchen Verhaltens zeigte sich schon wenige Stunden später. Eine Gruppe nationalsozialistischer Jugendlicher fand sich am Abend des 8. Oktober auf dem Stephansplatz zu einer Demonstration gegen den Kardinal ein, die in einen Überfall auf das Erzbischöfliche Palais mündete. Eine Schar von etwa hundert Burschen im Alter von 14 bis 25 Jahren, unter ihnen auch politische Leiter der Ortsgruppe Stubenviertel, drang nach Sprengung des Tores in das Palais ein. Sie suchten laut schreiend nach dem Kardinal, der jedoch von seinem Sekretär Dr. Weinbacher und seinem Zeremoniär Dr. Jáchym noch im Matrikenamt in Sicherheit gebracht werden konnte. Die beiden blieben auch gegenüber den schwersten Drohungen der Eindringlinge fest und verrieten das Versteck des Kardinals nicht. Sie schützten auch die Kapelle, wobei Dr. Jáchym mit einem Bronzeleuchter auf den Kopf geschlagen wurde. Dr. Weinbacher, der schon zur Zeit der Verhandlungen über einen „Modus vivendi" mit Recht sehr skeptisch gewesen war, versuchten die Demonstranten mit dem Ruf: „Den Hund schmeiß'n wir beim Fenster außi" in die Rotenturmstraße hinunterzuwerfen, doch konnte er sich im letzten Augenblick losreißen. Schließlich tobten die Eindringlinge ihren Zorn an der Einrichtung aus. Sie verbrannten die Kleider des Kardinals, stahlen seinen Ring, seine Kette und sein Brustkreuz, zerrissen Bilder, zertrümmerten Möbel und schändeten alle Kruzifixe (Abb). Mit den abmontierten Messingstangen aus dem Stiegenaufgang zerschlugen sie in sinnloser Zerstörungswut über 1.200 Fensterscheiben.

Auch in das gegenüberliegende Churhaus drang eine Rotte von Demonstranten ein. Offenbar auf der Suche nach dem Jugendseelsorger Dr. Stur und dem Domprediger Dr. Dorr läuteten sie auch an der Tür des Domkuraten Johann Krawarik, der ihnen, in der Annahme, die verängstigte Wirtschafterin suche Einlaß, öffnete. Fünf oder sechs der Eindringlinge stürzten sich auf den Priester, schleppten ihn auf den Gang und versuchten, ihn aus dem Fenster zu werfen. Zweimal scheiterte der Versuch an der altertümlichen Fensterkonstruktion. Beim drittenmal gelang er. Vom Ruf: „Hinunter mit ihm!" begleitet, stürzte Krawarik aus einem Stock Höhe in die Tiefe. Auf einem von Bauarbeiten stammenden Sandhaufen im Hof, in den dauernd die Scherben der zerschlagenen Fenster hinunterprasselten, blieb er mit zwei gebrochenen Oberschenkeln und einer gespaltenen Kniescheibe liegen. Die Folgen schilderte er selbst so: „Erst nach viereinhalb Monaten, am 17. Februar 1939, konnte ich das Krankenhaus verlassen, jedoch das Gehen war mir dann durch längere Zeit nur gestützt auf zwei Stöcken und zuerst auch nur von einem Begleiter unterstützt möglich. Erst im Laufe der Monate lernte ich es, wieder richtig und ohne Stock zu gehen."

Unterdessen war bereits geraume Zeit seit Beginn des Überfalls auf das Palais vergangen. Der Wiener Polizeipräsident Steinhäusl hatte ihm von Anfang an mit der Uhr in der Hand von einem gegenüberliegenden Kaffeehaus aus zugesehen. Erst eine Stunde nach Beginn der Ausschreitungen gab er Befehl zum Einsatz der von Dr. Weinbacher und Dr. Jáchym sofort und mehrmals verständigten Polizei. Aber auch dann griff diese mehr als lässig ein. Die Demonstranten, die beim Erscheinen der Polizei sofort das Feld räumten, konnten ungehindert das Palais verlassen. Jener Polizist, der den schwerverletzten Domkuraten Krawarik im Hof liegen sah, hielt es nicht für nötig, die Rettung zu verständigen. Um 11.30 Uhr nachts versiegelte die Gestapo die verwüsteten Räume. Von einem Verfahren gegen verhaftete Demonstranten oder deren Bestrafung ist nie etwas bekannt geworden. Dagegen suchte die Wiener NSDAP sich offiziell von dem Überfall zu distanzieren. Man beschuldigte die Kommunisten, den Überfall verübt zu haben. Selbst den Kardinal wollte man von dieser Version überzeugen. Von der Auslegung, die Gauleiter Bürckel den Vorfällen gab, wird noch zu reden sein.

Der Erzbischof zeigte sich bereits am nächsten Tag wieder in der Öffentlichkeit und erfüllte seine sonntäglichen Funktionen in St. Stephan. Am selben Tag stellte er ein ausführliches Memorandum über die Ereignisse des Vortages zusammen, das der zufällig in Wien weilende Berliner Nuntius der Kanzlei Hitlers übermittelte. Es wurde nie beantwortet. Dem Nuntius hatte man übrigens trotz oder vielleicht gerade wegen seines Diplomatenpasses den Eintritt in die zerstörten Räume verwehrt. Die Schäden seien derart, daß sie von einer Kommission aus Berlin begutachtet werden müßten.

Am 12. Oktober eröffneten bei einer Kundgebung der Wiener Ortsgruppe Siebenbrunn der Gauredner Scholz und der Wiener Gauleiter Globocnik, nach 1945 als Kriegsverbrecher hingerichtet, die planmäßige nationalsozialistische Hetze gegen Kardinal Innitzer und den „politisierenden Klerus". Die Ereignisse des Samstag seien die Reaktion auf die „Aktion gewisser schwarzer Kreise": „Wir Nationalsozialisten wollen keinen Krieg, aber es hat den Anschein, als wenn der Kardinal ihn gewünscht hat!" Globocnik versicherte, daß die Partei ohnehin unerhörten Langmut bewiesen habe. Ja, er selbst habe sogar auf eigene Kosten die „gläserne Fassade" des Erzbischöflichen Palais richten lassen, damit die Fremden nicht sagen können, Innitzer werde im Winter frieren müssen. Dabei hätten Gau und Partei nicht das mindeste mit den Vorgängen zu tun gehabt. Aber jetzt sei seine Geduld zu Ende. Eben habe er erfahren, daß „verschiedene schwarze Stänkerer versucht haben, einzelne unserer Leute zu überfallen“. Nun müsse Gauleiter Bürckel, der am nächsten Abend auf dem Heldenplatz sprechen werde, geeignete Maßnahmen treffen. Der „Völkische Beobachter“, der bis dahin kein Wort über die Ereignisse des Samstag gemeldet hatte, berichtete über diese Reden ausführlich auf der ersten Seite. Der Leitartikel „Der Fall Innitzer“ griff den Kardinal als Personifikation des politischen Katholizismus an, wobei besonders dessen Verbindungen zur deutschfeindlichen ausländischen Presse hervorgehoben wurden.

Bei der antiklerikalen Kundgebung auf dem Wiener Heldenplatz am Abend des 13. Oktober (Abb.) hielt Bürckel vor den von der Partei zusammengetrommelten Wiener Nationalsozialisten (laut „Völkischem Beobachter“ 200.000) in alkoholisiertem Zustand eine einstündige Hetzrede gegen den Kardinal und den politisierenden Klerus, der versucht habe, „mit Tschechen, Juden und Kerzelweibern beiderlei Geschlechts auf die Straße zu gehen“, in der Hoffnung, die Sudetenkrise könne zuungunsten des Dritten Reiches ausgehen. Für das Niveau dieser Rede und die nationalsozialistischen Methoden des politischen Kampfes möge folgendes Zitat aus dem Bericht des „Völkischen Beobachters“ zeugen: „Die Entrüstung wollte kaum abebben, als Gauleiter Bürckel an Hand von Briefen des Kardinals bewies, daß dieser Kirchenfürst einer übel beleumundeten Jüdin für ihr Machwerk einen warmherzigen Dankesbrief zukommen ließ. Erbittert hörten die Wiener, daß Kardinal Innitzer dem ausbeuterischen Juden Julius Krupnik für die Vermittlung der Verbindung mit dem Oberrabbi Herz durch ein Schreiben dankte, in dem er auf das streng jüdisch geführte Haus den göttlichen Segen herabflehte.“ Bürckel erklärte ferner, daß die Ereignisse des 7. Oktober eine „unerhörte verbotene politische Demonstration“ darstellten, durch die provoziert sich am nächsten Abend „ein Trupp in der Jugendkraft stehender junger Menschen“ zu einigen Ausschreitungen habe hinreißen lassen. Die Front der Feinde Deutschlands vom Sender Straßburg über den „Osservatore Romano“ bis zur „Prawda“ habe darüber maßlos entstellt berichtet. Folgende Maßnahmen würden nun die Antwort auf diese Provokation des politischen Katholizismus sein: die Ausweisung der tschechischen Juden und aller irgendwie belasteten Tschechen als Hauptbeteiligte an der Demonstration, die restlose Verstaatlichung der Knabenseminare, die Zurückstellung der Amnestie für konfessionelle Politiker und die Ablehnung aller Anträge auf die Entlassung des seit März in Haft befindlichen letzten österreichischen Bundeskanzlers Schuschnigg.

Nach dieser Rede kam es dann auf dem Stephansplatz, in der Rotenturmstraße, von dem nun von SA, SS und NSKK (NS-Kraftfahrer-Korps) bewachten Erzbischöflichen Palais und auch in den Wiener Außenbezirken zu antikirchlichen Demonstrationen. In den nächsten Tagen brachte der „Völkische Beobachter" fortlaufend schwerste Angriffe gegen Kardinal und politischen Klerus, die als „Judenknechte", „asoziale Kapitalisten" und „deutschfeindliche Römlinge" verächtlich gemacht wurden (Abb.). Am 22. Oktober wurden unter dem Titel „Deutsche Priester antworten Innitzer" anonyme Zustimmungsschreiben zur Rede Bürckels von angeblichen Geistlichen und der „Arbeitsgemeinschaft für den religiösen Frieden" veröffentlicht, an der sich zu beteiligen der Kardinal den Priestern der Erzdiözese Wien Ende September verboten hatte. Nach dem 22. Oktober hörte die systematische *offene* Kirchenhetze im „Völkischen Beobachter" plötzlich auf, was durch eine Intervention des Reichsstatthalters Seyss-Inquart, bekanntlich eines Mannes aus dem katholisch-nationalen Lager, bei Hitler mit Betonung der ungünstigen innen- und außenpolitischen Folgen bewirkt worden sein soll. Dieses damals in Wiener Beamtenkreisen verbreitete Gerücht ist zwar nicht verifizierbar, doch hat sich Hitler tatsächlich in der letzten Oktoberwoche 1938 nach einem Besuch im Sudetenland zwei Tage in Wien aufgehalten; er hatte sowohl mit Bürckel als auch mit Seyss-Inquart Besprechungen.

An eben jenem 22. Oktober nahm aber auch Kardinal Innitzer in einer Verlautbarung an die Katholiken der Erzdiözese Wien öffentlich zu den nationalsozialistischen Verleumdungen Stellung, zu denen auch die Behauptung gehört hatte, er, der gebürtige Sudetendeutsche, habe die „geschichtliche Stunde der Heimkehr des Sudetenlandes übersehen". Der Kardinal erklärte wahrheitsgetreu, daß er in seiner Predigt am 7. Oktober mit keinem Wort Hitler angegriffen oder gegen Staat und Partei gehetzt habe. Die Katholische Jugend habe keine politischen Lieder gesungen, und er habe auch nicht die Worte gesprochen: „Ich habe mich zum Kampf entschlossen und bin bereit, ihn zu führen." Den Abschluß der Erklärungen des Kardinals bildete folgende Feststellung: „Nach wie vor stehe ich auf dem Standpunkt, daß der Katholik aus seinem Gewissen heraus die Pflichten gegenüber dem Staat zu erfüllen hat; daß aber der Bischof jederzeit der beschworenen Gewissenspflicht entsprechen muß, für die Rechte Gottes und der Kirche einzutreten."

Der gleiche Passus findet sich auch in der Mitteilung des Salzburger Erzbischofs Waitz vom 30. Oktober 1938 an die Katholiken der Erzdiözese Salzburg und der Apostolischen Administratur Innsbruck-Feldkirch. Der Erzbischof war am 7. und 8. Oktober gerade in Rom gewesen, was sofort mit den Wiener Ereignissen in Verbindung gebracht, von ihm jedoch ausdrücklich dementiert wurde. Im Zuge der nach dem 8. Oktober in ganz Österreich einsetzenden antikirchlichen Pressekampagne und Hetze war es auch zu Demonstrationen gegen Waitz in Salzburg gekommen, dem das „Deutsche Nachrichtenbüro für die Ostmark" und Salzburger Zeitungen nachsagten, er hätte gehofft, „daß durch einen Krieg mit der Tschechoslowakei die staatlichen Verhältnisse zusammenbrechen". Waitz wies diese Behauptung ebenso zurück wie jene, daß die Kirche einen Weltkrieg herbeigesehnt habe. Im Gegensatz zu Innitzer nahm Waitz aber auch noch einmal zu den Verhandlungen des Sommers 1938 Stellung, da man auch verbreitete, er „hätte vom Heiligen Stuhl Weisung gehabt, die Verhandlungen zwischen Kirche und Staat hinauszuziehen, bis man den Ausgang des Konfliktes mit der Tschechoslowakei hätte erkennen können: Diese Zumutung würde ganz und gar der Gesinnung des Heiligen Vaters und seiner Ratgeber widersprechen. Die wahren Gründe für den Abbruch der Verhandlungen waren ganz anderer Natur: es wurden nämlich selbst während der Zeit der Verhandlungen gegen die heilige Kirche harte Maßnahmen getroffen". Außerdem legte der Erzbischof „in aller Form Verwahrung" gegen die Abfallpropaganda und gegen die Maßnahmen gegen die katholischen Schulen ein.

Die sofortige Schließung der katholischen Schulen in ganz Österreich war vom Ministerium für innere und kulturelle Angelegenheiten bereits am 17. Oktober angeordnet worden, „mit Rücksicht auf verschiedene Vorkommnisse der letzten Zeit und im Hinblick auf die Notwendigkeit der Erziehung der *gesamten* Jugend im nationalsozialistischen Geist". Am 26. Oktober waren Schulgebet, konfessionelle Morgenandachten und gemeinsamer Kirchenbesuch von Schulklassen sowie die Prüfung aus Religion bei der Erwerbung des Lehrbefähigungsnachweises für allgemeine Volks- und Hauptschulen abgeschafft worden. Der Salzburger Landesschulrat hatte schon am 15. Oktober dem Erzbischof von Salzburg „zufolge der gemachten politischen Erfahrungen" die Beaufsichtigung des konfessionellen Unterrichts an den öffentlichen Schulen entzogen.

Der Eindruck, daß die Vertreter der auf lange Sicht jedenfalls stärkeren, aggressiv antikirchlichen und antichristlichen Richtung im Nationalsozialismus nur auf das Scheitern der Verhandlungen mit der Kirche gewartet, es wahrscheinlich sogar provoziert haben, läßt sich angesichts der dichten Folge der zunächst vor allem gegen die katholischen Schulen gerichteten Maßnahmen im Herbst 1938 nicht vermeiden. Die Verhandlungen über einen „Modus vivendi", deren quälend mühsamer Gang mit seinen Begleitumständen im Dienst einer aufrichtigen Wahrheitsfindung, der vornehmsten Aufgabe gerade auch der kirchlichen Zeitgeschichte, hier nachgezeichnet wurde, haben die weitere Entwicklung der nationalsozialistischen Kulturpolitik in Österreich daher nicht bzw. nur negativ beeinflußt. Bestenfalls bedeuteten sie ein kurzes Hinauszögern geplanter antikirchlicher Maßnahmen von seiten der Wiener und Berliner Zentralstellen, ein kurzes Innehalten einzelner örtlicher Machthaber unter dem schon zitierten Motto: Man weiß noch nicht . . .

Ganz anders verhält es sich dagegen mit der Wirkung der Ereignisse vom 7. und 8. Oktober 1938 in Wien. Sowohl die Demonstration der katholischen Jugend als auch der Sturm auf das Wiener Erzbischöfliche Palais haben in der ganzen Geschichte des Dritten Reiches keine Parallelen. Die Kunde von ihnen wurde selbst im Schatten der Sudetenkrise in der ganzen Welt verbreitet, und vor allem die deutschen Katholiken nahmen sie mit großer Anteilnahme auf. So informierte z. B. der Berliner Bischof Preysing am 15. Oktober über diese Vorkommnisse und über den Inhalt seines Schreibens vom 12. Oktober an Kardinal Innitzer alle Seelsorgsstationen seines Bistums. Kurz danach waren sie Berliner Protestanten bekannt, wie die Tagebuchnotiz des Dichters Jochen Klepper vom 19. Oktober 1938 beweist: „Erbitterter, in der Presse verschwiegener Kampf des Nationalsozialismus gegen den österreichischen Katholizismus."

Der Schock, den die Nachricht vom Sturm auf das Wiener Erzbischöfliche Palais bei allen deutschen Bischöfen ausgelöst hat, könnte auch ein Grund für ihr ansonsten nur durch noch nachwirkende alte kirchliche Judenfeindschaft erklärbares Schweigen über die Greuel der „Reichskristallnacht" genau einen Monat später gewesen sein.

Eine positive Deutung für die Zukunft brachte Bischof Preysing von Berlin in seinem Brief vom 12. Oktober 1938 an Kardinal Innitzer zum Ausdruck, dem er „in den schweren Stunden der Heimsuchung, die Christus, der Herr, über das Bistum Ew. Eminenz hat kommen lassen" seine tiefste Anteilnahme ausgesprochen hatte: „Die im Kampf für die Freiheit der Kirche erlittene Schmach und Bedrängnis wird ein Unterpfand kommender gesegneter Zeit für das Reich Christi auf Erden sein."

Verfolgung

Die vom Herbst 1938 an einsetzenden Verfolgungsmaßnahmen richteten sich gegen Personen und gegen katholische Institutionen und Organisationen bzw. gegen die Position der Kirche als solche. Sie lassen sich ebenso wie der Widerstand, von dem noch zu sprechen sein wird, nicht immer eindeutig voneinander trennen, was daher auch in der folgenden Darstellung der Entwicklung der Fall ist.

Seit der Jugendkundgebung vom 7. Oktober 1938 gehörte Kardinal Innitzer, auf den 1939 und 1941 weitere tätliche Angriffe versucht wurden, gemeinsam mit Erzbischof Waitz zu den von den Nationalsozialisten am meisten bekämpften Bischöfen. Erzbischof Waitz, der schon im Juni 1938 bei seiner Predigt anläßlich der Feier seines 25. Bischofsjubiläums erklärt hatte, es sei, „als ob Höllengeister über das heutige Bischofsjubiläum höhnten", wurde 1939 mit Gewalt aus seinem Palais gedrängt und zog schließlich in eine kleine Wohnung in der Prälatur von St. Peter. Noch in seinem letzten im Verordnungsblatt veröffentlichten Hirtenbrief vom Jahr 1941 sagte Waitz den Katholiken, die in irdischen Dingen dulden und schweigen könnten: „... wenn es aber um den Glauben geht, dort gibt es kein Weichen, sondern nur ein Stehen und Sterben." Nach einer mutigen Predigt ist der Erzbischof dann am 30. Oktober 1941 plötzlich verschieden. Sein Nachfolger, der Gurker Kapitelvikar Andreas Rohracher, legte in seiner Inthronisationspredigt am 10. Oktober 1941 ein Bekenntnis zum bewußten Dienst am verachteten, verhöhnten und geschmähten Christus ab: „Denn Er ist und bleibt der Herr und Sieger."

Der nach Innitzer und Waitz von den Nationalsozialisten am meisten gehaßte Bischof war Johannes Gföllner von Linz, dem man vor 1938 Böller unter die Fenster seines Arbeitszimmers geworfen hatte. An ihn traute man sich aber — abgesehen von der Beschlagnahme einzelner Hirtenbriefe — nicht recht heran, was zum Teil auf den Einfluß des oberösterreichischen Gauleiters Eigruber zurückzuführen sein dürfte, der nicht aus der Kirche austrat und auch seine Kirchensteuer bezahlte. Der Sekretär Gföllners, Dr. Ohnmacht, wurde jedoch schon am 13. März 1938 verhaftet, und der Klerus der Diözese Linz war in der Zahl der verhafteten und ins KZ verbrachten Priester führend.

Die anscheinend systemlose Unterschiedlichkeit in der Härte des Vorgehens gegen die Kirche in den einzelnen Gauen ist auffallend und wurde auch in den internen kirchlichen Lageberichten immer wieder vermerkt. Sie hängt damit zusammen, daß das österreichische Konkordat von 1933 nicht anerkannt, die nach Hitler „zentrale Fessel" des Reichskonkordates aber auch nicht auf die Ostmark ausgedehnt worden war. Das Land gehörte daher zu jenen Gebieten, in denen die Kirchenfrage durch den Reichsstatthalter oder Gauleiter gebietlich geregelt werden konnte. Reichseinheitliche Lösungen wurden dadurch erschwert, was Hitler deswegen für günstig hielt, „da die katholische Kirche immer bemüht sei, unseren schwächsten Punkt, also die Vereinbarung, in der ihren Wünschen am meisten entsprochen worden sei, zur allgemeinen Norm zu machen". Dadurch hing die Intensität des nationalsozialistischen Kirchenkampfes weitgehend von der Person des Reichsstatthalters oder Gauleiters ab, was sich in Salzburg während der Ära des Reichsstatthalters Rainer und des Leiters der Abteilung II der Salzburger Reichsstatthalterei, Springenschmid, sowie in Tirol unter Gauleiter Hofer besonders ungünstig auswirkte. Nach der Versetzung Rainers nach Kärnten leitete der neue Gauleiter Scheel, wohl auch unter dem Eindruck des Kriegsverlaufes, die Kirchenpolitik in etwas ruhigere Bahnen.

In allen Gauen und Diözesen gleich war jedoch die bewußte Führung des Kampfes auf zwei Arten. Die eine war die systematische Beeinträchtigung und Ausschaltung der Kirche durch die Gesetzgebung. Der Ausgangspunkt war dabei zumeist die gesetzliche Angleichung an das Altreich. Auf dem Gebiet der Schulgesetzgebung setzte sie am 12. September 1938 mit der Aufhebung des konfessionellen öffentlichen Schulwesens im Burgenland ein. Der entscheidende Schlag, die Schließung aller konfessionellen Privatschulen, erfolgte mit Erlaß des Ministeriums für innere und kulturelle Angelegenheiten vom 17. Oktober 1938, in dem man sich nicht scheute, „Vorkommnisse der letzten Zeit" (also die Jugendkundgebung vom 7. Oktober) als Begründung für die „Notwendigkeit der Erziehung der *gesamten* Jugend im nationalsozialistischen Geist" anzugeben. Auf die Flut der sogenannten „Konfessionsunterrichtserlässe", durch die der Religionsunterricht immer stärker behindert und ausgeschaltet wurde, und sonstige schul-„rechtliche" Verordnungen, die in ihrer „Vermengung von Gesetzgebung und Vollziehung" ein typisches Merkmal des nationalsozialistischen Systems waren, zum Teil gar nicht veröffentlicht wurden, aber trotzdem *Gesetz* waren, kann hier nicht näher eingegangen werden.

Einen „vernichtenden Schlag" gegen die Kirche glaubte man, auf dem Gebiet des Vermögensrechtes durch die Einführung des Kirchenbeitrages aufgrund des kaiserlichen Gesetzes vom 7. Mai 1874 führen zu können, das die Bildung katholischer Pfarrgemeinden und deren Erhaltung durch eine Umlage unter den Pfarrmitgliedern vorgesehen hatte. Da der Bevölkerung „der Begriff einer solchen Steuer völlig fremd" sei, glaubte man mit ihr die Kirche an der Wurzel zu treffen. Der Initiator dieses Gedankens, Gauinspektor Berner, machte Gauleiter Bürckel am 6. Dezember 1938 auf eine derartige Möglichkeit „der legalen Abwehr" der neuerlichen Angriffe, zu denen „sich die Reste des politischen Katholizismus auf legaler Basis rüsteten", aufmerksam. Bürckel griff die Anregung sofort auf und gab sie an Staatssekretär Plattner weiter.

Schon am 28. April 1939 wurde das „Gesetz über die Einhebung von Kirchenbeiträgen im Lande Österreich" erlassen, das die bis dahin gültige Kongrua-Gesetzgebung außer Kraft setzte, die im besonderen die Besoldung der Geistlichen aus staatlichen Zuschüssen und aus den Erträgnissen des sogenannten Religionsfonds regelte. Damit hatte der nationalsozialistische Staat einen Schritt vollzogen, den Bischof Hefter seit 1919 bei einer durch politische Veränderungen eintretenden Trennung von Kirche und Staat vorausgesehen hatte. Hefter hat übrigens im Sommer 1939 aus gesundheitlichen Gründen, aber auch aus Enttäuschung über die nationalsozialistischen Maßnahmen gegen die Kirche auf die Ausübung seines Bischofsamtes verzichtet. Diese seine zweite Resignation — erstmals hat er sie schon 1932 angeboten — ist von Rom angenommen worden.

Die Hoffnungen der nationalsozialistischen Machthaber hinsichtlich der Folgen des Kirchenbeitragsgesetzes sind bekanntlich nicht in Erfüllung gegangen. Wohl verließen von 1938 bis 1942 ungefähr 300.000 Österreicher die Kirche; viele von ihnen mögen es auch wegen der Kirchensteuer getan haben. Der großen Mehrheit der österreichischen Katholiken war sie jedoch Gelegenheit zu Bekenntnis und festerer Bindung an die Kirche, die im seelsorglichen Bereich durch die neue Unabhängigkeit vom Staat größere und freiere Wirkungsmöglichkeiten gewann. Die österreichischen Bischöfe ihrerseits haben aufgrund der geänderten Rechtslage 1939 die Pfarrkirchenrats- und die Kirchenbeitragsordnung erlassen, durch die in Österreich „fast über Nacht eine Entwicklung eingeholt und teilweise überholt" wurde, die sich in anderen Ländern stufenweise in einem Zeitraum von fast hundert Jahren hatte entfalten können.

Die zweite, für den einzelnen Katholiken weit gefährlichere und bis zuletzt angewandte Art des nationalsozialistischen Kirchenkampfes ist in nicht nur für die Ostmark geltenden Arbeitsanweisungen der Gestapo aus dem Jahr 1941 genau beschrieben. Sie bestand zunächst aus der von Hitler selbst erfundenen, bewußten moralischen und politischen Diffamierung des Klerus, eine Methode, die man mit den Devisen- und Sittlichkeitsprozessen schon Mitte der dreißiger Jahre praktiziert hatte und dann auch in Österreich anwandte. So verhaftete man einen niederösterreichischen Pfarrer, weil er sich angeblich an schulpflichtigen Mädchen vergangen hatte. In Wahrheit schrieb man seinem „schlechten Einfluß" die Schwierigkeiten zu, auf die man bei der Anbringung eines Hitler-Bildes anstelle des Kruzifixes in einer Schulklasse gestoßen war. Weiters gehörte zu der zweiten Methode die Verfolgung politischer Vergehen nach dem sogenannten „Heimtückegesetz" durch die Staatspolizei, da „bei der noch immer herrschenden politischen Instinktlosigkeit der Gerichtsbehörden" durchwegs mit der Einstellung solcher Verfahren zu rechnen sei. Ferner wurde in Gestapo-Akten von 1941 als Vorbild für die Ausschöpfung der Möglichkeiten, kirchliche Veranstaltungen aus kriegswirtschaftlichen Gründen zu untersagen, ein Referent angeführt, der eine Prozession mit

Rücksicht auf die Abnutzung des Schuhzeuges verboten hatte. Das Nahziel aller dieser Maßnahmen war die Verhinderung der Rückgewinnung auch nur einen Schrittes des von der Kirche inzwischen verlorenen Bodens; das Fernziel noch die „Zerschlagung der konfessionellen Kirchen durch Vorlage des gesamten nachrichtenmäßig zu sammelnden Materials zu gegebener Zeit mit dem Ziele, der Kirche die hochverräterische Betätigung während des deutschen Lebenskampfes vorzuhalten".

Die Anwendung dieser Methode läßt sich anhand der Gestapo-Tagesrapporte und der Stimmungsberichte nationalsozialistischer Block- und Zellenleiter tausendfach nachweisen. Da dies hier nicht möglich ist, seien nur einige Beispiele für die geradezu unvorstellbare Dichte des Bespitzelungsnetzes angeführt, das in jener Zeit ausgelegt war. So wurden im Wiener Kreis IX (Währing) einzelne Aussprüche von Katholiken über den Krieg als „Strafe Gottes für die Nazis" ebenso gemeldet wie die Vermeidung des deutschen Grußes, die Teilnahme am Ministrantenunterricht, die Anmeldung der Kinder zum Religionsunterricht, die Zunahme des Kirchenbesuches, das Nichtläuten der Glocken anläßlich eines großen Sieges oder der Besuch von Jüdinnen in einem Kloster. Hinter allem und jedem wurde eine staatsgefährliche „hochverräterische" Aktion gesehen, auch wenn es sich nur um einen Ausflug einer Gruppe von Jugendlichen an einem regnerischen Herbsttag in den Wienerwald handelte, die sich nicht mit „Heil Hitler!" begrüßte hatte. Das mögliche Ausmaß von mit Bosheit gepaarter Dummheit beweist eine Meldung vom Oktober 1940, in der der tägliche Aufruf, das Radio leiser zu stellen, auf Klagen aus den Reihen der „Schwarzen" zurückgeführt wurde, „die damit die Lust am Anhören des Nachrichtendienstes dämpfen wollen".

Jede der geschilderten Methoden und auch ihre mit bürokratischer Vollendung praktizierte Kombination führte zum Ziel der Behinderung und Verfolgung der Kirche. Eine Flugschrift über eine Herz-Jesu-Feier wurde 1939 von der Gestapo wegen „allgemeinen Verbotes der Flugblattpropaganda" beschlagnahmt, ein Pfarrblatt wegen eines Artikels über „Katholisches Sterben" aufgrund des Erlasses des Ministeriums für innere und kulturelle Angelegenheiten vom 22. Juli 1938 betreffend den Seelsorgedienst am Krankenbett. Die Vorwände, mit denen man gegen die Kirche vorging, wurden dabei immer fadenscheiniger, oder, besser gesagt, man gab sich immer weniger Mühe, die nackte Gewalt zu maskieren. Die niederösterreichischen Stifte Altenburg und Göttweig wurden noch wegen angeblich staatsfeindlicher Betätigung enteignet. Das Exerzitienhaus der Patres vom kostbaren Blute in Kleinholz-Kufstein, Erzdiözese Salzburg, beschlagnahmte man, während die Patres zunächst sieben Wochen eingekerkert und dann gauverwiesen wurden, weil sie ein Maschinengewehr versteckt haben sollten. Das Priesterseminar von St. Pölten wurde dagegen nur mehr für das Wirtschaftsamt der Stadt beschlagnahmt, die Klöster Melk, Seitenstetten, Zwettl, Lilienfeld u. a. mußten Parteikanzleien oder Umsiedlern weichen. Das ehrwürdige Chorherrenstift Klosterneuburg fiel nach der Aussage Baldur von Schirachs in Nürnberg der Erweiterung der Weinbauschule zum Opfer. Die Aufhebung des steirischen Chorherrenstiftes Vorau begründete die Gestapo dem Propst gegenüber überhaupt nur mit der Bemerkung, „es sei nicht mehr zeitgemäß". Einen neuen Schlag, die Enteignung der kirchlichen Pfründe in der Diözese Klagenfurt, wollte man 1942 allerdings wieder auf dem Verordnungsweg mit Berufung auf einen Geheimerlaß Hitlers vom 7. Oktober 1939 durchführen, in dem für das ganze Reich das Gesetz über Landbeschaffung für Wehrzwecke vom 29. März 1935 auch auf Besiedlungszwecke ausgedehnt worden war.

Daß der Kirchenkampf in Österreich auf allen Ebenen mit besonderer Härte geführt wurde, beweist die Tatsache, daß in einem vermutlich 1941 der Gesamtdeutschen Bischofskonferenz in Fulda vorgelegten Lagebericht über die Situation der Kirche im Dritten Reich eine ganze Reihe von zu diesem Zeitpunkt nur in der Ostmark beobachteten Schikanen aufscheint: das Verbot der Jugendstunde, der für Tirol erlassene Befehl, zum Unterhalt der Geistlichen nur mehr die Kirchensteuer zu verwenden, die Salzburger Anordnung, bei den Bürgermeistern Nachschlüssel für die Kirchen und Glockentürme zu deponieren, damit die Ortsobrigkeit über die Öffnung und Schließung der Kirchen verfügen könne, und schließlich in Oberösterreich (Schärding) die Aussendung von Fragebogen an Priester, die beantworten sollten, welchen Beruf anstelle des geistlichen sie in Betracht ziehen würden.

Die österreichischen Bischöfe kamen daher mit ihren Beschwerden und Protesten bei den zuständigen Stellen gar nicht nach, da die Entscheidung in bestimmten kirchlichen Fragen ab 1. April 1940 dem Reichsminister für kirchliche Angelegenheiten, über Schulorganisation und Religionsunterricht ab 1. Februar 1940 dem Reichsminister für Wissenschaft, Erziehung und Volksbildung zustand. Von den unzähligen Aktionen des Episkopats in dieser Art können hier nur einige gemeinsame angeführt werden. So beschlossen am 26. Mai 1939 die Bischöfe, sich wegen der schikanösen Beschlagnahmung des Salzburger Erzbischöflichen Palais an Hitler selbst zu wenden. Fünf Tage später erhoben sie in Berlin und Wien Einspruch gegen das Kirchenbeitragsgesetz. Am 17. Mai 1940 regte Kardinal Innitzer beim Vorsitzenden der deutschen Bischofskonferenz, Kardinal Bertram, wegen der am 11. März in allen Pfarrhäusern der Ostmark zwecks Fahndung nach Karteien mit Feldpostnummern vorgenommenen Hausdurchsuchungen einen gemeinsamen Schritt des deutschen Episkopats beim Ministerrat für die Reichsverteidigung an.

Am 1. Juli 1941 wandten sich die österreichischen Bischöfe mit einem grundsätzlichen Schreiben an den Reichsinnenminister Frick, dem sie zunächst über die allein in den letzten Monaten erfolgten kirchenfeindlichen Maßnahmen referierten: Dies waren „aus staatspolizeilichen Gründen" die Beschlagnahme des Vermögens — verbunden mit der Ausweisung der Insassen — der Klöster St. Peter, Michelbeuern, Hohenfurt, Kremsmünster, Schlögl, St. Florian, Wilhering, Klosterneuburg und St. Gabriel, wobei in keinem Fall Näheres über die angeblich staatsfeindliche Tätigkeit gesagt worden war. Dagegen verbreitete man Gerüchte über Funde von Waffen und Geheimsendern. In Salzburg wurden von der Gestapo die Diözesanlehranstalt und das Priesterseminar geschlossen. Die Verwaltung des Priesterhausfonds wurde dem Reichsgau Salzburg übertragen. Mehrere Priester aus der Erzdiözese Wien waren ohne Angabe näherer Gründe aus der Ostmark ausgewiesen worden. Die kirchliche Feier der Feste Christi Himmelfahrt und Fronleichnam wurde behindert.

„Die Summe all dieser Erfahrungen, Beobachtungen und Tatsachen zwingt uns, festzustellen und es offen auszusprechen, daß es bei dem staatlichen Vorgehen auf dem Gebiet der kirchlichen Angelegenheiten nicht mehr um einzelne Einrichtungen und Organe der Kirche geht, sondern der Kampf gegen das Letzte und Tiefste gerichtet ist, gegen die Kirche und Religion als solche, daß es darum geht, der Kirche das Volk und dem katholischen Volk seine Kirche zu nehmen. Wir erheben dagegen auf das feierlichste Protest, erheben Protest im Namen der Kirche, die sich vor keiner irdischen Gewalt der ihr von ihrem göttlichen Stifter übertragenen Heilssendung begeben kann, erheben Protest im Namen des katholischen Glaubens, dessen sittlicher Wert und sittigende Kraft den unabdingbaren Anspruch auf die Achtung und den Schutz jeder gesitteten menschlichen Gemeinschaft hat, erheben Protest im Namen des katholischen Volkes, dem sein Glaube das heiligste Unterpfand seines Seelenheiles und die unwandelbare Gewähr für alles menschliche Gedeihen ist, erheben Protest im Namen der Würde und Freiheit des Menschen, die als Grundlage aller wahren Volksgemeinschaft ihre letzte und echteste Wurzel im Christentum hat . . ."

Abschließend erklärten die Bischöfe, daß sie es bisher aus Rücksicht „auf die Erhaltung der inneren Einheit des deutschen Volkes" vermieden hätten, die Gläubigen über die Not von Kirche und Religion zu informieren. „Aber wir sehen mit Bangen, nicht für unsere Person, sondern um der von Gott unserer Sorge anvertrauten Religion unseres Volkes willen den Zeitpunkt in greifbare Nähe gerückt, in dem wir von unserem Gewissen und kraft unseres bischöflichen Amtes gezwungen sein werden, den Gläubigen offen Rechenschaft abzulegen über die Lage ihres angestammten Glaubens und ihrer Kirche in der Ostmark. Die Schuld daran tragen dann allerdings nicht wir, sondern diejenigen, die in Verkennung der wahren Lebensrealitäten diese unerträgliche Lage herbeigeführt haben."

Was die Predigten des Bischofs von Münster, Graf Galen, im Juli und August 1941 gegen den nationalsozialistischen Klostersturm und die Kirchenverfolgung betrifft, ist ihr geschichtlicher Anteil an der vorübergehenden Einstellung der Aktion am 31. Juli 1941 ebenso unbestritten wie das im selben Jahr erfolgte Aussetzen der staatlichen kirchenpolitischen Gesetzgebung aus Rücksicht auf die Kriegsumstände. Es wäre aber denkbar, daß auch der Protest des österreichischen Episkopats vom 1. Juli 1941 zu dieser Entwicklung beigetragen hat.

Die Kirche in Österreich hatte jedoch trotzdem die Beschlagnahme und Aufhebung von 26 großen Stiften und Klöstern und 188 anderer Männer- und Frauenklöster — ohne Mitzählung vieler Filialen — zu beklagen. Die Schließung der katholischen Privatschulen, Heime und Bildungsinstitute traf über 1.400 derartige Anstalten. Die Aufhebung der Kongrua-Gesetzgebung und die Beschlagnahme des Kirchenvermögens, verbunden mit der Auflösung des Religionsfonds, waren schwerste materielle Einbußen. Das Verbot von rund 6.000 kirchlichen Vereinen, Werken und Stiftungen, die Einstellung der katholischen Standesblätter und schließlich auch der Kirchenzeitungen rührte an die Wurzeln der traditionellen Seelsorgemöglichkeiten.

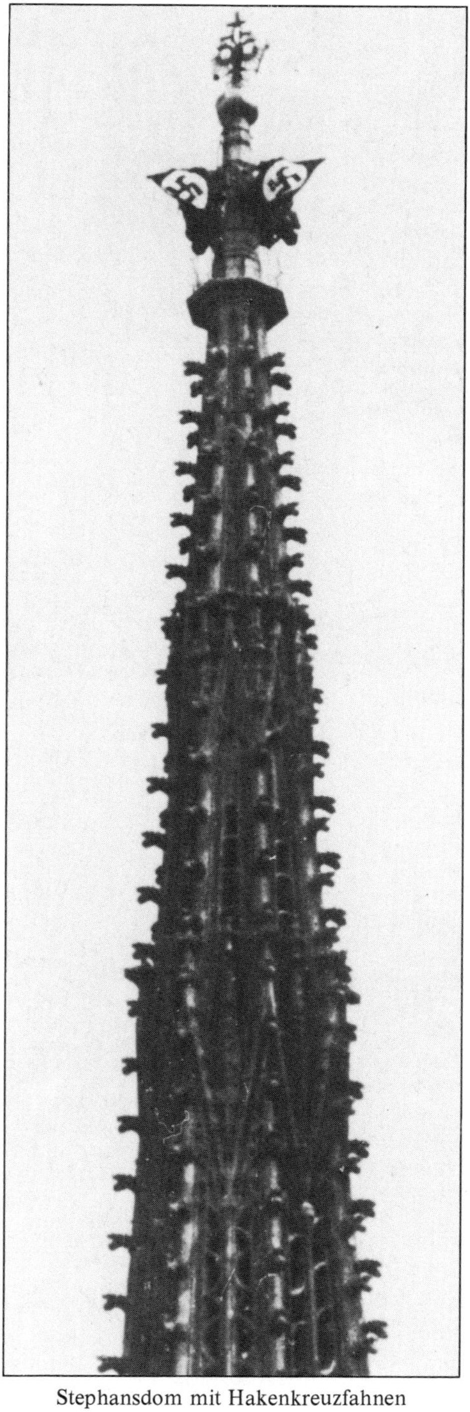

Stephansdom mit Hakenkreuzfahnen

I

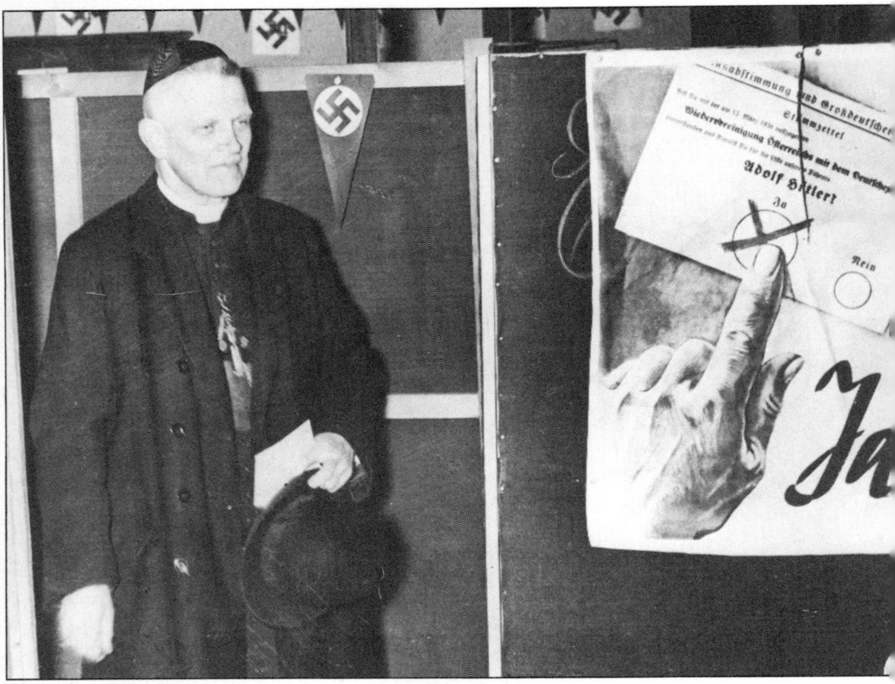

Kardinal Theodor Innitzer bei der Wahl am 10. April 1938,
daneben ein Abstimmungszettel

Rechts: Propagandakarte zur Volksabstimmung

Nach dem Sturm auf das Erzbischöfliche Palais in Wien
am 8. Oktober 1938.
Die zerschlagene Tür zur Kapelle

Rechts: Kardinal Innitzer vor seinem zerstörten Porträt

Antiklerikale Abendkundgebung auf dem Heldenplatz in Wien
am 13. Oktober 1938 mit Joseph Bürckel als Redner

Rechts: Das beschädigte Kruzifixusgemälde im Empfangssaal
des Erzbischöflichen Palais in Wien

Wien, Freitag, 14. Oktobe

…g. / 51. Jahrg. / Einzelpr. 4 Wien-Stadt 15 Pf. / Ausw. 20 Pf. / Abonn. RM. 3.35 monatl.

VÖLKISCHER BEOBACHTE

Kampfblatt der national-sozialistischen Bewegung Großdeutschlands

…weihunderttausend demonstrierten!

Bürckel rechnet mit dem Hetzklerus …

Eindeutige Maßnahmen gegen die Provokateure vom Stephansp…

Bürckel: „Hier regiert nur einer – der Österreicher Adolf Hitler"

Völkischer Beobachter vom 14. Oktober 1938

Links: Die von Kardinal Innitzer in Namen aller
österreichischen Bischöfe abgegebene Ergänzung
zur März-Erklärung vom 6. April 1938, veröffentlicht im
„Osservatore Romano" vom 7. April 1938

In dieser Zelle wurde
der katholische Pfarrer
OTTO NEURURER
geb. am 25.3.1882,
am 30.5.1940 von der SS
ermordet.
Weil er sich unter seinen
Mitgefangenen als Priester
betätigt hatte, quälten
ihn die faschistischen
Peiniger zu Tode.

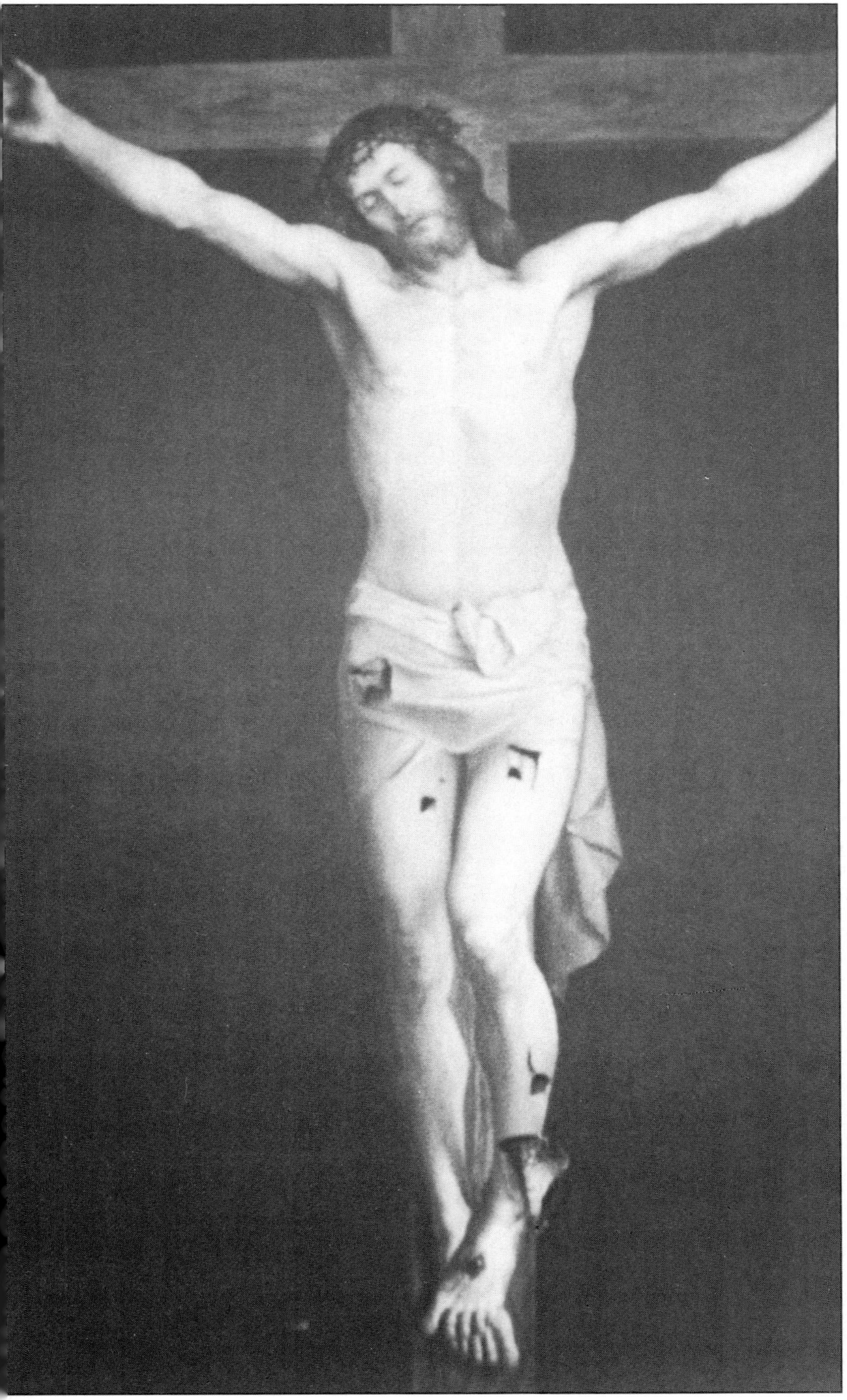

ULTIMA EDIZIONE

SERVATORE

GIORNALE QUOTIDIANO POLITICO

UNICUIQUE SUUM NON PRAEVALE

Giovedì 7 Aprile 1938 CITTÀ DEL VATICANO

di Mill-Hill, a Vicario Apostolico di
lo Superiore.
10) Nomina del rev. P. Pietro Massa,
l Pontificio Istituto della Missioni E-
re (Milano), a Vicario Apostolico di
nyang (Cina, Honan).

Lutto nell'Episcopato

Giunge la dolorosa notizia della morte
Sua Eccellenza Rev.ma Mons. Ludo-
o Termier, Vescovo di Tarantasia.
Il venerando Presule era nato a Cham-
ry il 2 febbraio 1860 ed era stato
tto alla Sede episcopale di Tarantasia
29 novembre 1918.

nuovo Arcivescovo di Smirne ende possesso dell'Archidiocesi

(Nostra corrispondenza)

SMIRNE, marzo.

Il giorno 27 Sua Eccellenza Rev.ma
ons. Giuseppe Descuffi dei Preti della
issione (Lazzaristi) prendeva solen-
mente possesso della sua Archidiocesi
Smirne.

Alle ore 10, attorniato dal Clero se-
lare e regolare, entrava trionfalmente
a due ali di popolo esultante, nella
andiosa Cattedrale, vivamente com-
osso. La Corale dei Padri Domenicani
retta magistralmente dall'infaticabile
Davide Porratti, cantava l'« Ecce Sa-
rdos magnus », ed eseguiva durante
santa Messa alcuni classici mottetti,
in fine un solenne « Te Deum ».

Dopo che furono lette le Bolle Pon-
icie che elevavano alla Sede di Smirne
a Eccellenza Rev.ma, il canonico Don
rzan presentava all'illustre Prelato il
nvenuto e offrendogli i voti più sin-
ri, umiliava ai suoi piedi la sommis-
ne più devota di tutto il clero e di
tto il popolo cristiano cattolico di
irne.

Monsignor Descuffi prendeva la pa-
la e con un forbito discorso in fran-
e presentava il suo programma di
rità sintetizzato nel suo stemma no-
e di famiglia. Indi in lingua italiana
ustrava il programma d'azione dato-
da Sua Santità, il Regnante Ponte-
e: « Pregate e fate pregare ».

Poi in turco ringraziava le autorità
ali della gentile ospitalità e faceva
i per la prosperità della nazione
ca.

Dopo la cerimonia religiosa con de-
ato sentimento e con atto della più
e cortesia riuniva tutto il clero e tutte
autorità consolari di Smirne in un

Dichiarazione dell'Episcopato Austriaco

Riportiamo qui appresso nel testo tedesco una dichiarazione che l'Em.mo Signor Cardinale Innitzer, Arcivescovo di Vienna, in nome altresì di tutto l'Episcopato austriaco, ha creduto necessario di pubblicare, anche per eliminare gli equivoci sorti nella pubblica opinione in seguito alle sue anteriori manifestazioni. Domani ne daremo la traduzione italiana.

1. *Die feierliche Erklärung der oesterreichischen Bischöfe vom 18. März dieses Jahres* wollte selbstverständlich keine Billigung dessen aussprechen, was mit dem Gesetze Gottes, der Freiheit und den Rechten der katholischen Kirche nicht vereinbar war und ist. Ausserdem darf jene Erklärung von Staat und Partei nicht als Gewissensbindung der Gläubigen verstanden und propagandistisch verwertet werden.

2. Für die Zukunft verlangen die oesterreichischen Bischöfe:

a) in allen das *Oesterreichische Konkordat* betreffenden Fragen keine Aenderung ohne vorausgehende Vereinbarung mit dem Hl. Stuhl.

b) im besonderen eine solche Handhabung des gesamtem *Schul-und Erziehungswesens sowie jeglicher Jugendführung*, dass die naturgegebenen Rechte der Eltern und die religiös-sittliche Erziehung der katholischen Jugend nach den Grundsätzen des katholischen Glaubens gesichert sind;

Verhinderung der religions-und kirchenfeindlichen *Propaganda;*

Das Recht der Katholiken, den *katholischen Glauben* und die christlichen Grundsätze für alle Bezirke des menschlichen Lebens mit allen dem heutigen Kulturstand zu Gebote stehenden Mitteln *zu verkünden, zu verteidigen und zu verwirklichen.*

Rom, den 6. April 1938.

TH. Card INNITZER
auch im Namen des gesamten
österreichischen Episkopates

I corsi estivi all'Uni cattolica di Washin

WASHINGTON

Roy Deferrari, direttore dei c
all'Università Cattolica di Washi
in questi giorni, pubblicato l'elen
corsi, compresi in 36 sezioni, ch
svolti durante l'estate prossima
Università. A questi corsi coope
professori, 59 dei quali apparte
altre Università americane.

Le varie sezioni riguardano la
la chimica, l'inglese, la storia, la
tica, la musica, la filosofia, le a
matiche, le scienze sociali con p
attenzione ai problemi attuali,
commerciali, l'architettura, le lin
re, le scienze politiche e altri c
pleti.

Fra i professori appartenenti
Università insegneranno durante
sima estate all'Università Cattoli
shington i signori Lyle Cooper, M
chell, David Haykin, Cecil Mc
ckinger, L. B. Lockwood, R. F.
Cookson, Rene Samson, Ellis Hav
seph Kochka, J. Du Breuil, Will
Ralph Brown, Milton Mc Govern
Mc Connell, E. U. Nagle, J. S. R
Sherbowitz, E. Morrissy e Arthu

Il numero degli iscritti duran
scorsa era 1786 studenti e si pr
quest'anno tale numero sarà an
giore.

I reali jugoslavi alla mostra del ritratto i

BELGR

Il Principe Reggente Paolo e
pessa Olga di Jugoslavia hanno
Belgrado l'Esposizione del Ritrat
nei secoli. La Mostra è stata visit
da numerose personalità.

LA GUERRA NELLA SPAGNA

Violenti combattime per la conquista di Tort

(Da nostre informazioni e notizie radio)

SALAMANCA, 6. — Le forze del Corpo d'esercito

Begräbnisgottesdienst für Pfarrer Otto Neururer
am 30. Juni 1940 in Götzens

Links: Todeszelle von Pfarrer Otto Neururer
im KZ Buchenwald

P. Jakob Gapp,
hingerichtet am 13. August 1943
in Berlin-Plötzensee

Der Klosterneuburger Chorherr
Roman Karl Scholz
— hier als Gefangener der Gestapo —,
hingerichtet am 10. Mai 1944 in Wien

Dr. Jakob Kastelic,
Leiter der „Großösterreichischen
Freiheitsbewegung“,
hingerichtet am 2. August 1944
in Wien

Dr. Jakob Kastelic
Sein Leichnam wurde im anatomischen
Institut gefunden

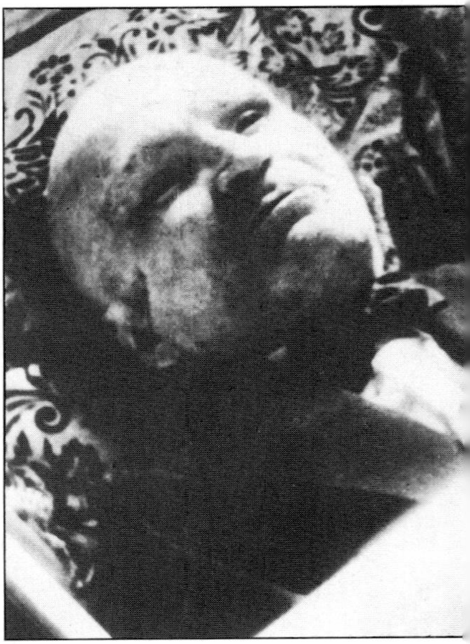

Der Bauer und Mesner Franz Jägerstätter,
hingerichtet wegen Wehrdienstverweigerung

Die Franziskanerin Sr. Restituta (Helene Kafka)

Die „Hilfsstelle“ für nichtarische Katholiken in Wien
V. l. n. r.: Sr. Verena Buben (?), Luise Ungar (?),
P. Ludger Born SJ, Gertrud Steinitz-Metzler

Papst Johannes Paul II. anläßlich seines zweiten Pastoralbesuches in Österreich 1988 im ehemaligen KZ Mauthausen

Widerstand

Seitdem es eine „wissenschaftliche Erforschung" des Widerstandes gegen den Nationalsozialismus gibt, die in den fünfziger Jahren begann, wird immer wieder zu definieren versucht, was Widerstand denn nun wirklich gewesen ist. In Österreich wurde bereits 1966 von Karl R. Stadler eine sehr weite, vom Dokumentationsarchiv des österreichischen Widerstandes aufgenommene umfassende Definition formuliert: „Angesichts des totalen Gehorsamkeitsanspruches der Machthaber und aller für seine Verletzung drohenden Sanktionen muß jegliche Opposition im Dritten Reich als Widerstandshandlung gewertet werden, auch wenn es sich um einen vereinzelten Versuch handelt, anständig zu bleiben." Stadler hat alle diese Widerstandshandlungen auch im Zusammenhang mit einem österreichischen nationalen Befreiungskampf gesehen.

In der ersten Hälfte der achtziger Jahre hat dann ein österreichischer Zeithistoriker der nächsten Generation, der Salzburger Historiker Gerhard Botz, das Modell des deutschen Politikwissenschafters Richard Löwenthal etwas abgewandelt und folgendermaßen gegliedert:

1. politischer Widerstand (Widerstand im engeren Sinn)
2. sozialer Protest
3. abweichendes Verhalten

Weitere acht Unterfelder reichen vom Putsch und Attentat über Regimekritik, Hören von (ausländischen) Feindsendern bis zum Schwarzschlachten, zum Absentismus und zur Desertion.

Der heute in den USA lehrende tschechische Historiker Radomir Luža hat diese Problematik lapidar in der Feststellung zusammengefaßt, daß der Widerstand „so wie Sozialismus und Demokratie für historische Zwecke nicht allein begrifflich erfaßt" werden könne, andererseits eine empirische Darstellung ohne eine genaue Begriffserklärung nicht mehr als ein „Wust von Fakten" sei. Er unterscheidet daher zwischen Opposition und Widerstand. Dies ist für ihn „jede politisch bewußte, vornehmlich konspirative organisierte Aktivität, die von den nationalsozialistischen und faschistischen Regierungen als feindlich empfunden und für illegal erklärt wurde". Von dieser Definition aus sind die Träger des österreichischen Widerstandes, dessen Schwierigkeiten er genau beschreibt, Eliten. Insofern fallen allerdings die zahllosen, mit Haft oder Todesstrafe geahndeten Handlungen einzelner nicht unter den Begriff Widerstand, worüber doch zu diskutieren wäre. Hier wurde auf diese wissenschaftliche Diskussion deshalb kurz eingegangen, weil *alle* angeführten Formen des Widerstandes von österreichischen Katholiken, Männern und Frauen, geleistet worden sind.

Viele solche Delikte sind in der „Ostmark" — durch Gestapo- und Gerichtsakten belegt — unzählige Male begangen worden, wenn auch die Resistenz im Sinn von stummer Hinnahme, von Resignation bis zur Apathie, für das Verhalten der überwiegenden Mehrheit der Bevölkerung maßgebend war.

Für Österreich stellt sich zusätzlich noch die Frage, ab wann von Widerstand gegen den Nationalsozialismus gesprochen werden kann. Ohne jeden Zweifel ist das der Zeitraum nach der Besetzung durch die zwar mit Jubel und Blumen begrüßten deutschen Truppen am 12. März und dem Gesetz über die sogenannte „Wiedervereinigung Österreichs mit dem Deutschen Reich" vom 13. März 1938 bis zum Kriegsende 1945.

Der Beginn 1938 wurde schon in der ersten umfassenden und seither mehrmals nachgedruckten Darstellung des österreichischen Widerstandes von Otto Molden aus dem Jahr 1958, in der jedoch der kommunistische Widerstand nur auf sieben Seiten behandelt wurde, gewählt. Auch Luža beginnt mit 1938. Die mittlerweile elf Bände und fünf Bundesländer umfassende, vom Dokumentationsarchiv des österreichischen Widerstandes herausgegebene Aktenedition „Widerstand und Verfolgung" setzt jedoch schon 1934 ein, d. h. mit dem Jahr, in dem nach dem Bürgerkrieg vom 12. bis 15. Februar die Sozialdemokratische Partei verboten wurde. So wie die seit Mai 1933 verbotene Kommunistische Partei hat auch sie nur mehr „illegal" gegen den autoritären bzw. faschistoiden christlichen Ständestaat opponiert. Im Juni 1933 war die NSDAP wegen eines Handgranatenüberfalles von SA-Männern auf christlichdeutsche Turner verboten worden. Nationalsozialisten haben aber schon ein Jahrzehnt zuvor, Anfang April 1923, in Wien sozialdemokratischen Arbeiterordnern die „Schlacht auf dem Exelberg“ geliefert. Ab April 1932 verging fast keine Woche, in der sie nicht politische Gegner verletzten. Ab Juni begannen sie mit Bombenattentaten. Das erste Opfer war der jüdische Wiener Juwelier Futterweit. Nach einer Zusammenstellung von Gerhard Botz starben vom 12. November 1918 bis 11. Februar 1934 (ohne die Toten des 15. 7. 1927) 157 Marxisten, von ihnen 35 Kommunisten, zehn Katholisch-Konservative, davon sieben Heimwehrmänner, 17 Zivilisten und 16 Nationalsozialisten infolge politischer Gewalttaten. Politischer Gegner des Nationalsozialismus oder jüdischer Abstammung zu sein war also schon lange vor 1938 gefährlich. Gewalttaten vom 12. Februar 1934 bis 11. März 1938 sieht Botz „unter Bedingungen der Diktatur“, wobei er auch Nationalsozialisten als Täter oder Opfer anführt. Das Dokumentationsarchiv des österreichischen Widerstandes hat die illegale nationalsozialistische Bewegung, „die in der Zeit von 1933 bis 1938 im Untergrund kämpfte“, nicht als Widerstandsbewegung eingestuft, weil ihr erklärtes Ziel die Vernichtung Österreichs und dessen Eingliederung in die totalitäre Diktatur Hitlerdeutschlands war.

Der Kampf des Dollfuß-Schuschnigg-Regimes gegen den Nationalsozialismus wurde allerdings — ohne Gleichsetzung von „Ständestaat“ mit Nationalsozialismus — auch nicht berücksichtigt, „da er sich — abgesehen von der noch immer anhaltenden Diskussion über den faschistischen Charakter dieses Systems — auf einer völlig anderen Ebene, nämlich der des staatlichen Machtapparates, abspielte“. Im folgenden wird, trotz Kritik an der Vorgeschichte und der Politik des „Ständestaates“, jedenfalls doch auch mit 1934 begonnen, und zwar zunächst unter Berufung auf das offiziöse „Rot-Weiß-Rot-Buch“ von 1946, in dem es ausdrücklich heißt: „Österreich hat der Aggressionspolitik Hitlers als *erster* freier Staat — und fünf Jahre lang als einziger Staat — praktischen Widerstand geleistet.“

Der christlichsoziale Bundeskanzler ab 1932, Dr. Engelbert Dollfuß, gläubiger Katholik, mutiger Gegner des Nationalsozialismus und ab einem bestimmten Zeitpunkt auch österreichischer Patriot, aber wie viele Politiker jener Zeit kein Demokrat, war sich schon wenige Tage nach der Ausschaltung des Parlaments infolge eines Abstimmungsfehlers am 4. März 1933 der Gefahren seines Kampfes gegen den Nationalsozialismus durchaus bewußt. Am 9. März 1933 erklärte er bei einer Sitzung des christlichsozialen Klubvorstandes und der christlichsozialen Landeshauptleute bzw. Regierungsmitglieder zusammenfassend: „Einmütigkeit des Vorstandes bedeutet das feste Weiterschreiten; klar sein, daß schwere Situationen kommen können (Generalstreik, allenfalls Ausspringen des Landbundes; Standrecht in Wien usw.). Keine Nadelstichpolitik, möglichst ruhige, aber nur stärkste Aktivierung und Festigkeit kann das Vaterland jetzt retten. Nur das nackte Verantwortungs- und Pflichtgefühl leitet uns — trotz Gefahr für mich und meine Familie."

Schon am 3. Oktober 1933 feuerte der Nationalsozialist Drtil im Parlament zwei Pistolenschüsse gegen Dollfuß ab, die diesen leicht verletzten. Von seinem Protektor Mussolini und der Heimwehr gedrängt, ließ Dollfuß Heimwehr und Polizei Waffensuchen in sozialdemokratischen und Schutzbund-Heimen vornehmen, die am 12. Februar 1934 zum Ausbruch des Schutzbundaufstandes führten. Der Bürgerkrieg endete am 15. Februar mit einem klaren Sieg der Regierung, der Exekutive und der Heimwehr. Dollfuß konnte ihn nicht lange nützen: am 25. Juli 1934 fiel er dem nationalsozialistischen Putsch zum Opfer. In den Kämpfen gegen die Nationalsozialisten in Wien und den Bundesländern starben 104 Menschen, einige hundert Menschen wurden verletzt.

Trotz der Ausschaltung des Parlaments, der blutigen Niederwerfung der Sozialdemokratie und der Errichtung des autoritären christlichen Ständestaates nach faschistischem Vorbild stand und fiel Dollfuß auch für einen katholisch-konservativen Antinationalsozialismus, der am deutlichsten in der mit seiner Unterstützung von dem aus dem Deutschen Reich emigrierten Philosophieprofessor Dietrich von Hildebrand herausgegebenen Wochenschrift „Der christliche Ständestaat" zum Ausdruck kam.

Abgelehnt wurde der Nationalsozialismus vor 1938 von der Mehrheit der Arbeiter und Bauern, von Mitgliedern der Heimwehr und der „Vaterländischen Front", von den Legitimisten und von den Funktionären des Ständestaates.

Ein besonderer und weitgehend vergessener Kampf gegen den Nationalsozialismus wurde von einer Frau, Irene Harand (1910—1970), geführt. Sie kam aus einer typischen Wiener Bürgerfamilie der Jahrhundertwende. Als Kind in den Ferien mit der Beschimpfung zweier Cousinen durch einige Bauernkinder mit „Jud, Jud, Jud“ konfrontiert, wurde diese Szene zum Schlüsselerlebnis für die Zukunft. 1919 heiratete sie Frank Harand, der Hauptmann in der kaiserlichen Armee gewesen war, einen konservativen, monarchistisch eingestellten Mann, wie seine Frau überzeugter Katholik. Er erhielt einen hohen Verwaltungsposten, der ihn dienstlich immer wieder vom „roten“ Wien in die „schwarzen“ Bundesländer führte, wo er den ländlichen Antisemitismus kennenlernte. Am Ende der zwanziger Jahre traf Irene Harand bei der Suche nach rechtlicher Hilfe für einen verarmten alten Aristokraten auf den jüdischen Rechtsanwalt Dr. Moritz Zalman. Diese Begegnung machte ihr klar, daß sogar sie nicht ganz von antijüdischen Vorurteilen frei gewesen war. Sie beschloß, künftig ihr Leben dem Kampf gegen die Schande zu widmen, die der Antisemitismus über Christen und Christentum brachte, und arbeitete von nun an dabei eng mit Dr. Zalman zusammen, mit dem sie einen Kreis von Christen und Juden bildete, die gegenseitigen Respekt und Toleranz für die Basis ihrer verarmten Republik hielten. Daher verfolgte sie mit großer Sorge den Aufstieg der Nationalsozialisten im Deutschen Reich. Vollends alarmiert war sie, als sie im November 1930 auf der Wiedner Hauptstraße einer Gruppe von Halbwüchsigen begegnete, die im Takt „Juda verrecke“ schrieen. Ein zirka zwölfjähriger Bub verwandelte sich dadurch vor ihren Augen von einem Kind in ein kleines „blutrünstiges Tier“. Bald danach hielt Irene Harand bei einer katholischen politischen Veranstaltung eine Rede, in der sie eindringlich vor den Gefahren des Nationalsozialismus warnte. Das Ergebnis war, daß man sie als dumme, hysterische Frau beschimpfte und gar nicht zu Ende reden ließ. Daraufhin gründete sie innerhalb weniger Wochen gemeinsam mit Dr. Zalman eine „Österreichische Volkspartei“, deren Programm im sozialen Bereich für die Kleinrentner eintrat sowie philosemitisch und antinationalsozialistisch war. Das öffentliche Interesse an der neuen Partei war kurz. Bald bestand sie aus nicht mehr als einigen katholischen und jüdischen Idealisten. Mehr Erfolg war ihrer antinationalsozialistischen Aufklärungsbroschüre „So oder so?“ beschieden. Sie erschien erstmals im April 1933 und erreichte bald eine Auflage von 60.000 Stück.

Im September 1933 begann Irene Harand die Wochenschrift „Gerechtigkeit“ herauszugeben. Sie war populär geschrieben, zerstörte die antisemitischen Mythen, attackierte die Barbareien der Nationalsozialisten im Deutschen Reich und in Österreich und verteidigte den autoritären Regierungskurs. Die „Österreichische Volkspartei“ wurde durch den „Weltverband gegen Rassenhaß und Menschennot“ (= Harand-Bewegung) ersetzt, der auch karitativ durch die Erhaltung von Tee- und Wärmestuben tätig war. Politisch näherte sich Irene Harand immer mehr den Legitimisten. Sie und Zalman unternahmen Werbereisen für den Weltverband in eine Reihe europäischer Länder. 1936 reiste sie sogar in die USA.

Besonders zu nennen ist jedoch ihr 1935 im Eigenverlag erschienenes Buch „Sein Kampf. Antwort an Hitler“. Obwohl mit Hitlers melodramatischem Propagandastil nicht vergleichbar, ist dieses heute auch nicht mehr ganz leicht lesbare Buch in mehrerer Hinsicht bemerkenswert. Das zeigen die Kapitelüberschriften: 1. Die Lüge, die Hauptwaffe des Hakenkreuzes. 2. Der rasende Nationalsozialismus. 3. Der Rassenwahn. 4. Die „rassischen“ Eigenschaften der Juden. 5. Die Lüge vom jüdischen Wucher. 6. Die Lüge über den Talmud. 7. Die Ritualmordlüge. 8. Jüdischer Idealismus und Opfermut. 9. Die Protokolle der „Weisen von Zion“. 10. „Juden sehen Dich an: Juden, die den Nobelpreis erhielten — Berühmte jüdische Künstler — Berühmte jüdische Mediziner — Berühmte jüdische Schriftsteller — Berühmte jüdische Erfinder. 11. Die Bilanz des Hakenkreuzes, mit einer Beschreibung der Konzentrationslager. 12. Schlußbetrachtung.

Die leidenschaftlichen Mahnungen und Warnungen, die das ganze Buch prägen, blieben weitgehend unbeachtet. Nicht einmal die 5.000 Exemplare der Erstauflage wurden ganz verkauft. Daher sei hier wenigstens eine Stelle aus dem Buch zitiert: „Das Hakenkreuz läßt nicht nur die jüdische Minderheit, sondern auch die Katholiken seine Macht fühlen. Der Hauptangriff gilt aber der deutschen Judenheit, die unsägliche Qualen und

Demütigungen im Dritten Reich ertragen muß. Der Antisemitismus bedeutet für das Hakenkreuz nichts anderes als ein Mittel zur Befestigung der hauptsächlich durch die Entfachung der Haßinstinkte gegen die Juden nun einmal erlangten Macht. Wir haben während der zwei Jahre der nationalsozialistischen Herrschaft gesehen, daß das Hakenkreuz auch vor dem *Massenmord* nicht zurückschreckt, wenn es gilt, die errungenen Positionen zu halten."

„Sein Kampf" wurde im Deutschen Reich sofort verboten. Zur Zeit des „Anschlusses" befand sich das Ehepaar Harand auf einer Vortragsreise in England. Von dort kehrte Irene Harand, auf die nach unbestätigten Zeitungsmeldungen das NS-Regime ein Kopfgeld von 100.000 RM ausgesetzt haben soll, nicht mehr zurück, sondern emigrierte in die USA. Ihr Mann folgte ihr dann von Wien aus nach. Moritz Zalman wurde 1943 in einem Vernichtungslager ermordet.

Von den schon im März 1938 im Ausland lebenden Österreichern hatte sich Otto Habsburg am 15. März in einem in Paris veröffentlichten Protest für einen bewaffneten Widerstand eingesetzt. Noch am 11. März dazu bereit waren katholisch-bündische Gruppen, wie z. B. das „Graue Freikorps" (Studentenfreikorps im Österreichischen Jungvolk). Es wollte der einrückenden deutschen Wehrmacht an den Straßenengen des Leopolds- und des Riederberges mit Maschinengewehren und Gewehren Widerstand leisten. Am Nachmittag des 11. März bewaffnete sich das Freikorpsfähnlein „Helmuth Wenger", aus dem später der „Österreichische Kampfbund" entstand, mit Waffen des ehemaligen Heimatschutzes und wartete mit einigen ihm nahestehenden jungen Männern auf einen Einsatzbefehl. Die führenden Köpfe dieser Gruppen waren der Bundesführer des Freikorps Helmut Jörg, der am 23. April verhaftet und in das KZ Dachau gebracht wurde, und Otto Molden, der im Frühsommer die „Freikorpsführergruppe" gegründet hatte. Bald wurde Verbindung mit dem illegal weiterarbeitenden Freikorps aufgenommen, Mittelschüler wurden für die Mitarbeit gewonnen und auch bei damals noch möglichen Auslandsreisen Informationen, z. B. an den Vatikan, weitergegeben. Als Otto Molden von einer solchen Reise zurückkehrte, wurde er verhaftet. Die Gestapo warf ihm vor, der österreichischen Geheimorganisation „Eisen“ anzugehören, die auf der Wiener Höhenstraße die Straßenschilder mit „Dollfußstraße“ beschrieben und am Schwarzenbergplatz mit weißer Farbe ein großes Kruckenkreuz und „Heil Österreich!“ gemalt hatte. Da Molden nachweisen konnte, daß er in den letzten Wochen gar nicht in Österreich gewesen war, wurde er nach zehn Tagen Haft wieder freigelassen. Wer hinter dieser Gruppe stand, wurde niemals aufgeklärt. Otto Molden bemerkt dazu mit Recht, „daß von solchen, oft recht aktivistischen Gruppen die übrigen Teile der Widerstandsbewegung entweder erst nach dem Zusammenbruch des nationalsozialistischen Regimes oder überhaupt niemals etwas erfuhren“.

Bei den Katholiken hielt im allgemeinen die Wirkung der März-Erklärungen ihrer Bischöfe noch einige Wochen an. Aber P. Georg Bichlmair SJ erklärte immerhin bereits am 19. April 1938 beim Bezirkskonvent des 10. Wiener Gemeindebezirkes: „Es ist wahr, sie haben noch keine Kirchen angezündet. Aber wie wird gearbeitet an einzelnen untergeordneten Stellen, die über ihre Kompetenz und ihre Geistigkeit hinausgehen. Wir haben keine Presse zur Verfügung, um uns zu verteidigen. Uns bleibt die Kanzel, und wir werden im folgenden sehen, was zu machen ist.“

Der bereits geschilderte organisierte Überfall auf das Erzbischöfliche Palais am 8. und die wüste Hetzrede von Gauleiter Bürckel gegen Innitzer und die Kirche am 13. Oktober 1938 auf dem Heldenplatz in Wien riß dann auch die Katholiken aus ihrer Reserve. Ein Wiener wurde von der Gestapo „verwarnt“, weil er während der Bürckel-Rede auf dem Heldenplatz durch „Zischen und Gesten zu verstehen gab, daß er mit den Ausführungen des Redners nicht einverstanden ist“. Bei einer Sammlung für das Winterhilfswerk im Stadtpark lehnten Frauen eine Spende ab. Eine, von der sich dann bei der Gestapo herausstellte, daß sie die Schwester Kardinal Innitzers war, sagte sogar: „Gehen Sie zu denjenigen, die Fensterscheiben eingeschlagen haben.“ Eine Brünner Zeitung vom 10. Oktober wurde beschlagnahmt, weil sie „einen ungemein gehässigen Artikel (veröffentlichte), der die Demonstration gegen Innitzer entstellt wiedergab“. „Die Kirchen seien als Folgen dieser Ausschreitungen überfüllt, und der Glaube hätte sich mehr gefestigt, wenn auch Innitzer unter polizeilicher Bewachung im Stephansdom die Messe lese."

Daß legitimistische Gruppen meist auch katholisch waren, kann angenommen werden. Das gilt allerdings nicht für das Wiener monarchistische akademische Korps „Ottonen", weil es eine schlagende liberale Verbindung war. Auf sie wird daher nicht eingegangen.

Schon im Sommer 1938 hat der Klosterneuburger Chorherr Roman Karl Scholz (Abb.), der übrigens wie sein Freund Dr. Viktor Reimann vor dem März 1938 Nationalsozialist gewesen war, mit diesem eine illegale deutsche Freiheitsbewegung gegründet, die sich nach Kriegsausbruch um die Jahreswende 1939/40 „Österreichische Freiheitsbewegung" genannt hat. Den geheimen Lageberichten der SS aus der gleichen Zeit ist zu entnehmen, daß schon damals der Widerstand gegen den Nationalsozialismus in Österreich relativ stärker war als im übrigen Reichsgebiet; er reichte von antinationalsozialistischen Parolen an Fabrikswänden bis zum Widerstand, den Kapläne in ihren Predigten sowie in ihren Kontakten gerade in kleinen Landorten geleistet haben. In den Randgebieten der Erzdiözese Salzburg haben vor allem Patres aufgehobener Klöster ihre Meinung über den Nationalsozialismus nicht verborgen, sondern hielten laut Bericht des Sicherheitsdienstes „Hetzreden gegen den Nationalsozialismus". Ebenfalls noch 1938 hat sich die Freiheitsbewegung von Scholz das Ziel gesetzt, die nationalsozialistische Staatsführung zu stürzen und unter „Losreißung der Donau-Alpengaue" einen neuen österreichischen Staat zu errichten, der Bayern miteinschließen und bis zur Mainlinie reichen sollte. Das war in etwa auch ein Nachkriegskonzept, das Churchill relativ lange vertrat. Diese Freiheitsbewegung war in mehrere Untergruppen gegliedert, unter anderem zählte dazu das Zisterzienserstift Wilhering (vgl. S. 186ff.). Schließlich hatte sie zirka 400 Mitglieder, die folgenden Eid geleistet hatten: „Ich schwöre meinen heiligsten Eid, der alle anderen Eide bricht, daß ich der Sache der österreichischen Freiheitsbewegung mit dem Einsatz aller meiner Kräfte dienen, ihrer Führung unbedingten Gehorsam leisten und ihr Geheimnis jederzeit und vor jedermann wahren werde." Daran haben sich die Mitglieder gehalten, aber sie waren natürlich nicht geschult für einen Widerstand gegenüber einem totalitären System. Bei aller Anerkennung des Mutes gerade auch von Roman Karl Scholz und der anderen Führer berichten noch lebende Klosterneuburger Mitbrüder von Scholz, daß die jüngsten Mitglieder zwölfjährige Buben waren. Sie wurden in Seelsorgestunden von Roman Karl Scholz für eine höchst gefährliche Sache angeworben. Er war der Typus des mitreißenden Jugendführers, und von seiner Jugendbewegtheit ist auch einiges in seinem Widerstandsplan zu finden, wie er sich in dem Eid ausdrückt. Allerdings, keiner von diesen Buben hat die Bewegung verraten, sondern ein als Künstler unbekannter und daher unbefriedigt gebliebener Wiener Burgschauspieler und Gestapo-Spitzel namens Otto Hartmann hat sich in die Gruppe eingeschlichen und schließlich die Freiheitsbewegung von Scholz, die mit diesem eng zusammenarbeitende „Österreichische Freiheitsbewegung“ Dr. Karl Lederers und die „Großösterreichische Freiheitsbewegung“ von Dr. Jakob Kastelic, einem führenden Mitglied der Katholischen Aktion und mit Bundeskanzler Schuschnigg befreundet, verraten. Wörtlich heißt es im betreffenden Gestapo-Akt: „Durch die Angaben des Schauspielers Otto Hartmann, der hier am 17. Juni 1940 die Anzeige erstattete, wobei er auf die Zusicherung der Straffreiheit hinwies, erlangte die Gestapo Kenntnis über die österreichische Freiheitsbewegung.“ Den geeigneten Anlaß für den Zugriff der Gestapo bot jedoch erst der von Hartmann, dem Spitzel und Provokateur, entworfene Plan, den Gasometer Wien-Leopoldau in die Luft zu sprengen. Obwohl die „Österreichische Freiheitsbewegung“ zur Durchführung solcher Sprengungen überhaupt nicht in der Lage war (sie hatte nie Sprengstoff besessen), wurde Scholz am 22. Juli 1940 verhaftet. Aufgrund der detaillierten Denunziation Hartmanns wurden in den nächsten Tagen und Wochen alle Mitglieder der drei Bewegungen, deren Namen Hartmann bekanntgeworden waren, ebenfalls verhaftet. Elf Todesurteile, von denen neun vollstreckt wurden, weitere neun Tote als Ergebnis der jahrelangen Haft, 174 Jahre Zuchthaus, 117 Jahre Gefängnis und 362 Jahre tatsächlich verbrachter Haftzeit waren die Antwort der Volksgerichtshöfe. Scholz, der bis dahin in elf verschiedene Gefängnisse gebracht worden war, wurde erst am 22. und 23. Februar 1944 vom Volksgerichtshof Wien der Prozeß gemacht. Er wurde wegen Hochverrats zum Tod durch das Fallbeil verurteilt. Die Hinrichtung fand am 10. Mai 1944 im Landesgericht Wien I statt, wo er um 17.48 Uhr mit den Worten „Für Christus und Österreich“ das Schafott bestieg und mit acht seiner Gesinnungsgenossen hingerichtet wurde. In seinem schon vor seiner Verurteilung verfaßten Abschiedsbrief an seine Mitbrüder im Klosterneuburger Konvent gab er der Hoffnung Ausdruck, daß sein Wirken und sein Tod „so Gott will, der Grund dafür sein wird, daß unser Haus glorreich wiederersteht“. Klosterneuburg war enteignet worden und als Reichsbesitz der Verwaltung des Kunsthistorischen Museums unterstellt worden. Scholz schrieb weiter: „Man glaube mir, was ich getan habe, das tat ich aus der Not meines Gewissens heraus, was ich als Christ und Mensch bedauern muß, tut mir herzlich leid, als Mann und Patriot habe ich nichts zu bereuen.“ Dieser Brief ist wohl so zu verstehen, daß Scholz seine Mitbrüder darauf aufmerksam machen wollte, daß nicht er es war, der das Schicksal des Stiftes negativ beeinflußt hat. Die Chorherren waren dann bei den Piaristen untergebracht und konnten weiterstudieren. Somit ist von den nicht-involvierten Mitbrüdern niemand zu Schaden gekommen, aber man hat doch recht hart — und zum Teil geschieht das eben noch heute — im Konvent über Scholz geurteilt. Der damalige Propst von Klosterneuburg hat noch zu Weihnachten 1945, also mehr als ein halbes Jahr nach der Befreiung Österreichs, Scholz in seiner Predigt nicht erwähnt, wohl aber jene Mitbrüder, die im Krieg als Soldaten gefallen waren. Es sei noch darauf hingewiesen, daß andere Widerstandsgruppen noch früher verhaftet worden sind als der Kreis um Scholz, vor allem aus dem Bereich der Linken, aber auch kleinere katholische Gruppen.

Im Herbst und Winter 1939 wurde die legitimistisch-sozialistische Gruppe Müller-Thanner verhaftet sowie die Gruppe Meithner, die Kontakte zu Kommunisten hatte.

Von den Verhaftungswellen 1939 und1940 wurde auch eine große Zahl von katholischen Männern und Frauen getroffen. Sie sind im erwähnten Buch von Otto Molden zum Teil genannt. Allerdings kommen die Frauen namentlich und zahlenmäßig, wie wir heute wissen, zu kurz. Ihr Anteil am Widerstand, auch bei den Christen, bei den Katholiken, war weit größer, als man das lange Zeit gewußt hat. Deshalb wurde ihr Widerstand auch eigens untersucht (vgl. S. 200ff.).

Die ersten Widerstandsgruppen sind weitgehend aufgrund von Denunziationen verhaftet und zerschlagen worden. Der Wiederaufbau des Widerstandes ab 1941, also mit Beginn des Rußlandkrieges, ist dann vor allem von Männern und Frauen begonnen worden, die bereits durch die Hölle der KZ gegangen waren. Dies trifft zum Beispiel auf Dr. Hans Becker zu, den ehemaligen Propagandaleiter der „Vaterländischen Front", oder auf Dr. Josef Hofer von der Linzer Polizeidirektion, und 1942 auf den Wiederaufbau der katholisch-konservativen Gruppe „Astra" durch Raphael Spann und Karl von Burian. Diese Männer waren aufgrund ihrer Erfahrungen härter, entschlossener, konspirativer als die ersten Träger der Widerstandsbewegung unmittelbar nach 1938. In der Gewißheit, nie und nirgends vor Verrat sicher zu sein, hat man sich ab 1941 entschlossen, nach dem Vorbild der Kommunisten häufig nur in kleinen Zellen, in sogenannten Dreier- und Vierergruppen, zusammenzuarbeiten. Die Mitglieder dieser Gruppen haben über ihre Gruppe hinaus meist keine Kenntnis der größeren Organisation gehabt und daher im Fall einer Verhaftung nichts preisgeben können. Aufrechterhaltung bzw. Neuerrichtung der Widerstandsgruppen und Organisationen, die über ganz Österreich und darüber hinaus reichten, war trotzdem notwendig. Dr. Bekker hat daher nach seiner Rückkehr aus dem KZ Dachau im Mai 1941 in Wien wieder das aus dem seinerzeitigen Informationsbüro der „Vaterländischen Front" hervorgegangene Operationsbüro errichtet und begann mit der Erfassung eines Stabes: „Sehr bald konnten Vermittlungsstellen in Linz, Wels, Innsbruck, Graz und Klagenfurt geschaffen werden. Eine gute Verbindung mit Salzburg wurde etwas später aufgenommen. In Vorarlberg war die selbständige Arbeit so gediehen, daß eine Nachrichtenverbindung über Innsbruck genügte. Diese Verbindungsstellen hatten die Aufgabe, die überall einsetzenden Arbeiten der Einzelgruppen möglichst aufeinander abzustimmen, aber keineswegs zu zentralisieren. In den meisten Dingen mußte im eigenen Wirkungskreis selbständig vorgegangen werden." Die im Zuge der ersten Verhaftungswelle in Dachau festgehaltenen Führer des österreichischen bürgerlichen und katholisch-konservativen Widerstandes hatten sich schon dort auf ein Dreipunkteprogramm geeinigt, das sie nun wenigstens teilweise zu realisieren versuchten: 1. Zersetzung der deutschen Militär- und Zivilstellen, des deutschen Sieges- und Widerstandswillens. 2. Herstellung der Verbindung mit dem Ausland. 3. Ausbau der eigenen Widerstandskräfte unter der Voraussetzung, die eigenen Leute nicht zwecklos dem engmaschigen Überwachungsnetz des Dritten Reiches zu opfern.

Der deutsche Angriff auf Rußland im Juni 1941 hat den Kommunisten, die seit dem Hitler-Stalin-Pakt wie gelähmt waren, wieder Auftrieb gegeben. Wir können aber festhalten, daß die ersten österreichischen Partisanen, bei denen dann kämpferische Kommunisten die führende Rolle innehatten, keine Kommunisten waren, sondern Katholiken und Sozialisten, die sich im Tiroler Ötztal 1941 unter der Führung des sozialistischen Lokomotivführers Hubert Saurwein, der in den Nachrichten der Alliierten bald der „Tito vom Ötztal" genannt wurde, und Wolfgang Pfaundlers aus dem aktiven katholischen Widerstand als Kampfgruppe zusammenschlossen. Ende 1944 gehörten dieser Partisanengruppe mehr als 60 Personen an.

Die Partisanensituation in Kärnten war besonders schwierig und gefährlich. Dort hat die SS erbarmungslos zugeschlagen, was auch mit der Vertreibung der Slowenen zusammenhing. Die Zivilbevölkerung hat sich zum Teil vor diesen Partisanen, weil sie die Rache des politischen Gegners erkannte, sehr gefürchtet und ihnen sehr mißtraut. Zur Verbesserung der Beziehungen zur Zivilbevölkerung trug der junge Pfarrer von Glashütten wesentlich bei, der seine Gemeinde über die patriotischen Absichten der Partisanen aufklärte. Zu Weihnachten 1943 waren die Beziehungen schon so gut, daß die nun größer gewordene Partisanenabteilung in dieser Gegend von der Zivilbevölkerung eingeladen wurde, in der Kirche eines Grenzdorfes an der Weihnachtsmette teilzunehmen: „Es war die eigenartigste Mette, die jemals in dieser Gegend gefeiert wurde." Auf den Höhen über den Straßenzugängen standen die Kommunisten Wache, damit ihre gläubigen Kampfgefährten, vor einer Überraschung durch die SS gesichert, an der Messe teilnehmen und die Kommunion empfangen konnten. Es war dies vermutlich ein Einzelfall, aber doch ein besonders eindrucksvoller.

Es gab dann auch immer wieder Zusammenarbeit von Katholiken über die alten „Lager"-Grenzen hinaus, in stärkerem Maß mit Sozialisten als mit Kommunisten. Das gilt im besonderen von der sozialistischen Gruppe Migsch, die im Jänner 1944 entdeckt worden ist. Sie hatte nur aus Männern, ausgesuchten Aktivisten, bestanden und war unter der Leitung von Dr. Alfred Migsch 1943 auf 100 Mitglieder angewachsen. Durch Migsch hatte die Gruppe einerseits Verbindung zu Hernalser Kommunisten, vor allem aber zu katholischen Widerstandskreisen. Die Zusammenarbeit mit ihnen fand auch einen Niederschlag in der von Migsch seit Anfang 1943 herausgegebenen illegalen Zeitschrift „Die Wahrheit". In ihr wurden auch Nachrichten für katholische Akademiker veröffentlicht, unter anderem ein Aufruf des späteren langjährigen Sektionschefs im Bundeskanzleramt Dr. Eduard Chaloupka.

Zukunftsprägend sollten die Kontakte werden, die Migsch Anfang Dezember 1943 mit Dr. Felix Hurdes aufnahm. Dieser war einer der führenden Köpfe aus den Reihen der jüngeren Generation in der seinerzeitigen „Vaterländischen Front". 1936 bis 1938 Mitglied der Kärntner Landesregierung, wurde er unmittelbar nach dem Einmarsch der deutschen Truppen im März 1938 von der Gestapo verhaftet und zunächst neun Monate im berüchtigten Dachauer Isolierblock festgehalten. Nach seiner Entlassung bildete er im Winter 1942/43 eine katholische Widerstandsgruppe, der auch Leopold Kunschak und Lois Weinberger angehörten. In den ersten Jännertagen 1944 entwarfen Hurdes und Migsch in gemeinsamen Gesprächen ein Programm für die Gestaltung der Politik Österreichs nach dessen Befreiung. Sie sollte auf der Zusammenarbeit der beiden großen politischen Gruppen des Landes, der christlich-sozial-bürgerlichen und der sozialistischen basieren, was dann auch nach 1945 in der „großen Koalition" realisiert worden ist. Wenige Tage nach diesen Gesprächen wurde am 7. Jänner 1944 Migsch verhaftet, Hurdes von ihm unabhängig zwei Monate später. Ein Jahr danach wurde der Wiederaufbau Österreichs nach ihrem Konzept begonnen.

Besonders schwierig war die Errichtung von österreichischen Widerstandsgruppen innerhalb der Deutschen Wehrmacht, doch hat der Salzburger Schriftsteller Fritz Würthle, der schon

1936 eine Broschüre gegen den Nationalsozialismus veröffentlicht hat, bereits 1940 im Innsbrucker Wehrmeldeamt eine Widerstandszelle aufgebaut. Die Gruppe Würthle hielt enge Kontakte zu zivilen Innsbrucker Widerstandskreisen. Im April 1945 arbeiteten sie bei der Vertreibung der deutschen Truppen aus Tirol eng mit Dr. Karl Gruber und allen anderen Tiroler Widerstandsgruppen zusammen. 1942 baute der junge katholische Wiener Jurist Dr. Harald Holl in Wien und in der Luftnachrichtenschule 1 in Nordhausen im Harz eine über das ganze Dritte Reich verzweigte Widerstandsgruppe aus Offizieren auf. Da er im Winter 1944/45 an der Ostfront verscholl, kam seine Gruppe jedoch nicht mehr zu der von ihr vorbereiteten Aktion in Österreich. Seit Beginn des Jahres 1942 war im Wehrkreiskommando XVII im ehemaligen Kriegsministerium am Stubenring in Wien der Feldwebel Franz Studeny als Leiter einer militärischen Widerstandsgruppe tätig. Zu ihm stieß 1943 der Hauptmann im Generalstab Karl Szokoll, der bald die Führung des militärischen Widerstandes in Österreich übernahm. Szokoll war auch die zentrale Figur bei den Ereignissen des 20. Juli 1944 in Wien, die im Bereich des Wehrkreiskommandos XVII sogar zu einem allerdings nur wenige Stunden dauernden Erfolg der aufständischen Offiziere führten, was Graf Stauffenberg in Berlin bekanntlich nicht mehr gelungen war. Für die Männer des 20. Juli trifft allerdings am ehesten zu, daß sie eine revolutionäre bzw. restaurative Veränderung der politischen Führung des NS-Systems, nicht jedoch der Gesellschaft anstrebten und dies auch lange und sorgfältig vorbereiteten. Rückblikkend ist es schwer zu sagen, was geschehen wäre, wenn die Bombe Stauffenbergs Hitler, wie geplant, getötet hätte. Ein Gelingen, und damit auch ein sofortiger Friedensschluß, hätten dem Deutschen Reich, wenn die Alliierten darauf eingegangen wären, jedenfalls weitere Opfer an Menschenleben und Zerstörungen seiner Städte erspart, über jene hinaus, die es vom Kriegsbeginn 1939 bis 1944 erlitten hatte. Die Ereignisse jenes Tages in Österreich hat Univ.-Prof. Dr. Ludwig Jedlicka eingehend untersucht und dargestellt. Hier sei daher nur festgehalten, daß sich selbstverständlich auch unter den Männern dieser militärischen Widerstandsbewegung, die nach einem von Stauffenberg entwickelten Konzept handeln wollte und auch gehandelt hat, überzeugte Christen, Katholiken, evangelische Christen aus Österreich oder auch aus dem sogenannten Altreich befunden haben. Der Ausgang, oder besser gesagt der Mißerfolg, hatte eine Reihe von Verhaftungen auch in Österreich zur Folge, zum Beispiel des christlichsozialen Politikers Josef Reither. Auch Franz Rehrl, der frühere Landeshauptmann von Salzburg, ist in diesem Zusammenhang auf eine schwarze Liste der Gestapo gekommen. Wenn man die Ergebnisse Jedlickas zusammenfaßt, muß man aber doch sagen, daß verhältnismäßig wenige österreichische Offiziere in den Plan der Männer des 20. Juli eingeweiht waren, wohl aber durch die Kontakte, die ihre Mittelsmänner hatten — Zivilisten, frühere Politiker mit bekannten Namen —, informiert waren.

Von zivilen Widerstandsgruppen hat die vom schon genannten Dr. Hans Becker im November 1944 gebildete „O 5" (Kennwort für Österreich) eine gesamtösterreichische Widerstandsorganisation angestrebt. Bei den dafür notwendigen Koordinierungsaktionen ist dann als Vermittler der junge Fritz Molden besonders in Erscheinung getreten. Er hatte auch Erfolg: Am 18. Dezember 1944 konstituierte sich in Wien das Provisorische Österreichische Nationalkomitee (POEN). Es bestand zunächst aus Katholisch-Konservativen, hatte aber von Anfang an auch Kontakte zu Sozialisten, in erster Linie zu Dr. Adolf Schärf, und zu Dr. Viktor Matejka. Außerdem konnte es auch Verbindung mit militärischen und politischen Führungsstellen der Alliierten aufnehmen. Von diesen hatten sich die Amerikaner bzw. deren Präsident Roosevelt, vor allem aufgrund der Intervention von Dr. Otto Habsburg, dazu bewegen lassen, im Rahmen ihrer Armee im Herbst 1942 eine eigene österreichische Truppeneinheit, das sogenannte selbständige Infanteriebataillon Nr. 101, aufzustellen. Da der Widerstand gegen dieses Bataillon in amerikanischen Regierungskreisen infolge der Opposition der Vertreter der ehemaligen Nachfolgestaaten und vor allem auch innerhalb der verschiedenen miteinander konkurrierenden österreichischen Emigrationsgruppen groß war und das Bataillon am 2. April 1943 nur aus 199 Mann bestand, die keineswegs nur Österreicher waren, wurde es bereits am 3. Mai 1943 wieder aufgelöst. Die von seinen Initiatoren angestrebte Symbolwirkung für die Wiedererlangung der Selbständigkeit Österreichs hat es daher nicht erreichen können. Im Gegenteil, es hatte die Uneinigkeit der österreichischen Emigration besonders deutlich werden lassen. Dennoch wird man nicht leugnen können, daß die Aufstellung dieses Bataillons der einzige, allerdings nur sehr kurze erfolgreiche Versuch einer politischen Emigrationsgruppe aus Österreich war, aktiv für die Wiederherstellung der Selbständigkeit Österreichs einzutreten und in irgendeiner Form die Anerkennung der Notwendigkeit dieser Maßnahme vor der Moskauer Deklaration von 1943 zu erreichen. Davon und von der sicherlich nicht zu unterschätzenden propagandistischen Wirkung der von österreichischen Emigranten in mehreren Staaten Europas und Amerikas herausgegebenen Zeitungen abgesehen, wird man aber als österreichischen Widerstand gegen die nationalsozialistische Diktatur in erster Linie doch die innerhalb des deutschen Machtbereiches versuchten und vollbrachten Widerstandsaktionen werten müssen. Sie haben schließlich auch jene Einigung und Einigkeit zwischen den österreichischen Politikern zur Folge gehabt, die eine wesentliche Voraussetzung für das Wiedererstehen und dann für den Wiederaufbau Österreichs war.

Diese Entwicklung machte es möglich, daß die in der Schweiz gedruckte illegale „Arbeiterzeitung" in ihrer ersten Nummer des Jahres 1945 zur Unterstützung der „O 5" als überparteilicher österreichischer Widerstandsbewegung aufrief. Im Namen der „O 5" hatte sich schon im November 1944 der sogenannte Siebener-Ausschuß, in dem alle politischen Richtungen vertreten waren, gebildet. Er stand zunächst unter der Leitung Dr. Beckers. Nach dessen Verhaftung im März 1945 übernahm Dr. Raoul Bumballa die Leitung des Ausschusses, der während des Kampfes um Wien im April 1945 die politische Führung des Widerstandes war. Aber selbst in der letzten Kriegsphase, da die Niederlage der Deutschen Wehrmacht und damit das Ende des NS-Regimes nur mehr eine Frage von Wochen und Tagen war, schlugen dessen Machthaber erbarmungslos zu. In Wien scheiterte — wie schon erwähnt — der von einem Ausschuß der „O 5" und Offizieren des Wehrkreiskommandos XVII, Hauptmann Huth und Oberstleutnant Raschke, engen Mitarbeitern Szokolls, für den 6. April geplante Militäraufstand am Verrat des nationalsozialistischen Führungsoffiziers Hanslik.

Der Kommandant der Heeresstreife Groß-Wien, Major Karl Biedermann, der mit seiner Einheit die Bahnhöfe und Haupteinfahrtsstraßen besetzen sollte, sowie Huth und Raschke wurden in der Nacht vom 5. auf den 6. April 1945 verhaftet und noch am 8. April — fünf Tage vor der gänzlichen Eroberung der Stadt durch russische Truppen — am Floridsdorfer Spitz nach grausamen Folterungen gehängt. Huth starb mit dem Ruf: „Für Gott und Österreich!"

Im Westen Österreichs, der nach den utopischen Plänen vor allem des Tiroler Gauleiters Hofer als „Alpenfestung" das letzte Refugium der NS-Führer werden sollte, ein Hirngespinst, an das allerdings auch die Alliierten relativ lange geglaubt haben, kam die Befreiung erst später. Dort löste die Gestapo noch in den letzten Apriltagen eine Verhaftungswelle aus, von der auch einige prominente Mitglieder der Tiroler Widerstandsbewegung erfaßt wurden, für deren Organisation und Verbindung zur „O 5" Otto Molden intensiv tätig gewesen war, so z. B. der Staatsanwalt Dr. Grünewald und dessen Sohn. Die Tiroler Widerstandskreise, an deren Spitze seit März 1945 Dr. Karl Gruber stand, begannen dennoch am 2. Mai 1945 mit der etappenweisen Besetzung der Stadt Innsbruck. Bei der Besetzung des Landhauses fiel in einem Feuergefecht mit der SS der Führer der Meier-Grünewald-Gruppe, Dr. Franz Meier. Es ist der Tiroler Widerstandsbewegung, einer maßgeblich katholisch-konservativ-bürgerlichen Widerstandsbewegung, was auch durch die politisch-soziale Situation Tirols bedingt war, trotzdem gelungen, innerhalb ihres Kampfraumes schon vor dem Eintreffen der Amerikaner die öffentliche Ordnung im vollen Maße wiederherzustellen. Als am Abend des 3. Mai 1945 die ersten amerikanischen Truppen in Innsbruck einmarschierten, zogen sie bereits in eine vom Nationalsozialismus gänzlich befreite, festlich mit rotweißroten Fahnen geschmückte Stadt ein. Vom 3. bis 5. Mai fanden dann noch in Wörgl und um Schloß Itter Kämpfe zwischen der SS und Widerstandsgruppen statt, bei denen in letzter Stunde Major Sepp Gangl, ein Tiroler Widerstandskämpfer, fiel.

Die allein vom Dokumentationsarchiv des österreichischen Widerstandes bisher veröffentlichten Dokumente, Tausende an der Zahl, würden es jetzt schon ermöglichen, eine Reihe von

Büchern allein über den katholischen Widerstand in der NS-Zeit zu schreiben. Für die Diözesen Linz, Seckau-Graz, Salzburg und Feldkirch ist dies im Rahmen von Landesgeschichten zum Teil bereits geschehen. Daher wurde hier nur der Widerstand katholischer und konservativer *Gruppen* behandelt. Dennoch kann man nicht von einer katholischen Widerstands*bewegung* sprechen, denn Priester und Laien, Männer und Frauen, sind als einzelne dem Ruf ihres Gewissens gefolgt. Die kirchliche Obrigkeit hat sie nicht zum Widerstand aufgerufen, manchmal hat sie sogar dazu Entschlossene zurückzuhalten versucht. An den Opfern des österreichischen Widerstandes haben dennoch der Klerus und die Eisenbahner — gemessen an ihrer Gesamtzahl — den prozentuell höchsten Anteil. Von 1938 bis 1945 waren 724 Priester im Gefängnis, davon sind sieben gestorben, 110 kamen in das KZ, von ihnen sind 20 zugrunde gegangen. 15 wurden zum Tode verurteilt und hingerichtet. 208 Priester — die Tiroler nicht miteingeschlossen — waren gau- oder landesverwiesen, über mehr als 1.500 Priester war Predigt- und Schulverbot verhängt worden. Die meisten verhafteten Priester stammten aus den Diözesen Linz, Seckau und Salzburg. Viele von ihnen verbrachten Jahre im Kerker oder KZ: der Kronstorfer Pfarrer Leopold Arthofer vier Jahre, der Pfarrer von Nenzing in Vorarlberg, Georg Schelling, sieben Jahre, der Pfarradministrator von Dorfgastein Andreas Rieser, „der Heiland von Dachau", ebenfalls sieben Jahre. Daß sie dort nicht — wie ein Drittel aller deutschen und die Hälfte aller polnischen Priester — starben, grenzt an ein Wunder.

Die Gründe für die Verhaftungen und Verurteilungen waren: staatsgefährliche Äußerungen in Predigt, Schule und Privatgesprächen, Abhören ausländischer Radiosender, Übertretung staatlicher Verordnungen betreffend Gottesdienst, kirchliche Feiertage und Glockenläuten, Verweigerung des Hitler-Grußes, Verteilung von Zigaretten an Kriegsgefangene, Beherbergung von Flüchtlingen usw. Eine Reihe von Priestern wurde ohne Angabe von Gründen verhaftet und mußte jahrelang auf ihren Prozeß warten. Die Volksgerichtshofverhandlung gegen den Wiener Jugendkaplan Heinrich Zeder, der — am 30. Juli 1940 verhaftet — nach 32 Monaten Kerkerhaft freigelassen worden war, fand im Februar 1944 statt. Von dem jahrelangen

Warten von Roman Karl Scholz und seinen Gesinnungsgenossen auf die Vollstreckung des Todesurteils war bereits die Rede. Pfarrer Otto Neururer von Götzens, Tirol, wurde wegen der Erteilung von Religionsunterricht an Protestanten im Bunker von Buchenwald an den Fußgelenken kopfabwärts aufgehängt, bis er nach 34stündigem Todeskampf am 30. Mai 1940 starb (Abb.). Pfarrer Matthias Spanlang von St. Martin im Innkreis, Oberösterreich, wurde am 5. Juni 1940 ebenfalls in Buchenwald mit dem Kopf nach unten gekreuzigt, weil er einem Sterbenden auf dessen Bitte geistlichen Beistand geleistet hatte. Der Direktor des Linzer Blindeninstituts Dr. Johann Gruber wurde im Mai 1944 im KZ Mauthausen grausam ermordet, weil er polnischen Mithäftlingen Lebensmittel verschafft hatte.

Eklatante Beweise für die Hinterhältigkeit der von der Gestapo bei Verhaftungen angewandten Methoden sind die Schicksale des Provikars der Apostolischen Administratur Innsbruck-Feldkirch Msgr. Karl Lampert und des Tiroler Marianisten Jakob Gapp (Abb.). Lampert wurde aufgrund der Todesanzeige der Gemeinde Götzens für ihren Pfarrer Neururer („Er starb am 30. Mai 1940, fern seiner Seelsorgsgemeinde, in Weimar-Buchenwald“) wegen „Aufwiegelung“ verhaftet. Nach mehr als einem Jahr KZ-Haft in Sachsenhausen und Dachau freigelassen und nach Norddeutschland verbannt, wurde Msgr. Lampert infolge der Aussagen eines Lockspitzels, der ihm von deutschen Geheimwaffen erzählt hatte, 1943 neuerlich verhaftet, 1943 wegen „Wehrkraftzersetzung, Feindbegünstigung und Abhören von Feindsendern“ angeklagt, 1944 wegen „versuchten Landesverrats und Spionage“ zum Tode verurteilt und am 13. November 1944 in Halle hingerichtet. P. Jakob Gapp, dem wegen seiner kompromißlosen Haltung gegen den Nationalsozialismus von seinen Oberen bereits im Winter 1938 der Weg ins Ausland geebnet worden war, wurde am 9. November 1942 auf französischem Boden verhaftet. Er war dorthin von zwei Gestapo-Beamten verschleppt worden, die als um Religionsunterricht bittende Juden sein Vertrauen erschlichen hatten. Der Erste Senat des Volksgerichtshofs unter dem Vorsitz von Roland Freisler hat Gapp, der noch in der Verhandlung seinen ungewöhnlichen Mut bewies, am 3. Juli 1943 als „verräterischen Helfer unserer

Kriegsfeinde“ zum Tode verurteilt. Am 13. August 1943 wurde Jakob Gapp in Berlin-Plötzensee hingerichtet.

Der in Itzling bei Salzburg geborene, in St. Pölten und Linz als Pfarrer tätige Karmeliterpater Paulus (August) Wörndl mußte wegen seiner mutigen, besonders die Jugend ansprechenden Predigten auf Befehl der Gestapo 1939 seine Pfarre in St. Pölten aufgeben und wurde nach Linz versetzt. Schon in St. Pölten war er zweimal wegen angeblicher „Devisenvergehen“ verhaftet, aber wieder freigelassen worden. Obwohl ihn die Versetzung nach Linz sehr traf, gewann er auch dort in der Pfarre St. Josef bald besonders die Jugend. Seine Predigten, aber auch seine Korrespondenz wurden von der Gestapo überwacht. Wegen seines Briefwechsels mit einem früheren Pfadfinder, der als Soldat in Norwegen eine österreichisch-norwegische Widerstandsgruppe gegründet hatte und den man deshalb auch zum Tod verurteilt hatte, wurde P. Wörndl am 6. Juli 1943 verhaftet und in Linz zu einem Jahr Kerker verurteilt. Da er jedoch in einem Gestapobericht auch sittlicher Verfehlungen beschuldigt worden war, wurde er am 31. März 1944 nach neun Monaten Gefängnis, Folter und Hunger vom Linzer Landesgericht dem Volksgerichtshof in Berlin-Plötzensee überstellt. Dort wurde er am 18. April unter dem Vorsitz des berüchtigten Volksgerichtshofpräsidenten Dr. Roland Freisler wegen Hochverrat, Zersetzung der Wehrmacht und Konspiration mit dem Feind zum Tod verurteilt. Am 26. Juni 1944 wurde er, obwohl krank, durch das Fallbeil hingerichtet. Für P. Gapp und P. Wörndl wurde 1987 das Seligsprechungsverfahren eingeleitet.

Atypisch war der Fall des nunmehrigen Altbischofs von Innsbruck Paulus Rusch. Zunächst wurde seine Ernennung zum Apostolischen Administrator von Innsbruck-Feldkirch durch das damals noch bestehende Ministerium für innere und kulturelle Angelegenheiten in Wien im Oktober 1938 nicht anerkannt. Wegen Verbreitung von „Greueltaten“ des Nationalsozialismus warf ihm der Tiroler Gauleiter Hofer Hochverrat vor. Als er von einer Reise nach Berlin zurückkehrte, erwartete ihn am Innsbrucker Bahnhof die Gestapo. Deshalb holten ihn einige Priester und Laien schon in Hötting aus dem Zug und brachten ihn in Sicherheit. Am nächsten Tag kam er jedoch selbst zu den erstaunten Behörden — ohne allerdings bereit zu sein, ein vorbereitetes Geständnis zu unterschreiben. Auch die Verhaftung des Pfarrers von Hötting, eines Prämonstratenserpaters, am 5. Juli 1938 durch die Gestapo auf Anweisung Bürckels, weil er eine Bittmesse für den früheren Bundeskanzler Schuschnigg, einen gebürtigen Tiroler, abgehalten hatte, ist bemerkenswert.

Der Anteil der Laien am Widerstand und an der Verfolgung ist trotz des Buches von Otto Molden und anderer Veröffentlichungen noch nicht so genau erforscht, daß sichere Zahlenangaben gemacht werden könnten. Daß von den 70.000 bis 76.000 Verhaftungen in Österreich in den Märztagen 1938 mindestens ein Drittel Katholiken trafen, kann wohl mit Sicherheit angenommen werden, wofür auch die englische Intervention „wegen der Behandlung von Katholiken, Juden und Sozialisten in Österreich" spricht. Wie viele österreichische Katholiken den 26.000 zivilen und militärischen Hinrichtungen im Dritten Reich zum Opfer fielen, ist noch nicht geklärt, wie auch die Gesamtzahl von ungefähr 17.000 politischen Verfolgungsfällen bei ehemals österreichischen Gerichten noch nicht näher spezifiziert werden kann.

Auf jeden Fall waren die Laien der Gefahr, denunziert und verhaftet zu werden, ebenso ausgesetzt wie die Priester, was aus den bisher bekannten Partei- und Gestapo-Berichten sowie aus den Prozeßakten hervorgeht. Ihre Tätigkeit in katholischen Organisationen war immer ein schwer belastendes Moment. So erwähnte Reichsstatthalter Baldur von Schirach in seiner ablehnenden Stellungnahme zum Gnadengesuch für Dr. Jakob Kastelic, den Führer der „Großösterreichischen Freiheitsbewegung", am 14. April 1944 ausdrücklich die Tätigkeit Kastelic' in der Katholischen Aktion. Kastelic, der zwei mutterlose kleine Kinder hinterließ, wurde am 2. August 1944 hingerichtet.

Besonders zu nennen ist der 1907 geborene oberösterreichische Bauer und Mesner von St. Radegund Franz Jägerstätter (Abb.). Er hatte bereits am 10. April 1938 als einziger in seiner Gemeinde gegen den „Anschluß" gestimmt, d. h. er hat den zutiefst unmenschlichen Charakter des Nationalsozialismus früher erkannt als mancher Bischof. Daher verweigerte er auch die Eidesleistung auf Hitler und den Kampf in einem für ihn ungerechten Krieg. Diesen hatten die österreichischen Bischöfe ab

1939 zwar zurückhaltender kommentiert als einige ihrer Amtsbrüder im „Altreich“, doch zur Pflichterfüllung hatten auch sie aufgerufen, vor allem in ihrer gemeinsamen Stellungnahme vom 21. November 1941 zur Frage „Krieg und Bolschewismus“. Da sie sich in dieser Stellungnahme auch gegen den Vorwurf verteidigten, sie hätten sich bisher zu wenig zu den Vorgängen in Rußland geäußert, war sie wohl auch eine Form der Selbstverteidigung. Dennoch sprachen auch sie in diesem Dokument vom Kampf Deutschlands „gegen eine Weltanschauung (den Bolschewismus), die für die abendländische Kultur von nicht abzusehender Gefahr ist“. Jägerstätter dagegen, den — abgesehen von seiner bewundernswerten Frau und einem priesterlichen Freund — der Linzer Bischof Fließer, Priester und sogar Offiziere des Militärgerichtshofes in Berlin, wohin man ihn vom Gefängnis in Linz gebracht hatte, umzustimmen versuchten, blieb auch gegenüber dem Versprechen, nur Sanitätsdienst leisten zu müssen, bei seinem Entschluß. Er wurde am 9. August 1943 wegen Wehrdienstverweigerung in Berlin-Plötzensee enthauptet. Die Bewohner von St. Radegund verstanden und verstehen diese Haltung eines Ehemannes und Vaters von drei Kindern nicht. Noch 1947 war es nicht möglich, in der „Linzer Kirchenzeitung“ einen Artikel über ihn zu veröffentlichen. Die kirchliche Obrigkeit befand, daß man es der Bevölkerung nicht zumuten könne, zu einer Zeit, in der die Trauer um die in deutscher Wehrmachtsuniform Gefallenen und die Sorge um viele noch nicht heimgekehrte Kriegsgefangene noch groß waren, zu lesen, Jägerstätter sei der wahre Held gewesen. Daher wurde Jägerstätter erst durch das 1964 erstmals erschienene Buch des amerikanischen Soziologen Gordon C. Zahn sozusagen „entdeckt“. In den siebziger Jahren folgte die Fernsehdokumentation von Axel Corti, in den achtziger Jahren eine neue Biographie von Erna Putz. Sie plant auch die Errichtung einer Jägerstätter-Gedenkstätte in seinem alten, nicht mehr bewohnten Bauernhof in St. Radegund. Der derzeitige Bischof von Linz, Maximilian Aichern, unterstützt diese Bestrebungen tatkräftig. Auch von der Einleitung eines Seligsprechungsverfahrens ist die Rede, doch ist dies bisher nur für die schon genannten Mönche Gapp und Wörndl sowie für die Nonne Sr. Restituta (Helene Kafka) erfolgt, von der noch die Rede sein wird.

Was die „Delikte“ von Laien betrifft, so waren es meist die gleichen, die schon für die Priester angeführt wurden. Am stärksten war zumindestens die Resistenz im bäuerlichen Bereich, vor allem in Oberösterreich und Tirol. Proteste erregten in erster Linie Behinderungen der Fronleichnamsprozession, die durchaus zu Recht als letzte öffentliche Machtdemonstration der Kirche verstanden wurde. In Tirol streikten Musikkapellen. Sie weigerten sich, bei Parteiveranstaltungen zu spielen, wenn sie nicht an Prozessionen teilnehmen dürften.

Der Salzburger Historiker Ernst Hanisch berichtet auch von vereinzelten direkten Protestaktionen. In einigen Orten Tirols stahl die Bevölkerung die Glocken, um sie vor der Einschmelzung für Rüstungszwecke zu bewahren. Anläßlich der Verhaftung eines Pfarrers wurde sogar Sturm geläutet: „ein altes Signal für den bäuerlichen Widerstand“. „Bis an die Grenze des Aufruhrs“ führte die Entfernung der Kruzifixe aus den Klassenzimmern. In Tirol antworteten die Eltern mit einem Schulstreik. Soldaten von der Front wendeten sich in Protestbriefen an den Salzburger Gauleiter, an den auch neun Mütter aus einem Salzburger Dorf schrieben. Unter Berufung auf ihre gefallenen oder kämpfenden Söhne baten sie „so recht von Herzen, daß die Kreuze, zu denen unsere Kinder um den Segen für das Vaterland und den Führer beten, wieder angebracht werden“.

Von den enttäuschten Hoffnungen der NS-Machthaber in der Frage des Kirchenbeitrages war schon die Rede. Ein vom steirischen Historiker Oskar Veselsky aufgezeigter Indikator für die Wirkung bzw. Wirkungslosigkeit antiklerikaler NS-Propaganda ist die Abmeldung vom Religionsunterricht in den Volksschulen. Dabei führten Kärnten mit 44,7% und Wien mit 43,28% der Abmeldungen. Am niedrigsten waren die Zahlen in Niederösterreich (6,25%), Vorarlberg (5,21%) und in Oberösterreich (0,57%). Hanisch erklärte die hohen Prozentzahlen für Kärnten mit dem deutsch-nationalen, für Wien mit dem sozialdemokratischen Antiklerikalismus, die für den nationalsozialistischen besonders anfällig machten.

Im bisher vorliegenden Material fällt auf, daß sich unter den Verhafteten und Angeklagten eine gar nicht geringe Zahl von Katholiken befand, die früher selbst Nationalisten oder Antisemiten gewesen waren und mit dem Nationalsozialismus zumindest zeitweise sympathisiert hatten. Das gilt für alle Altersstufen. Studenten, die in der illegalen Zeit begeisterte Hitler-Jungen gewesen waren, haben noch vor dem Volksgericht leidenschaftlich die Sünden des Nationalsozialismus angeklagt und auch das damit zwangsläufig verbundene Todesurteil nicht gefürchtet. Anton Orel erklärte vor Gericht, „ein Katholik könne nicht Nationalsozialist sein", und auch Joseph Eberle geriet mit der Gestapo in Konflikt und verbrachte längere Zeit im Gefängnis.

Das alles darf nicht darüber hinwegtäuschen, daß das NS-Regime nicht vom Widerstand der Katholiken oder Kommunisten besiegt worden ist, sondern von den Truppen der alliierten Mächte. Dennoch soll dieser Abschnitt mit einem Zitat aus einem Brief enden, den Ferdinand Klostermann am 19. August 1942 aus dem Gefängnis an seine Mutter geschrieben hat:

„Das Geschehen, in dem wir stehen, ist voll Sinn, so schwer es dem einzelnen mitunter auch sein mag, den Sinnzusammenhängen nachzuspüren. Aber die Brunnen der Tiefe rauschen, auch wenn wir sie nicht hören, und die besten und ergiebigsten von ihnen hört man deshalb nicht, gerade weil sie so tief sind."

Mönche gegen Hitler — am Beispiel des Zisterzienserstiftes Wilhering

Während des NS-Regimes in Österreich wurden allein im damaligen „Gau Oberdonau", also in Oberösterreich, sechs Stifte und Klöster beschlagnahmt und enteignet, die Ordensgeistlichen aus ihnen vertrieben. Es waren dies das Augustiner-Chorherrenstift St. Florian, das Trappistenkloster Engelszell, das Zisterzienserstift Wilhering, das Benediktinerkloster Kremsmünster, das Prämonstratenserstift Schlägl und das Benediktinerkloster Lambach. Von den alten Stiften wurden nur das Augustiner-Chorherrenstift Reichersberg und das Zisterzienserstift Schlierbach, letzteres wegen der Armut des Klosters, „einer geschickten Klosterführung und einiger glücklicher Umstände", nicht aufgelöst. Umsiedler aus Bessarabien und dann Soldaten wurden jedoch auch in ihnen einquartiert; im Stift Reichersberg bestand von 1940 bis 1945 sogar eine Fliegerschule.

Wenn im folgenden kurz auf die Wilheringer Patres eingegangen wird, obwohl die Geschichte des Stiftes in der NS-Zeit von eigenen Mitgliedern gut erforscht und publiziert ist, so vor allem deshalb, weil Wilhering das einzige oberösterreichische Stift mit direkter Verbindung zu einer Widerstandsbewegung war. Ein weiterer Grund waren die so unterschiedlichen Schicksale von drei Mitgliedern des Stiftes, die Jahre im KZ und im Gefängnis verbringen mußten. Einer von ihnen, Abt Dr. Bernhard Burgstaller, ist sogar im Gefängnis Anrath den Hungertod gestorben, obwohl er, wovon noch die Rede sein wird, von der oppositionellen Tätigkeit seiner Mitbrüder überhaupt nichts wußte. Insgesamt waren neun Konventbrüder in der NS-Zeit inhaftiert.

Was das Stift betrifft, so wurde als erstes am 9. September 1938 vom Landesschulrat für Oberdonau das Stiftsgymnasium aufgehoben. In die leeren Schul- und Konviktsräume wurden schon im Sommer 1938 250 bis 500 Sudetendeutsche einquartiert. Ihnen folgte eine Maschinengewehrabteilung des deutschen Infanterieregiments 133, die im Mai 1939 von einer Veterinärabteilung abgelöst wurde. Im August 1939 übersiedelten die Alumnen des Linzer Priesterseminars nach Wilhering, weil das Gebäude des Seminars in Linz für die Wehrmacht beschlagnahmt worden war. Die Seminaristen blieben bis Oktober 1943 in Wilhering. Dann mußten sie zu den Oblatinnen nach Urfahr ziehen, weil in Wilhering eine Technische Hochschule eingerichtet wurde. Daneben waren in dem im November 1940 offiziell beschlagnahmten und im November 1941 nach einer „Information" Gauleiter Eigrubers vom 27. Jänner 1941 wegen der Funktion des Stiftes „als Zentrale" der „illegalen österreichischen Freiheitsbewegung" enteigneten Stift ab September 1940 zirka 300 Bessarabiendeutsche untergebracht. Sie blieben bis zum Frühjahr 1943. Bis dahin waren mehrere Pläne für eine dauernde neue Verwendung des Stiftes aufgetaucht und vor allem wegen des sich wendenden „Kriegsglücks" wieder aufgegeben worden. Sie reichten von der Errichtung einer höheren Landesbauschule für 50 Schüler und einer Landesfrauenschule für 50 Schülerinnen in Internatsform über die Umwandlung des Stiftes in eine Filmstadt bis zur schon genannten Technischen Hochschule. Realisiert wurde von April bis Oktober 1941 die Durchführung von Kursen zur Heranbildung politischer Leiter der NSDAP und ab Jänner 1943 die Errichtung der Technischen Hochschule, weil Hitler „seiner Heimatstadt Linz auch eine Hochschule schenken" wollte. Sie wurde am 3. Oktober 1943 vom Reichsminister für Erziehung, Bernhard Rust, feierlich eröffnet. Zu diesem Zeitpunkt hatte sie fünf Professoren, fünf Lehrbeauftragte und zwölf inskribierte Hörer. Nach Posen und Straßburg galt sie als dritte „Reichshochschule". Mehr als 18 Hörer scheint sie nie gehabt zu haben. Von 1942 bis 1945 war Wilhering auch ein Kriegsgefangenenlager für Franzosen. Die Technische Hochschule wurde von Gauleiter Eigruber am 4. April 1945 geschlossen und Wilhering zum Lazarett erklärt. Das blieb es auch nach der Befreiung Wilherings durch amerikanische Truppen am 5. Mai 1945.

Auch die Geschichte des Konvents, dem in sieben Jahren drei Äbte, alle gebürtige Oberösterreicher, vorstanden, war bewegt. Gabriel (Josef) Fazeny, 1862 in Eklsberg geboren und seit 1915 Abt, starb am 3. Oktober 1938. Er hatte nur mehr die Schließung des Gymnasiums erleben müssen. Dr. Bernhard (Petrus) Burgstaller, 1886 in Eidenberg geboren, wurde am 29. November 1938 zum Abt gewählt. Er starb am 1. November 1941 im Gefängnis Anrath. Balduin (Petrus) Wiesmayer, 1889 in Leonding geboren, wurde am 11. November 1941 zum Abt gewählt — nicht zuletzt deshalb, weil man vergeblich hoffte, daß sich der gemeinsame Volksschulbesuch mit Hitler in Leonding günstig für das Stift auswirken könne. Wiesmayer war Abt bis zu seinem Tod 1948.

Zur Zeit der Vertreibung der Mönche aus Wilhering 1940 hatte das Kloster 64 Mitglieder: Abt Burgstaller in Haft in Anrath bei Krefeld, 52 Patres, davon sechs (insgesamt acht) in Untersuchungshaft bzw. im KZ, fünf in der Mission in Bolivien, neun Laienbrüder, von denen sieben zur Wehrmacht eingezogen waren und einer in der Mission in Bolivien weilte, zwei Kleriker und einen Novizen, alle bei der Wehrmacht. Die Mehrzahl der vertriebenen Patres kam in Stifts-, aber auch in weltlichen Pfarren als Seelsorger unter. Einige für die Verwaltung der nunmehrigen „Gaubetriebe" notwendigen Patres wurden bezahlte Angestellte des Gaues Oberdonau. Sie durften nur in Zivilkleidung arbeiten.

Die erste Verhaftung eines Wilheringer Paters erfolgte bereits am 12. März 1938. Sie traf den Kooperator in der Stiftspfarre Gramastetten P. Konrad (Josef) Just. Am 19. März 1902 im schlesischen Hruscha als Sohn einer Eisenbahnerfamilie geboren, war er mit seiner Familie 1919 nach Walding in Oberösterreich ausgewandert. Nach dem Abschluß der Gymnasialstudien in Linz 1921 trat er am 19. August 1921 in das Stift Wilhering ein und erhielt den Ordensnamen Konrad. Im Juni 1926 zum Priester geweiht, wurde er am 16. Oktober 1926 Kooperator in der Pfarre Gramastetten, seinem lebenslangen Seelsorgeort — die sieben Jahre im KZ ausgenommen. Seit 6. Oktober 1946 Pfarrvikar in Gramastetten, starb er am 22. Oktober 1964 nach einem Schlaganfall, den er beim Singen der Oration der Messe zu Ehren der heiligen Maria erlitt. Offensichtlich temperamentvoll und geradlinig, ein idealer „Bauernpfarrer" — nach 1945 schien er im „Mühlviertler Boten" sogar als „Don Camillo" auf —, ließ er schon vor 1938 keinen Zweifel an seiner antinationalsozialistischen Einstellung aufkommen. Nicht nur in privaten Gesprächen, sondern auch in seinen Predigten bezeichnete er den Nationalsozialismus als kirchenfeindliche Bewegung und Weltanschauung, sehr zum Ärger der nicht zahlreichen, aber fanatischen Gramastettener Nationalsozialisten, die schon vor dem „Anschluß" P. Justs dem Nationalsozialismus feindliche Aussprüche für eine spätere Anklage gesammelt hatten. Nach seiner Verhaftung bereits am 12. März 1938 wurde er in das Bezirksgericht Ottensheim eingeliefert und dort viele Stunden lang verhört. Am nächsten Tag wurde er jedoch überraschend wieder freigelassen. Nach Gramastetten durfte er allerdings nicht zurück. In seinem Heimatkloster Wilhering mußte er sich dauernd für die Polizei zur Verfügung halten. Am 16. März wurde er offiziell von seinem Kooperatorposten enthoben. Neun Tage später sprach eine Delegation von Gramastettener Nationalsozialisten bei Abt Fazeny vor und erklärte, daß Just, falls man ihn noch einmal in Gramastetten sehen sollte, verhaftet und nach Dachau abtransportiert werde. In Gramastetten wurde mittlerweile weiteres Material gegen Just gesammelt, wofür sogar Schulkinder verhört wurden. Am 10. Juni erfolgte seine zweite Verhaftung in Wilhering, von wo er in das Polizeigefängnis Linz gebracht wurde. Am 16. Juni wurde der Pfarrer von Gramastetten, P. Robert Keplinger, unter dem Druck der Nationalsozialisten abgesetzt. Just wurde am 25. Juli 1938 nach Dachau überstellt. Ende September 1939 bis 6. Dezember 1940 war er im KZ Buchenwald inhaftiert, vom 7. Dezember 1940 bis 26. April 1945 wieder in Dachau. Vom 26. bis 30. April 1945 mußte er am „Todesmarsch" in das Ötztal teilnehmen, aus dem er am 30. April von zwei Jesuiten befreit wurde. Gegen P. Just wurde nie eine offizielle Anklage erhoben, daher erfolgte auch keine Verurteilung. Dennoch mußte er sieben Jahre im KZ verbringen. Auch ein Gnadengesuch, das Abt Burgstaller am 15. April 1939 über den Abtpräses einreichte und in dem es auch heißt, P. Konrad sei oft zur Mäßigung „gemahnt" worden, hatte keinen Erfolg. Während seiner ersten Dachauer Inhaftierung wurde er am 19. Oktober 1938 mit 25 Schlägen ausgepeitscht. Zugleich waren 49 Tage Dunkelarrest über ihn verhängt worden, in denen er nur jeden vierten Tag etwas zu essen erhielt: Er war wegen „Politisierens" denunziert worden. In Buchenwald erkrankte er an der Ruhr, in Dachau an Typhus. Daß P. Just all das überlebte, ist — wenn man nicht an Wunder glaubt — zumindest die Folge einer außergewöhnlich starken Konstitution.

Nach seiner Befreiung und Rückkehr nach Gramastetten hat er seine Haftzeit in der Gramastettener Pfarrchronik fast stenographisch kurz, einfach und wohl deswegen so erschütternd beschrieben. Dieser Bericht ist dankenswerterweise soeben publiziert worden. Die Schlußsätze sind von einer bedrückenden Aktualität: „Die Heimat enttäuschte uns mancherseits. Schon in Salzburg waren wir fünf österreichische Geistliche über den Empfang und die Behandlung tief betrübt. Die Heimat hat zum Teil nichts oder sehr wenig gelernt. Wir verlangten keinen Triumph oder sonst dergleichen. Aber nicht einmal die Aufmerksamkeit, die man Bettlern schuldig ist aus christlicher Nächstenliebe, fanden wir mancherorts. Manche schlafen noch! Das war eine bittere Enttäuschung für uns. Man hat nicht den Eindruck, daß man die volle Gefahr des Hitlerismus erkannt hat".

Die Annahme, daß die „Politisierung" des aus Gramastetten gebürtigen P. Gebhard Rath durch den Einfluß von P. Just erfolgt ist, liegt relativ nahe. Auf sein Schicksal soll nämlich aus zwei Gründen hier näher eingegangen werden: Er war die eigentliche Zentralfigur eines über das Stift Wilhering hinausgehenden Widerstandes, worüber noch zu berichten sein wird; und schließlich wurde die Verfasserin von Dr. Rath, dem damaligen Leiter des Haus-, Hof- und Staatsarchivs und späteren Generaldirektor des Österreichischen Staatsarchivs, 1948 im Haus-, Hof- und Staatsarchiv angestellt. Ich war bis 1964 wohl eine der engsten Mitarbeiter(innen) Dr. Raths, der mich in jeder Hinsicht gefördert hat. Ich habe ihm viel zu verdanken, und er hat mir auch relativ viel von seinem Leben erzählt, unter anderem auch vom Gefängnisaufenthalt in Anrath und vom Sträflingsmarsch im Frühjahr 1945, von seiner führenden Rolle im Wilheringer und oberösterreichischen Widerstand jedoch kein Wort. Das alles habe ich erst viel später bei der Materialsammlung für diese Studie erfahren. Nun war Rath ein ungewöhnlich bescheidener Mann und ganz sicher nicht der „geborene" Rebell und Widerstandskämpfer. Dennoch soll das, was er wohl nicht nur mir verschwiegen hat, hier zu seinem ehrenden Angedenken berichtet werden.

Gebhard Florian Rath wurde am 13. April 1902 als Sohn eines Hammerschmiedes in Gramastetten geboren, wo er auch die Volksschule besuchte. 1914 bis 1922 absolvierte er das Stiftsgymnasium in Wilhering. Nach dem Studium der Theologie an der Hauslehranstalt der Augustiner-Chorherren in St. Florian legte er 1926 in Wilhering die feierliche Profeß ab. 1927 wurde er in Linz zum Priester geweiht. Danach studierte er 1928 bis 1931 Geschichte an der Universität Wien und absolvierte den Kurs des Instituts für Geschichtsforschung. Ab 1932 war er dann Bibliothekar und Archivar des Stiftes Wilhering, in das er nicht erst, wie es im „Schlußakt" der Gestapo von 1940 heißt, 1932 eingetreten war. Die dort folgenden Angaben treffen allerdings zu: „Als Angehöriger der nach dem Umbruch aufgehobenen CV-Verbindung ‚Aargau' hat er während der Systemzeit auch der V. F. (‚Vaterländischen Front') und dem oberösterreichischen Heimatschutz als Mitglied angehört. Politisch aktiv ist Dr. Rath in dieser Zeit allerdings nicht hervorgetreten, dies besonders deshalb, weil Dr. Florian Rath ein fanatischer Geschichtsforscher ist und seine gesamte Zeit seiner wissenschaftlichen Arbeit — er ist unter anderem seit dem Beginn der Bauarbeiten am Gelände der Hermann-Göring-Werke in Linz mit Grabungen nach prähistorischen Funden und deren Konservierung beschäftigt gewesen — gewidmet hat." In Wilhering war er der Initiator der Ausgrabungen und der Freilegung der Reste des gotisch-romanischen Kreuzganges.

Für seine weitere Entwicklung ist man vor allem auf NS-Akte angewiesen, die durch andere Quellen bestätigt werden. Nach dem schon zitierten „Schlußakt" hat er im Februar 1940 „über den Einfluß des mit ihm seit seiner Hochschulzeit befreundeten Dr. Israel Blumenthal dem politischen Geschehen mehr Interesse entgegengebracht und ist der ‚Gr. F.' (Großösterreichischen Freiheitsbewegung) beigetreten. Über den Bestand dieser staatsfeindlichen Organisation sowie über deren hochverräterische Ziele ist Dr. Rath einerseits durch Dr. Blumenthal und andererseits durch Dr. Kastelic und die übrigen Exekutivkomiteemitglieder Bourcard, Schwendenwein und Schalleck gelegentlich der Komiteesitzungen, zu welchen Dr. Rath durch

Dr. Blumenthal eingeführt worden ist, unterrichtet worden" (Schlußakt).

Die schon erwähnten und bereits im Frühsommer 1938 von dem Klosterneuburger Augustiner-Chorherren Roman Karl Scholz und Dr. Karl Lederer gegründeten katholisch-konservativen Widerstandsbewegungen standen in enger Verbindung mit der Großösterreichischen Freiheitsbewegung von Dr. Jakob Kastelic, deren Anfänge in den Spätherbst 1938 zurückreichen. Sie ging aus einer Gesprächsrunde des christlichsozialen Rechtsanwalts Dr. Kastelic (Abb.), eines der Gründer der „Ostmärkischen Sturmscharen" und Freundes Dr. Schuschniggs, des früheren Sozialdemokraten Hans Schwendenwein, des parteilosen Karl Rössel-Majdan, des Monarchisten Oskar Bourcard und Heinrich Hocks hervor. Noch im November 1938 äußerten sie bei ihren wöchentlichen Zusammenkünften im Hietzinger Kaffeehaus „Wunderer" ihre gemeinsame Ablehnung des Nationalsozialismus.

Erst im Juni 1939 beschlossen Dr. Kastelic, Rössel-Majdan, Bourcard, Hock und Schwendenwein in der Wohnung von Dr. Kastelic, eine Widerstandsorganisation zu gründen. Kastelic gab ihr den Namen „Großösterreichische Freiheitsbewegung", und er war bereit, in sie — Kommunisten ausgenommen — Gegner des Nationalsozialismus aus allen früheren politischen Gruppierungen, mit denen auch als solchen bewußt Kontakt gesucht und gefunden wurde, aufzunehmen. Ziel war „die Losreißung der Ostmark unter Einschluß der süddeutschen Gebiete vom Großdeutschen Reich". Außerdem war sie — ebenso wie die Freiheitsbewegung von Scholz — „bemüht, Verbindungen zu den Feindmächten aufzunehmen, um eine Anerkennung und Unterstützung ihrer hochverräterischen Beziehungen zu erzielen. Ähnlich geartet war auch die zur Erreichung des Endzieles entwickelte aktivistische Tätigkeit der ‚Ö. F.' und ‚Gr. F.', die einerseits auf einer Beeinflussung der Massen durch eine rege, zum Teil auf feindliche Rundfunknachrichtensendungen aufgebaute Flüsterpropaganda und Werbetätigkeit von Mund zu Mund beruhte und die andererseits in einer Beunruhigung der Bevölkerung und Beeinträchtigung der Kriegswirtschaft des Deutschen Reiches durch Verübung von Terror- und Sabotageakten ihren Ausfluß finden sollte. Diesen Zwecken dienten schließlich auch die Bemühungen zur Beschaffung von Waffen und Sprengstoffen. Besonders bemerkenswert erscheint der Umstand, daß die Führer dieser Organisationen durchwegs den intellektuellen Ständen angehören, die in klarer Erkenntnis der Gefährlichkeit und Verwerflichkeit ihres Beginnens gehandelt haben. Es kann daher ihre Handlungsweise, die zweifellos nur ihrem abgrundtiefen Haß gegen die nationalsozialistische Bewegung, deren Schöpfungen und ihre Träger entsprungen ist, nicht streng genug beurteilt werden. In diesem Zusammenhang muß auch auf die rege aktive Beteiligung der Vertreter der römisch-katholischen Kirche an der hochverräterischen Tätigkeit dieser Organisationen hingewiesen werden (insgesamt wurden bisher zwölf kirchliche Würdenträger festgenommen), die in voller Eintracht mit Juden und Halbjuden im Rahmen der ‚Ö. F.' bzw. ‚Gr. F.' zusammenarbeiteten" (Schlußakt).

Die Mitgliederwerbung sollte sich zunächst auf den Freundes- und Bekanntenkreis beschränken. Die neuen Mitglieder wurden jedoch mit der weiteren Werbung beauftragt. Das ist auch tatsächlich gelungen: Studenten, Arbeiterführer aus dem niederösterreichischen Industrieort Ternitz, Straßenbahnangestellte aus Wien, ehemalige Führer des Republikanischen Schutzbundes aus Wiener Neustadt, Neunkirchen und der Steiermark wurden erfolgreich kontaktiert. Besonders interessiert war man an der Gewinnung nicht nationalsozialistisch eingestellter Jugendlicher. An sie versuchte man über die katholischen Priester Ignaz Kühmayer und Heinrich Zeder heranzukommen.

Problematisch bzw. gefährlich war die Ausgabe von „getarnten" Mitgliedskarten in fünf verschiedenen Farben, wobei alle militärgedienten Mitglieder grüne Karten erhielten. Dr. Kastelic plante nämlich wirklich einen gewaltsamen Sturz des NS-Systems durch eine eigene „Kaiserlich-Österreichische Armee". Aus den Kennbuchstaben und Ziffern auf den Mitgliedskarten gingen auch der Name des Werbers und die lokale Zugehörigkeit des Mitgliedes hervor, das einen monatlichen Mitgliedsbeitrag von 1 bis 2 RM bezahlte. Diese Daten wurden auch in zentralen Listen festgehalten.

Die „Großösterreichische Freiheitsbewegung" war in Landes- und Ortsgruppen, Bezirke und Kreise gegliedert. An der Spitze jeder Untergruppe stand jeweils ein Führer. Die Gesamtleitung hatte ein Exekutivkomitee inne, das zugleich die Funktion einer Landesleitung für Wien und Niederösterreich ausübte. In dieser Führungsgruppe war Rössel-Majdan für die Jugend zuständig, Schwendenwein für die Arbeiter, Schallek für militärische Fragen, und Bourcard war Sekretär.

Dieses Komitee hielt in den Wohnungen und Büroräumen verschiedener Mitglieder einmal im Monat eine Sitzung ab. Anfänglich fanden diese Sitzungen in der Wohnung von Frau Dora Karasek in der Wiener Sechshauser Straße, dann hauptsächlich in der Wohnung von Frau Pia Gärtner statt. Bei diesen Treffen beriet man aufgrund von Referaten von Dr. Kastelic (Deckname Dr. Konrad) vor allem militärische Fragen. Neben der geplanten Armee wollte man nämlich auf Vorschlag Rössel-Majdans auch Freikorps aufstellen. Kastelic hat dann im weiteren eine sehr konkrete „Großraumidee" entwickelt, in der er die „Verwirklichung einer Idealgestaltung Mitteleuropas" unter österreichischer Führung sah. Sogar der Entwurf einer großösterreichischen Verfassung wurde ausgearbeitet. Da es jedoch schon im Juli 1940 zur Verhaftung fast aller Mitglieder kam, konnte von all diesen zum Teil utopischen Plänen nicht das mindeste realisiert werden. Sie wurden dennoch in der Anklageschrift vom 16. September 1943 noch beträchtlich erweitert.

Anfang 1940 befaßte man sich in den Komiteesitzungen mit dem Aufbau der Landesgruppe Oberösterreich, da sich durch den schon genannten Oberstleutnant a. D. Dr. Hans Blumenthal eine Verbindung mit dem Stift Wilhering ergeben hatte. Blumenthal war ein Freund von Abt Fazeny gewesen und ein Studienfreund von P. Gebhard Rath. Rath war im Jänner 1940 anläßlich eines dienstlichen Aufenthaltes in Wien als Mitglied geworben und im Februar in der Wohnung Frau Gärtners in Wien zum Landesleiter für Oberösterreich und Salzburg bestellt worden.

Nicht nur laut „Schlußakt" war Rath vom Programm der „Großösterreichischen Freiheitsbewegung" begeistert: „Nach seiner Rückkehr in das Stift Wilhering begann Dr. Rath auftragsgemäß sofort mit einer eifrigen Werbetätigkeit, als deren Folge er der ‚Gr. F.' als Mitglied und Mitarbeiter die Ordensangehörigen des Stiftes Wilhering Reinhold Blohberger (74),

Leopold Haiberger (72) und Karl Reisinger (73) sowie die Kapläne Karl Birngruber (71) und Josef Hofstätter (70) zuführen konnte. Als weitere Mitglieder und Mitarbeiter der ‚Gr. F.' konnte er noch in Zusammenarbeit mit Blohberger Franz Labek (75), Karl Mitterauer (77) und Josef Tomschi (76) gewinnen. Durch Blohberger gelang es ihm auch, Verbindung zu dem Verwalter des Schlosses Ebelsberg, Johann Rachbauer (80), zu erlangen, den er insbesondere zur Erkundung eines auf Schloßgründen befindlichen militärischen Waffenlagers und einer im Bau befindlichen SS-Kaserne heranziehen wollte. Weitere aktive Mitarbeiter fand Dr. Rath in seinem Bruder Josef Rath (78) und den Brüdern Josef und Franz Grad sowie in Alois Eibensteiner (81), der dazu bestimmt war, Verbindungen zu Offiziers- und Heimwehrkreisen herzustellen. Zur Erfassung der von Dr. Rath und seinen engeren Mitarbeitern geworbenen Mitglieder sollten die von Bourcard und Dr. Blumenthal an Dr. Rath übergebenen Mitgliedskarten dienen. Dr. Rath hat hiervon zirka 600 Stück erhalten, die er zum Großteil an seine Mitarbeiter gleich nach der Anwerbung zur Verteilung gebracht hat. Zirka 200 dieser Mitgliedskarten konnten anläßlich der Hausdurchsuchung bei Dr. Rath im Stift Wilhering gefunden und beschlagnahmt werden. Dem Dr. Rath liegt ferner zur Last, daß er im Sinne der ihm erteilten Aufträge nicht nur durch Mitgliederwerbung und Flüsterpropaganda die hochverräterischen Bestrebungen der ‚Gr. F.' gefördert hat, sondern auch bemüht war, Waffen und Sprengstoffe für den geplanten gewaltsamen Umsturz zu beschaffen."

Rath hat nach seiner Rückkehr nach Wilhering als ersten seinen jungen Mitbruder P. Sylvester Birngruber, wie Rath Mitglied der Verbindung „Hilaria", eingeweiht. Er wurde sofort im Sinne Raths tätig und gewann auch eine Reihe weiterer Mitglieder. Der „Anklageschrift" zufolge sind tatsächlich Rath und nach ihm Dr. Blumenthal die zentralen Persönlichkeiten der „Großösterreichischen Freiheitsbewegung" in Oberösterreich gewesen.

Die so dringende Suche nach Sprengstoff gehört bereits in die schon geschilderte Geschichte des Verrates und Unterganges der Widerstandsgruppen Scholz, Kastelic und Lederer. In die Gruppe Scholz hatte sich bekanntlich schon früh der erfolglose

Burgschauspieler Otto Hartmann als Verräter eingeschlichen. Hartmann hat schließlich die Gestapobeamten bis zur Wohnung von Scholz im Stift Klosterneuburg geführt. Am 22. Juni 1940 wurden er und die ersten anderen Mitglieder seiner Gruppe wegen des geplanten Anschlags auf den Gasometer Leopoldau (!) verhaftet, am 26. Juni P. Gebhard Rath und danach P. Birngruber und die anderen Ordensbrüder, weil sie „sich für die illegale ‚Großösterreichische Freiheitsbewegung' hochverräterisch" betätigt hatten. Hartmann hat nicht nur die Zusicherung der Straffreiheit, sondern auch eine Spitzelprämie in der Höhe von 30.000 RM erhalten.

Von der „Großösterreichischen Freiheitsbewegung" Dr. Kastelic' wurden 47 Mitglieder verhaftet, unter ihnen zwei Frauen, Pia Gärtner und Dorothea Karasek, und der im November 1940 verhaftete Abt Bernhard Burgstaller, dem die NS-Justiz nicht glaubte, daß er von der Widerstandsbewegung nichts gewußt hatte. Er ist am 31. Oktober 1941 — wie schon berichtet — im Anrather Gefängnis den Hungertod gestorben. Der RAVAG-Angestellte Heinrich Hock starb am 5. März 1943 irrsinnig im Kölner Gefängnis, der Schriftsteller Günther Loch wurde am 21. Juni 1944 im Landesgericht Wien durch das Fallbeil hingerichtet, Dr. Jakob Kastelic am 2. August 1944 ebenfalls im Landesgericht Wien. Das Schicksal der Verhafteten war — vom Urteil abgesehen — ungefähr gleich: Untersuchungshaft in Wien, ab 8. Juli 1941 in der Männerstrafanstalt Anrath, dann Verteilung auf verschiedene deutsche Gefängnisse.

Die Prozesse wurden erst 1944 von Berliner Volksgerichtshöfen in Wien durchgeführt. Daher wurden auch in Wien die Urteile vollstreckt. Gegen Dr. Kastelic, Johann Schwendenwein, Oskar Bourcard, Rudolf Schallek und Dr. Florian Rath wurde am 29. Februar und 1. März 1944 unter Vorsitz des Vizepräsidenten des Volksgerichtshofs Dr. Crohne verhandelt und für „Recht erkannt": „Die Angeklagten haben, zum Teil seit 1938 bis Sommer 1940, in Wien im Rahmen der hochverräterischen ‚Großösterreichischen Freiheitsbewegung' auf den Sturz unserer Regierung und die Lostrennung der Alpen- und Donaugaue vom Großdeutschen Reich hingearbeitet und Zersetzung unserer Wehrkraft betrieben. Kastelic, der der führende Kopf dieser

Organisation gewesen ist, wird deshalb zum Tode, Schwendenwein, Bourcard und Rath werden jeder zu zehn Jahren Zuchthaus, Schallek wird zu fünf Jahren Zuchthaus verurteilt. Die Angeklagten sind wie folgt ehrlos: Kastelic für immer, Schwendenwein, Bourcard und Rath auf die Dauer von zehn, Schallek auf die Dauer von fünf Jahren. Den zu Freiheitsstrafen verurteilten Angeklagten werden je drei Jahre und sieben Monate der Untersuchungshaft auf die Strafe angerechnet."

Bereits am 1. März 1944 hat der vom Wilheringer Abt Balduin Wiesmayer mit der Verteidigung Raths beauftragte Wiener Rechtsanwalt Dr. Erich Führer dem Abt dieses Ergebnis und seine Honorarforderung im Betrag von 2.000 RM mitgeteilt: „Nach zweitägiger Verhandlung ist es mir unter Aufbietung aller Kräfte gelungen zu erreichen, daß dem vollkommen weltfremden und in sich gekehrten Gelehrten entgegen meinen Befürchtungen bloß eine zehnjährige Kerkerstrafe zugemessen wurde . . . Wenngleich im ersten Augenblick die Strafhöhe sicherlich deprimierend wirkt, so ist doch wohl die Hauptsache, die Vermeidung der Todesstrafe, als schöner Erfolg zu werten . . . Dr. Rath selbst hat das Urteil gefaßt aufgenommen und ist im wahrsten Sinn des Wortes froh darüber, daß die Zeit der Ungewißheit vorbei ist und er lediglich eine zeitliche Kerkerstrafe erhalten hat."

Das Urteil über die Tätigkeit dieser im wesentlichen katholisch-bürgerlichen Widerstandsbewegung hat bereits Staatsanwalt Dr. Laßmann in seinem Plädoyer im Prozeß gegen Otto Hartmann am 20. November 1947 gefällt: „Die historische Bedeutung der Bewegung liegt darin, daß seit der Okkupation Österreichs patriotisch gesinnte Männer sich zur Bekämpfung des nazistischen Gewaltregimes zur Wiedererrichtung eines freien demokratischen Österreichs vereinigt hatten und sich bis zum Niederbruch der Naziherrschaft opferbereit für die Freiheit einsetzen wollten."

Das gilt auch für die Zisterzienser von Wilhering, die sich um dieser Ziele willen der „Großösterreichischen Freiheitsbewegung" angeschlossen haben. Durch sie hatte — wie schon eingangs betont — ihr Stift als einziges in Oberösterreich aktiven Anteil am österreichischen Widerstand.

Polizeikommissariat In Urfahr *Urfahr, am 8. 1. 1946.*
Staatspolizei

Niederschrift.

Der Zeuge
Dr. Gebhard Florian Rath, am 13. 4. 1902 in Gramastetten geboren und zust., rk., led., Urfahr, Rudolfstraße Nr. 44 wohnhaft, erscheint vorgeladen und gibt mit der Sache vertraut gemacht und zur Wahrheit ermahnt auf Befragen folgendes an:

„Ich gehörte seit Jänner 1940 als Mitglied der illegalen ‚Große Österr. Freiheitsbewegung' Gruppe Dr. Jakob Kastelic in Wien an und war seit Februar 1940 deren Landesleiter für OÖ.

Ich wurde am 26. Juni 1940 von der Wiener Gestapo in Wilhering verhaftet und zwar wegen illegaler Tätigkeit in der Österr. Freiheits-Bewegung und der Wiener Gestapo nach Wien überstellt. Nach 43 monatlicher Untersuchungshaft in Wien, Anrath bei Krefeld, Duisburg, Anrath und Wien wurde ich am 1. März 1944 von dem 2. Senat des Berliner Volksgerichtshofes in Wien zu 10 Jahren Zuchthaus und 10 Jahren Ehrverlust wegen Hochverrat verurteilt. Am 14. 4. 1944 bis 25. 4. 1945 befand ich mich im Zuchthaus Straubing und wurde am 29. 4. 1945 von durchgebrochenen amerikanischen Panzertruppen auf dem Wege nach Dachau zur Liquidierung c. 17 km vor Dachau befreit.

Ich kannte Otto Hartmann persönlich nicht. Zum erstenmale erfuhr ich von seiner Tätigkeit als Gestapo-Agent Genaueres in Duisburg von Herrn Hubert Goller aus Klosterneuburg mit dem er sich einige Zeit in einer Zelle befand. Goller war einer der engsten Mitarbeiter von Hartmann. Zum zweitenmale erfuhr ich Einzelheiten über Hartmann in Anrath von Dr. Hans Zimmerl aus Wien, der ebenfalls zum engsten ‚Freundeskreis' von Hatmann (sic!) *gehörte.*

Dr. Zimmerl und Goller bezeichneten unabhängig von einander Hartmann als Gestapo-Agenten in unserer Freiheitsbewe-

gung und Verräter unserer Sache. Sie schilderten Hartmann als einen Menschen zu jedem Verbrechen fähig, der es verstand durch Verstellung sich vollstes Vertrauen bei seinen Opfern zu verschaffen. Hartmann galt in ihren Kreisen als einer der eifrigsten Mitarbeiter und geschworener Feind der NSDAP. Er war sogar bei Sabotageakten dabei und spornte vor allem die Jugend immer wiederum zu neuen Taten an. Selbst nach der Verhaftung durch die Gestapo dachte noch niemand an Hartmann als Verräter bis man endlich durch Andeutungen und Vorhalte der Getsapo (sic!), *die nur Hartmann ganz allein wusste, allmählich auf Hartmann als Verräter kam. Hartmann hat nach Aussagen von Dr. Zimmerl mir gegenüber, bis ins kleinste Detail alles verraten. Zimmerl bezeichnete immer wiederum Hartmann als einen geriebenen Verbrecher, der zu allem fähig war, seinen besten Freund lächelnd seinen Mördern überlieferte, war es zu seinem Vorteile.*

Hartmann soll von der Gestapo als Belohnung 5000 RM empfangen haben. Nachdem H. seine Aufgabe bei uns erledigt hatte, soll er als Gestapo-Agent sich in die Reihen kommunistischer Freiheitsbewegungen eingeschlichen haben und auch diese verraten haben.

Nach anderen Angaben hätte sich H. als Erpresser an Frauen politischer Häftlinge herangemacht und soll deshalb sogar einige Zeit im Wiener Landesgericht inhaftierd (sic!) *gewesen sein. Ebenso soll H. einige Zeit im Dienste der Gestapo in Polen tätig gewesen sein.*

Nach übereinstimmenden Urteile ist Hartmann einzig und allein schuld an der Hinrichtung von Dr. Jakob Kastelic, Dr. Lederer, Dr. Zimmerl, Prof. Scholz, Ing. Migl, Wallner, Dipl. Kaufmann Fischer, Loch; am Tode Sectionschef Ruber, Haiberger, Hock und Kubitza, an der Verschleppung Dr. Blumenthals und Brod ins KZ Auschwitz und an allem Elend, dass mehr als 100 Mitgliedern (sic!) *unserer Freiheitsbewegung fast 5 Jahre in Zuchthäusern verbringen mussten. Nach einigen Gerüchten soll sich Hartmann in Innsbruck befinden und frei sein.*

Sonst kann ich zur Sache nichts mehr angeben."

v. m.	*v. u. g.*
Mörsinger	*Dr. Gebhard Rath*

Religiös motivierter Widerstand österreichischer Frauen gegen den Nationalsozialismus

„Die Gebote Gottes lehren uns zwar, daß wir auch den weltlichen Oberen Gehorsam zu leisten haben . . . aber nur soweit sie uns nichts Schlechtes befehlen. Denn Gott müssen wir noch mehr gehorchen als den Menschen." Mit diesen zwei Sätzen hat der oberösterreichische Bauer und Mesner Franz Jägerstätter das Problem zusammengefaßt, das dem Christentum vom Beginn seiner Geschichte an Widerstand gegen Staatsgewalt und Obrigkeit so schwer gemacht hat. Dennoch wurde er in ethisch-theologischer Theorie immer wieder für bestimmte Situationen gerechtfertigt und in der Praxis auch geleistet. Jägerstätter hat seine Überzeugung, die ihn den Kriegsdienst in Hitlers Wehrmacht bewußt verweigern ließ, mit seinem Leben bezahlt. Das gilt auch für die beiden bedeutendsten deutschen Theologen jener Zeit, die sich ausführlich mit dieser nicht nur ihrer Lebensfrage auseinandersetzten: den evangelischen Theologen Dietrich Bonhöffer und P. Alfred Delp SJ.

Von österreichischen Frauen, und nur von ihnen wird im folgenden die Rede sein, sind Reflexionen dieser Art zumindest bisher nicht bekannt. Wohl aber haben sie alle Erscheinungsformen von Widerstand, die die moderne Geschichtswissenschaft als Kategorisierungshilfe aufgestellt hat, und von denen bereits die Rede war (vgl. S. 161f.), geleistet.

Die spezifische Erforschung des Frauenwiderstandes ist relativ jung. Er wurde in den neueren einschlägigen Darstellungen erwähnt, aber nicht, wie zuerst von Tilly Spiegel 1967, thematisiert. Von Berichten von überwiegend linken „Zeuginnen der Zeit" abgesehen, wird diese Forschungsarbeit seit den siebziger Jahren vor allem von jungen Historikerinnen geleistet. Da die Kommunisten ohne Zweifel den stärksten organisierten politischen Widerstand getragen und die meisten Opfer erbracht haben, stand und steht der Widerstand kommunistischer Frauen im Vordergrund des Interesses. Inge Brauneis hat in ihrer verdienstvollen Wiener Dissertation *Widerstand von Frauen in Österreich gegen den Nationalsozialismus* „Die politische Linke", „Die politische Rechte", Bibelforscherinnen, individuellen Widerstand, Frauen im Partisanenwiderstand und den Widerstand im Frauen-KZ Ravensbrück behandelt. Den Versuch der Zeichnung eines Sozialprofils außerhalb des Bereichs der „Linken" hat sie nicht unternommen, weil — wie die Verfasserin mittlerweile aus eigener Erfahrung weiß — dies nur in Ansätzen möglich ist. Wo ordnet man z. B. eine Bedienerin ein, die führendes Mitglied einer monarchistischen Gruppe war, oder eine Bäuerin, die mit der Waffe bei den Partisanen kämpfte? — Daher scheint es auch fraglich, ob z. B. Helene Maimann zustimmen würde, wenn man die Nonne Restituta (Helene Kafka), die einzige im deutschen Machtbereich in Mittel- und Westeuropa wegen Kopierung und Verteilung eines antinationalsozialistischen „Soldatenliedes" im Lazarett hingerichtete Klosterschwester (Abb.), eindeutig dem bürgerlich-konservativen Lager zurechnete. Deshalb wurde eine soziale Zuweisung im allgemeinen vermieden, obwohl die Mitarbeit bzw. Mitgliedschaft von Frauen in organisierten politischen, meist katholisch-monarchistischen Widerstandsgruppen größer war, als bisher allgemein bekannt ist.

In der „Österreichischen Freiheitsbewegung" des Klosterneuburger Chorherrn Roman Karl Scholz gab es eine eigene Frauengruppe unter der Leitung der von Scholz eingesetzten Pianistin Luise Kanitz. Bis zu ihrer Verhaftung im Juli 1940 warb und betreute sie zirka zehn Mitglieder, hielt mit ihnen Besprechungen ab und kassierte den Mitgliedsbeitrag (1 % des Einkommens). An den Sitzungen des Vollzugsausschusses des obersten Leitungsgremiums nahm sie regelmäßig teil. Als die katholisch-restaurative ÖFB infolge der Einflüsterungen des Gestapo-Spitzels Otto Hartmann sich zu Sabotageakten und zur Beschaffung von Waffen entschloß, bediente sich Luise Kanitz im wahrsten Sinn des Wortes der „List der Ohnmacht". Sie täuschte vor einem Waffendepot der Wehrmacht in Wien-Hütteldorf einen Ohnmachtsanfall vor, „um die wachehabenden Polizeiorgane zu veranlassen, sie zur Hilfeleistung in das Lager zu schaffen, wo dann ihre Begleiter die Einrichtungen des Depots wie Telefon, Alarmvorrichtungen und Bewaffnung besichtigen und erkunden wollten". Alles klappte, nur erwies sich das Depot als leer.

Als im Juli 1940 die Gestapo aufgrund des bekannten Verrats von Hartmann über 200 Mitglieder der nunmehr von Scholz, Dr. Jakob Kastelic und Dr. Karl Lederer geleiteten ÖFB verhaftet hat, befanden sich unter ihnen 34 Frauen. Sie kamen alle aus dem bürgerlichen Milieu, waren in verschiedenen Bereichen berufstätig, eine einzige war nur Hausfrau, in der Mehrzahl ledig, altersmäßig unterschiedlich (die älteste war 1880 geboren, die jüngste 1923), acht waren Mitglieder des Österreichischen Jungvolks, der „Vaterländischen Front" oder der Christlichsozialen Partei gewesen. Die über sie verhängten Strafen reichten von drei Monaten bis zu sechs Jahren.

An der Gründung der „Tiroler monarchistischen Kampffront" war die ehemalige Innsbrucker Fabriksarbeiterin Kreszentia Hell, die mit dem ebenfalls katholisch-legitimistischen Eisenbahner Franz Hell verheiratet war, maßgeblich beteiligt. Sie gewann Männer und Frauen als Mitglieder, so daß schließlich unter der Leitung von Maria Müller eine eigene Mädchengruppe gegründet wurde. Allein von April bis Anfang Juli 1939, d. h. bis zur Verhaftung der führenden Mitglieder, konnten 35 bis 40 neue geworben werden, unter ihnen neun Frauen, Haustöchter, Rentnerinnen, eine Hausfrau und eine Heimarbeiterin.

Die bekanntere monarchistische Widerstandsgruppe „Müller-Thanner" ist in der Wohnung der Wiener Schriftstellerin Louise Maria Meyer entstanden. Die meisten Mitglieder wurden im November 1939 verhaftet. Louise Meyer wurde als Jüdin nicht der Prozeß gemacht. Sie wurde in das KZ Auschwitz gebracht und dort 1944 vergast. In der im Herbst 1939 vom Invalidenrentner Leopold Hof und einem Schuhmachergehilfen gegründeten monarchistischen „Illegalen Österreichischen Kaisertreuen Front", der bei ihrer Entdeckung im September 1942 zirka 80 Mitglieder aus Angestellten-, Handwerker- und Rentnerkreisen angehörten, waren vier Frauen sehr aktiv.

Auch der im Jänner 1940 in Wien gegründeten „Österreichischen Arbeiterpartei", die eine „soziale Volksmonarchie auf demokratischer Grundlage“ unter Otto Habsburg anstrebte und die aus Lehrern, Beamten und Angestellten bestand, gehörten drei Frauen an. Die Gruppe wurde im Mai 1941 verhaftet, zwei Frauen erhielten zwei- und dreijährige Zuchthausstrafen. Die schon 1938 von Wilhelm Hebra gegründete Legitimistengruppe konnte drei Frauen für Flugblattverteilung und Kassiertätigkeit gewinnen. Sie wurden 1939 verhaftet und zu ein bis drei Jahren Zuchthausstrafe verurteilt.

Von den 38 angeklagten Mitgliedern der Innsbrucker klerikal-monarchistischen Organisation „Freiheit Österreich“ (FÖ) waren fünf unverheiratete junge Frauen, Verkäuferinnen, Lehrmädchen und eine Sekretärin. Der 1939 von dem Studenten Friedrich Theiß gebildeten katholisch-politischen Wiener Jugendgruppe „Österreichische Front“ gehörten 14 Mädchen an, mehrheitlich noch Schülerinnen und vormals Mitglieder des katholischen Jungvolks oder der „Marianischen Kongregation“. Die „Österreichische Front“ wünschte ein freies, selbständiges, christliches Österreich: „Wir sind naturgemäß Gegner des Bolschewismus, des Nationalsozialismus und lehnen das Judentum mit seinen Gesetzen und Elementen ab.“ Die Gruppe wurde im Februar 1940 verhaftet.

Eine der ungewöhnlichsten politischen Widerstandsgruppen war die 1943 — bereits nach der großen Judendeportation — gegründete „Wiener Mischlingsliga“ (WML), der nur sogenannte „Mischlinge“ angehören sollten. Es traten ihr dann jedoch auch „Volljuden“ oder „Geltungsjuden“ bei. Ihre Funktionäre beabsichtigten, „durch eigene Kraft oder durch Anschluß an andere illegale Organisationen (Kommunisten, Monarchisten), erforderlichenfalls mit Hilfe einer ausländischen Macht, das nationalsozialistische Großdeutsche Reich zu stürzen, um dadurch eine allgemeine Verbesserung der rechtlichen und wirtschaftlichen Lage der Mischlinge zu erreichen“, wie es in der Anklageschrift hieß. Die Liga war militärisch ausgerichtet. Die weiblichen Mitglieder wurden zu Krankenpflegerinnen ausgebildet. Zum Kauf von Sportartikeln und Waffen wurden Mitgliedsbeiträge eingehoben. Politische Schulungen wurden abgehalten. Ihr Kampfruf war: „Durch den Willen zur Tat, durch die Tat zum Sieg, es lebe die Freiheit!“ Im Herbst 1943 wurde die Liga in die „Antifaschistische Partei Österreichs“ (APÖ) umgewandelt, in der es eine bürgerliche, eine kommunistische und eine sozialistische Richtung gab. Sie brachte zwei Flugblätter heraus, in denen zum Freiheitskampf nach dem Vorbild der jugoslawischen Partisanen aufgerufen wurde. Mit diesen konnten im Sommer 1943 sogar Kontakte hergestellt werden. Die „APÖ" hatte zirka 200 Mitglieder, von denen 100 den aktivistischen Kader bildeten. Im Juni 1944 wurde gegen 13 Mitglieder vom Oberreichsanwalt die Anklage erhoben. Zwei von ihnen waren Frauen: die Stenotypistin Herta Zorn und die Textilzeichnerin Hildegard Grünholz. Das Urteil wurde im September 1944 verkündet und war „relativ" mild: Gefängnisstrafen von ein bis sechs Jahren.

Zum „hochorganisierten", „eher nicht öffentlichen Widerstand" gehört in erster Linie der Partisanenkampf der Partisanengruppen Leoben-Donawitz und in Südkärnten. Sie waren vor allem in der Steiermark kommunistisch ausgerichtet, doch gab es auch dort Kontakte zu Sozialisten und christlichen Arbeitern. Zu Spenden und Hilfe waren auch einzelne Bürgersfrauen bereit. In Südkärnten, vor allem in der Umgebung von Zell-Pfarre, wo sich zwei überwiegend von aus der Deutschen Wehrmacht Desertierten gebildete Partisanengruppen verbargen, halfen Frauen und Mädchen durch Nahrung, Verstecke, Pflege und Kurierdienste. Sie alle hatten enge familiäre Beziehungen zu Partisanen. „Nur die wenigsten Frauen wurden dafür vor Gericht gestellt und sind deshalb namentlich bekannt geworden. Viele wurden sofort erschossen oder ins KZ Ravensbrück gebracht." Zwei Bäuerinnen, die mit den Partisanen kämpften, Johanna Sadolschek und Amalie Blajs, überlebten. Nach der Liste von Brauneis wurden 72 Frauen als Partisaninnen, vor allem aber wegen der Unterstützung von Partisanen angeklagt. 15 wurden zum Tod verurteilt und hingerichtet, zwei sind im KZ gestorben, eine wurde von der SS erschossen, zwei sind im Kampf gefallen. 33 waren Bäuerinnen oder Hausfrauen, eine Ärztin, Dr. Ilse Reitmayer. Auf dem Friedhof von Eisenkappel liegen unter den mehr als hundert dort beerdigten Partisanen auch sechs im Kampf gefallene Frauen.

Im berüchtigten Frauen-KZ Ravensbrück gab es bis zum Spätsommer 1943 unter den österreichischen Frauen keine organisierte Solidarität. Dann waren es vor allem sogenannte

„Funktionshäftlinge“ meist kommunistischer Herkunft, die jede sich ergebende Möglichkeit zur Hilfe — Verbesserung der Nahrung, Kleidung und Arbeitsbedingungen sowie Rettung vor dem Transport nach Auschwitz in den Tod — nützten. In dieser Situation wurden sogar Bibelforscherinnen „politisch“, wie z. B. Poldi Konwicka aus Mödling, die die Wohnungen der SS putzte und Nachrichten ausländischer Sender in das Lager brachte.

Das „Politische“ im Zusammenhang mit den Bibelforschern wurde deshalb besonders betont, weil es ihnen aufgrund ihrer Lehre zutiefst fremd, ja verboten war, sich mit Politik zu befassen. Dennoch: „Kaum eine geschlossene Gruppe außer den Juden wurde in Hitlerdeutschland so sehr verfolgt wie die religiöse Sekte der ernsten Bibelforscher, auch ‚Zeugen Jehovas‘ genannt.“ Die Sekte und der Nationalsozialismus waren autoritär und totalitär, auf eine Herrschaftshierarchie und die Erfassung des ganzen Menschen ausgerichtet. „Ein Bibelforscher, der den Eid auf Jehova geleistet hatte, konnte unter gar keinen Umständen die staatsbürgerlichen Pflichten erfüllen, die der NS-Staat von ihm als deutschen Volksgenossen verlangte. Dies äußerte sich zum Beispiel in der Ablehnung des ‚Deutschen Grußes‘, am schärfsten aber in der Verweigerung der Wehrpflicht, die sich aus dem Tötungsverbot der Bibel ergab.“ Die „Internationale Bibelforschervereinigung“ (IBV) wurde im Deutschen Reich schon Mitte 1933, in Österreich im Februar 1936 verboten. Da nur wenige von ihnen ihrer Lehre abschworen, kamen sie fast geschlossen in das KZ. Viele von ihnen wurden zum Tode verurteilt und hingerichtet, weil sie sich strikt weigerten, eine Arbeit zu verrichten, die der Rüstung diente. Das gilt auch für österreichische Bibelforscherinnen, wie die Dokumentationen des Widerstandsarchivs zeigen. Ihre soziale Herkunft ist ziemlich homogen: Frauen aus dem Dienstleistungsbereich, Hausgehilfinnen, Verkäuferinnen, einige Sekretärinnen und Bäuerinnen. „Es ist klar zu erkennen, daß die Lehre der Bibelforscher besonders auf sozial und menschlich benachteiligte Frauen aus konservativen Kreisen eine große Anziehungskraft ausübte“, heißt es bei Renate Lichtenegger, die über österreichische Bibelforscherinnen in der NS-Zeit dissertierte. In Ravensbrück hatten sie einen eigenen Block mit einer Arrestzelle.

Weder durch Schwerstarbeit in Steinbrüchen, im Krematorium oder als Kloakenreinigerinnen, durch Mißhandlungen wie z. B. Übergießen mit kaltem Wasser noch durch Versuchungen wie Mitnahme in Städte, Kaufhäuser oder Kino waren sie bereit, abzuschwören. „Manche, vor allem ältere Frauen, gingen lieber in die Gaskammer." Sie verweigerten der SS jede Ehrenbezeigung, zu Zählappellen konnte man sie nur mit Gewalt bringen. Österreichische Bibelforscherinnen in Ravensbrück lehnten das Zuhören bei Propagandareden, die durch Lautsprecher in die Blöcke übertragen wurden, ab. Man ließ sie daraufhin im Oktober während einer Rede in der Kälte stehen und bestrafte sie anschließend mit drei Wochen Arrest. Wegen Arbeitsverweigerung kamen sie in den Bunker, was einmal Himmler, der für die Bibelforscher besonderes Interesse hatte, beobachtet haben soll. Selbst im Lager stellten die Bibelforscherinnen ihre Missionierungen nicht ein. In Ravensbrück standen 70 Bekehrungen fünf „Abfällen" gegenüber. Sie schlossen sich auch nicht aus dem politischen Informationsnetz der Ravensbrücker Häftlinge aus. Von den tausend Bibelforschern, die es vor 1938 in Wien gab, überlebte die Hälfte.

Die Überlebenden berichten verständlicherweise nicht gern über ihre Leiden in der NS-Zeit. Wenn sie es doch tun, wie z. B. eine auch heute nicht mehr als 37 Kilogramm wiegende Frau, ist ihr starker Glaube an Jehova wirklich beeindruckend: „Wenn ich trotz der prüfungsreichen und aufreibenden Jahre der Gefangenschaft heute noch am Leben bin, so ist dies nur dem Schutze und der unverdienten Güte Jehovas zu verdanken. In der Kraft Jehovas vermochte ich alle Prüfungen zu bestehen und alle Unbilden zu ertragen. Ich war nur von dem einen Wunsch beseelt, nach Erlangen der Freiheit gemeinsam die Königsreichsarbeit fortzusetzen . . ."

Die Todfeindschaft des NS-Regimes gegenüber der IBV macht eine Einordnung ihrer Mitglieder in das Kategorisierungsschema schwer. In „normalen" Zeiten wird ihnen sicher nur ein „abweichendes" Verhalten zuzuschreiben sein. Damals war es sozialer und politischer Protest zugleich.

Fließend sind auch die Grenzen in der Haltung der Angehörigen christlicher Kirchen, in Österreich in erster Linie der katholischen. In der NS-Zeit waren noch 90% aller Österreicher katholisch getauft (heute 84%). Dennoch kann eine Groß- oder Volkskirche nicht die Geschlossenheit einer kleinen Sekte wie z. B. der Bibelforscher erzwingen. Der von Anfang an vorhandene prinzipielle Antiklerikalismus des Nationalsozialismus hat daher die katholischen Bischöfe Deutschlands und Österreichs zu einer frühen Gegnerschaft zu dieser Ideologie, nach deren Sieg zu kurzfristigen Kompromissen und schließlich zu einem „kalten" Krieg veranlaßt, in dem sich die Bischöfe — von wenigen Ausnahmen abgesehen — bis 1945 in der Defensive befanden. Daher kann der von Priestern, geistlichen Schwestern und Gläubigen in unzähligen Fällen tatsächlich geleistete und in vielen Fällen nach dem Heimtücke-Gesetz oder wegen Wehrkraftzersetzung bestrafte Widerstand im allgemeinen nicht als organisierter Widerstand angesehen werden. Die Gruppe Scholz/Lederer/Kastelic — ein Priester und zwei führende Laien — war ein Einzelfall.

Die eindrucksvollste politische Widerstandsleistung einer Klosterschwester bzw. das schwerste Opfer, ihr Leben, hat Sr. Restituta erbracht. Darüber hinaus gibt es eine heute wohl nicht mehr feststellbare Zahl von Widerstandshandlungen, die Klosterschwestern geleistet haben und die deshalb bestraft wurden. Dafür nur einige wenige Beispiele: Die Wiener Ordensfrau Josefa Koschier wurde noch im September 1944 wegen „Abhören feindlicher Rundfunksender" und Weiterverbreitung von deren „Hetznachrichten" zu vier Jahren Zuchthaus verurteilt. Besonders zu erwähnen ist die am 28. Oktober 1898 in Innsbruck geborene Carmella Flöck. Siebeneinhalb Jahre Beamtin in der Bank für Tirol und Vorarlberg, jahrelang Mitglied der „Vaterländischen Front" und Zellenleiterin, hatte sie in der Ortsgruppenleitung der VF den Ingenieur August Skladel kennengelernt. Er gewann sie 1940 für die Mitarbeit in der Widerstandsbewegung, der sie verläßliche kampfbereite Antinationalsozialisten und vaterlandstreue bewaffnete Österreicher zuführen sollte. Das gelang ihr auch, unter anderem bei zwei ihrer Vettern. Auch diese Gruppe wurde 1942 in Wattens in Tirol verraten. Carmella Flöck wurde am 10. Oktober 1942 verhaftet und zunächst in das Landesgefangenenhaus Innsbruck gebracht. Der Schutzhaftbefehl wurde allerdings erst am 20. Jänner 1943 in Berlin ausgestellt. Begründet ist er folgendermaßen: „Sie gefährdet nach dem

Ergebnis der staatspolizeilichen Feststellungen durch ihr Verhalten den Bestand und die Sicherheit des Staates, in dem sie durch Betätigung für eine illegale Organisation die Belange des Reiches zu schädigen unternimmt und in Anbetracht ihrer legitimistischen Einstellung und betont ablehnenden Haltung gegenüber dem nationalsozialistischen Staat erwarten läßt, daß sie die Freiheit erneut zu staatsfeindlichen Umtrieben benützen wird."

Obwohl man in ihrer Wohnung keinerlei belastendes Material gefunden hatte, wurde sie am 1. Februar 1943 in das Polizeigefängnis München gebracht, wo am 10. Februar jener Transport zusammengestellt wurde, mit dem sie über Berlin nach Ravensbrück kam. Für jemand wie Carmella Flöck, die schon über die Zustände in den Gefängnissen entsetzt war, waren bereits die Aufnahmemaßnahmen — völlige Entkleidung, die Haare abrasieren, was ihr, da sie keine Läuse hatte, erspart blieb, Brausen und Untersuchung durch einen SS-Arzt, der ihre Angabe, ein politischer Häftling zu sein, mit einem „Nasenstüber" beantwortete — „größte Schikanen". Im Block 8, wegen der aufsässigen und streitsüchtigen Bewohnerinnen „Hexenblock" genannt, erhielt sie die „roten Winkel" und die Häftlingsnummer 17.046; nun fühlte sie sich völlig hilflos und entehrt. Da noch eine andere Tirolerin, Liesl Fürst aus Wörgl, in diesem Block war, kam sie sich dann doch nicht mehr so verlassen vor. Den schikanösen Tagesablauf, das schlechte Essen, den Sadismus der Aufseherinnen, schildert Flöck genau und zutreffend. Abweichend von anderen Berichten ist die Feststellung, daß sie auch — zwar geplünderte — Pakete von zu Hause bekommen konnte. Als Arbeit wurde ihr zuerst die Reinigung der neu erbauten Blöcke zugewiesen. Durch Vermittlung der ebenfalls im Hexenblock wohnenden Wiener Jüdin Franziska Kantor, die sie mit der Innsbrucker Kommunistin Nelda Bucher bekannt machte und wie diese in der Effektenkammer arbeitete, wurde sie jedoch bald im Büro der Effektenkammer untergebracht. Da sie offenbar eine sehr gute Bürokraft war, konnte sie auch dort bleiben und arbeitete vor allem mit Österreicherinnen wie z. B. Tini Hübner aus Wien zusammen, die ihr auch wieder zu ihren eigenen Kleidern und zur Verlegung in den besseren Block 3 verhalfen. Dort nahm sie eine Berliner Bibelforscherin in die Strickerei mit, wo sie bis zu deren Auflösung bleiben konnte. Dann kam sie mit Frau Kantor, die im März 1945 an Flecktyphus starb, in die Schneiderei, später in das Büro des „Nachschubsammellagers". Auch die Blockälteste, eine gebürtige Wienerin namens Resi, verheiratet in Prag, tat alles Mögliche für ihre Häftlinge. Carmella Flöck schreibt wohl zu Recht: „Ich hatte im KZ immer großes Glück, und ich wußte es auch richtig zu schätzen!" Allerdings hat sie auch nie das Gefühl verlassen, daß sie das Lager überleben werde, was sie als gläubige Katholikin letztlich auf Gottes Hilfe zurückführte. Dennoch geriet sie gerade in den letzten Monaten in Ravensbrück zweimal in Lebensgefahr. Ein „krimineller" Friseur hatte ihr von den bevorstehenden Vergasungen in Ravensbrück berichtet, was sie wiederum ihren Kameradinnen erzählte. Eine verriet es der Lagerführung bzw. dem gefürchteten Leiter der Politischen Abteilung SS-Obersturmbannführer Ramdor, der ihr drohte, mit ihr „den ersten Versuch" zu machen. Eine Woche lebte sie in höchster Todesangst, dann kam Ramdor wegen Diebstahls an der Hinterlassenschaft ermordeter Häftlinge selbst in Schwierigkeiten, und Carmella wurde nicht mehr in die Politische Abteilung geholt. Im April 1945 erkrankte sie an Bauchtyphus, noch als Kranke wurde sie von den Russen befreit. Sie blieb bis zu ihrer Genesung im Lager. Der Transport nach Wien erfolgte Mitte Juli mit Autos, die die österreichische Sozialistin Rosa Jochmann organisiert hatte. Wenn Carmella einmal festgestellt hatte, daß die österreichischen Sozialdemokratinnen und Kommunistinnen wie Pech und Schwefel zusammenhielten, so berichtete sie auch dankbar über die große Hilfe, die ihr die Innsbrucker Kommunistin Nelda war, und über die große Kameradschaftlichkeit Rosa Jochmanns, und immer wieder über gute Ratschläge und Hilfeleistungen von deutschen Bibelforscherinnen.

Eine geistliche Krankenpflegerin in der Wiener Krankenanstalt „Rudolfstiftung" sagte am 14. Juli 1939 zu Patienten: „Wenn der Führer von seinen Feinden gehängt würde, wäre ich die erste, die zusehen und dabei lachen würde." Sie wurde deswegen von ihrer Oberin aus dem Orden ausgestoßen und am 20. Juli 1939 verhaftet. Ähnliche „Delikte", Äußerungen von überzeugten Katholikinnen — und *nur* sie können hier genannt werden — sind in Hunderten von Gestapo- und

NS-Gerichtsakten zu finden. In Oberösterreich und im Burgenland waren es vor allem Bäuerinnen, in Wien Angestellte und kleine Gewerbetreibende. Akademikerinnen scheinen nur selten auf, häufiger Lehrerinnen, die sich auch anderer Formen des Widerstandes bedienten. So hat z. B. eine Lehrerin schon im Mai 1938 in Traun bei Linz mit einer „Strickrunde" eine Widerstandszelle aufgebaut. Der Beginn der Widerstandstätigkeit von Hedwig Leitner-Bodenstein, geb. 1916 und aus einer bürgerlichen Familie in Ebensee, ab 1935 Studentin in Wien, fällt in ein Schulungslager des Nationalsozialistischen Studentenbundes in der Umgebung Wiens: „In diesem Schulungslager habe ich die ersten aggressiven Taten gesetzt. Ich bin im Negligé zur Fahnenhissung erschienen, mit den Lockenwicklern in den Haaren. Um zu protestieren. Ich hätte die Wickler ruhig runternehmen können, ich bin immer eine Frühaufsteherin gewesen. Nicht, daß ich verschlafen hätte, sondern ich habe das zufleiß gemacht, um irgendwie zu protestieren. Das waren die anfänglichen kleinen Nadelstiche." Dann schloß sie sich der Widerstandsgruppe von Roman Karl Scholz an und war für diese auch aktiv. Im August 1940 wurde sie verhaftet. Zweieinhalb Jahre verbrachte sie in Gefängnissen in Wien und Eisenstadt. Im Dezember 1942 wurde sie aus der Haft entlassen.

Hilfe für ausländische Zwangsarbeiter mit Kleidern und Nahrungsmitteln, Sabotageakte von kriegsdienstverpflichteten Mädchen und Frauen, sie alle gehören zum individuellen Widerstand, der jeweils verschieden einzuordnen ist und vielen gar nicht als solcher bewußt war. Freundschaft mit „Mischlingen", Produktion von „Ausschuß" an der Drehbank, Straßenbahnfahrgäste als Schaffnerin bewußt schwarzfahren lassen, Hören und Verbreiten von Auslandsnachrichten, Weitergabe von Kleidungsstücken an alte Jüdinnen, die im Winter 1944/45 Nachtschicht im Wiener Arsenal machen mußten, Überbringung von verschlüsselten Nachrichten an bestimmte Soldaten in Wiener Kasernen: das alles konnte auch ein junges Mädchen tun, ohne mehr als Drohungen nationalsozialistischer Verwandter, Schuldirektorinnen und Vorarbeiter ausgesetzt zu sein — wenn es Glück hatte . . . War das Widerstand? War Hilfe für Juden sozialer Protest oder von einer barbarischen Norm abweichendes Verhalten? Manuela Kielmansegg und die Caritasschwester

Verena Buben, die wichtigsten Mitarbeiter in der im Palais Kardinal Innitzers untergebrachten „Hilfsstelle für nichtarische Katholiken“ unter der Leitung von P. Ludger Born SJ, sahen in ihrer Arbeit eine Aufgabe christlicher Nächstenliebe in einem allerdings für jene Zeit ungewöhnlichen Ausmaß (Abb.). Zudem war sie gefährlich.

Bemerkenswert ist auch die 1898 geborene Kärntnerin Marie Stromberger, eine überzeugte Katholikin, die als Berufs-Krankenschwester im SS-Revier in Auschwitz arbeitete. Sie hatte sich selbst im Juli 1942 von Kärnten in das Infektionsspital Königshütte versetzen lassen, weil sie sich von den Gerüchten über die Greuel im Osten persönlich überzeugen wollte. Das war ihr durch Erzählungen von Kranken bald vergönnt. Sie nahm daher Kontakt mit politischen Häftlingen auf, denen sie mit allen ihr zur Verfügung stehenden Mitteln half. Einen an Flecktyphus erkrankten polnischen Häftling versteckte sie im Revier und rettete ihm dadurch das Leben. Sie übernahm auch Posttransporte für Häftlinge, und schließlich arbeitete sie in der Widerstandsbewegung mit und brachte aus ihrem Urlaub Waffen ihres Vaters für die Häftlinge mit, beförderte falsche Kennkarten, illegale Zeitungen und Sprengstoff. Ihre Hilfe bei den Vorbereitungen für den gescheiterten Aufstand des Häftlingskommandos im SS-Revier am 27. Oktober 1944 blieb unentdeckt, doch wurde sie im Dezember 1944 von Auschwitz in ein Entwöhnungsheim für Morphinisten eingewiesen. Gerade sie wurde jedoch nach ihrer Rückkehr in die Heimat ihrer Eltern von der französischen Besatzungsmacht wegen des Verdachts, in Auschwitz Häftlinge mit Phenol behandelt zu haben, verhaftet, was sie im Juli 1946 ihrem ersten polnischen Schützling Edek Pys in einem Brief mitteilte. Aufgrund der Interventionen von Auschwitz-Überlebenden wurde sie freigelassen und arbeitete dann in einer Textilfabrik. Im Prozeß gegen den Auschwitzer Lagerkommandanten Höß in Warschau schleuderte sie ihm ihre Anklage „leidenschaftlich und zornerfüllt“ entgegen.

Am bedrohlichsten für Helfer und Schützlinge war die Rettung von Juden vor der Deportation. Diese mußten untertauchen, wurden als „U-Boote“ versteckt. Der Staat Israel hat bisher 68 Österreicher, die unter Einsatz ihres eigenen Lebens

Juden gerettet haben, als „Gerechte der Völker" ausgezeichnet. 37 von ihnen sind Frauen, unter ihnen die bekannte Schauspielerin Dorothea Neff und die Hausfrau Danuta Kleisinger. Darüber hinaus haben viele der Öffentlichkeit unbekannte, nicht ausgezeichnete Frauen „U-Boote" gerettet, wie z. B. Dr. Anna Mathä und ihre Mutter, die in ihrer damaligen Wohnung in der Annagasse in Wien von 1941 an „drei Juden versteckt hatten und sie bis Kriegsende glücklich durchbrachten". „Die ‚U-Boote' wurden von uns — ohne Marken — auch verpflegt; dieses Kunststück brachte meine Mutter fertig." Dr. Mathä beherbergte auch Prof. Dr. Johannes Thauren SVD nach der Räumung von St. Gabriel. Beide gehörten dem katholischen Intensivbereich an. Das gilt für viele zum Teil bis dahin völlig unpolitische Österreicherinnen, die sich vom „abweichenden Verhalten" über „sozialen Protest" bis zum „politischen Widerstand" dem Nationalsozialismus widersetzten. Daß dafür in Landgemeinden häufig der Einfluß des Pfarrers maßgebend war, mindert nicht den manchmal unreflektierten Mut von Frauen, die in einer inhumanen Zeit Menschen blieben.

Direkter politischer Widerstand ist nur von einer kleinen Minderheit, in unserem Bereich vor allem in monarchistisch-katholischen Gruppen, versucht worden und ist gescheitert. Der individuelle Widerstand, gerade von Frauen in den verschiedensten Formen geleistet, wird sogar aufgrund der vorhandenen Quellen noch lange Gegenstand intensiver Forschung sein müssen. Vieles wird dennoch für immer im anonymen Dunkeln bleiben. Daher sei am Ende dieser Ausführungen der Schluß der Autobiographie von Carmella Flöck zitiert:

„Daß ich die schwerste Zeit meines Lebens ohne besonderen gesundheitlichen Schaden und ohne seelische Depression überstanden habe, hat seine Gründe darin: meine gute körperliche Verfassung verdanke ich meinen Eltern, besonders meiner Mutter. Ich selbst habe nur durch normale sportliche Betätigung etwas dazu beitragen können; meine gute seelische Verfassung erhielt ich vor allem durch meine Erziehung und erhielt sie mir weiterhin in Gefangenschaft durch mein Gottvertrauen und das gute Gewissen, daß ich meiner Überzeugung treu geblieben und kein Unrecht begangen habe. Doch letzten Endes verdanke ich alles meinem Herrgott!"

Österreichische Priester über den katholischen Widerstand gegen den Nationalsozialismus

Verfolgung und Widerstand der österreichischen Kirche, von Priestern und Laien, sind relativ bald nach 1945 von zwei in jener Zeit an maßgeblicher Stelle wirkenden Wiener Priestern in größeren Publikationen dargestellt worden. Schon diesen war die — gemessen am Umfang der österreichischen Gesamtbevölkerung — relativ hohe Zahl der Opfer des Klerus zu entnehmen. Sie sei hier nochmals wiederholt: Von 1938 bis 1945 waren 724 österreichische Priester im Gefängnis, von ihnen sind sieben gestorben. 110 kamen in Konzentrationslager, davon sind 20 zugrunde gegangen. 15 wurden zum Tode verurteilt und hingerichtet. 208 — die Tiroler nicht mitgezählt — waren gau- und landesverwiesen, über mehr als 1.500 war Predigt- und Unterrichtsverbot verhängt worden. Die meisten verhafteten Priester stammten aus den Diözesen Linz, Seckau und Salzburg.

Der Klerus steht daher — gemeinsam mit den Eisenbahnern — an der Spitze der Verfolgten und wohl auch der Gegner des NS-Regimes. Die Sicherheit dieser Aussage beruht auf dem Faktum, daß beide Gruppen als solche geschlossene Berufsgruppen waren, über deren Zahl 1938 ebenso wie nach 1945 die jeweilige Führung voll informiert war, und vor allem die Amtskirche auch Bescheid über das Schicksal ihrer Mitglieder wußte. Nationalsozialistische Dokumente waren in den frühen kirchlichen Publikationen allerdings nicht verwendet worden, was auch für die zahlreichen kleineren einschlägigen Veröffentlichungen aus späterer Zeit zutrifft. In den sechziger Jahren begannen dann auch einige Ordinariatsarchive, ihre Akten zur Benützung freizugeben, in die zum Teil auch die Verfasserin Einsicht nehmen konnte. Nach der Veröffentlichung von Akten des Sicherheitsdienstes (SD), in denen auch die „konfessionelle

Gegenarbeit" in Österreich vorkam, und dem aufgrund von Gestapoakten erarbeiteten Buch von Karl Stadler „Österreich 1938 bis 1945 im Spiegel der NS-Akten", den Veröffentlichungen der deutschen Kommission für Zeitgeschichte und der Edition vatikanischer Akten über die Haltung Papst Pius' XII., des Vatikans und der deutschen Bischöfe, zu denen damals auch die österreichischen gezählt wurden, gegenüber dem Deutschen Reich und dessen Machthabern sind für Österreich zwei noch andauernde Entwicklungen in Gang gekommen: einerseits die Publikation der Geschichte ganzer Diözesen in der NS-Zeit, andererseits die Sammlung und Edition von Schriftstücken über „Widerstand und Verfolgung" in allen österreichischen Bundesländern durch das Dokumentationsarchiv des österreichischen Widerstandes. Das bisherige Ergebnis dieser Arbeit ist derzeit für Wien, das Burgenland, Oberösterreich, Tirol und Niederösterreich veröffentlicht. In ihnen sind die Haltung der christlichen Kirchen, an ihrer Spitze die katholische, der Widerstand von Priestern und Laien auch durch Aussagen von involvierten Zeitgenossen bezeugt. Die Einstellung des Klerus und des Kirchenvolkes jener Zeit zum Nationalsozialismus kann durch diese Dokumente dennoch nur sehr partiell erschlossen werden. Dieses Faktum hat die Verfasserin zu ihrer schon mehrfach erwähnten Fragebogenaktion „Kirche und Nationalsozialismus" 1979 veranlaßt.

Im folgenden wird nur versucht, kurz die wichtigsten Ergebnisse der Auswertung der Antworten auf die direkt den Widerstand betreffenden Fragen 4 („Gab es nach dem 11. März 1938 von vornherein zum Widerstand oder zur Kooperation mit dem Nationalsozialismus entschlossene Gruppen, oder wollte man vor allem abwarten?"), 8 („Gab es eine Solidarität zwischen Priestern und Laien im Widerstand gegen den Nationalsozialismus, gab es Unterschiede in der Einstellung der jüngeren und der älteren Generation?") und 9 („Waren Personen wie Karl Roman Scholz oder Franz Jägerstätter wirklich solche Einzelfälle, daß man sie noch nach 1945 nicht entsprechend würdigte?") darzustellen. Dabei sei noch einmal ausdrücklich betont, daß die Art der Fragestellung und die Auswertung nicht nach den Regeln der empirischen Sozialwissenschaften erfolgten. Das relativiert natürlich die Ergebnisse, die insgesamt nur als Hinweise für bestimmte Grundeinstellungen verstanden werden können.

Die Antworten auf die Frage 4 wurden in drei Kategorien eingeteilt: von vornherein zum Widerstand entschlossene Gruppen bejahend, sie verneinend oder „abwarten". Die meisten bejahenden Antworten, je elf, kamen aus den Diözesen Wien und Innsbruck, die meisten verneinenden (19) aus Linz (Wien 16), die meisten „abwarten" aus Wien und Linz (19, 23). Unter den bejahenden Antworten befinden sich auch Berichte über eigene Widerstandstätigkeit, wie z. B. die Mitgliedschaft in einer Grazer katholischen Studentengruppe, die sich „K. R." = „Kulturretter" nannte, die gesellschaftlich und religiös zusammenhielt, auch kleinere Sabotageakte verübte und die Predigten des Münsteraner Bischofs Galen kopierte und verteilte. Der Wiener Kirchenhistoriker Prof. Josef Lenzenweger, der selbst früh in das Gefängnis kam, berichtete über den Besuch einer Lehrerin aus Traun bei Linz im Mai 1938, die dort, wie bereits im vorigen Kapitel erwähnt, in Form einer „Strickrunde" eine Widerstandszelle aufgebaut hatte. Beim Militär fand er Ende 1940 in der Radetzky-Kaserne „bereits eine durchaus regimefeindliche Gruppe um Hauptmann Hahn konzentriert. Dort lernte ich auch den nunmehrigen Minister Broda kennen." Der bekannte Sozialethiker Prof. Johannes Messner schrieb: „In den ersten Monaten war eine Unsicherheit beherrschend. Ich selbst war unmittelbar bedroht (Hausdurchsuchung, Einvernahme), setzte mich am 25. 7. (1938, d. Verf.) in die Schweiz ab." P. Otto Leisner SJ war damals als Referent für die Marianische Kongregation im Wiener Seelsorgeamt tätig und regte nach dem März 1938 an, Kontakte mit deutschen kirchlichen Stellen aufzunehmen und von deren Erfahrungen mit dem NS-Regime zu lernen. Die anderen Jugendreferenten lehnten jedoch mit der Begründung ab: „Wir in Österreich haben ganz andere Verhältnisse", man würde selbst die richtigen Lösungen und Weisungen finden. Leisner fuhr daher im Winter allein bis nach Stralsund, wo ihm der dortige Erzpriester Radek sagte: „Was wollen Sie hier? Sie werden nicht viel lernen können. Aber wenn Sie wieder heimkommen, sorgen Sie dafür, daß Ihre Jugendlichen wissen, was Sie glauben und warum Sie glauben!" Leisner, der vor einer Überschätzung des sichtbaren organisierten Widerstandes warnt, hielt sich an Radeks Rat. Er wurde wegen seiner Jugendarbeit im Juni 1941 aus der ganzen „Ostmark" ausgewiesen. Doch selbst in seinem Verbannungsort, in einem westböhmischen Städtchen, warnte ihn eine wohlwollende Gestaposekretärin vor einem Spitzel, da man ihn — Leisner — für besonders gefährlich halte, obwohl er noch rückblickend feststellt, daß er seine priesterliche Arbeit nicht gefährden wollte und daher nie bei einer „eigentlichen Widerstandsgruppe mitgemacht" hätte. Damit ist das in den Antworten relativ häufig genannte Problem des passiven Widerstandes aufgeworfen, der sich vielfältiger Formen bediente und wohl nie völlig erfaßbar sein wird. Auch sind die Grenzen zwischen aktivem und passivem Widerstand fließend, wie ein Beispiel zeigt, das von dem damaligen Kaplan Gottfried Mayr ausdrücklich als „passiver Widerstand" angeführt wird: Er habe 1937 in Peilstein mit einer Kolpinggruppe eine uniformierte Musikkapelle aufgestellt, die auch nach dem 11. März 1938 bei offiziellen Gelegenheiten spielte, wozu allerdings der Bürgermeister um seine Bewilligung gefragt werden mußte. Als dieser für die Sonnwendfeier der Kapelle von sich aus befahl, zu spielen, weigerte sie sich und spielte nicht. Daraufhin verbot der Bürgermeister bei der nächsten kirchlichen Feier das Ausrücken der Kapelle. „Die Musikanten darauf: Gut, dann hat die Musikkapelle aufgehört zu existieren! Und dann war's in Peilstein ruhig bis zum Ende der NS-Zeit!" P. Robert Docekal galt als unzuverlässig, weil er Gottesdienste für „Ostarbeiter" hielt. Josef Haslinger, nach 1945 Kanonikus des Kollegiatstiftes Seekirchen, verweigerte den Treueeid auf Hitler, weshalb er sofort vom Religionsunterricht suspendiert wurde.

Geistlicher Rat Anton Paul schrieb, daß er über eine Widerstandsbewegung nach dem 11. März nicht im Bild sei, doch wäre später sein Vetter Josef Pinzenöhler verhaftet worden; Prof. Kühmayer und Hofrat Zeder kamen in die Todeszelle. In den Antworten werden nicht nur bekannte und unbekannte Namen verhafteter oder „gauverwiesener" Priester genannt, sondern auch frühe Treffen von antinationalsozialistischen Theologiestudenten bereits am 14. März 1938 am Salzburger Gaisberg oder eine offenbar von mehreren Diözesen beschickte Sitzung am 2. März 1939 in Salzburg, „wo beraten wurde, wie der Kampf gegen die gottl(osen) Bestrebungen geführt werden soll". Persönliches Zentrum für Widerstand waren der junge Innsbrucker Bischof Paulus Rusch oder der Grazer Professor Johannes Ude. DDDDr. Johannes Ude hatte zwar schon vor 1938 mit dem Nationalsozialismus sympathisiert und war im März 1938 vom „Anschluß" begeistert. Der Novemberpogrom 1938, die sogenannte „Reichskristallnacht", mit den organisierten Mißhandlungen der Juden, ihrer Beraubung, Verhaftung, Mißhandlung bis zur Tötung, der Zerstörung aller ihrer Synagogen und Bethäuser ließen ihn jedoch den wahren Charakter des Nationalsozialismus erkennen. Seit 1907 Professor für Dogmatik an der Universität Graz, seit 1934 wegen seiner politischen Aktivitäten vom Grazer Fürsterzbischof Pawlikowski als Professor beurlaubt, protestierte er am 11. November 1938 schriftlich beim steirischen Gauleiter Dr. Uiberreither und auch beim Reichsstatthalter Baldur von Schirach in Wien gegen die Vorkommnisse, „die geeignet sind, den deutschen Namen vor der ganzen Welt zu schänden und uns Deutsche vor den Augen der ganzen Welt als Barbaren erscheinen zu lassen und uns verächtlich zu machen". Er verurteile zwar auch den Mordanschlag, der von einem Juden an einem Deutschen in Paris (dem Legationsrat Ernst vom Rath) begangen worden sei. „Aber ebenso bedaure ich, daß es nationalsozialistische Deutsche waren, die nach Art und Weise der sonst nur im Busch und im Wildwest gebräuchlichen Lynchjustiz sich anmaßen, ‚im Namen des deutschen Volkes' an allen Juden im Deutschen Reich, nur weil sie Juden sind, sich deshalb zu rächen, weil jener Mörder ein Jude ist. Es ist unmenschlich und entspricht meiner innersten Überzeugung nach in keiner Weise echter deutscher Art, wenn man deshalb Angehörige der jüdischen Rasse unterschiedslos des Nachts aus den Betten zerrt, sie wie wehrloses Vieh niederschlägt, Familien auseinanderreißt und deren Mitglieder verschleppt." Maximilian Liebmann hat diesen mutigen Brief ebenso wie die rügende Antwort Uiberreithers im vollen Wortlaut veröffentlicht. Gauverwiesen wurde Ude allerdings erst dann, als im Februar 1939 in einer französischen Emigrantenzeitschrift sein Brief veröffentlicht wurde. Obwohl sogar dieser Brief nicht frei ist von antijüdischen Vorurteilen, ist er ein seltenes Zeugnis von Mitleid mit den verfolgten Juden. Dieses empfanden zwar nach der „Reichskristallnacht“ nach den Antworten auf die Fragebogenaktion viele Christen. Zu einem offenen Protest, einem sichtbaren Zeugnis der Solidarität waren zumindest nach der bisherigen Quellenkenntnis in Österreich nur Ude, der damalige Salzburger Theologiestudent Josef Egger und eine Gruppe von Tirolern bereit. Egger hatte in Mühlbach am Hochkönig gegen den Novemberpogrom protestiert. Er wurde denunziert und verhaftet. — Innsbrucker, die vorher mit dem Rabbiner Rimalt nie ein Wort gewechselt hatten, kamen zu ihm in die Wohnung oder boten ihm auf offener Straße ihre Hilfe an.

Als Organisationen, die von Anfang an zum Widerstand entschlossen waren, wurden die Marianischen Kongregationen, der Reichsbund, die „Vaterländische Front“, die ja mit dem 11. März zu existieren aufgehört hatte, und mehrmals informelle katholische Jugendgruppen angeführt. Der Grazer Alterzbischof Josef Schoiswohl formulierte das folgendermaßen: „In Jugendkreisen regte sich bereits nach 14 Tagen der Widerstand; es gab aber auch den Optimismus, den Nationalsozialismus in Österreich ‚taufen‘ zu können.“ Als mit dem Nationalsozialismus kooperationsbereit galt bei manchen der Bund „Neuland“.

Die eindeutigen Verneinungen eines kirchlichen Widerstandes wurden folgendermaßen begründet: „nach außen nicht möglich“; „Die Katholiken waren nicht entsprechend vorbereitet“; „Kreuzzug gegen Kommunismus täuschte viele Menschen“; „Wenn die Regierung kapituliert hat, um ‚Blutvergießen zu vermeiden‘, was konnte da ein einzelner tun?“; „in Klagenfurt angeblich mehr Parteigenossen als in ganz Berlin“; „Illegale waren jetzt obenauf!“; „Widerstand? Höchstens Einzelhelden, was man gegen eine Übermacht (von außen und innen!) für ‚Wahnsinn‘ hielt“; und „Was nützte also die Widerstandskooperation mancher Priester, wenn es im Einzelfall keinen Schutz gab; ‚Bist selbst schuld, sei klug, gib acht‘. Jedenfalls tippt Hochhuth richtig, nur wenige zeigten Märtyrerhaltung, auf jeden Fall wurde sie weder gefördert noch überhaupt angeregt . . . Unsere Priesterkollegen sehen sich verlassen — bis heute.“

In der größten Gruppe der Antworten mit der Aussage „abwarten“ wird zum Teil zeitlich unterschieden, z. B. daß nach dem „Wiener Fenstersturz“ (NS-Sturm auf das Wiener Erzbischöfliche Palais am 8. Oktober 1938) und der Aufhebung der Klöster und Seminare unter den gläubigen Katholiken eine Widerstandsbewegung erwachte. Auch die Erklärung des österreichischen Episkopats vom 18. bzw. 21. März 1938 mit der Empfehlung, bei der Volksabstimmung am 10. April über die „Wiedervereinigung" Österreichs mit dem Deutschen Reich mit „Ja" zu stimmen, wird als Grund für das Abwarten angegeben.

An den Schluß dieses Abschnittes sei die sehr differenzierende Antwort des späteren Rektors Karl Wild des Bildungshauses Puchberg bei Wels gestellt:

„Nach dem 11. März gab es vor allem jene Gruppe, die schon vorher mit Hitler sympathisiert hat, die also sofort zur Mitarbeit mit Hitler bereit war. Unter denen gab es auch Katholiken natürlich. Man muß aber sagen, daß wirklich glaubende Menschen, die zum Kern der Kirche gehört haben, nur jene Mitarbeit geleistet haben, zu der sie gezwungen worden sind. Die Freunde Hitlers waren die ehemaligen Liberalen, Deutschnationalen usw. Das waren die Menschen, die ja schon vorher durch die Partei aus Bayern unterstützt worden sind, Werbematerial erhalten haben. Kleine Widerstandsgruppen gab es am Anfang sehr wohl. Schon einige Tage nach dem Einmarsch haben sich diese gelegentlich getroffen in der Nacht in Häusern. Diese kleinen Gruppen aber haben sich sehr bald verloren, weil gegen jeden, der bei einer solchen Gruppe vermutet wurde, radikal vorgegangen wurde, Männer wurden verhaftet, in Konzentrationslager geschickt, andere zum Militär eingezogen. Natürlich haben Frauen und Kinder ihre Männer, ihre Väter mit aufgehobenen Händen gebeten, sie mögen sich jeder Anti-Hitler-Betätigung enthalten. Auch wir Priester konnten solche Gruppen nicht fördern, weil ja jeder, der mitgetan hat, sein Leben riskierte. Nur konnten wir Priester es nicht wagen, Menschen in solche Gefahren hineinzumanipulieren. Priester waren alle der Partei verdächtig. Unter den mir bekannten Priestern — und das waren einige Hundert — habe ich drei gekannt, die mit der NSDAP sympathisiert haben und sie wohl auch zeitweise unterstützt haben. Die Priester wurden sehr scharf überwacht. Es gab bei dem Landkreis (Bezirkshauptmannschaft) für jeden Priester einen eigenen Akt. Es gab sehr bald viele untereinander bekannte Gegner des Hitlerregimes: Beamte, Gendarmerieorgane, Arbeiter, Bauern. Diese haben sich gegenseitig informiert, haben sich gegenseitig geholfen. Ein Treffen dieser Gruppen aber war so lebensgefährlich, daß es von ganz wenigen gewagt wurde."

Am wenigsten klare Antworten, die daher auch nicht zahlenmäßig aufgeschlüsselt werden, gab es auf die offensichtlich zu komplizierte und mißverständlich formulierte Frage 8 nach der Solidarität zwischen Priestern und Laien im Widerstand und nach Unterschieden in der Einstellung der jungen und älteren Generation. Zwei Arten von Antworten sind jedoch häufig: die Bejahung der Solidarität zwischen Priestern und Laien in kleinen Gruppen und die stärkere Anfälligkeit der Jugend für die NS-Propaganda. Besondere Loyalität gegenüber Geistlichen bei der Wehrmacht fand Prof. Josef Lenzenweger. Pfarrer Johann Dopler aus Frankenmarkt berichtet, daß z. B. Pfarrer Estermann eine Predigt mit den Worten „Heiliger Leopold, beschütze unser armes Österreich!" beendete und ihm danach „sehr bange" wurde. „Aber Leute standen zu ihm. Er wurde nicht belästigt." Pfarrer Adalbert Lohrmann aus Pyhra schrieb, daß die ganze Pfarre geschlossen hinter Pfarrer und Kaplan stand, als diesen 1939 der Religionsunterricht verboten wurde. Ein von Lohrmann geheim initiierter Protest wurde von der ganzen Pfarrgemeinde aufgenommen. Die Eltern wendeten sich geschlossen gegen den nationalsozialistischen Schuldirektor und anschließend an den Bezirksschulinspektor. Unterschiede in der Einstellung von jung und alt gab es nicht. Erzbischof Schoiswohl hatte selbst eine Reihe von Runden, „denen da jüngere und dort ältere Menschen angehörten". Der Zisterzienser P. Cornelius Steffek hatte von 1938 bis 1945 sogar „regsten Kontakt mit jungen Menschen gehabt, in Heimat und Feld". Kanonikus Heinrich Pichler war damals Ausländerkaplan für über 10.000 Arbeiter im Nibelungen-Werk St. Valentin. „Die meisten Einheimischen waren solidarisch mit den Priestern, rot und schwarz, stiller Widerstand." Dr. Franz Zarl, der nach der deutschen Besetzung der Slowakei nach Österreich zurückkehrte, um einer wahrscheinlichen KZ-Haft zu entgehen, wurde zunächst von Gläubigen erhalten. Als er dann als Seelsorger in der Tullner Filialpfarre Frauenhofen tätig war, hat ihn keiner der zirka 600 Katholiken, für die er zuständig war, verraten, obwohl sie wußten, daß er ein Gegner des NS-Regimes war. Sogar der nationalsozialistische Oberlehrer, der ihm offiziell Schwierigkeiten machte, erklärte ihm, daß er mit seiner Beobachtung privat und in der Kirche beauftragt sei, aber: „Ich tue Ihnen nichts; tun Sie mir auch nichts, wenn es wieder anders kommt." P. Pirmin Morandell OSB, der damals in Südtirol war, berichtet, daß jene Südtiroler, die nicht für die Umsiedlung in das Deutsche Reich optierten, und auch die aus dem Süden zugewanderten Italiener mit den Priestern solidarisch waren, besonders nach dem Sturz Mussolinis, „wo Südtirol praktisch Deutschland angegliedert war". Für den jetzigen Mittelschulprofessor Anton Egger war das Erleben „dieser Solidarität wohl etwas vom Beglückendsten in meinem ganzen Priesterleben!". Als Beispiel führte er an, daß es beim Militär bekannt war, daß die Priester die meisten Päckchen bekamen. „Ein Kamerad, Parteifunktionär, sagte mir diesbezüglich einmal: ‚Jetzt weiß ich, wer die wahren Volksvertreter sind!' — Außer von seiner Familie bekam er nämlich nichts!" Einige Male werden positive Kontakte zu Kommunisten und Sozialdemokraten erwähnt.

Bei den klaren Verneinungen einer Solidarität zwischen Priestern und Laien wurde einhellig die Furcht vor der NS-Verfolgung als Hauptgrund angegeben. „Unter den Intellektuellen hörte man in Graz von Kindern, die ihre eigenen Eltern angezeigt hatten."

Selbst aus der Diözese Linz, deren Klerus bei der Zahl der vom Nationalsozialismus verfolgten Priester führte, stammen Aussagen wie folgende: „Äußerste Vorsicht war beim Klerus (unvorsichtige und vertrauensselige kamen nach Dachau). Bischof Fließer von Linz wurde als Dachauer Bischof bezeichnet, weil er die meisten Kleriker inhaftiert h(atte)"; „es gab wohl keine richtige Solidarität zwischen Priestern und Laien im Widerstand gegen den Nationalsozialismus. Wir waren ganz eingeschüchtert. Man durfte sich nicht getrauen." Die Angst vor Spitzeln auch unter Priestern war latent vorhanden. Ganz lapidar ist die Antwort des Pfarrers von Kirchberg, NÖ: „Bei Überwiegen von Angst und Furcht keine Solidarität!"

Gerade bei dieser Frage wurde allerdings auch Kritik am Wort „Widerstand" wegen seiner Mehrdeutigkeit geübt. „Was versteht man bei dieser Frage wieder unter ‚Widerstand‘? Mehr das Äußere, Organisatorische? Oder die geistige Auseinandersetzung, den tiefer liegenden geistigen Widerstand?“ Ein Priester, dessen Bruder 1943 in Rußland von der Wehrmacht desertierte und sich zwei Winter in Almhütten im Ennstal versteckte, hat ebenso wie der Bruder, ein Lehrer, kaum Verständnis für das Wort „Widerstand“: „Der Opferausweis, um den ich mich überhaupt nicht bewarb, blieb ja auch eine Farce, gut für diejenigen, die darin eine teure Aktie erblickten, aber nicht ein Bekenntnis zur Solidarität gegen das Unrecht.“

Die für die Gegenwart bedeutsamsten Antworten wurden auf die Frage 9 gegeben, ob der Klosterneuburger Chorherr Roman Karl Scholz, der Gründer der „Österreichischen Freiheitsbewegung“, der nach vierjähriger Haft 1944 hingerichtet wurde, oder der wegen Eid- bzw. Kriegsdienstverweigerung 1943 hingerichtete oberösterreichische Mesner und Bauer Franz Jägerstätter solche Einzelfälle waren, daß sie nach 1945 nicht entsprechend gewürdigt wurden. Insgesamt hielten 74 Scholz und Jägerstätter für Einzelfälle, 69 widersprachen, und 88 erklärten, sie hätten erst nach 1945 von ihnen erfahren, wären nicht informiert oder wüßten darüber auch heute nicht Bescheid.

Zwei anonyme Wiener Antworten kommen von einer entgegengesetzten Erstaussage zu dem gleichen Schluß: „Nein. Die Linke konnte den christlichen Widerstand nicht brauchen. Man schwieg und schweigt unsere Opfer tot.“ „Ja, aber Spitzen eines Eisberges. Die verdiente Würdigung wurde aus parteipolitischen Gründen vorenthalten.“ Ein Dominikaner erklärte, daß er die beiden Namen nicht in dem bekannten Buch „Weggeleit durchs Erdenleben Gott entgegen“ von P. Jakob Koch SVD gefunden habe, „wo mehrere Namen von Naziopfern zu finden sind“. Ein „Ja“ wurde mit einem „Leider“ ergänzt. Ein Pfarrer aus Niederösterreich berichtete, daß Scholz und Jägerstätter bei den österreichischen Katholiken weniger bekannt waren als z. B. Bischof Galen von Münster, dessen Predigten weitergegeben wurden. Ein Wiener Pfarrer, der Scholz und Jägerstätter nicht für Einzelfälle hält, bedauerte, daß wegen des ausgedehnten Spitzelwesens alle Unterlagen aus „Gründen persönlicher Existenzsicherheit“ vernichtet wurden.

Der international bekannte österreichische Pastoraltheologe Univ.-Prof. Klostermann, der als Sekretär von Bischof Gföllner und für die Mittelschüler der Diözese Linz zuständige Seelsorger selbst ein Jahr im Gefängnis war und danach „gauverwiesen" wurde, weswegen er damals schon in der Diözese Linz vor allem bei der katholischen Jugend sehr angesehen war und 1962 der Nachfolger Prof. Michael Pflieglers an der Universität Wien wurde, war Jägerstätters Schicksal natürlich bekannt, von Scholz habe man aber in Oberösterreich kaum etwas gewußt. Pfarrer Josef Krenn aus Bad Schönau hält beide für Einzelfälle, „weil eben Katholiken die ‚Zivilcourage' fehlt, auch heute noch". Der schon genannte Kirchenhistoriker Lenzenweger, ein gebürtiger Oberösterreicher, erfuhr von Jägerstätter auch erst nach dem Krieg, hat aber einen ähnlichen Fall, Erschießung des Unteroffiziers Müller wegen Befehlsverweigerung 1944 in Belgien, selbst miterlebt. Für einen bereits im Ruhestand befindlichen Wiener Pfarrer waren Scholz und Jägerstätter mit Sicherheit Einzelfälle: „Der Österreicher war doch seit 1918 mit dem Anschlußgedanken infiziert, besaß ‚Untertanencharakter' und Geneigtheit zu Kompromissen und kaum Geneigtheit zu ‚Märtyrertum'". Milder formuliert, aber in eine ähnliche Richtung geht die Äußerung von Erzbischof Schoiswohl: „Der Österreicher ist kein Held, aber auch kein Feigling. Dazwischen weiß er vieles gut zu tarnen (auch als Katholik), sodaß man ihm schwer beikommt, obwohl die Ablehnung zu spüren ist." Ganz apodiktisch ist dagegen die Erklärung eines niederösterreichischen Geistlichen: „Widerstand wurde nicht geleistet. Ein Mann wollte nach meinem Wissen nicht mehr an die Front wegen der Familie."

Selbst in der Heimatdiözese Jägerstätters, Linz, wußte eine Reihe der Beantworter vor 1945 nichts von ihm. Univ.-Doz. Dr. Peter Eder, dessen Heimat nur 15 Kilometer von St. Radegund, dem Ort, in dem Jägerstätter lebte, entfernt ist, erfuhr erst nach dem Krieg durch Zeitungen und Zeitschriften vom Schicksal Jägerstätters, sodaß die Aussage des Linzer Professors Dr. Max Hollnsteiner der damaligen Situation ziemlich nahekommen dürfte: „Sie waren Einzelfälle und unbekannt, weil die Verbreitung solcher ‚Fälle' lebensgefährlich war." Weiter geht der frühere Pfarrer von Vöcklabruck, Alois Kaiser: „Der einfache Mensch beurteilte die Lage nüchtern so, daß offener Widerstand einem Selbstmord gleichkommt und sinnlos wäre. In der ganzen Haltung waren aber viele heldenhaft." Besonders bedrückend ist jedoch die knappe Erklärung eines Linzer Diözesangeistlichen: „Sind mir von der Pfarre Vöcklamarkt nicht bekannt und besonders hervorstechende Kämpfer und Märtyrer gegen den Nationalsozialismus sind mir nicht bekannt." Ein Grund dafür, wieso solche Aussagen von Priestern 1979 noch möglich waren, wurde mehrmals angeführt, nämlich daß 1945 die Sorge um die Heimkehrer und den Wiederaufbau Österreichs im Vordergrund standen. „Da gab es noch keine Würdigung von Verfolgten." In eine leider noch immer aktuelle Diskussion führt der Hinweis, daß man Jägerstätter deswegen nicht als „Helden" gefeiert habe, weil fast alle österreichischen Burschen und Männer auch ohne Begeisterung Soldaten der Deutschen Wehrmacht waren und Jägerstätter als „Außenseiter" betrachtet wird. Die Rücksicht auf diese Männer war auch der Grund, warum der damalige Schriftleiter des Linzer Kirchenblattes, der nachmalige Linzer Prälat Vieböck, 1946 einen Artikel des selbst in der NS-Zeit verfolgten Pfarrers Leopold Arthofer über Jägerstätter nicht im Kirchenblatt veröffentlichte. Bischof Fließer hat Vieböck erklärt: „Was werden uns die Heimkehrer aus der Gefangenschaft sagen (damals waren noch lange nicht alle zurückgekehrt), wenn wir nun den verherrlichen, der den Kriegsdienst verweigert hat."

In der Linzer Kirchenzeitung ist übrigens noch im Frühjahr 1979 eine lebhafte Kontroverse über Jägerstätter in publizierten Leserbriefen geführt worden, in denen Jägerstätter einerseits als „hochgejubelter", „eifernder Fanatiker, todessüchtiger Psychopath" bezeichnet und andererseits als Parallele zum „Fall Jesus" gesehen wird. Obwohl Dr. Johann Reitsamer auf den Fall des Feldwebels Müller aufmerksam machte, der 1944 nach dem Attentat vom 20. Juli den nun auch in der Wehrmacht eingeführten Hitlergruß verweigerte und deshalb erschossen wurde, und zwei Geistliche der Diözese Linz ihrer Bejahung der „Einzelfälle" „leider" hinzufügten, trifft meines Erachtens die Stellungnahme von Rektor Karl Wild wieder sehr zu, von der hier nur ein kurzer Auszug zitiert wird: „Jägerstätter war ein Einzelfall. Auch damals, als sich die Sache ereignete. Die Meinung, daß Jägerstätter richtig gehandelt hätte, war gar nicht allgemeine Meinung. Weithin ist im Volk gesagt worden: Was nützt es, wenn ein Mann sein Leben opfert. Er bringt seine Frau, seine Kinder, seine Verwandten in Not und Gefahr. Heute noch hören Männer sehr ungern zu, wenn man von Jägerstätter spricht. Ich glaube, sie fühlen sich angeklagt, weil sie selbst nicht den Mut gehabt haben, solches zu tun, was Jägerstätter getan hat."

In der Erzdiözese Salzburg hat der Seekirchner Kanonikus Haslinger von Jägerstätter zwar erst durch Zahns Buch erfahren, doch ist er der einzige von allen Beantwortern, der die Einleitung eines Seligsprechungsprozesses für Jägerstätter für richtig fand. „Daß er in seinem eigenen Land so wenig gewürdigt wurde, ist dem Umstand zuzuschreiben, daß die Kriegsteilnehmer sich vor ihm schämen müssen, aber nicht als Feiglinge gelten wollen. Sie wollen hören, ‚daß auch sie ihre Pflicht getan haben und in Ehren gehalten werden'." Der Mariasteiner Wallfahrtskurat Rudolf Ludwig, der selbst Schul- und Predigtverbot hatte und im Gefängnis war, nannte wie die Kärntner Geistlichen Josef Kanduth und Otto Streit Namen von hingerichteten Befehlsverweigerern. Aus der Diözese Gurk/Klagenfurt kommt allerdings auch der lapidare Satz: „Darüber gebe ich kein Urteil ab, ist Sache des Episkopates." Ihm wird ebenfalls von einem Kärntner Geistlichen geradezu erwidert: „Die bischöflichen Ordinariate getrauen sich nicht einmal, heute einen Gedenkgottesdienst für die NS-Opfer zu feiern." Ähnlich lautete die Aussage eines steirischen Priesters: „Das Ordinariat war immun gegen Prophetismus, Kampfgeist. Bis heute werden alle Priesteropfer verschwiegen, keine Ehrenliste u. ä. Es sei denn, man macht es jetzt als Folge der Holocaust-Welle, nach 40 Jahren." Auch der Wiener Monsignore Pinzenöhler, selbst ein NS-Verfolgter, stellte fest, daß sich die kirchliche Spitze sehr spät zu diesen heldenhaften Österreichern bekannt habe. „Sie wurden viel eher als eine Verlegenheit gewertet . . . daran hat sich bis heute noch nicht viel geändert . . ."

Der Grazer Univ.-Prof. Johann Fischl bestätigte auch die oft geäußerte Aussage, daß Scholz und Jägerstätter vor 1945 unbekannt waren, fügte jedoch hinzu, daß die Verteidigung des Vaterlandes im Kriegsfall als legitime Pflicht erschien und dem einzelnen nicht die Entscheidung zustehe, ob ein Krieg gerecht ist.

Ein steirischer Pfarrer bewundert heute Jägerstätter sehr, kann ihn aber nicht ganz verstehen, weil er ja — wie er selbst — in den Sanitätsdienst aufgenommen worden wäre. Der Grazer Dr. Josef Pfandl schrieb, daß er und seine Kollegen schon damals ein solches Vorgehen „für groß hielten, sie aber meinten, daß man es damit dem Nationalsozialismus zu leicht mache, es auszulöschen". Auch ein Vorarlberger Pfarrer findet „diese Fälle problematisch". „Sie forderten heraus und taten eigentlich nichts Logisches." Ebenfalls ein Vorarlberger fand dagegen die Frage „fast kindisch", als ob nicht jedes Land, jede Diözese „herrliche Beispiele von Helden- und Opfermut und Preisgabe des Lebens zu verzeichnen hätte!".

Zum Abschluß sollen noch einmal zwei Linzer Priester zu Wort kommen, da sie — wie viele andere — die Problematik kirchlichen bzw. katholischen Widerstandes aufzeigen: „Bei uns Katholiken wirkte die Forderung des 4. Gebotes, die Obrigkeit, auch die ungute, zu respektieren, sich dahingehend aus, daß der Widerstand gegen die Staatsgewalt unchristlich sei. Darum galten Widerstandskämpfer leicht als Rebellen, sie waren daher dünn gesät." Und: „Wir fühlten uns auch im Gefängnis oft im Stich gelassen. Nach 1945 waren wir froh, daß wir heil davongekommen sind. Das Leid war allgemein, wer wollte da besonders genannt werden. Widerstand gab es mehr."

Das Fazit dieses Versuches, von österreichischen Priestern als „Zeugen der Zeit" ihre Meinung über katholischen Widerstand gegen den Nationalsozialismus zu erfragen, liegt auf der Hand: daß sogar sie mit ihrer akademisch-theologischen Ausbildung und einem Stand angehörend, der vom NS-Regime von vornherein bekämpft wurde, in dieser Frage 1979 noch so geteilter Meinung waren bzw. zum Teil so wenig über den tatsächlich geleisteten Widerstand wußten, selbst wenn es über ihn Bücher und Fernsehdokumentationen gibt, legt die Vermutung nahe, daß es um das sogenannte Kirchenvolk, dem immerhin zumindest nominell 84% aller Österreicher angehören, in dieser Hinsicht noch weit schlechter bestellt ist. Eine Wandlung zum Besseren zu erreichen sollte Aufgabe aller engagierten Katholiken sein.

CHRISTEN UND JUDEN

Offizielle kirchliche Erklärungen in der Ära des Faschismus

Da der religiöse Antijudaismus die älteste Wurzel des christlichen Judenhasses und damit auch des konfessionellen Antisemitismus ist, werden im folgenden Abschnitt päpstliche Enunziationen auch aus dem 19. Jahrhundert und bischöfliche Erklärungen deutscher und österreichischer Bischöfe seit den dreißiger Jahren des 20. Jahrhunderts mit besonderer Berücksichtigung der Ära des Faschismus behandelt. Sie sind der durchaus nicht einheitliche Hintergrund für das, was sich in Österreich von 1938 bis 1945 in diesem furchtbarsten Bereich nationalsozialistischer Herrschaft ereignet hat.

Pius IX. (1846—1878) hat sich infolge seiner Enttäuschung und Verbitterung durch den Verlauf der Revolution von 1848 bekanntlich von einem liberalen zu einem streng konservativen Papst gewandelt. Davon wurden besonders die römischen Juden getroffen. Ihre Emanzipation war ja eine Forderung des Liberalismus, den der Papst nun verabscheute und bekämpfte. Auch er bezeichnete die Juden nun als Anstifter aller Revolutionen und verbannte sie wieder in das Ghetto. Die von ihm begründete und abhängige Jesuitenzeitschrift „Civiltà Cattolica" verteidigte die antijüdische Einstellung des Papstes und nahm bis in das letzte Jahrzehnt des 19. Jahrhunderts eine betont antijüdische Haltung ein. Im Syllabus, dem mit der Enzyklika *Quanta cura* 1864 herausgegebenen Katalog von 80 „Zeitirrtümern" hinsichtlich der Säkularisierung des geistigen und politischen Lebens, wurden die Juden zwar nicht namentlich genannt, doch galten die in ihm verurteilten Freimaurer indirekt auch als Juden. Das I. Vatikanische Konzil (1869/70) hat sich mit der Judenfrage nicht beschäftigt. Der Papst selbst hat jedoch 1872 und 1873 vor den Beamten der Kurie den jüdischen Journalismus und die nur materiellen Interessen der Juden heftig angegriffen. Auch sein im Vergleich liberaler

Nachfolger Leo XIII. (1878—1903) war gegen die Juden voreingenommen, obwohl er sich direkt nur gegen Freimaurer und Anarchisten ausgesprochen hat. Den offenen Kampf gegen die Juden führte die „Civiltà Cattolica" weiter.

Pius X. (1903—1914), der Antimodernisten-Papst, war von den innerkirchlichen Problemen so beansprucht, daß er zu jüdischen Fragen nicht ausdrücklich Stellung nahm. Er empfing sogar Theodor Herzl 1904 in einer Privataudienz, und 1906 gratulierte der „Osservatore Romano" Hauptmann Alfred Dreyfus zu dessen endgültiger Rehabilitierung. Dem Plan Herzls, der Gründung eines Judenstaates in Palästina, stand Pius X. allerdings sehr reserviert gegenüber.

Benedikt XV. (1914—1922) ist aufgrund seiner allgemeinen Humanität der geplanten Räumung der fast nur von Juden bewohnten Stadt Tel Aviv erfolgreich entgegengetreten. Dem Zionismus erteilte er dagegen 1921 eine offizielle Absage. Im neuen Codex Juris Canonici von 1918 gab es allerdings im Gegensatz zum früheren Kirchenrecht keine judenfeindlichen Bestimmungen mehr.

Die Wende in der Haltung des Papsttums gegenüber den Juden vollzog dann Pius XI. (1922—1939), wofür nicht nur seine persönliche Wertschätzung der jüdischen Religion und Literatur, sondern auch der vor allem im Nationalsozialismus wachsende Rassenantisemitismus maßgeblich war. Rudolf Lill hat auf die erste, oft übersehene Verurteilung des Antisemitismus durch den Hl. Stuhl aufmerksam gemacht. Sie erfolgte 1928 in einem Dekret des Hl. Offiziums gegen die Vereinigung „Amici Israel". Sie war 1926 mit dem Ziel der Konversion der Juden zum Katholizismus gegründet worden. 1928 hatte sie bereits über 200 Mitglieder, unter ihnen Bischöfe und Kardinäle. In ihrer Programmschrift von 1927 „Pax super Israel" versuchte sie, mit Rücksicht auf die religiösen Gefühle der Juden möglichst schonende Methoden der Bekehrung darzulegen, die dem Hl. Offizium jedoch zu weit gingen, was zum Verbot der „Amici Israel" führte. Gerade in dem Verbotsdekret findet sich aber folgender Satz: „Von dieser Liebe (zum jüdischen Volk) bewegt, hat der Apostolische Stuhl das jüdische Volk gegen ungerechte Mißhandlungen in Schutz genommen; und wie er alle Mißgunst und Feindschaft zwischen den Völkern verurteilt, so verurteilt er besonders den Haß gegen das einst von Gott ausgewählte Volk, jenen Haß, der jetzt gewöhnlich ‚Antisemitismus' genannt wird."

Auf die Enzyklika Pius' XI. *Mit brennender Sorge* vom 14. März 1937 wird noch im weiteren Kontext eingegangen werden. Nach der Erlassung der ersten italienischen Rassengesetze durch Mussolini 1938 bestätigte Pius XI. zwei jüdische Mitglieder der päpstlichen Akademie der Wissenschaften und verurteilte die Rassentheorie in mehreren Reden, die auch im „Osservatore Romano" publiziert wurden. So erklärte er z. B. im Juli 1938: „Die menschliche Würde besteht darin, daß sie nur eine große Familie sind, das Menschengeschlecht, die menschliche Rasse; dies ist die Antwort der Kirche, dies ist in Unseren Augen die wahre Rassentheorie." Im September 1938 las er belgischen Pilgern, die ihm ein kostbares Missale überreichten, das an „das Opfer unseres Vaters Abraham" erinnernde Kanongebet vor und fügte hinzu, daß der Antisemitismus mit dem darin ausgesprochenen Gedanken unvereinbar sei. „Der Antisemitismus ist eine abstoßende Bewegung, an der wir Christen keinen Anteil nehmen können . . . Wir erkennen jedem das Recht zu, sich zu verteidigen und die geeigneten Mittel zu gebrauchen, um sich gegen alles, was die eigenen legitimen Interessen untergräbt, zur Wehr zu setzen. Der Antisemitismus ist nicht vertretbar. Geistlich sind wir Semiten."

Pius XI. war mit dieser Einstellung — drei Jahre nach den Nürnberger Gesetzen — der Mehrheit seiner Kirche voraus. In der zweiten, neu bearbeiteten Auflage von Buchbergers Lexikon für Theologie und Kirche 1930 heißt es unter dem Stichwort „Antisemitismus" in der Formulierung P. Gundlachs SJ, daß es sich dabei um eine moderne Bewegung zur politischen und wirtschaftlichen Bekämpfung des Judentums handle. „Man kann eine völkisch und rassenpolitisch eingestellte von einer staatspolitisch orientierten Richtung des A. unterscheiden. Jene bekämpft das Judentum wegen seines rassenmäßigen und völkischen Andersseins schlechthin, diese wegen des übersteigenden u. schädl. Einflusses des jüd. Bevölkerungsteils innerhalb desselben Staatsvolkes . . ." Es folgt eine Aufzählung jener Bereiche, in denen die Juden aufgrund ihrer „rücksichtslosen Anpassungsfähigkeit" erfolgreich seien, woran sich folgende Konklusion schließt: „Die erste Richtung des A. ist unchristlich, weil es gegen die Nächstenliebe ist, Menschen allein wegen der Andersartigkeit ihres Volkstums, also nicht ihrer Taten, zu bekämpfen. Auch wendet sich diese Richtung notwendig gegen das Christentum wegen seines inneren Zusammenhangs mit der Religion des von Gott einst auserwählten jüd. Volkes (Versuche einer ‚arisch-germanischen' Religion). Die zweite Richtung des A. ist erlaubt, sobald sie tatsächlich schädlichen Einfluß des jüd. Volksteils auf den Gebieten des Wirtschafts- u. Parteiwesens, des Theaters, Kinos und der Presse, der Wissenschaft u. Kunst (liberal-libertinistische Tendenzen) mit sittl. u. rechtl. Mitteln bekämpft. Ausgeschlossen sind Ausnahmegesetze gegen jüd. Staatsbürger als Juden, u. zwar vom Standpunkt des modernen Rechtsstaats." Diese Zweiteilung von sozusagen unerlaubtem und erlaubtem Antisemitismus ist noch wenige Jahre später von Bischöfen vorgenommen worden, wovon bereits die Rede war.

In der Zeit der rapid wachsenden Wahlerfolge der deutschen Nationalsozialisten ab 1929 haben die deutschen Bischöfe mehrmals in Hirtenbriefen den Nationalsozialismus scharf verurteilt und den Katholiken verboten, der NSDAP beizutreten. In einer Kundgebung des Vorsitzenden der deutschen Bischofskonferenz Kardinal Adolf Johannes Bertram vom 31. Dezember 1930 wurde auch die „Rassenverherrlichung" des Nationalsozialismus angeprangert. „Wir katholische Christen kennen keine Rassen-Religion, sondern nur Christi weltbeherrschende Offenbarung, die für alle Völker den gleichen Glaubensschatz, die gleichen Gebote und Heilsrichtungen gebracht hat." Am 10. Februar 1931 erließ der bayrische Episkopat eine „Pastorale Anweisung"; in ihr heißt es noch deutlicher, daß führende Vertreter des Nationalsozialismus die Rasse höher stellten. „In § 24 des Programms soll das ewig gültige christliche Sittengesetz an dem Moralgefühl der germanischen Rasse nachgeprüft werden." — „Dem katholischen Klerus ist es streng verboten, an der nationalsozialistischen Bewegung in irgendeiner Form mitzuarbeiten." Diesen Anweisungen und seiner eigenen Kundgebung vom 30. Dezember 1930 fügte Kardinal Bertram am 14. Februar 1931 noch „Pastorale Winke" hinzu, in die er die zitierten Sätze aus den bayrischen Anweisungen übernahm.

Schon für jene Zeit läßt sich feststellen, daß sich die deutschen Bischöfe Kundgebungen gründlich überlegten, ihre Meinungen darüber austauschten und mehrere Konzepte ausarbeiteten, ehe es zu einer Veröffentlichung kam. Wegen der Fülle dieses Materials kann daher hier im allgemeinen nur auf die veröffentlichten Texte eingegangen werden, wobei nur jene Stellen berücksichtigt werden, die auf Rassenfragen Bezug nehmen.

Die Bischöfe der Kölner Kirchenprovinz veröffentlichten eine Kundgebung vom 5. März 1931, in der sie mit ähnlichen Worten auf die Kundgebungen Bertrams und der bayris[1]hen Bischöfe verwiesen. Die Bischöfe der Paderborner Kirchenprovinz folgten am 10. März 1931 mit der Kundgebung „Katholizismus und Nationalsozialismus". Dieser mache das Gefühl einer Rasse zum Richter über „religiöse Wahrheiten, über Gottes Offenbarung und über Zulässigkeit der von Gott gegebenen Sittengesetze". Neun Tage später wurden die Bischöfe der oberrheinischen Kirchenprovinz noch deutlicher. Die Kirche und ihre Glaubensverkündigung seien nicht an Landesgrenzen gebunden und würden keineswegs durch das „Gefühl einer Menschenrasse" bestimmt; „die Entscheidung darüber liegt im besonderen auch nicht im Gefühl oder in der Willensmeinung der ‚germanischen Rasse'". Daher sei es auch ganz ausgeschlossen, daß sich die katholische Kirche in ihren Lehren und ihrem Wirken „von dem ‚Moral- und Sittlichkeitsgefühl einer Rasse', etwa der germanischen, leiten oder einengen oder verführen läßt".

Die österreichischen Bischöfe nahmen in ihrem Fastenhirtenbrief 1932 „über den außen- und innerkirchlichen Sozial-Radikalismus, Bolschewismus, Nationalsozialismus und Revisionismus" auch gegen jene Stellung, in deren Programm die Nation zum Idol werde. Im Jänner 1933, an dessen letztem Tag Hitler zum Kanzler des Deutschen Reiches ernannt wurde, erließ Bischof Johannes Maria Gföllner von Linz seinen schon mehrmals erwähnten ausführlichen Hirtenbrief über wahren und falschen „Nationalismus". Gföllner erklärte, daß so „wie sozialistischer Klassenhaß auch nationalsozialistischer Rassenhaß" mit wahrem Christentum ebenso unvereinbar sei wie Feuer und Wasser. Diesen Rassenhaß verurteilte er ebenso wie den „unbarmherzigen Rassenwahn, im bloßen Interesse einer gesunden Menschenrasse die ‚Sterilisation defekter Menschen als die humanste Tat der Menschheit' hinzustellen". Auch der radikale Rassenantisemitismus des Nationalsozialismus müsse entschieden abgelehnt werden. „Das jüdische Volk nur wegen seiner Abstammung verachten, hassen und verfolgen, ist unmenschlich und antichristlich." Bischof Gföllner nahm dabei auch auf das schon erwähnte Römische Dekret von 1928 Bezug.

Dann aber folgte auch Gföllner P. Gundlachs Trennung: „Verschieden allerdings vom jüdischen Volkstum und von der jüdischen Religion ist der *jüdische internationale Weltgeist*. Zweifellos üben viele gottentfremdete Juden einen überaus schädlichen Einfluß auf fast allen Gebieten des modernen Kulturlebens aus. Wirtschaft und Handel, Geschäft und Konkurrenz, Advokatur und Heilpraxis, soziale und politische Umwälzungen sind vielfach durchsetzt und zersetzt von materialistischen und liberalen Grundsätzen, die vorwiegend vom Judentum stammen. Presse und Inserate, Theater und Kino sind häufig erfüllt von frivolen und zynischen Tendenzen, die die christliche Volksseele bis ins Innerste vergiften und die ebenso vorwiegend vom Judentum genährt und verbreitet werden. Das entartete Judentum im Bunde mit der Weltfreimaurerei ist auch vorwiegend Träger des mammonistischen Kapitalismus und vorwiegend Begründer und Apostel des Sozialismus und Kommunismus, der Vorboten und Schrittmacher des Bolschewismus. Diesen schädlichen Einfluß des Judentums zu bekämpfen und zu brechen ist nicht nur gutes Recht, sondern strenge Gewissenspflicht eines jeden überzeugten Christen, und es wäre nur zu wünschen, daß auf arischer und auf christlicher Seite diese Gefahren und Schädigungen durch den jüdischen Geist noch mehr gewürdigt, noch nachhaltiger bekämpft und nicht, offen oder versteckt, gar nachgeahmt und gefördert würden. In früheren Zeiten hat man, namentlich in italienischen Städten, der jüdischen Bevölkerung ein eigenes Wohngebiet, ein sogenanntes Ghetto angewiesen, um jüdischen Geist und Einfluß tunlichst zu bannen; die moderne Zeit braucht zwar die Juden nicht des Landes zu verweisen, sollte aber in Gesetzgebung und Verwaltung einen starken Damm aufrichten gegen all den geistigen Unrat und die unsittliche Schlammflut, die vorwiegend vom Judentum aus die Welt zu überschwemmen drohen. —

Dabei sei rückhaltlos zugegeben, daß es auch im Judentum edle Charaktere gibt."

46 Jahre später hat die Verfasserin — wie schon mehrmals berichtet — 1979 einen Fragebogen über „Kirche und Nationalsozialismus" an alle damals über 60 Jahre alten österreichischen Priester ausgesendet. Er enthielt auch Fragen über das Verhältnis von Katholiken und Juden in jener Zeit. Dabei wurde in einigen Antworten auf den Hirtenbrief Gföllners zustimmend hingewiesen. Der österreichische Gesamtepiskopat, der schon im Februar 1932 in einem gemeinsamen Hirtenbrief vor dem Nationalsozialismus gewarnt hatte, hielt dann in seinem von Gföllner konzipierten Weihnachtshirtenbrief 1933 der Lehre des Nationalsozialismus vier Grundwahrheiten entgegen, deren erste lautete: „Die Menschheit ist eine einheitliche Familie, aufgebaut auf Gerechtigkeit und Liebe. Darum verurteilen Wir den nationalsozialistischen Rassenwahn, der zum Rassenhaß und zu Völkerkonflikten führt, ja führen muß; desgleichen verurteilen Wir das unchristliche Sterilisationsgesetz, das mit dem Naturrecht und dem katholischen Christentum in unversöhnlichem Widerspruch steht."

Nach der Ernennung Hitlers zum Reichskanzler und damit nach dem Beginn der NS-Machtergreifung befanden sich die deutschen Bischöfe in einer schwierigen Situation. Sie wurde noch verstärkt durch Hitlers maßvolle Rede am 21. März 1933, dem „Tag der nationalen Erhebung", in der Potsdamer Garnisonskirche, dem allerdings zwei Tage später die Annahme des „Ermächtigungsgesetzes" im Reichstag, auch mit den Stimmen des katholischen Zentrums, folgte. Die Verunsicherung der Bischöfe zeigt besonders deutlich ihre Reaktion auf den Boykott der Juden am 1. April 1933. Der Direktor der Deutschen Bank und Präsident der Arbeitsgemeinschaft der Konfessionen für den Frieden, Wassermann, suchte über Empfehlung des Berliner Domkapitulars Lichtenberg am 31. März Kardinal Bertram auf, um diesen um eine Intervention für die Juden zu bitten. Um es gleich vorwegzunehmen: vergeblich. Kardinal Bertram hat zwar die Erzbischöfe von Köln, München, Freiburg, Paderborn und Bamberg noch am gleichen Tag informiert, ihnen aber zugleich seine eigenen Bedenken mitgeteilt. Die Erzbischöfe sollten ihm telegraphisch antworten mit „Erfüllung des

Wunsches geschehe“ oder „Erfüllung unterlassen“. Bertrams Bedenken bezogen sich auf folgendes:

„1. darauf, daß es sich um einen wirtschaftlichen Kampf in einem uns in kirchlicher Hinsicht nicht nahestehenden Interessentenkreis handelt;
2. daß der Schritt als Einmischung in eine Angelegenheit erscheint, die das Aufgabengebiet des Episkopates weniger berührt, der Episkopat aber triftigen Grund hat, sich auf sein eigenes Arbeitsgebiet zu beschränken;
3. daß der Schritt keinen Erfolg haben dürfte, weil die Gründe pro und contra den maßgebenden Stellen auch ohne unsere Vorstellungen genügend bekannt sind; dazu kann
4. die taktische Erwägung kommen, daß dieser Schritt, der nicht vertraulich im engeren Kreis bleiben kann, sicher die übelste Interpretation in den weitesten Kreisen von ganz Deutschland finden würde, was bei der überaus diffizilen und dunklen Gesamtlage keineswegs gleichgiltig sein kann.
   Daß die überwiegend in jüdischen Händen befindliche Presse gegenüber den Katholikenverfolgungen in verschiedenen Ländern durchwegs Schweigen beobachtet hat, sei nur nebenbei berührt.“

Erzbischof Gröber von Freiburg notierte eigenhändig auf der Rückseite des Briefes Bertrams: „Erfüllung Wunsches geschehe mit Rücksicht auf Schuldlose und Convertierte.“ Kardinal Faulhaber von Müchen telegraphierte: „. . . aussichtslos. Würde verschlimmern. Übrigens schon Rückgang.“

Wenn es auch gegen den Boykott keine gemeinsamen Maßnahmen gab, so meldeten sich doch Kardinal Schulte von Köln, Erzbischof Klein von Paderborn und Bischof Berning von Osnabrück unmittelbar nach der Erlassung des Gesetzes zur Wiederherstellung des Berufsbeamtentums vom 7. April 1933 gemeinsam über die katholische Tagespresse — ein für Bischöfe eher ungewöhnlicher Weg — zu Wort. Kirchliche Amtsblätter zogen erst nach. Das Gesetz war die unmittelbare Vorstufe der Nürnberger Gesetze von 1935, d. h. es enthielt bereits für die Beamten die Bedingung der arischen Abkunft. Seine Durchführung bewirkte die Entlassung zahlreicher katholischer und jüdischer Beamten. Die drei Bischöfe hatten sich schon am 8. April in Köln getroffen und den Text ihrer „Kundgebung“ konzipiert. Sie begründeten die rasche Veröffentlichung noch vor der nächsten Bischofskonferenz (30. 5.—1. 6. 1933 in Fulda) mit der bevorstehenden Karwoche.

Der Text war kurz, und wenn die Juden auch nicht namentlich genannt wurden, war doch klar, was die Bischöfe meinten: „Erfüllt von heißester Liebe zu ihrem Vaterlande, dessen nationalen Aufstieg sie stets mit allen ihren Kräften fördern, sehen die Bischöfe mit tiefster Kümmernis und Sorge, wie die Tage nationaler Erhebung zugleich für viele treue Staatsbürger und darunter auch gewissenhafte Beamte unverdientermaßen Tage des schwersten und bittersten Leidens geworden sind. Sie flehen zu Gott, der in unendlicher Liebe seinen eingeborenen Sohn zur Erlösung für alle Menschen dahingab, er wolle die Geschicke unseres vielgeprüften Volkes zum Guten wenden, wolle Haß und Zwietracht von ihm fernhalten. Frieden und Einigkeit, Wohlfahrt und Freiheit und den gebührenden Platz unter den Völkern der Erde ihm wiedergeben.“ Dieser Verlautbarung schlossen sich Kardinal Bertram und Erzbischof Conrad Gröber an.

Für die deutschen Bischöfe, die sich vor dem Jänner 1933 so entschieden gegen den Nationalsozialismus gewendet haben, war die neue Lage trotz bzw. wegen ihrer am 28. und 30. März veröffentlichten Erklärung besonders schwierig, da ihr neuer gemeinsamer Kurs noch nicht entschieden festgelegt war. Eine zusätzliche Schwierigkeit war für sie die noch ungebrochene Haltung österreichischer Bischöfe wie z. B. Bischof Gföllners von Linz. Er hatte in „Richtlinien hinsichtlich Zulassung parteipolitischer Organisationen in Kirchen und zu kirchlichen Feiern“ vom März 1933 Trägern parteipolitischer Uniformen die Teilnahme an Gottesdiensten verboten und alle früheren Sanktionen gegen Nationalsozialisten aufrechterhalten.

Kardinal Bertram, der Vorsitzende und Sprecher der deutschen Bischöfe, hatte einen Tag nach der Annahme des Ermächtigungsgesetzes mit den Stimmen des Zentrums, also schon am 24. März, den Entwurf einer vermittelnden Kundgebung den Mitgliedern der Fuldaer Bischofskonferenz und Kardinal Faulhaber mit der Bitte um schnelle Rückäußerung übermittelt. Warum Kardinal Bertram dann selbst den endgültigen Text festlegte, seine Veröffentlichung am 26. März beschloß und den Fuldaer Bischöfen am 27. März mit der Behauptung zusandte, daß die Abstimmung in der Fuldaer Bischofskonferenz positiv gewesen sei, obwohl noch keineswegs alle Antworten eingetroffen waren, ist unklar. Kardinal Michael Faulhaber von München sah sich vor vollendete Tatsachen gestellt und telegraphierte am 27. März sein Einverständnis. P. Ludwig Volk, der vor einigen Jahren verstorbene beste Kenner der Materie, hat vermutet, daß Bertram vom Vizekanzler von Papen über bevorstehende Konkordatsverhandlungen informiert und deshalb zu raschem Handeln gedrängt worden war.

Bertrams Text war zwar vorsichtig formuliert, nahm aber unter Beziehung auf Hitlers Rede alle früheren kirchlichen Warnungen und Verbote gegenüber dem Nationalsozialismus „als nicht mehr notwendig" zurück. Er wurde deshalb allgemein — auch von Kardinalstaatssekretär Pacelli — als sehr rasche, volle Zustimmung des deutschen Episkopats zum Deutschen Reich und Hitler verstanden, was bei vielen gläubigen Katholiken tiefe Niedergeschlagenheit und heftige Kritik hervorrief. Mit dem offenbar notwendig gewordenen Versuch, die Erklärung vom 28. März zu rechtfertigen, verteidigte sie Faulhaber am 20. April vor den bayrischen Bischöfen und Kardinal Bertram Ende Mai vor dem ganzen deutschen Episkopat.

In diesem Zusammenhang muß auch der Brief Kardinal Faulhabers vom 12. April an die bayrischen Bischöfe verstanden werden, in dem er diesen erklärte, daß die vereinbarten pastoralen Anweisungen zwar schon gedruckt seien, aber wegen Bischof Gföllners strengen Richtlinien nicht an den Klerus ausgesendet werden könnten. Er wolle nicht gleichzeitig „den Gegnern der Kirche das Schauspiel von Nein und Ja bieten". Auch Bischof Buchberger von Regensburg habe ihn unter Hinweis auf Gföllner gebeten, mit der Veröffentlichung der „Anweisungen" bis zur Bischofskonferenz zu warten. Faulhaber ersuchte weiters um Stellungnahme zu einem von Bischof Buchberger erarbeiteten Konzept für einen Hirtenbrief der bayrischen Bischöfe. Faulhaber selbst schlug vor, daß dieser Hirtenbrief Abschnitte über die Bekenntnisschule und katholische Jugendvereine enthalten sollte. Er selbst erhalte täglich mündlich und brieflich Vorstellungen, warum die Kirche zu der „Flut von Gewalttätigkeiten und Haß“, die sich jetzt über die Lande wälze, schweige. „Auch dazu, daß solche Männer, die seit zehn und zwanzig Jahren aus dem Judentum konvertierten, heute ebenso in die Judenverfolgung einbezogen werden.“

Schon zwei Tage zuvor berichtete Kardinal Faulhaber auch Kardinalstaatssekretär Pacelli, nahm dabei aber die Antwort vorweg: „Uns Bischöfen wird zur Zeit die Frage vorgelegt, warum die katholische Kirche nicht, wie so oft in der Kirchengeschichte, für die Juden eintrete. Das ist zur Zeit nicht möglich, weil der Kampf gegen die Juden zugleich ein Kampf gegen die Katholiken werden würde und weil die Juden sich selber helfen können, wie der schnelle Abbruch des Boykotts zeigt. Ungerecht und schmerzlich ist bei diesem Vorgehen gegen die Juden besonders die Tatsache, daß auch solche, die seit zehn und zwanzig Jahren getauft und gute Katholiken sind, sogar solche, deren Eltern schon katholisch waren, gesetzlich noch als Juden gelten und als Ärzte und Rechtsanwälte ihre Stelle verlieren sollen.“

Den bayrischen Bischöfen teilte der Kardinal in einer Konferenz in Regensburg am 20. April laut Protokoll mit: „Verschiedene Zeichen der Zeit, wie die Tatsache, daß auch die vor 10 und 20 Jahren katholisch gewordenen Juden heute unter die Judengesetze fallen sollen, deuten auf den Ernst der Lage. Referent hält eine neue Kundgebung der Bischofskonferenz für notwendig.“ In dem von Bischof Buchberger vorgelegten Entwurf eines gemeinsamen Hirtenbriefes der bayrischen Bischöfe, der auch angenommen und mit Datum vom 5. Mai veröffentlicht wurde, sprachen die Bischöfe die Hoffnung aus, daß die Regierung über die wohlbegründeten Rechte von Anhängern einer anderen politischen Gesinnung und Angehörigen eines anderen Volkes nicht hinweggehen werde. Jede Art von „Ausnahme-Gesetzen“, „jede Rechtsverletzung und Rechtsungleichheit“ sei grundsätzlich abzulehnen.

Bei der Konferenz von Vertretern der Kirchenprovinzen, Bischöfen und Prälaten am 25. und 26. April 1933 in Berlin wurde angeregt, „für die nach den neustaatlichen Gesetzen als nicht-arisch bezeichneten Geistlichen und überhaupt die pädagogischen konvertierten Juden einzutreten“. Am letzten Tag der

Konferenz hatten Bischof Wilhelm Berning von Osnabrück und der Berliner Generalvikar Steinmann eine eineinviertelstündige Unterredung mit Hitler, die laut Protokoll „herzlich und sachlich" gewesen sein soll. Sie begann allerdings mit der prinzipiellen Anerkennung des jetzigen Staates, der Förderung des Christentums, der Hebung der Sittlichkeit und des Kampfes gegen Bolschewismus und Gottlosigkeit durch Bischof Berning im Namen aller Bischöfe. Dann trug der Bischof die Wünsche der Kirche vor: Freiheit der Priester, der Seelsorge, der katholischen Schulen und Vereine sowie die Sorge über den Abbau von dem Zentrum nahestehenden katholischen Beamten. Die Judenfrage erwähnte er nicht, wohl aber Hitler, der eine Weitergabe seiner Mitteilungen an die Bischöfe gestattete. Die Öffentlichkeit sollte jedoch nur das Faktum des Gesprächs, aber nichts über dessen Inhalt erfahren. Wiederum laut Protokoll sprach Hitler „mit Wärme und Ruhe, hie und da temperamentvoll. Gegen die Kirche kein Wort, nur Anerkennung gegen die Bischöfe". Wörtlich heißt es: „Man hat mich wegen Behandlung der Judenfrage angegriffen. Die katholische Kirche hat 1.500 Jahre lang die Juden als Schädlinge angesehen, sie ins Ghetto gewiesen usw., da hat man erkannt, was die Juden sind. In der Zeit des Liberalismus hat man diese Gefahr nicht mehr gesehen. Ich gehe zurück auf die Zeit, was man 1.500 Jahre lang getan hat. Ich stelle nicht die Rasse über die Religion, sondern ich sehe die Schädlinge in den Vertretern dieser Rasse für Staat und Kirche, und vielleicht erweise ich dem Christentum den größten Dienst; deswegen ihre Zurückdrängung vom Studium und den staatlichen Berufen."

Das Problem der „Judenchristen" beschäftigte den Münchner Kardinal Faulhaber dennoch so sehr, daß er es am 27. April mit dem bayrischen Reichsstatthalter von Epp besprach. Dieser ließ sich nach der Mitteilung Faulhabers an den bayrischen Episkopat davon überzeugen, daß die Judenchristen nicht unter die Ausnahmegesetzgebung gegen die Juden fallen dürfen. Er ersuchte Faulhaber um die Angabe der ungefähren Zahl solcher Fälle in Bayern. Faulhaber habe sie sofort durch die Schwestern der Heimatmission in den Konversionsmatrikeln ermitteln lassen. In der Stadt München waren es seit 1900 116 katholisch getaufte Juden und 138 Jüdinnen; außerdem 94 Juden und 29

Jüdinnen mit katholischer Trauung und Kindererziehung und sieben Ehepaare ohne katholische Trauung, aber mit katholischer Kindererziehung. Faulhaber bat die bayrischen Bischöfe, ihm die ungefähre Zahl katholisch getaufter Juden, „deren Taufe nicht Konjunkturtaufe ist", aus ihren Diözesen mitzuteilen, wobei man sich auf die größeren Städte, Beamte und Akademiker beschränken könne.

Obwohl im Mittelpunkt dieses Abschnittes die katholische Kirche steht, sei doch vermerkt, daß der Weg zur Entscheidung der evangelischen Kirchenleitung im März und April 1933, zur Judenfrage zu schweigen, zum Teil auf den Tag genau parallel mit jenem der katholischen Bischöfe verlief. „Ende April waren für beide Kirchen die Richtungen zunächst festgelegt. Sie glichen sich darin, daß bei aller Verschiedenheit der Probleme im einzelnen grundsätzlich Einverständnis darüber herrschte, daß die Verteidigung der Freiheit und Selbständigkeit der Kirche gegenüber dem Staat jetzt die erste und wichtigste Aufgabe sei, der gegenüber alle anderen Aufgaben zurückzutreten hatten."

Nicht gleich verlief bekanntlich die weitere Entwicklung. Schon vor dem Jänner 1933 hatte es „Evangelische Christen" gegeben, die sich „Deutsche Christen" nannten. Am 25. April stellte sich Hitler persönlich hinter ihre Bewegung und ernannte den Königsberger Wehrkreispfarrer Ludwig Müller zu seinem „Bevollmächtigten für die Angelegenheiten der evangelischen Kirchen", der bald erkennen ließ, daß sein oberstes Ziel war, „Reichsbischof" zu werden.

Darauf bildeten sich unter den evangelischen Pastoren verschiedener Richtungen rasch oppositionelle Gruppen, vor allem die „Jungreformatorische Bewegung", zu der noch im Mai Pastor Martin Niemöller stieß. Vom Evangelischen Kirchenbund wurde am 27. Mai der Betheler Pastor Friedrich von Bodelschwingh als Gegenkandidat Müllers mit 91 gegen acht Stimmen zum Reichsbischof gewählt.

Zu Bodelschwinghs Beratern gehörte auch schon Dietrich Bonhoeffer. Nun kam es zu staatlichen und parteipolitischen Eingriffen in kirchliche Fragen — besonders in Preußen — und den Vorbereitungen von Kirchenwahlen für einen neuen Reichsbischof. Die NSDAP unterstützte im Auftrag Hitlers im Wahlkampf massiv die „Deutschen Christen" und damit

Müller. In der von ihnen beherrschten Nationalsynode am 27. September 1933 wurde Müller zum Reichsbischof gewählt. Damit begann der Kirchenkampf der evangelischen Kirchen erst recht, in dem die „Deutschen Christen" und vor allem Reichsbischof Müller allerdings schon nach einem Jahr fast bedeutungslos wurden. Noch im September gründete Niemöller in Berlin-Dahlem den „Pfarrer-Notbund", aus dem Anfang 1934 die am 22. April in Ulm erstmals gemeinsam auftretende „Bekennende Kirche" hervorging.

Am 3. Jänner 1934 war in Barmen eine „Freie Synode" zusammengetreten, vor der am 4. Jänner Karl Barth das „Bekenntnis einer freien Kirchensynode", das aus 17 Thesen bestand, vortrug (Akten deutscher Bischöfe über die Lage der Kirche 1933—1945). Die vorletzte These stellte die Einheit der Kirche Jesu Christi „in den verschiedenen Zeiten, Rassen, Völkern, Staaten und Kulturen" fest und lehnte ausdrücklich den „Arierparagraphen" ab. Die Thesen Barths wurden von den anwesenden 320 Vertretern von 167 evangelischen Gemeinden angenommen. Sie waren bereits im wesentlichen der Kern des Beschlusses der großen Barmer Bekenntnissynode vom 29. bis 31. Mai 1934. Die „Bekennenden Christen" sind diesen Beschlüssen bis 1945 treu geblieben. Den großen öffentlichen Protest gegen die Deportierung und Vernichtung der Juden haben trotz vieler mutiger Hilfen allerdings auch sie nicht gewagt.

Die Jahre 1933/34 verliefen für die katholische Kirche insofern etwas ruhiger, als das Deutsche Reich bereits am 8. Juli 1933 ein Konkordat mit dem Vatikan abgeschlossen hatte, das zumindest formell die Garantie für einen „Modus vivendi" zu bieten schien. Einen Monat vorher hatte der deutsche Episkopat am 3. Juni in Fulda einen Hirtenbrief beschlossen, in dem nochmals die Stellung der Kirche in und zum Staat deklariert worden war. Eine Volkseinheit ließe sich jedoch nicht nur durch die Blutsgleichheit, sondern auch durch die Gesinnungsgleichheit verwirklichen. Bei der Zugehörigkeit zu einem Staatswesen führe die ausschließliche Betonung der Rasse und des Bluts zu Ungerechtigkeiten, „die das christliche Gewissen belasten, vor allem, wenn sie Mitmenschen treffen, die in Christus durch das heilige Sakrament der Taufe wiedergeboren sind und ‚ein neues Geschöpf' in ihm wurden (2 Kor 5, 17)". Wenige

Wochen nach dem Konkordatsabschluß mußte sich bereits die Plenarkonferenz des deutschen Episkopats vom 29. bis 31. August 1933 mit Konkordatsverletzungen von seiten des NS-Regimes beschäftigen, was zu der berechtigten Frage führte, ob das Konkordat überhaupt ernst zu nehmen sei. Außerdem wurde die Frage angeschnitten, ob man in das zwar unterzeichnete, aber noch nicht ratifizierte Konkordat auch Sicherungen für die Judenchristen einbeziehen sollte. Kardinal Bertram hat dann auch in seinem Schreiben vom 2. September 1933 Kardinalstaatssekretär Pacelli im Auftrag der Konferenz gebeten, zu erwägen, ob nicht folgende „Gravamina" noch vor der Ratifikation abgestellt werden könnten. „1. Beeinträchtigung katholischer Vereine, 2. Kampf gegen die katholische Presse, 3. Entlassung katholischer Beamter und Angestellter, und 4. Bedrückung von Katholiken jüdischer Abstammung." Eine Antwort darauf ist zumindest mir nicht bekannt geworden.

Bischof Berning von Osnabrück berichtete den Bischöfen am 25. November 1933 über seine Verhandlungen mit Berliner Zentralstellen. Beim Kultusministerium hatte er sich darüber beschwert, daß untergeordnete Schulstellen angewiesen worden seien, im Religionsunterricht auch die Rassenfragen zu behandeln. Er erhielt daraufhin eine scheinbar voll befriedigende Antwort, auch wenn sich in der Praxis wenig geändert haben dürfte: „Es wurde festgestellt, daß das Recht zu Anordnungen über den Lehrstoff des Religionsunterrichts ausschließlich der Kirche zustehe. Darum seien die Bischöfe befugt, gegen unberechtigte Anordnungen zu protestieren und davon dem Ministerium Mitteilung zu machen."

Der von Bischof Gföllner konzipierte und vorher zitierte Weihnachtshirtenbrief 1933 der österreichischen Bischöfe enthielt neben einem unbedingten Bekenntnis zum autoritären Ständestaat, der strikten Verurteilung jedweder Revolution und des Nationalsozialismus abschließend wiederum vier Grundwahrheiten, deren erste folgendermaßen begann: „Die Menschheit ist eine einheitliche Familie, aufgebaut auf Gerechtigkeit und Liebe. Darum verurteilen Wir den nationalsozialistischen Rassenwahn, der zum Rassenhaß und zu Völkerkonflikten führt, ja führen muß."

Zu diesem Zeitpunkt hatte Kardinal Faulhaber mit seinen

drei Adventpredigten im November 1933 über das Alte Testament bereits internationales Aufsehen erregt. Faulhaber ging es dabei aber ausschließlich um die Verteidigung „des altbiblischen Schriftentums Israels“, nicht jedoch um die „Judenfrage von heute“. Hatte er doch ausdrücklich erklärt, die Kirche habe „auch nichts einzuwenden gegen das Bestreben, die Eigenart eines Volkes möglichst rein zu halten und durch den Hinweis auf die Blutsgemeinschaft den Sinn für die Volksgemeinschaft zu vertiefen“. Die Verteidigung und Liebe zur eigenen Rasse dürfe aber nicht dazu führen, andere Nationen zu hassen, und die Treue zur eigenen Rasse stehe nicht über den Verpflichtungen gegenüber der Kirche. Als im Oktober 1934 — vermutlich von Prag aus — eine gefälschte Predigt des Kardinals mit massiven Angriffen gegen den Rassenwahn verbreitet wurde, protestierte Faulhaber in einem Offenen Brief an den Jüdischen Weltkongreß.

Im Frühjahr 1934 hatten aber sowohl der Kölner Kardinal Schulte als auch Bischof Galen von Münster in echten Hirtenbriefen gegen „das sogenannte Mysterium des nordischen Blutes“ als auch gegen das „neue Heidentum“, demzufolge „die nordische Rasse den Begriff Sünde nicht kenne“, energisch Stellung genommen. Beides wurde auch im Hirtenbrief des Gesamtepiskopats als Ergebnis seiner Konferenz in Fulda am 7. Juni 1934 verurteilt.

Auf der Konferenz selbst berichtete Bischof Berning von Osnabrück über seine Bemühungen für die „katholischen Nichtarier. Besonders in Frankreich und Italien werde für sie bestens gesorgt“. In Deutschland seien aber auch die Kinder christlicher Nichtarier betroffen, weil ihnen jede Zukunft verschlossen sei. Es gebe zwei Millionen Nichtarier. Die Kinder in Deutschland seien trostlos und verbittert. Er, Berning, wolle Überseeschulen gründen, in denen die Kinder im Ausland (Brasilien) als Siedler und die Mädchen als Erzieherinnen ausgebildet werden könnten. Der letzte, der 25. Punkt des Protokolls der Sitzung vom 5. bis 7. Juni lautete daher: „Die Bischofskonferenz begrüßt die Maßnahmen des Raphaelsvereins zur Unterstützung ‚katholischer Nichtarier‘ im Auslande und wird gern mitwirken, daß für die heranwachsende Jugend christlicher Nichtarier Einrichtungen geschaffen werden, um für sie eine Zukunft zu sichern, in der sie ihrem Glauben und dem Volkstum erhalten bleiben." Der Sankt-Raphaels-Verein zum Schutze katholischer Auswanderer war als Verein 1871 in Mainz gegründet worden. Sein Generalsekretariat befand sich seit 1921 in Hamburg, Präsident war der jeweilige Bischof von Osnabrück. Wegen seiner Hilfe für „Nichtarier" wurde der Sankt-Raphaels-Verein am 25. Juni 1941 verboten. Am 22. März 1935 fand in Berlin die Gründungssitzung des „Hilfsausschusses für katholische Nichtarier" statt, zu der Bischof Berning von Osnabrück eingeladen hatte. Vertreter von katholischen und jüdischen Hilfsverbänden nahmen daran teil. Der Hilfsausschuß sollte der Verwirklichung der Idee Bischof Bernings von der Schulung nichtarischer christlicher Jugendlicher im Ausland dienen. Sein Büro wurde vorläufig beim Caritasnotwerk in Berlin untergebracht. Für die Finanzierung erhoffte man Spenden „katholischer Arier und besonders bemittelter katholischer Nichtarier".

Am 31. März 1935 beschloß der bayrische Episkopat, den Geistlichen die Teilnahme und Mitwirkung bei Mütterschulungskursen zu untersagen, „weil auf diesen Kursen die neuen Rassentheorien und das Sterilisationsgesetz in einer mit der katholischen Lehre unvereinbaren Weise behandelt werden und somit Teilnahme oder Mitwirkung an solchen Kursen seitens des Klerus die Gewissen der Familienmütter verwirren müßte". Die gesamtdeutsche Bischofskonferenz erließ am 20. August 1935 einen Hirtenbrief, in dem zu den erwarteten neuen Ehegesetzen in dem Sinne Stellung genommen wurde, daß es sittlich verhängnisvoll wäre, „wenn im Gegensatz zu den christlichen Ehegesetzen die Ehe einzig unter dem Gesichtspunkt der Reinerhaltung der Rasse betrachtet würde". Kardinal Faulhaber teilte das auch im Auftrag der Konferenz in einem Schreiben vom 23. August Hitler mit.

Die erste massive „gesetzliche" Maßnahme gegen die Juden, die sogenannten „Nürnberger Gesetze" vom 15. September 1935 („Gesetz zum Schutz des deutschen Blutes und der deutschen Ehre" und „Reichsbürgergesetz") schlossen die Juden aus dem Reichsbürgertum aus und stellten jede eheliche oder außereheliche Verbindung von Juden mit „Reichsbürgern" unter schwere Strafe. Eine Solidarisierung mit den nun auch gesetzlich Ausgegrenzten fand nirgends statt. Auch die Bischöfe schwiegen bzw. setzten sich nur wie Kardinal Bertram in einem Schreiben an Reichserziehungsminister Rust vom 26. Oktober 1935 für das Recht jedes christlich getauften Kindes auf eine christliche Erziehung ein.

Bis zu diesem Zeitpunkt wurden die Erklärungen zur Judenfrage, die für die Bischöfe damals noch ausschließlich aus dem Problem der Judenchristen bestand, genau und ausführlich zitiert. Sie zeigen, wogegen bis zu der gravierenden Zäsur der „Nürnberger Gesetze“ protestiert bzw. nicht protestiert wurde. Weil diese in den bischöflichen Erklärungen aber keine Rolle spielten, wird von nun an die Entwicklung wesentlich geraffter dargestellt. Nur positive und negative Ausnahmen werden angeführt. Zu letzteren gehört der Passus in der Predigt Kardinal Faulhabers vom 9. Februar 1936, der folgendermaßen lautete: „Die persönlich gehässigste Unwahrheit gegen den Heiligen Vater Pius XI. wurde zum ersten Tag dieses Jahres dem deutschen Volk von einer deutschen Zeitung (Deutsche Volksschöpfung, Düsseldorf, 1. Jänner 1936) vorgesetzt: Der Papst sei Halbjude, seine Mutter sei eine holländische Jüdin gewesen. Ich sehe, meine Zuhörer fahren vor Entsetzen empor. Diese Lüge ist besonders geeignet, in Deutschland das Ansehen des Papstes dem Gespött preiszugeben.“

Intern haben sich die deutschen Bischöfe dagegen immer wieder um Hilfe für die katholischen Nichtarier bemüht und sie ausdrücklich gebilligt. Auch im Budget des deutschen Episkopats für überdiözesane Einrichtungen scheint ab 1936 der Sankt-Raphaels-Verein regelmäßig mit nicht unbeträchtlichen Summen auf (1936: 27.000 RM). Für 1936 ist auch der Hirtenbrief *Klare Grundbegriffe* des Bischofs von Hildesheim, Joseph Godehard Machens, erwähnenswert, der immerhin formulierte: „Das letzte und höchste Ziel des Menschen ist nicht die Rasse, sondern Gott, der allen Rassen ihren Ursprung gab und Schöpfer aller edlen Rasseeigenschaften ist.“

1936/37 standen die deutschen Bischöfe allerdings in einem Abwehrkampf für die Institution Kirche selbst, die durch Sittlichkeits- und Devisenprozesse gegen Priester und Ordensangehörige mit allen Registern nationalsozialistischer Propaganda verächtlich gemacht und ständig mit Konkordatsverletzungen konfrontiert wurde. Die deutschen Bischöfe baten daher den schwerkranken Papst um eine öffentliche Erklärung. Nach ihrem Konzept erließ Pius XI. am 14. März 1937 die Enzyklika *Mit brennender Sorge*. Sie besteht aus elf Kapiteln (Das Reichskonkordat — Reiner Gottesglaube — Reiner Christusglaube — Reiner Kirchenglaube — Reiner Glaube an den Primat — Keine Umdeutung heiliger Worte und Dinge — Sittenlehre und sittliche Ordnung — Anerkennung des Naturrechts — An die Jugend — An die Priester- und Ordensleute — An die Getreuen aus dem Laienstand). Die Enzyklika erregte weltweites Aufsehen wegen ihrer klaren Sprache. Die Rassenfrage wurde mehrmals erwähnt. Obwohl die Juden dabei nicht genannt wurden, war doch allen klar, daß nur sie gemeint sein konnten, wenn es in der Enzyklika hieß: „Wer die Rasse, oder das Volk, oder den Staat, oder die Staatsform, die Träger der Staatsgewalt oder anderer Grundwerte menschlicher Gemeinschaftsgestaltung — die innerhalb der irdischen Ordnung einen wesentlichen und ehrengebietenden Platz behaupten — aus dieser ihrer irdischen Wertskala herauslöst, sie zur höchsten Norm aller, auch der religiösen Werte macht und sie mit Götzenkult vergöttert, der verkehrt und fälscht die gottgeschaffene und gottbefohlene Ordnung der Dinge. Ein solcher ist weit von wahrem Gottesglauben und einer solchem Glauben entsprechenden Lebensauffassung entfernt." „Sie (die Gebote Gottes) gelten unabhängig von Raum, Zeit und Rasse." „Nur oberflächliche Geister . . . können den Wahnversuch unternehmen . . . Gott . . . in die blutmäßige Enge einer einzelnen Rasse einkerkern zu wollen." „Offenbarung im christlichen Sinn ist das Wort Gottes an die Menschen. Dieses gleiche Wort zu gebrauchen für die ‚Einflüsterungen' von Blut und Rasse, für die Ausstrahlungen der Geschichte eines Volkes ist in jedem Fall verwirrend."

Von den österreichischen Bischöfen hat der Linzer Bischof Gföllner Anfang April 1937 seinen Diözesanen den Inhalt der Enzyklika in einer verkürzten Form bekanntgemacht. Im November 1937 veröffentlichte der österreichische Gesamtepiskopat nach einem Referat des Salzburger Erzbischofs Waitz vor der Herbstkonferenz über den Nationalsozialismus eine Sympathiekundgebung für die Kardinäle und Bischöfe Deutschlands in deren schwerer Bedrängnis durch diesen.

Die nächste gemeinsame Kundgebung der österreichischen Bischöfe war bereits die „Feierliche Erklärung“ vom 18. bzw. 21. März, in der den Gläubigen empfohlen wurde, bei der „Volksabstimmung“ am 10. April 1938 über den bereits vollzogenen „Anschluß“ mit Ja zu stimmen. Sie veröffentlichten dabei letztlich — wie geschildert — trotz eines von ihnen ausgearbeiteten Gegenentwurfes, von einigen nicht substantiellen Veränderungen abgesehen, den ihnen von Gauleiter Joseph Bürckel übermittelten Entwurf. Von einer Schonung der Judenchristen oder gar der Juden war in beiden Texten nicht die Rede.

Deutsche Bischöfe übten so wie der Vatikan an der Haltung des österreichischen Episkopats im März 1938 scharfe Kritik. Sie hatten damals offenbar schon vergessen, daß sie selbst fünf Jahre früher nicht grundsätzlich anders gehandelt hatten. Dennoch entbot die Fuldaer Konferenz in einem Hirtenbrief vom 19. August 1938 „dem Hochwürdigsten Episkopat und allen Glaubensgenossen der bisher österreichischen Lande“ „einen bürderlich-herzlichen Gruß“. Wie schwierig die Lage der Kirche in der „Ostmark“ schon nach 15 Monaten geworden war, erfuhren die deutschen Bischöfe bei ihrer Konferenz vom 22. bis 23. August 1939, der ja nun auch österreichische Bischöfe angehörten, durch einen ausführlichen Bericht, in dem es über die „nichtarischen Katholiken“ hieß: „Zwei Hilfsaktionen wurden geschaffen durch Bischöfe für Unterstützung durch Caritasinstitut für Auswanderer. Gestapo lehnt Unterstützung der Nichtarier durch Caritasgelder ab. Vertreibung der nichtarischen Katholiken aus ihren Wohnungen ließ sich vielfach nicht hintanhalten. Auswanderungs- und Unterstützungsaktion sehr erschwert. Führung der Namen Israel und Sarah durch die Getauften?“ Dauernde Hilfe leistete die von P. Georg Bichlmair SJ gegründete und nach seiner „Gauverweisung“ von P. Ludger Born SJ geleitete, im Erzbischöflichen Palais in Wien untergebrachte „Hilfsstelle für nichtarische Katholiken“ (Abb.).

Einen „Hilfsausschuß für katholische Nichtarier“, der sich vor allem um deren Auswanderung bemühte, gab es ja im sogenannte Altreich schon als Sankt-Raphaels-Verein, auf den die Pfarrämter laut Weisung der deutschen Bischöfe vom 13. Jänner 1937 „auswanderungswillige Nichtarier“ aufmerksam machen sollten. Seit Jänner 1937 arbeitete auch in New York ein von amerikanischen Bischöfen aufgrund der Anregung von Kardinal Bertram vom September 1936 gebildetes Komitee für katholische Emigranten aus Deutschland, das sich am 12. Juli 1937 offiziell unter dem Vorsitz von Erzbischof Rummel von New Orleans konstituierte. Im April 1938 zeigte sich allerdings, daß die Pläne des Komitees infolge der mittlerweile verschärften Einwanderungsbedingungen in den meisten Ländern nur zu einem Bruchteil realisiert werden konnten, ein Problem, das auch Kardinal Theodor Innitzer zunehmend quälte. „Kirchliche Sorge um nichtarische Katholiken" stieg schon nach dem „Anschluß". Die Fuldaer Bischofskonferenz vom August 1938 und 1939 befaßte sich ausführlich mit ihr.

Im zweiten Monat nach Ausbruch des Zweiten Weltkrieges übermittelte Kardinal Bertram allen deutschen Bischöfen die Bitte des Präsidenten des Deutschen Caritasverbandes Kreutz, die Diözesancaritasverbände sollten mit den ihnen zur Verfügung stehenden Mitteln zur Linderung der Not der im Deutschen Reich verbliebenen nichtarischen Katholiken beitragen.

Im Juni 1940 berichtete der SD (Sicherheitsdienst der SS), daß am Fronleichnamstag in den Predigten allgemein betont wurde, daß dieses kirchliche Fest alle Katholiken der Erde „ohne Unterschied der Rasse und der sozialen Stellung zu einer Christengemeinschaft" vereine. Die Fuldaer Bischofskonferenz des gleichen Jahres beschloß, die Diözesen der „Ostmark" um einen Beitrag für das Hilfswerk zu bitten, „da ein großer Teil der katholischen Nichtarier in der Ostmark wohnt". „Für das Schicksal der im Lande bleibenden Mischlinge, die manchen Beschränkungen ausgesetzt sind (z. B. Ausschluß vom Hochschulstudium), wird sich der Episkopat nach Möglichkeit einsetzen." Die Caritas wurde gebeten, sich der Mischlinge in ähnlicher Weise wie der nichtarischen Christen anzunehmen. Dieser Beschluß dürfte der erste Schritt über die Fürsorge für die „nichtarischen Katholiken" hinaus gewesen sein.

1941 standen angesichts der Verordnung vom 1. September über die Kennzeichnung der Juden mit dem Davidstern und den beginnenden Deportierungen allerdings wieder die Judenchristen im Vordergrund. Aus den Fragen und Vorschlägen des Berliner Hilfswerkes gehen deutlich negative Folgen auch im kirchlichen Raum hervor: „Ein teils aus Angst, teils aus Abneigung geborenes, aber in jedem Falle schmerzliches und tiefverletzendes ‚Abrücken'

a) arischer Katholiken von ihren nichtarischen Glaubensgenossen (sogar an der Kommunionbank) ist leider schon jetzt vorgekommen und ist in zunehmendem Maße nach Inkrafttreten des Gesetzes zu befürchten,

b) auch Priester haben (vielleicht aus Klugheitsgründen) auch jetzt schon eine stark betonte Zurückhaltung den Judenkatholiken gegenüber geübt. Es verlautet gerüchtweise, daß nach Bekanntwerden der Verordnung sich auch auf Privatseite schon ängstliche Nervosität bemerkbar gemacht habe. Ein mit der besonderen Situation nicht-arischer Katholiken vertrauter Priester hat darum nach der Verkündigung der Kennzeichnung der Juden unsere Stelle gebeten, ein in dieser Hinsicht das katholische Gewissen wachrüttelndes und schärfendes Hirtenwort zu erbitten."

Unter den Judenchristen gebe es in dieser Frage zwei einander entgegengesetzte Strömungen. Die einen baten aufgrund schon gemachter trauriger „Erfahrungen" um Sondergottesdienste in jüdischen Privathäusern. Die anderen wiesen jeden Gedanken an Sondergottesdienst und besondere Judenbänke entschieden zurück.

In Wien, wo die Deportationen früher begonnen haben, hatte Kardinal Innitzer schon am 17. September 1941 ein Hirtenwort erlassen, von dem noch die Rede sein wird (S. 273f.).

Bei der Konferenz der westdeutschen Bischöfe vom 24./25. November 1941 wurden die „Evakuierungen" besprochen, wobei angeregt wurde, daß die Kirche deswegen eine Eingabe bei der Reichsregierung machen solle. Ende November 1941 teilte Erzbischof Gröber dem Berliner Weihbischof Wienken mit, daß bei der „Juden-Umsiedlung" die Judenchristen rücksichtslos behandelt und ihnen auch alle religiösen Gegenstände (Meßbuch, Sterbekreuz und Rosenkranz) weggenommen würden. Um die Arbeiter aus den besetzten Gebieten kümmere sich keine Organisation. „Wenn die katholische Kirche der okkupierten und befreundeten Länder für ihre Leute nichts tut, so trägt sie eine große Verantwortung, und was geschieht von Rom?"

Ein Bericht der Leiterin des Katholischen Hilfswerkes, Dr. Margarete Sommer, vom Februar 1942 zeigt bereits eine genaue Kenntnis der Zahl der „Abtransportierten" (von Wien 18.000), der schrecklichen Umstände, unter denen sie im Generalgouvernement lebten, sowie von Massenerschießungen deutscher Nichtarier, „Christen wie Juden". Die westdeutschen Bischöfe beschlossen daher bei ihrer Konferenz vom 23./24. Februar 1942, den Vorsitzenden der Fuldaer Bischofskonferenz um eine Eingabe an die Reichsregierung „zwecks Erleichterung des Loses der Nichtarier" zu bitten. In den Hirtenworten der westdeutschen Bischöfe sowie des deutschen Episkopats vom 20. bzw. 22. März 1942 ist der Schwerpunkt zwar der Protest gegen die Euthanasie, doch wird auch gegen jede Mißachtung der persönlichen Freiheit protestiert und das natürliche Recht jedes Menschen auf Leben betont. Gleichzeitig wird wiederholt auf die treue Pflichterfüllung der Christen an der Front hingewiesen. Im Sommer 1942 informierte Erzbischof Gröber Papst Pius XII. von der Erschießung von 220.000 Juden im Osten. Im Spätherbst 1942 erhielt Kardinal Bertram die erste Nachricht von einem bevorstehenden Gesetz über die Zwangsscheidung der „rassisch gemischten Ehen", die die Deportierung des nichtarischen Ehepartners zur Folge haben solle. Bertram hat sofort im Namen des deutschen Episkopats beim Justiz- und Innenminister sowie beim Reichsminister für kirchliche Angelegenheiten Muhs dagegen protestiert und damit zumindest die vorläufige Zurückstellung des Gesetzes erreicht. Bischof Preysing von Berlin und die Bischöfe der Kölner Kirchenprovinz erklärten im Dezember 1942 in einem Hirtenwort, daß der einzelne „im Staat oder im Volke oder in der Rasse" nicht völlig aufgehen könne und dürfe. „Wer immer Menschenantlitz trägt, hat Rechte, die ihm keine irdische Gewalt nehmen darf."

Die energischen Interventionen und der Protest Kardinal Bertrams Anfang März 1943 zusätzlich auch an das Reichssicherheitshauptamt und an Goebbels gegen die Deportierung „von mehr als 8.000 Nichtariern, darunter überaus zahlreiche christlicher Religion in den letzten Tagen" führten dazu, daß die „nichtarischen Katholiken in rassischen Mischehen" von den „Abwanderungsaktionen" nicht mehr erfaßt wurden. Bertram hatte dabei auch erklärt: „Das katholische Volk würde, zumal zahllose Mitglieder unserer Diözesen schuldlos betroffen sind, es nicht verstehen, wenn seine Oberhirten dazu schweigen würden."

Zu dieser Zeit war die Realisierung einer solchen Ankündigung für das NS-Regime allerdings auch schon gefährlich. Goebbels selbst schlug Anfang März Hitler vor, „jetzt in der Kirchenfrage etwas kurz zu treten", und dieser stimmte zu.

Am 12. März schrieb Kardinal Innitzer Kardinal Bertram, ob es nicht möglich sei, den Papst zu bitten, „eine Austausch-Aktion der katholischen Mischehen gegen deutsche Zivilinternierte in den USA vorzuschlagen". Bertram beauftragte immerhin Bischof Wienken, in Berlin die Chancen eines solchen Austausches zu erheben. Wienken erklärte das allerdings sofort für aussichtslos.

Die Fuldaer Bischofskonferenz beschloß dann im August 1943 eine Eingabe an die Reichsregierung, in der im Anschluß an den Protest Bertrams vom 2. März „gegen die willkürliche Scheidung der Mischehen Protest erhoben und um Erleichterung des Loses aller Nichtarier" ersucht werden sollte. Nachdem zwei diesbezügliche Entwürfe nicht angenommen wurden, ersuchte Bischof Preysing von Berlin in seinem Namen Dr. Sommer um zwei getrennte Entwürfe (Schutz der rassischen Mischehen und Sorge für die Evakuierten). Obwohl Kardinal Bertram noch im August 1943 von einem polnischen Juden genau über das Schicksal der Juden im Osten und über die Massenerschießungen informiert wurde, wobei auch schon von der Ermordung von Juden in den Konzentrationslagern Majdanek und Belzec die Rede war und Dr. Sommer auch der Bitte Preysings nachgekommen ist, konnte sich Bertram, der dabei von Bischof Berning unterstützt wurde, nicht zur Veröffentlichung entschließen. Die Eingabe wegen der Behandlung der Nichtarier überschreite seine Kompetenz, und die NS-Maßnahmen gegen die rassischen Mischehen und Mischlinge seien ohnedies zum Stillstand gekommen. Bertram schrieb daher nur am 17. November 1943 an „Reichsführer SS" Heinrich Himmler und das RSHA, das Reichssicherheitshauptamt, im Namen des deutschen Episkopats, daß deutschen Bischöfen der Diözesen des Altreichs und der Ostmark „in den letzten Jahren wiederholt vereinzelte Mitteilungen" zugegangen seien, „nach denen die

Lage der Inhaftierten hinsichtlich der Unterkunftsräume, der Ernährung und Arbeitsbedingungen nicht nur als hart und drückend, sondern sogar als menschenunwürdig zu bezeichnen ist und die Zahl der ihren Leiden bereits erlegenen Inhaftierten außerordentlich groß ist." Im Interesse des deutschen Rufes im Ausland und in Achtung vor dem christlichen Sittengesetz „über unsere Pflichten gegen Mitmenschen auch der fremden Rassen richten die deutschen Bischöfe durch unterzeichneten Vorsitzenden der Fuldaer Bischofskonferenz an die maßgebenden höchsten Stellen der Reichsregierung die ergebenste Bitte, die Lebensbedingungen und Verhältnisse in diesen Lagern einer besonderen eingehenden Prüfung unterziehen zu wollen zu dem Zwecke, daß das Los der Inhaftierten als menschenwürdig betrachtet werden könnte". Weiters bat Bertram um Seelsorgemöglichkeiten für die verhafteten Katholiken.

So vorsichtig diese Intervention auch ist, so ist sie dennoch die erste nicht nur für nichtarische Katholiken, sondern auch für die Juden. Insofern kommt ihr historische Bedeutung zu.

Gegen die Bestrebungen, die Nürnberger Gesetze auch auf die Mischlinge auszudehnen, protestierte Kardinal Bertram im Jänner und April 1944 bei den Berliner Zentralstellen. Zur gleichen Zeit äußerte sich Bertram gegenüber dem Berliner Generalvikar Prange kritisch über die ihm von Dr. Sommer mehrmals übermittelten Entwürfe, deren Fakten ihm als nicht genügend gesichert erschienen. Die Fuldaer Bischofskonferenz befaßte sich im August mit den befürchteten weiteren Verordnungen gegen die „Mischlinge". Alle Informationen darüber sollten Bischof Berning zugehen. Im Oktober kam es tatsächlich zu einzelnen Verhaftungen von Mischlingen, worüber Bischof Galen von Münster die Seelsorger bat, ihm umgehend zu berichten.

Nach der bedingungslosen Kapitulation der Deutschen Wehrmacht am 8. Mai 1945 und damit der Befreiung vom NS-Regime erhob sich die Frage, ob und wie die deutschen Bischöfe nun zur Judenvernichtung Stellung nahmen. Signifikant für die Haltung des Episkopats dürfte der Hirtenbrief des Freiburger Erzbischofs Conrad Gröber vom 8. Mai 1945 sein. Zunächst gab er seiner Trauer über das Schicksal des deutschen Volkes Ausdruck. Dann ging er auf die Irrlehren des Nationalsozialismus ein, vor allem auf jene über die Bedeutung von Rasse, Blut und Volk. Darüber lautet die Kernaussage Gröbers: „Im Dienste des Volkes hielt man alles für erlaubt, ob es nun Freiheitsberaubung war oder barbarische Mißhandlung oder ein mörderisches politisches Attentat oder die Tötung einzelner Volksteile anderen Blutes oder der Raub fremden Landes.

Ach Gott, wieviel Übles haben wir damit in den vergangenen dreizehn Jahren auf unser Schuldkonto gehäuft! Wie schmerzt es mich, in der Öffentlichkeit davon zu reden, und wie beeile ich mich, meine Gedanken und Blicke davon schleunigst abzuwenden, um die Scham und die Schande meines eigenen Volkes nicht mehr zu sehen!" Kardinal Josef Frings betrauerte in seinem Hirtenbrief Ende Mai 1945 ebenfalls das Schicksal des deutschen Volkes und verurteilte die NS-Ideologie. Dabei erinnerte er, daß er in den Pontifikal-Gottesdiensten zu Weihnachten 1943 und zu Ostern 1944 in seinen Predigten gegen das Unrecht protestiert habe, „das an den Juden und den Angehörigen anderer Völker geschah".

Der deutsche Episkopat hat auf seiner ersten Nachkriegskonferenz unter dem Vorsitz des Kölner Erzbischofs Kardinal Josef Frings im August 1945 in Fulda vor allem den treu gebliebenen Katholiken gedankt. Zur Schuldfrage stellte er fest: „Wir beklagen es zutiefst: Viele Deutsche, auch aus unseren Reihen, haben sich von den falschen Lehren des Nationalsozialismus betören lassen, sind bei den Verbrechen gegen menschliche Freiheit und menschliche Würde gleichgültig geblieben; viele leisteten durch ihre Haltung den Verbrechen Vorschub, viele sind selber Verbrecher geworden. Schwere Verantwortung trifft jene, die auf Grund ihrer Stellung wissen konnten, was bei uns vorging, die durch ihren Einfluß solche Verbrechen hätten hindern können und es nicht getan haben, ja diese Verbrechen ermöglicht und sich dadurch mit den Verbrechern solidarisch erklärt haben."

Ein Schuldbekenntnis in der Art des Bekenntnisses der evangelischen Kirchen vom Herbst 1945 in Stuttgart ist allerdings ebenso ausgeblieben wie ein öffentlicher Protest deutscher Bischöfe und des Papstes gegen die Vernichtung der Juden vor 1945. Von den evangelischen Bischöfen Deutschlands hat jedoch auch nur der württembergische Landesbischof Theophil

Wurm 1941 und 1942/43 öffentlich gegen das Schicksal der Juden protestiert. Die Gründe des Schweigens sind vielfältig und bekannt. Dennoch wurde der Versuch gemacht, solche Proteste bei den Episkopaten anderer Länder zu suchen. Das Ergebnis ist mehr als lückenhaft, soll aber doch am Ende dieser Ausführungen stehen. Französische Bischöfe und Erzbischöfe wie Erzbischof Gerlier von Lyon, Erzbischof Saliège von Toulouse, Bischof Théas von Montauban, Bischof Delay von Marseille und Erzbischof Moussaron von Albi haben in öffentlich von der Kanzel verlesenen Protesten die Deportationen und die barbarische Behandlung der Juden verurteilt. Die polnischen Bischöfe „haben in der Zeit der deutschen Besatzung keine Hirtenbriefe oder offiziellen Erklärungen erlassen. Der präventive Terror war in Polen viel zu groß, um solche Schritte unternehmen zu können — zirka 2.600 Priester und vier Bischöfe sind in der Haft gestorben oder umgebracht worden" (schriftliche Mitteilung von Prof. Władisław Bartoszewski vom 23. Oktober 1987 an die Verfasserin). Auch die Schweizer Bischöfe haben, allerdings aus Gründen neutralitätspolitischer Art, geschwiegen.

Es bleibt der holländische Episkopat, der sich 1941 zweimal für das Verbleiben katholischer Juden in katholischen Schulen aussprach, 1942 zweimal gegen die Tafeln „Verboten für Juden" und 1942 und 1943 gegen die Deportation der Juden protestierte. Am 11. Juli 1942 richteten die Bischöfe Hollands gemeinsam mit der Reformierten Kirche nach Beginn der Judendeportationen — täglich 600 — ein Protesttelegramm an den deutschen Reichskommissar, den Österreicher Dr. Arthur Seyss-Inquart, gegen die Deportation holländischer Juden und kündigten die Verlesung des Telegramms in den Kirchen an, wenn die Deportationen nicht eingestellt würden. Sie erhielten die Antwort, daß Nichtarier, die vor 1941 zum Christentum übergetreten waren, im Fall des Schweigens der Kirchen, von der Deportation ausgenommen würden. Die Reformierte Kirche ging auf dieses Angebot ein. Der katholische Episkopat lehnte ab und erließ am 20. Juli einen Hirtenbrief, an dessen Spitze er den Text des Telegramms stellte, der den eigentlichen Protest enthielt: „Die unterzeichneten Kirchen, bestürzt über die in Holland gegen die Juden getroffenen Maßnahmen, die letztere von der Teilnahme am normalen Leben des Volkes ausschließen, haben mit Schrecken von den neuen Maßnahmen Kenntnis genommen, wodurch Männer, Frauen und Kinder wie auch ganze Familien nach deutschem Reichsgebiet und anderen dem Reich gehörigen Ländern verbracht werden sollen. Das Leid, welches damit über Zehntausende von Menschen gebracht wird, die Erkenntnis, daß diese Maßnahmen gegen das tiefste sittliche Bewußtsein des holländischen Volkes verstoßen, der Gegensatz, worin sie stehen zu Gottes Gebot, zwingen uns, die dringende Bitte an Sie zu richten, daß dieser Maßnahme keine Folge gegeben wird. Diese dringende Bitte wird, was die Christen jüdischer Herkunft anbelangt, auch noch von der Erwägung diktiert, daß diese kraft der Verordnungen von der Teilnahme am kirchlichen Leben ausgeschlossen werden."

Dem Text des Telegrammes folgt ein Bußgebet, das in der von Visser't Hooft 1944 in Zürich herausgegebenen deutschen Übersetzung gegenüber dem holländischen Originaltext verkürzt und etwas entschärft ist. So ist z. B. schon der Beginn des Gebetes in der deutschen Übersetzung weggelassen. Nach der Übersetzung des Originals heißt es dort: „Teure Gläubige: Wenn wir uns das schreckliche geistige und körperliche Elend ansehen, das nun schon seit beinahe drei Jahren die Welt aus den Angeln zu heben droht, dann denken wir wie von selbst an das Bild, das das Evangelium uns schildert: ‚In der Zeit, als Jesus in die Nähe der Stadt Jerusalem kam, weinte Er über sie und sprach . . .'" Diese Abweichung des von Visser't Hooft edierten Textes kann darauf zurückzuführen sein, daß er das Gebet der Reformierten Kirche, das ohne Telegramm verlesen werden sollte, wiedergab und die katholischen Bischöfe schärfer formulierten, oder Visser't Hooft Rücksicht auf die neutrale Schweiz genommen hat.

Die Verlesung des Telegrammes bzw. des Hirtenbriefes in den katholischen Kirchen am 26. Juli hatte zur Folge, daß die „katholischen Nichtarier" auf die Deportationsliste gesetzt und deportiert wurden, unter ihnen auch die Nonne jüdischer Abstammung Edith Stein. Eine Gruppe der führenden Mitglieder der Synode der Niederländischen Reformierten Kirche war mit Hunderten anderen Holländern allerdings schon Anfang Juli verhaftet worden.

Das Ergebnis dieser Darlegungen ist ambivalent. Seine wichtigsten Punkte sind:

1. Die katholischen Bischöfe Deutschlands und Österreichs setzten sich bis 1943 ausschließlich für die sogenannten „nichtarischen Katholiken", d. h. getauften Juden, ein. Wenn sie es öffentlich taten, formulierten sie zwar für Wissende verständlich, aber dennoch vorsichtig.
2. Die Folge des mit allen Juden solidarischen Hirtenbriefes des niederländischen Episkopats vom 20. Juli 1942 war die sofortige Deportation aller jüdischen Katholiken. Ob ihnen dieses Schicksal ohne den Hirtenbrief in den nachfolgenden drei Kriegsjahren erspart geblieben wäre, ist fraglich.

Aus den Anfängen der Arbeit von Johannes Österreicher im Dienst der christlich-jüdischen Verständigung

John Oesterreicher, der Direktor des Instituts für jüdisch-christliche Studien an der Seton-Hall-University in New Jersey, hat im Frühjahr 1960 gemeinsam mit dem damaligen Professor für Exegese am Priesterseminar in Darlington, New Jersey, und 13 priesterlichen Mitarbeitern eine Bittschrift an Kardinal Augustin Bea, den Präsidenten des Sekretariats für christliche Einheit, verfaßt und diesem am 8. Juni 1960 vorgelegt. Es ging den Autoren dabei um die Fortsetzung der von den Päpsten Pius XI. und Pius XII., vor allem aber von Johannes XXIII. eingeleiteten Versöhnung der katholischen Kirche mit den Juden durch das bevorstehende Zweite Vatikanische Konzil.

Dieses möge daher, „falls es in seinen Beratungen dem Wesen der Kirche nachforschen sollte — verkünden, daß die Berufung Abrahams und der Auszug Israels aus Ägypten zur Genese der Kirche gehören, sodaß sie mit Fug und Recht das ‚Israel Gottes' (Gal 6, 16) genannt werden kann, das durch Christi Wort und Blut erneute und erhöhte Israel". Das Konzil möge auch „der Einheit der Heilsgeschichte, die besonders in den die Spendung der Sakramente umrahmenden Gebeten lebendig ist, weiteren liturgischen Ausdruck verleihen. Dies könnte dadurch erreicht werden, daß man die Eigenmessen des Jerusalemer Patriarchats als Votivmessen auf die Gesamtkirche ausdehnte oder daß ein universales Fest aller Gerechten des Alten Bundes eingesetzt würde". Schließlich baten die Unterzeichner — „um der Liebe Christi willen, die er für seine Blutsverwandten hegte" —, daß mißverständliche, die echte Lehre der Kirche, ihre wahre Gesinnung gegenüber den Juden entstellende Wendungen, vor allem in den Lektionen des Offiziums, geändert würden. „Falls das Konzil sein Augenmerk auch auf Gegenwartsfragen lenken sollte, möge die Kirche doch, wie sie es schon zuvor getan hat, den Haß gegen das Volk in Acht und Bann tun, ‚von [dem] Christus dem Fleisch nach stammt, der da ist über alles, Gott hochgelobt in Ewigkeit. Amen‘ (Röm 9, 5)“.

Diese Bittschrift bildete einen wichtigen Anstoß für den Plan einer eigenen Erklärung des Konzils über die Juden, für dessen Vorarbeiten Anfang Februar 1961 Oesterreicher, Abt Leo Rudloff und P. Gregory Baum OSA als Konsultoren in das Sekretariat für die Einheit der Christen berufen wurden, in dem sie als Kern der „Unterkommission für den Jüdischen Problemkreis“ wirkten. In ihr spielte Oesterreicher eine zentrale Rolle und konzipierte in ihrem Auftrag eine Grundsatzstudie, die bei ihrer Verlesung von allen Mitarbeitern des Sekretariates Bea mit Applaus aufgenommen wurde.

Auch bei den weiteren Entwürfen (Decretum de Judaeis, Kapitel IV des Ökumenismusschemas, Anhang des Ökumenismusschemas 4. Entwurf), die wegen des Widerstandes der arabischen Welt und der Bedenken innerhalb des Konzils gemacht werden mußten, ehe die „Judenerklärung“ endlich ihren Platz in der „Erklärung über das Verhältnis der Kirche zu den nichtchristlichen Religionen“ fand und mit dieser in der letzten Konzilssession 1965 mit überwältigender Mehrheit angenommen wurde, hat Oesterreicher unermüdlich mitgearbeitet, in vorderster Linie für sie gekämpft. Ihre Annahme war der Höhepunkt und die Krönung jahrzehntelanger Bemühungen, die in *Österreich* begonnen haben, wo Johannes Österreicher 1904 geboren wurde.

Selbst aus dem Judentum kommend, wurde er während des Studiums der Medizin katholisch und entschloß sich zum Priestertum. 1927 wurde er in Wien unter dem Episkopat von Kardinal Piffl zum Priester geweiht und stellte sich bald in den damals noch unvorstellbar schwierigen Dienst der Versöhnung zwischen Christen und Juden, in dem er in den dreißiger Jahren in Kardinal-Erzbischof Dr. Theodor Innitzer einen wohlwollenden Förderer fand. Er wurde Leiter des zur Bekehrung der Juden gegründeten „Opus Sancti Pauli“ und Herausgeber der Zeitschrift „Erfüllung“, die erstmals 1934 erschien. Das Geleitwort Kardinal Innitzers, das sicherlich auch auf Österreicher zurückgeht, lautete: „Die ‚Erfüllung‘ will in dieser wirren und trüben Zeit eine Stimme des Geistes und der Wahrheit sein. Ihr

Ziel ist, die *religiöse* Schau des jüdischen Seins Juden und Christen zu vermitteln. So ist sie berufen, Mauern niederzulegen, die Menschen durch Unwissenheit und Zwietracht, durch Irrtum und Schuld voreinander aufgerichtet haben. Sie wird dadurch dem Frieden dienen — und nichts ist heute notwendiger als dieses —, aber nicht einem falschen, sondern dem wahren Frieden, der aus der Wahrheit kommt, die aus Gott ist." Dieses Geleitwort trägt das Datum: 17. Juli 1934. Acht Tage später erlag der österreichische Bundeskanzler Dr. Engelbert Dollfuß, der seinerseits im Februar 1934 die österreichischen Sozialdemokraten nach einem Bürgerkrieg aus dem legalen politischen Leben ausgeschaltet hatte, den Kugeln nationalsozialistischer Putschisten. Obwohl der Aufstand rasch niedergeschlagen wurde und sich Hitler schleunigst von ihm distanzierte, war Österreich also gerade in jener Zeit vom inneren und äußeren Frieden weit entfernt. Umso höher ist das Ziel zu werten, das sich die „Erfüllung" in dem von Österreicher stammenden „Vorspruch" setzte:

„Die ‚Erfüllung' bekennt sich zum Primat des Geistes. Sie weiß, daß die Entscheidungen der Geschichte im Geiste und nirgendwo anders fallen, daß aus unserer Not kein Ausweg ist als geistliche Wiedergeburt.

Unsere Zeitschrift nimmt von der Judenfrage ihren Ausgang. Sie sieht in ihr keine Frage der Zeit, sondern eine Frage der Ewigkeit; eine Frage, an der sich die Geister scheiden.

Sie will einer Begegnung der Juden mit dem Geiste Jesu Christi und einer Begegnung der Christen mit der Sendung Israels dienen. Letztlich: der Erfüllung der Bitte Christi, die das Anliegen der wahren Menschen ist: ‚Daß alle eins seien!'

Die ‚Erfüllung' will das verborgene Sein des Judentums ans Licht bringen. Sie wird von der göttlichen Wahrheit und menschlichen Erhabenheit der Bibel sprechen; von Weisheit im Talmud und von chassidischer Frömmigkeit.

Sie wird den großen Anteil auch des heutigen Judentums am modernen Geistesleben prüfen.

Dieses jüdische Denken und Wirken von heute sieht vor allem den Menschen. Die Gegenwart jedoch beweist es klar: wer nichts als Menschlichkeit verkündet, verliert gerade sie und sich selbst. Aus dieser Einsicht, ‚daß der Mensch, der nicht mehr als nur den Menschen will, nicht einmal das Menschliche erfülle' (Joseph Bernhart), spricht die ‚Erfüllung' von Christus, dem Gottmenschen.

Eine solche Zeitschrift in solcher Zeit wie der unseren ist ein Wagnis. Es kann nur bei vollem Einsatz unserer Leser gelingen. Es werden nicht allzu viele sein, denn das Neue, das Kommende wird stets nur von wenigen getragen. Die aber rufen wir!"

Den „nicht allzu vielen", die „das Neue, das Kommende tragen", bot die „Erfüllung" in ihrem ersten Jahrgang 1934/35 folgende bedeutsame Beiträge: Gertrud von Le Fort, Israel und die Kirche (der Beginn des Romans „Der Papst aus dem Ghetto"). — Karl Thieme, Die Juden und wir Heiden-Christen. — Otto Maria Karpfen, Franz Kafka oder Der Durchbruch. — Josef Dillersberger, Vom Wesen des Evangeliums. — Olga Lau-Tugemann, Ecclesia und Synagoge. — Otto Maria Karpfen, Die Juden und der Sozialismus. — Dietrich von Hildebrand, Die Sehnsucht nach der Wahrheit. — Robert John, I. N. R. I. — Josef Dillersberger, Die Seinen. — Walter Eidlitz, Kampf um das Mosesvolk. — Waldemar Gurian, Das Judentum und die Aufklärung des 19. Jahrhunderts. — Otto Augustinus Marbach, Leben aus den Toten. — Bernhard Steiner, Das Zeugnis der Biologie. — Karl-Borromäus Heinrich, Ein Bekenntnis. — Otto Augustinus Marbach, Vom Leben des Alten Testamentes. Nach Romano Guardini. — Otto Maria Karpfen, Kirche und Kultur. — Karl-Borromäus Heinrich, Zwiegespräch. — Rudolf Fanta, Die Juden und der Sozialismus.

Die in jedem Heft enthaltenen Dokumentationen, Zeitschriftenschauen und Rezensionen stammen fast durchwegs vom Kaplan Österreicher, der mit ihnen ebenso wie mit den Autoren, die er für die „Erfüllung" gewinnen konnte, ausgeprägte Intellektualität und einen wachen Spürsinn für die Zeichen der Zeit ebenso wie für Wert und Bestand bewies. Am interessantesten sind jedoch seine Artikel, deren erster, „Die Judenfrage", ein Zeugnis seines ergreifenden Engagements ist. Die weiteren Aufsätze in den ersten Heften der „Erfüllung", die bis 1936 erschienen sind, tragen die Titel „Sinai" („Das Gesetz Sinais ist das Gesetz der Menschheit . . ."), „Solowjews Vision vom Antichrist", „Franz Rosenzweig. Ein jüdisches Schicksal", „Hominem non habeo" und „Die Juden und der Sozialismus" als Antwort auf den Brief Rudolf Fantas über dieses Problem. „Hominem non habeo“ behandelt das am 15. September 1935 im Deutschen Reich erlassene „Gesetz zum Schutz des deutschen Blutes und der deutschen Ehre“ und das „Reichsbürgergesetz“, also die sogenannten „Nürnberger Gesetze“, mit denen die existentielle Entrechtung der Juden begann, diese gesetzlich zu minderwertigen Menschen erklärt wurden, somit der erste Schritt zur „Endlösung“ vollzogen wurde. Österreicher protestierte dagegen im Namen der Gerechtigkeit, im Namen des Geistes, im Namen des Evangeliums und im Namen der Kirche. Er stellte seinem leidenschaftlichen Protest ein Wort des Kirchenlehrers Ambrosius an Kaiser Theodosius voran: „Nichts ist bei einem Priester so gefährlich vor Gott, so schmachvoll vor den Menschen wie der Mangel an Freimut. Wer wird es wagen, die Wahrheit zu sagen, wenn es der Priester nicht wagt?“ Nach der Wiedergabe des Gesetzestextes stellte Österreicher fest, daß die „Erfüllung“ bisher nie zu politischen Vorgängen das Wort ergriffen habe. „Wir haben uns zur Ausgliederung des deutschen Judentums aus dem wirtschaftlichen, dem gesellschaftlichen Leben jeglicher Äußerung enthalten. Nun aber ist es nicht mehr länger möglich, gleichsam unbeteiligt zuzuschauen. Nun ist die öffentliche Rede Pflicht.“ Alle Maßnahmen, die die äußere Existenz des deutschen Judentums auf das schwerste gefährdeten, seien in Stille übergangen worden. „Dies aber ist ein Erlaß, der jeglichen politischen Rahmen sprengt, der nicht mehr äußere Stellungen angreift, der das deutsche Judentum in seinem Tiefsten treffen, in seiner innersten Existenz vernichten will, der darüber hinaus das Abendland, ja den Menschen überhaupt bedroht. Darum geht dieses Gesetz jeden einzelnen an, und es ist keiner, der sich der Verantwortung entziehen könnte, zu ihm Stellung zu nehmen.“ Das sind prophetische Worte, denen — wie immer in der Geschichte — zu wenige geglaubt haben ...

Johannes Österreicher hat sich damals jedoch nicht nur in „seiner“ Zeitschrift nicht der Verantwortung entzogen. Wo immer es möglich war, ist er in Wort und Schrift für die Versöhnung zwischen Christen und Juden eingetreten. Daß das selbst im christlichen Ständestaat zunehmend schwieriger wurde, beweisen die Vorfälle um eine vom mittlerweile der

Katholischen Aktion eingegliederten Pauluswerk im Frühjahr 1937 veranstaltete Vortragsreihe. Sie begann mit einem Vortrag des deutschen Dominikaners Franziskus Straatmann, apostolischer Pönitentiar in Santa Maria Maggiore in Rom, über „Die Juden und wir Christen". Am Ende des Vortrages ertönte „mitten in den begeisterten Beifall plötzlich ein ‚Sprechchor' einiger Burschen auf der Galerie, es werden Zettel von ihnen abgeworfen, auf denen die Worte stehen: ‚Die Judenfrage hat noch Zeit. Gefahr droht heut der Christenheit, Heil Innitzer!'"

Dieser Vorfall veranlaßte einige Wiener Zeitungen zu der Vermutung, die Demonstranten seien Nationalsozialisten gewesen, wogegen sie jedoch vom offiziösen Regierungsorgan „Reichspost" in Schutz genommen wurden: „Demonstrierender Nationalsozialismus liebt andere Rufe und pflegt seine Anwesenheit in Stinkbomben zu bekunden. Die Ansicht, daß die Judenfrage nicht die dringlichste aller Fragen ist und daß die Vorgänge in der Welt die Aufmerksamkeit der Christen vor allem auf ihre eigene Bedrohung lenken müssen, ist auch in Österreich weit verbreitet und durchaus kein Beweis einer Hinneigung zum Nationalsozialismus, der ja selber unter die Bekämpfer der Kirche und des Christentums gegangen ist. Wie wir hören, haben denn auch die etlichen verhafteten Demonstranten bei ihrer polizeilichen Einvernahme jeden Zusammenhang mit dem Nationalsozialismus entschieden in Abrede gestellt. Daß sie von einigen aufgeregten Versammlungsteilnehmern gleich als ‚Nazi' bezeichnet wurden, ist bei der bekannten Gepflogenheit gewisser Kreise kein überzeugender Gegenbeweis."

Diese „Verteidigung" veranlaßte die von dem deutschen Emigranten Prof. Dietrich von Hildebrand herausgegebene Zeitschrift „Der christliche Ständestaat" zu einer scharfen Kritik der „Reichspost" mit dem Titel „Sind wir wirklich so tief gesunken?": „Merkt die ‚Reichspost' nicht, wie bedauerlich bei uns Katholiken die Feststellung wäre, daß es keine Nationalsozialisten, sondern Katholiken waren, die sich so unqualifizierbar benahmen?" In der Reihe sprachen dann noch Prof. Hildebrand selbst, Senator Pant und zuletzt Johannes Österreicher, nach dessen Vortrag nach der Darstellung des „Neuigkeits-Weltblattes" die jugendlichen Demonstranten, die nicht den „Makel auf sich sitzen lassen" wollten, als Nazis verdächtigt und beschimpft zu werden, nach Rücksprache mit „angesehenen Mitgliedern der katholischen Geistlichkeit“ eine andere Form des Protestes erhoben. „Sie kamen darin überein, sich während der Reden jedes Eingriffes zu enthalten, nachher aber, vor dem Verlassen des Saales, das *Kreuzeszeichen* zu machen und die Worte anzuschließen: ‚Christus siegt, Heil Innitzer!‘“ Die „Reichspost“ hielt ihnen wiederum zugute, daß sie der übermäßige Beifall bei judenfreundlichen Stellen „provoziert“ habe. Der „Christliche Ständestaat“ führte diese Verteidigung allerdings mit der Bemerkung ad absurdum, daß der Vortrag Österreichers, „seinem gehobenen, rein religiösen Charakter nach, von einem kurzen, bald erstickten Versuch abgesehen, *überhaupt zu keinem Beifall Anlaß gab“*. Außerdem hätten manche Zuhörer statt „Heil Innitzer!“ „Heil Hitler!“ gehört. Daher sei hier eine Geistes- und Geschmacksverwirrung offenbar geworden, die katholische Blätter noch verteidigten . . .

Als die Zeitschrift „Wort und Wahrheit“ 1961 eine Rundfrage unter Katholiken Deutschlands, der Schweiz und Österreichs: „Was erwarten Sie vom Konzil?“ durchführte, begann John M. Oesterreicher seine Antwort mit dem Satz: „Wenn die Konzilsväter mir wie im Märchen einen, aber auch nur einen Wunsch gewährten, dann würde ich sie ohne Zaudern um eine feierliche Erklärung zur Menschenwürde bitten.“ Der Grund dafür war, wie er im weiteren ausführte, der Antisemitismus und das gestörte Verhältnis der Christen zu den Juden. Daß das Konzil diesen Wunsch doch erfüllt hat, war, wie eingangs dargelegt wurde, zu einem wesentlichen Teil das Verdienst Oesterreichers. Die ersten Leistungen dafür hat er vor mehr als 50 Jahren in Österreich erbracht.

Kardinal Innitzer und die „Erzbischöfliche Hilfsstelle für nichtarische Katholiken“

Kardinal Innitzer, in dessen Diözese 1938 90% aller österreichischen Juden lebten, hatte schon seinerzeit als Professor an der Universität Wien armen jüdischen Studenten geholfen und als Rektor antisemitische Ausschreitungen unterbunden, da er erklärt hatte, er werde die Universität beim ersten Angriff auf jüdische Studenten für ein Jahr schließen. Er hatte an einem Kommers der zionistischen Verbindung „Kadimah“ als Ehrengast teilgenommen und anläßlich des Ablebens des Wiener Oberrabbiners Feuchtwang 1936 der Kultusgemeinde offiziell kondoliert. Im Februar desselben Jahres erklärte Innitzer bei der Einweihung der Räume des unter der nominellen Leitung von P. Georg Bichlmair SJ stehenden und der Judenmission dienenden „Pauluswerkes“: „In einer Zeit, in der Rassenhaß und Vergötzung der Rasse Triumphe feiert, ist es gut, wenn wir von der alten Kultur unseres Vaterlandes Österreich aus betonen, daß wir einen anderen Standpunkt einnehmen. Wenn Christus, der Herr, gesagt hat, sie sollen alle eins sein, so sind seine Brüder im Judentum nicht ausgeschlossen. Wir werden die große Parole Gerechtigkeit und Liebe im Auge haben, gerade in einer Zeit — ich sage dies nicht bloß ihnen zuliebe, es sollte viel öfter gesagt werden —, in der den Juden das elementare Naturrecht abgesprochen wird.“

Umso schmerzlicher waren daher die österreichischen Juden von dem Besuch Innitzers bei Hitler im Hotel Imperial am 15. März 1938 und der positiven Erklärung der österreichischen Bischöfe vom 18. bzw. 21. März über den „Anschluß“ betroffen. Der Kardinal ist nun in der Anschlußfrage und in seiner Hoffnung, zu einem „Modus vivendi“ von Kirche und Nationalsozialismus zu gelangen, zweifellos für kurze Zeit Illusionen erlegen, die Hitler selbst bei ihm erweckt und katholische Nationalsozialisten weiter genährt haben. In seiner Haltung gegenüber den Juden hat er sich jedoch nicht verändert und allen katholischen Hilfsaktionen, besonders für die Judenchristen, deren Zahl nach dem „Anschluß" sprunghaft anstieg — von März bis September 1938 konvertierten 1.702 Juden —, seine uneingeschränkte Unterstützung gewährt.

Die ersten Initiativen dazu gingen unmittelbar nach dem „Anschluß" von dem bereits genannten P. Bichlmair aus, der noch im März 1936 in einem Vortrag vor der Wiener Katholischen Aktion die sofortige Zulassung von Judenkonvertiten zu allen Stellen wegen der „bösen Erbanlagen" der Juden als fragwürdig und den Arierparagraphen für einzelne Bünde und Vereinigungen unter Umständen als „im Namen der christlichen Ethik für nicht verwehrbar" bezeichnet hatte.

Zwei Jahre später machte er sich aber ohne Zögern die Hilfsvorschläge von Johannes Österreicher (siehe voriges Kapitel), dem eigentlichen Träger des im August 1938 von der Gestapo aufgelösten Pauluswerkes, zu eigen. Österreicher, von einem Beichtkind gewarnt, konnte noch rechtzeitig fliehen. Österreichers Weg führte über Frankreich in die USA. In Paris fand er rasch Anschluß an die österreichische Emigrantengruppe, besonders auch zu dem Dichter Joseph Roth. Dieser hatte noch auf dem Totenbett nach ihm verlangt. Da die Taufe Roths nicht mit Sicherheit feststand, sprach Österreicher beim Begräbnis Roths am 30. Mai 1939 ohne Stola die kirchlichen Sterbegebete. Vom Herbst 1939 bis zum Frühjahr 1940 war es Österreicher auch möglich, über Radio Paris in deutscher Sprache Sonntagspredigten zu halten (vgl. Anhang Nr. 3). In den USA gelang ihm schließlich die Errichtung des schon genannten Instituts für jüdisch-christliche Studien in New Jersey. Der die Juden betreffende Teil der Erklärung des Zweiten Vatikanischen Konzils über das Verhältnis der Kirche zu den nichtchristlichen Religionen geht — wie schon berichtet — auf den ursprünglich allerdings längeren Entwurf von Prälat John Oesterreicher zurück. In einer auf den Ideen Österreichers basierenden Denkschrift vom 19. Mai 1938 schlug P. Bichlmair die Bildung eines Hilfswerkes vor, das sich um die Seelsorge, die Schulen, Berufsumschulung, Auswanderung und die rechtliche Lage der „nichtarischen Christen" kümmern sollte. Kardinal Innitzer wurde inständig gebeten, mit Hitler und dem Parteibeauftragten über diese dringliche Frage zu sprechen. „Die Lage der nichtarischen Christen erforderte denkbar rasches Handeln. Die Oberleitung des Hilfswerkes müßte in der Hand des Bischofs sein. Das Arbeitskomitee müßte zum größten Teil aus erprobten Männern und Frauen arischer Abstammung bestehen und auch hilfsbereite Ausländer umfassen."

Wenn auch nicht in dem geplanten großen und offiziellen Umfang, hatte Bichlmair zu diesem Zeitpunkt bereits mit einigen Mitarbeitern unter der Leitung der Gemeindefürsorgerin Manuela Gräfin Kielmansegg die Hilfstätigkeit in Form der „Aktion K" (Kielmansegg) begonnen. Die „Beratungsstelle für katholische Auswanderer" und die „Hilfsstelle der Caritas für nichtarische Christen" waren bald darauf im gleichen Sinn tätig. Als die zentrale Figur dieser Bemühungen wurde P. Bichlmair am 10. November 1939 von der Gestapo verhaftet und anschließend nach Beuthen „gauverwiesen".

Um die nach der Ausweisung P. Bichlmairs von dessen deutschem Mitbruder P. Ludger Born SJ weitergeführten Hilfsmaßnahmen, die seit Kriegsbeginn immer schwieriger geworden waren, nicht abreißen zu lassen bzw. um sie vor der Gestapo durch das Gewicht seines Amtes zu schützen, errichtete Kardinal Innitzer im Dezember 1940 in seinem Palais die „Erzbischöfliche Hilfsstelle für nichtarische Katholiken". Zu ihrem Leiter ernannte er P. Born, der der Hilfsstelle bis Kriegsende vorstand.

P. Born wurde nach Kriegsende von seinen Ordensoberen lange in der deutschen Seelsorge eingesetzt. Danach erlitt er zwei Herzinfarkte, die ihn so schwächten, daß er seine Absicht, zumindest eine Dokumentation über die „Hilfsstelle" zu publizieren, bis zu seinem Tod 1980 nicht verwirklichen konnte. Der Nachfolger von Kardinal Innitzer, Kardinal Dr. Franz König, hatte daher schon 1976 einen jüngeren Mitbruder P. Borns, P. Lothar Groppe SJ, beauftragt, die Dokumentation aufgrund der Unterlagen P. Borns fertigzustellen. Da diese zwar zahlreich waren, aber sich einander immer wieder überschnitten bzw. nur Bruchstücke waren — von dem kurz nach Kriegsende von P. Born selbst verfaßten knappen Tätigkeitsbericht abgesehen —, war die Aufgabe P. Groppes nicht leicht. Aufzeichnungen anderer Mitarbeiter lagen nicht vor, von denen zudem schon die meisten gestorben waren. Dennoch hat P. Groppe 1978 erstmals die Dokumentation „Die Erzbischöfliche Hilfsstelle für nichtarische Katholiken in Wien“ veröffentlicht, die Art und Umfang der Tätigkeit der Hilfsstelle fundiert rekonstruiert.

Der Mitarbeiterkreis P. Borns bestand aus acht bis zwölf Frauen, von denen zuerst nur eine und dann vier hauptamtlich, die anderen ehrenamtlich tätig waren. Hier seien vor allem Mater Tintara von den Englischen Fräulein, Gertrud Steinitz (Metzler), Charlotte Horn, Sr. Verena Buben von der Caritas socialis, Luise Perner und Lotte Fuchs genannt. Die Hilfsstelle wurde aus der Privatschatulle des Kardinals, von den Jesuiten und einigen Wiener Klöstern und Pfarren finanziert und unterstützt. Vorrangig zu nennen sind dabei die Pfarren St. Johann Nepomuk und St. Leopold im 2. Wiener Gemeindebezirk, in dem besonders viele Juden — nach und nach wie in einem Ghetto — lebten. Dort wurde unter der Leitung des Pfarrers Dr. Alexander Poch und der Schulschwester und damaligen Pfarrhelferin Maria Xaveria den bedrängten Juden unermüdlich geholfen. Praktizierende Katholiken, wie z. B. der Chirurg Dr. Hans Finsterer, ließen dem Kardinal regelmäßig größere Spenden zukommen. Wenn es angesichts des ungeheuren Elends der verfolgten Juden auch nur ein Tropfen auf einem heißen Stein war, so hat die „Hilfsstelle“ doch beträchtliche Summen ausgegeben. Allein vom Jänner bis Dezember 1943 zahlte die „Hilfsstelle“ 74.974 RM Unterstützungen sowie 4.503 RM Schulzuschüsse aus. Für die Bestattung jedes „Judenchristen“ auf dem jüdischen Friedhof — die Beisetzung christlicher Juden auf Gemeinde- und Privatfriedhöfen war verboten — zahlte sie dem jüdischen Ältestenrat 165 RM. Das durchschnittliche Monatsbudget der „Hilfsstelle“ betrug 7.000 RM. Gemeinsam mit der evangelischen „Schwedischen Mission“ und der „Society of Friends“ der Quäker unterhielt die Hilfsstelle in der Grüngasse eine private Schule für christliche und konfessionslose Judenkinder. Dem von allen drei Organisationen gebildeten Schulausschuß stand der nachmalige Prälat Josef Wagner vor. Da das Rothschildspital nur mosaische Juden aufnahm, die nichtjüdischen Spitäler jedoch nur „arischen“ Patienten offenstanden, gewann die „Hilfsstelle“ wenigstens eine Ärztin, die sich für einen bescheidenen Pauschalbetrag um kranke Judenchristen kümmerte. Ein Zahnarzt übernahm unaufgefordert ihre kostenlose Zahnbehandlung. Im jüdischen Altersheim wurden 13 Personen von der „Hilfsstelle für nichtarische Katholiken" erhalten.

Bis Mitte 1941 stand jedoch die Auswanderungshilfe im Vordergrund der Bemühungen. Für diese war ebenfalls die von Kardinal Innitzer geförderte „Beratungsstelle für katholische Auswanderer" das katholische Zentrum. Sie arbeitete dabei mit dem von Papst Pius XII. 1941 mit 30.000 Dollar unterstützten Hamburger Sankt-Raphaels-Verein zusammen, der ihr von den ihm vom Vatikan übermittelten Dollarbeträgen bis zu 50% zur Verfügung stellte. Die Auflösung des Vereins durch die Gestapo im Juni 1941 war daher ein schwerer Schlag. Am härtesten wurden davon sofort viele Wiener Judenchristen betroffen, die bereits das Visum für die Einreise in die USA und einen Schiffsplatz ab Lissabon hatten. Da Portugal für die Durchreise gesperrt war, mußten sie auf ein spanisches Schiff umbuchen, wodurch sich die Kosten der Schiffahrt verdoppelten. Die fehlenden Beträge waren von der Hilfsstelle beim Sankt-Raphaels-Verein beantragt worden, der sie jedoch nicht mehr überweisen konnte. Da Kardinal Innitzer Anfang 1941 von Papst Pius XII. zwar 20.000 Dollar für „Wiener Fälle" reserviert worden waren, aber noch nicht zur Verfügung standen, erbat er sich persönlich von der Kultusgemeinde die Vorstreckung von 3.500 Dollar, um insgesamt zehn „Wiener Fällen" doch noch die Ausreise zu ermöglichen. Es bedurfte mehrerer dringender Bitten des Kardinals an den Papst und Kardinalstaatssekretär Maglione, ehe im Jänner 1943 diese Schuld durch vatikanische Überweisung von 3.500 Dollar auf das Konto des American Joint Distribution Committee in New York beglichen werden konnte.

Die unermüdlichen, nach dem Beginn der Deportationen noch gesteigerten Bemühungen des Kardinals waren „wahrhaft verzweifelte Interventionen" (Josef Macho). Er hat dabei viele Enttäuschungen erlebt, gerade auch von katholischen Ländern wie Portugal und Spanien, in deren Kolonien er eine größere Zahl seiner „guten Katholiken nichtarischer Abstammung" durch kirchliche Stellen des Auslandes und gelegentlich auch durch den Vatikan unterzubringen hoffte. Innitzer hat sich dennoch nicht entmutigen lassen. Er schrieb weiter seine „Bettelbriefe" an den Papst, das Staatssekretariat, an amerikanische, englische und irische Bischöfe. Daher ist es ihm allen Schwierigkeiten zum Trotz gemeinsam mit seiner Hilfsstelle gelungen, bis Ende 1941 für ungefähr 150 „Schützlinge" die Ausreise nach Nord- und Südamerika einzuleiten, wobei brasilianische Visa durch die persönliche Intervention des Papstes zugesagt worden waren.

Auch nach der Auflösung des Sankt-Raphaels-Vereins und der Schließung des amerikanischen Konsulats in Wien 1941 hat Innitzer versucht, Visa für katholische Juden zu bekommen und durch damals allerdings schon fast aussichtslose Bitten bei Papst und Staatssekretariat zu erreichen. Die „Hilfsstelle" versuchte, mit ihren Schützlingen auch nach deren Deportierung — vom Februar 1941 bis Juli 1942 waren 1.224 katholische Juden in das Generalgouvernement gebracht worden — in Verbindung zu bleiben. Mit den nach Polen Verschleppten gelang dies bis Mitte 1942, mit den in Theresienstadt Internierten bis Ende 1943. Noch 1944 wurden von der Hilfsstelle 7.277 Zweikilopakete verschickt. Wie viele von ihnen ihre Adressaten noch erreicht haben, ist eine andere Frage. In einigen wenigen Fällen — unter ihnen drei Jugendliche aus der Pfarre Perchtoldsdorf — erreichte die „Hilfsstelle" durch ihre Intervention, daß noch im letzten Augenblick Streichungen in Transportlisten vorgenommen wurden. Ansonsten blieb nur mehr die Versorgung der vor der Deportation stehenden Schützlinge, unter denen sich nach der Schließung der „Schwedischen Mission" und der „Society of Friends" Ende 1941 auch evangelische Christen und Konfessionslose befanden, mit Geld, Lebensmitteln, Wäsche, Kleidung und Decken sowie persönlicher Tröstung.

Von den immer mehr dezimierten Judenchristen in Wien wurden ungefähr 300 Bedürftige von der Hilfsstelle durch Geldbeträge für Miete, Arzt- und Spitalskosten, Übersiedlungen und Begräbnisse, durch Vermittlung von Wohnungen, Rechtsberatung, Privatunterricht sowie durch Aushilfe mit Kleidung und Lebensmitteln unterstützt. Die Hilfsstelle errichtete eine Nähstube, einen Kindergarten, einen Kinderhort und ein Altersheim. Außerdem wurden regelmäßig einige „U-Boote", also nicht gemeldete Juden, versteckt, was besonders gefährlich war, da den

Juden ja jede Änderung ihres ständigen Wohnsitzes und sogar die vorübergehende Entfernung aus dem Stadtgebiet streng verboten war. Laut Statistik der Israelitischen Kultusgemeinde lebten dennoch 1942 in Wien 2.282 Juden „illegal“ und wurden von der Gestapo gesucht, doch nur ein geringer Prozentsatz wurde entdeckt, und wenige überlebten in Wien, da die übrigen früher oder später in das benachbarte Ausland (Ungarn, Jugoslawien, Griechenland) flüchteten, wo viele wieder in die Hände ihrer Verfolger fielen. In dem Bericht P. Borns bzw. P. Groppes über die Tätigkeit der Hilfsstelle werden sieben von ihm betreute, erschütternde „Fälle“ erwähnt. Nur einer von ihnen soll hier im vollen Wortlaut wiedergegeben werden:

„Eines Tages kam ein untersetzter kleiner Mann in die Hilfsstelle. ‚Ich bin der Josef‘, stellte er sich vor. Abgesehen von dem, was er auf dem Leibe trug, besaß er nur eine Blechdose, in der außer seinen Dokumenten noch sein Rasierzeug war. Sie diente ihm auch als Trinkgefäß und Rasierschale. Er hatte auf dem Lande gelebt, in einem Kloster gearbeitet. Um dem Kloster wegen seiner nichtarischen Abstammung keine Unannehmlichkeiten zu bereiten, tauchte er unter. In der guten Jahreszeit wohnte er in einer Gruft auf einem Friedhof und lebte von gelegentlichen Aushilfen in Gärtnereien in der Nähe des Friedhofes oder bei Straßenarbeiten. Abends ließ er sich im Friedhof einschließen und schlief in seiner Gruft friedlich bei den Toten. Als der Winter kam, konnte er auf dem Friedhof nicht bleiben, ohne entdeckt zu werden. Die Spuren im Schnee hätten seine Unterkunft verraten. Da kam er in die Hilfsstelle, die ihm Aufnahme in einem Kloster vermittelte, wo er sich nützlich machte und furchtlos nach den Bombenangriffen bei Aufräumungsarbeiten half. Er überlebte heil den Krieg.“

Sicherlich kamen die meisten dieser zum Teil unter großer Gefährdung der Helfer durchgeführten Hilfsmaßnahmen in erster Linie getauften Juden, sogenannten „nichtarischen Christen“ zugute, was sowohl durch die alte antijüdische katholische Tradition als auch durch das Kirchenverständnis jener Zeit bedingt war. Über Verwandtschaft oder Freundschaft wurde durch die Unterstützung der Judenchristen indirekt aber auch mosaischen Juden geholfen. Schließlich muß man auch bedenken, daß die NS-Machthaber infolge ihrer Rassendoktrin zwischen getauften und ungetauften Juden überhaupt keinen Unterschied machten, was sich sogar am Schicksal katholischer Priester zeigte, die als „Volljuden“ über Betreiben der Gestapo und des Sicherheitsdienstes (SD) vom Ordinariat schließlich von ihrem Posten enthoben wurden, wie z. B. 1940 der Ottakringer Pfarrer Karl Schwarz, der seit 1928 die Pfarre geleitet hatte.

Innitzer und die „Judenchristen"

Mit der Stellung der „Judenchristen" innerhalb des Kirchenraumes hat sich die Österreichische Bischofskonferenz bei ihrer Herbstsitzung 1941 anläßlich der staatlichen Verordnung über Kennzeichnung der Juden durch den Stern eingehend beschäftigt. Damals befanden sich noch ungefähr 8.000 Judenchristen in Wien, für deren Unterstützung Kardinal Innitzer auch Mittel aus dem sogenannten Peterspfennig zur Verfügung zu stellen beschloß. Eigene Gottesdienste für die Judenchristen wurden ausdrücklich abgelehnt: „Im inneren Raum der Kirche soll kein Unterschied gemacht werden." Der Kardinal selbst hatte schon Anfang September 1941 an die Dechanten der Erzdiözese Wien einen Hirtenbrief zur Verteilung an die Pfarrer geschickt, in dem er den Klerus und die Gläubigen aufforderte, sich im Verkehr mit den Juden von christlicher Liebe leiten zu lassen, beim Gottesdienst keine Rassenunterschiede zu machen und für die jüdischen Glaubensgenossen zu beten. Aufgrund einer Weisung des Erzbischöflichen Ordinariats vom 18. September 1941 mußten die Dechanten diesen offenbar doch zu gefährlichen Hirtenbrief vernichten und an seiner Stelle folgende Mitteilung an die Pfarren weitergeben:

„Am 19. September 1941 ist eine Polizeiverordnung in Kraft getreten, wonach es allen Juden, die das 6. Lebensjahr vollendet haben, verboten ist, sich in der Öffentlichkeit ohne Judenstern zu zeigen. Auf viele Anfragen, die an kirchliche Stellen ergangen sind, wird den Gläubigen mitgeteilt, daß die katholisch getauften Christen, auch die nichtarischen Christen, nach wie vor am religiös kirchlichen Leben teilnehmen können." Der Inhalt des Hirtenschreibens ist dem SD dennoch bekannt geworden, da es in seinem geheimen Lagebericht vom 24. November 1941 nach der Inhaltsangabe eines Rundschreibens Kardinal Bertrams vom 17. September in der gleichen Angelegenheit heißt:

„In ähnlicher Weise wandte sich Kardinal Innitzer an den Klerus der Ostmark. Auch er lehnte die Kennzeichnung der Juden, obwohl sie durchaus mittelalterlich-christlicher Tradition entspricht, ab, ebenso die Zusammenfassung der jüdischen Katholiken zu besonderen judenchristlichen Gemeinden mit eigenen Kirchen und Kirchendienst, weil diese Maßnahme als Konzession an die nationalsozialistische Rassenlehre aufgefaßt werden könnte.

Vorsprachen von Gläubigen in den Pfarrkanzleien wegen Entfernung von Juden aus den Kirchen seien scharf abzulehnen und die Petenten zu belehren, daß die Kirche bei ihren gottesdienstlichen Handlungen keine Rassenunterschiede machen dürfe. Gleichzeitig ließ der Kardinal unter Hinweis auf die Aussiedlungsaktion die Priester auffordern, für die jüdischen Glaubensgenossen, die gezwungen werden, demnächst Wien zu verlassen, zu beten. Danach ist, trotzdem die Juden in letzter Zeit sehr zahlreich, anscheinend abordnungsweise in die Kirchen entsandt werden, wohl um das Mitleid der Kirchenbesucher zu erregen, auf Grund der Stellungnahme der beiden Kardinäle mit einer Absonderung der Juden im Gottesdienst und beim Sakramentenempfang von kirchlicher Seite aus nicht zu rechnen."

Die Nachricht, daß die Zwangsscheidung aller noch bestehenden Mischehen unmittelbar bevorstehe, veranlaßte Kardinal Innitzer am 3. April 1943 wiederum zu einem direkten Schreiben an den Papst. Er teilte Pius XII. darin mit, daß 1941/42 ungefähr 50.000 Wiener Juden nach dem Osten deportiert wurden, unter ihnen etwa 1.000 Katholiken. Zur Zeit befänden sich in Wien noch zirka 7.000 „Nichtarier", von denen rund 2.800 Katholiken seien. Der größte Teil der in Wien verbliebenen „Nichtarier" lebe in rassischer Mischehe, deren Bestand sie bisher vor der Deportation bewahrt hätte. Von einer Zwangsscheidung würden in Wien zirka 5.000 Mischehen betroffen, von denen gut die Hälfte katholisch sei:

„Die Durchführung der Ehescheidung, die auf Grund eines neuen Gesetzes erfolgen soll, bedeutet für den nichtarischen Teil Evakuierung in den Osten, ein Zerreißen der bestehenden, zumeist kirchlich geschlossenen Ehe, ein unsicheres Schicksal der vielen Mischlingskinder aus diesen Ehen, natürlich auch in vielen Fällen für den zurückbleibenden arischen Teil schwere wirtschaftliche und seelische Not ... Das mir stets nahegehende herzzerreißende Elend läßt mich Eure Heiligkeit innigst und inständigst bitten und anflehen, alles, was etwa in der Macht Eurer Heiligkeit steht, zu veranlassen und zu versuchen, daß die geplanten Maßnahmen wenn möglich unterbleiben oder durch Ausführungsbestimmungen wenigstens die kirchlich geschlossenen Ehen vor dem drohenden Unheil bewahrt bleiben."

Dieser Appell wurde am 1. Mai 1943 von Kardinalstaatssekretär Maglione eher allgemein beantwortet. Hinsichtlich der Deportationen habe der Heilige Stuhl bis jetzt nicht versäumt, „alle ihm zu Gebote stehenden Mittel einzusetzen, damit in verschiedenen Staaten vielen Unglücklichen ein so hartes Los erspart werde". Er brauche nicht hinzuzufügen, „daß der Heilige Stuhl fortfahren wird, sich dieser Dinge mit allem Eifer anzunehmen, vor allem was die katholischen oder mit Katholiken verheirateten Juden anlangt". Innitzer intervenierte noch im April 1944 beim Reichsstatthalter Baldur von Schirach zugunsten von Mischehepaaren. Seine unermüdlichen Bemühungen für die „nichtarischen Katholiken" über Jahre hinweg haben Innitzer zweifellos das Gefühl vermittelt, persönlich in dieser Frage genug getan zu haben. Vor allem deshalb wohl griff er die nach 1945 von einem angesehenen Juden an ihn herangetragene Anregung, in einem Hirtenwort auch vom christlichen Anteil am Antisemitismus und dem offiziellen Schweigen der Kirche über die „Endlösung" vor 1945 zu sprechen, nicht auf.

Wie man mittlerweile weiß, hat der Vatikan durch Nuntius Orsenigo bereits vom Herbst 1942 gegen eine Zwangsscheidung in Berlin interveniert. Sie ist jedenfalls bis 1945 nicht verordnet worden, was jedoch auch auf den 1943 von der gesamtdeutschen Bischofskonferenz in Fulda, der auch die österreichischen Bischöfe angehörten, beschlossenen Protest zurückgehen könnte.

Dieser Protest war nach einem Bericht von Bischof Berning von Osnabrück über die Lage der Juden, ihre Deportation nach dem Osten unter unmenschlichen Bedingungen und die Einziehung ihres Vermögens durch das Reich zustande gekommen. Zum erstenmal sollte er auch mit dem „Ersuchen um Erleichterung des Loses aller Nichtarier" verbunden sein.

So steht denn am Ende einer langen schmerzlichen, an folgenreichen und damit schuldhaften Irrtümern, wie z. B. dem antijüdischen „Wanzenepos“ des Wiener katholischen Priesters Sebastian Brunner von 1886 oder dem vom „Osservatore Romano“ am 23. Juni 1938 ausdrücklich zurückgewiesenen rassistischen Artikel eines Wiener Geistlichen, reichen Entwicklung der Schritt über die Grenzen der Konfession. Er wurde ausgelöst durch die vermutlich vom Berliner Bischof Dr. Konrad Preysing formulierte Erkenntnis der Bischöfe, daß in der Zeit schwerster Not und Bedrängnis auch die „Andersgläubigen“ mit dem Einsatz der Kirche rechnen können: „Wer soll überhaupt noch für Naturrecht und Gottesgebote einstehen, wenn nicht die kirchliche Führung?“

Christen und verfolgte Juden

Die Konsequenzen aus der Erkenntnis, daß es Christenpflicht ist, auch den nicht getauften Juden zu helfen, haben österreichische Katholiken — Priester und Laien — schon sehr früh gezogen. Das gilt auch von zwei Wiener Pfarrern und einem Mesner, die im Oktober 1938 wegen Fälschung von Taufscheinen zwecks Erlangung von Ariernachweisen verhaftet wurden, wie vom Pfarrer von Stillfried, Alois Hanig, der im Februar 1939 mit seiner Schwester in Schutzhaft genommen wurde, da sie wegen „auffallend vieler Taufen von Juden“, die Hanig zum Teil in deren Wohnung vorgenommen hatte — nach seiner eigenen Angabe über 50 —, „öffentliches Ärgernis“ erregt hatten. Er wurde wegen „Amtsmißbrauch“ zu acht Monaten Kerker verurteilt, den er als 50%iger Invalide verließ. Anstoß nahmen die diversen Wiener Ortsgruppen- und Blockleiter auch daran, daß in den Währinger Frauenklöstern in der Gentzgasse und in der Martinstraße „Jüdinnen aus und ein gehen“, Juden „mit Erfolg bei den Schwestern betteln“, was im Herbst 1939 und Herbst 1940 dem Gaupropagandaamt gemeldet wurde.

Eine Hilfe von besonderem Gewicht war die Ausstellung von für den „Ariernachweis“ benötigten kirchlichen Dokumenten, was 1938 auch von der Pfarrkanzlei St. Stephan in Wien in stets großzügiger Weise geschah. Nach der Aussage einer denunziatorischen Hauptschuldirektorin namens Mayer wurde dort erklärt: „Suchen Sie sich nur irgendeinen Josef Mayer aus, der in dem betreffenden Jahr geboren wurde, wir stellen Ihnen jedes Dokument aus! Was glauben Sie, auf welche Weise jetzt die Stammbäume zustande kommen!“

Wie schon erwähnt, gab es auch außerhalb Wiens Katholiken, die ihre Augen vor dem Schicksal der Juden nicht verschlossen. Der Pfarrer von Korneuburg, Dr. Vinzenz Oskar Ludwig, sein Mesner Leopold Frühlinger und der Leopoldstädter Pfarrer Wilhelm Sucher wurden im Oktober 1938 wegen Fälschung von

Taufscheinen zum Zwecke des Ariernachweises festgenommen. Der damalige Pfarrprovisor von Rohr im Gebirge, Peter Lorenz, versteckte im März 1945 mit Hilfe der Rohrer Bauern 16 aus Ungarn verschleppte Juden vor der SS-Leibstandarte „Adolf Hitler“ bis zum Einmarsch der Russen. Der Pfarrer von Mürzsteg, Alexander Seewald, erklärte in seiner Weihnachtspredigt 1939, daß auch Christus als Mensch aus dem Judenvolk abstamme, wie jeder im Evangelium nachlesen könne: „Es kann also die Abstammung eines Menschen kein Verbrechen sein. Wenn sich jemand gegen Gesetze vergeht, kann er ohnehin jederzeit belangt werden.“ Diese Äußerung genügte einem bei der Predigt anwesenden Spitzel, den Pfarrer anzuzeigen. Er wurde am 16. Jänner 1940 verhaftet und bis Ende April 1945 in den KZs Gusen und Dachau festgehalten.

Durch NS-Akten und andere offizielle Dokumente belegt ist auch die Hilfe, die einige Burgenländer verfolgten Juden zuteil werden ließen. Elisabeth Heiling aus Nikitsch beherbergte zwei jüdische Frauen, Michael Leitgeb aus Wolkersdorf versteckte Hella Blumenau und ihren minderjährigen Sohn Mario von 1942 bis 1945 in seiner Wohnung und versorgte beide mit Lebensmitteln. Frau Blumenau erklärte im Dezember 1945 eidesstattlich: „Ich sollte samt meinem Sohn nach Polen evakuiert werden, und dadurch, daß Herr Leitgeb mich und meinen Sohn polizeilich nicht anmeldete, hat er mir und meinem Sohn das Leben gerettet.“ In Oberwart ließ im Juli 1938 der Gendarmerie-Rayons-Postenkommandant Franz Maischberger dem jüdischen Dr. Alexander Sarlei eine Warnung vor dessen bevorstehender Verhaftung durch die Gestapo zukommen. Sarlei konnte noch rechtzeitig flüchten. Der damalige Kooperator von Salzburg-St. Andrä, Franz Wesenauer, bewog drei Bekannte, einer war der Taxhamer Pfarrer Egon Katinsky, den 13jährigen jüdischen Waisenknaben Julius Kerlburger von 1942 bis 1945 zu verbergen.

All das ist umso bemerkenswerter, wenn man sich an die Antworten erinnert, die österreichische Priester 1979 über katholische Einstellungen gegenüber den Juden vor 1938 gaben (vgl. S. 29 f.).

Für die Antworten auf die Frage, ob Katholiken nach dem 11. März 1938 Juden geholfen haben, waren andere Einteilungskategorien notwendig als bei der vorhergehenden. Aufgrund der Antworten wurden folgende gewählt: positiv für Angabe konkreter Hilfen, negativ für verneinende Antworten, 0 für undifferenzierte, sozial angepaßte Bejahungen ohne nähere Angaben, und schließlich noch eine vierte für die Antwort „keine Juden in der Gegend" (= 4). Die auswertbaren Antworten verteilen sich auf diese Kategorien folgendermaßen: insgesamt 31 positive, bei denen allerdings einige nur in einem sehr eingeschränkten Sinn als positiv gelten können; 71 verneinende, 101 undifferenzierte Bejahungen („Ja", „Ja, wenn möglich", „Habe von einigen Fällen gehört"), die mit großer Wahrscheinlichkeit inhaltsleer sind, und 31 Antworten, daß es im Ort oder in der Gegend keine Juden gab. Wie nicht anders zu erwarten, führt Wien, die letzte Station der Juden vor der Deportation in den Osten, mit 15 positiven und 15 negativen Antworten, 31 undifferenzierten Bejahungen und nur einer aus dem ländlichen Gebiet der Erzdiözese mit der Antwort, daß es in der Umgebung des Befragten keine Juden gegeben habe. Beziehungen zwischen diesen Antworten und den 1984 und 1987 durchgeführten soziologischen Antisemitismusbefragungen ergeben sich nicht. Vergleiche mit anderen Berufsgruppen sind nicht möglich, weil diese bisher noch nicht mit solchen Fragen konfrontiert wurden. Sieht man von der relativ großen Zahl der undifferenzierten Bejahungen ab, so bleiben als Fazit die erstaunliche Offenheit, die auffallende Divergenz im Verständnis von Hilfe und Hinweise auf bisher nicht bekannte Helfer. Am bedrückendsten unter den negativen Antworten ist eine, die sogar aus der Umgebung von Wien (Klosterneuburg) stammt: „Dazu war kein Grund vorhanden." Aus Bischofshofen kam die Antwort: „Hiesige Juden sind abgehauen." Aus Wien fünfmal, St. Pölten, Salzburg und Feldkirch je einmal wurde auf die Hilfsaktionen Innitzers bzw. P. Borns verwiesen. Der damalige Caritasdirektor von Klagenfurt wußte von der Tätigkeit P. Borns.

Was die divergierenden Hilfsvorstellungen betrifft, so seien beispielhaft nur einige angeführt: Man hat gut Bekannten im geheimen Zigarren gegeben, ein Priester hat in einem abgelegenen Häuschen eine Jüdin getröstet, manche haben bei Juden heimlich eingekauft. Geradezu unfaßbar ist eine Antwort aus Vorarlberg: „Ja, Menschen leiden sehen kann ein Österreicher nicht.

Ich selbst (Maturant, Soldat) wußte bis 1944 von Judenvergasungen nichts. Wohl ging bei uns (Luftwaffe) das Gerücht, daß (man) Seife aus im Lager verstorbenen Juden mache (1941). Daraufhin: keine Seife mehr."

Konkrete, ins Gewicht fallende Hilfe wird nur selten genannt und kam besonders auch christlichen Juden zu. Die Karmeliterinnen vom göttlichen Hirten im 21. Wiener Bezirk „beherbergten und verpflegten durch Jahre hindurch getaufte Juden". Ein Theologe fuhr nach Wien, „um Hilfsmaßnahmen für eine verschleppte Jüdin einzuleiten, leider vergeblich". Der damalige Wiener Kapuzinerprovinzial P. Kajetan Fröhlich hat nach Aussage eines Mitbruders im Wiener Kapuzinerkloster in der Tegetthoffstraße regelmäßig ein jüdisches „U-Boot" mit Lebensmitteln und Lebensmittelkarten versorgt: „P. K. war sich der Gefahr bewußt, der er sich aussetzte und eventuell sein Kloster." Ein Wiener Geistlicher hat selbst jahrelang ein „U-Boot" versteckt. Ein anderer hat in Wiener Neustadt 1943 bis 1945 geheim „persönliches Leid gelindert".

Der Wiener Theologe Prof. Kosnetter hat jahrelang einer vom Dienst (Mittelschullehramt) enthobenen jüdischen Kollegin Eßwaren in ihre Wohnung in der Leopoldstadt gebracht. In „Einzelfällen" hat ein niederösterreichischer Pfarrer heimlich armen Juden Lebensmittel gebracht, sie vor Verfolgung gewarnt und ihnen zur Flucht geraten. Als knapp vor Kriegsende ungarische Juden durch Langenzersdorf getrieben wurden, fanden sie bei einem Fliegeralarm Zuflucht im Pfarrhof und wurden dort verstohlen gelabt. Sicherlich trifft auch die Aussage zu, daß Klöster „unauffällig" halfen.

In der Diözese St. Pölten kamen Juden mit gelber Armbinde und dem Stern gekennzeichnet in den Pfarrhof von St. Valentin, wo ihnen der Kaplan Heinrich Pichler Kleider und Lebensmittel gab. Eine Bäuerin in Schwarzau hat für in der Nähe arbeitende Juden Lebensmittel versteckt. In Bad Ischl hat sich der Kooperator Paul Eckhart im Spital sehr um einen von Nationalsozialisten mißhandelten jüdischen Apotheker gekümmert. Lebensmittel, die österreichische Fronturlauber nach Wien brachten, wurden durch die Vermittlung einer Schwesterngemeinschaft hungernden Juden überlassen.

In Zillertal hat der Kooperator und Herz-Jesu-Missionar

Andreas Königsbauer einen jungen Juden im Kasten versteckt, dann wurde er, „als es brenzlig wurde", allerdings versetzt. Der Grazer Theologe Dr. Hermann Juri hat den Besuch eines Juden empfangen, „der mir wie ein gehetztes Wild vorkam und mir seinen Sohn Hermann Weiner, jetzt Lehrer in Wien, anvertraute, den ich bei den Schwestern des Hl. Kreuz in Andritz, Ulrichsberg, unterbrachte". In der Umgebung von Graz sammelte die Caritas heimlich Geld für Fluchthilfe. Pfarrer Josef Laufer aus Gratwein taufte, von einem NS-Funktionär ausdrücklich aufgefordert, ein Judenkind, damit es für die Auswanderung den Taufschein erhielt.

Obwohl in Westösterreich nur wenige Juden lebten, kamen aus Tirol und Vorarlberg einige sehr konkrete Antworten. Prof. Anton Egger aus Innsbruck berichtet, daß an seinem dritten Wirkungsort eine jüdische Konvertitin lebte, für die die Frau des dortigen Richters materielle Unterstützung „organisierte". Dann, nach 1941, wurde auch die Konvertitin „abgeholt". Der Innsbrucker Geistliche Rat Geiger hat 1939 eine flüchtige katholische Jüdin, Berlinerin, ohne viel Bedenken für einige Zeit untergebracht; sie war danach den ganzen Krieg in der Stadtwohnung eines Priesters, der auf dem Land war. Lorenz Greiter aus Imsterberg antwortete: „Ja, wir haben eine Frau mit Kind einige Zeit aufgenommen." Und der Dornbirner Pfarrer Jakob Fussenegger ließ einen „führenden Juden, Dr. Trebitsch, Wien", über den Rhein bringen. Pfarrer Josef Welte aus Lustenau hat zwei Juden in die Schweiz geholfen. Ein Verwandter von ihm hat über 50 Juden bei Nacht und Nebel über den Rhein in die Schweiz gebracht.

Parallel mit der praktischen Hilfe entwickelte sich auch die ideologische Gegnerschaft gegen den Rassismus. Eine im Juni 1941 in Wien vorgenommene Verhaftung von vier Schwestern des 3. Ordens des hl. Franziskus, die im Hartmannspital in Margareten und im Lainzer Spital tätig waren, erfolgte wegen des Besitzes einer maschingeschriebenen katholischen Kampfschrift. „Diese beinhaltet die schärfste Verurteilung der Vaterlands- und Rassentheorien — zweifellos des Nationalsozialismus — durch Christus sowie Ankündigung der Vernichtung der Gegner und ihrer Lehre durch Mord und Brand." Die Schrift „Worte des Heilands an Pater Pio (Rom)" enthält tatsächlich eine sehr beeindruckende Stellungnahme gegen den Antisemitismus: „Hütet euch, ihr betörten Kinder der wahren Kirche, hinüberzuwechseln zum Irrglauben der Nation. Allen schlägt mein Herz, allen floß mein Blut, und jedem bin ich Bruder, der mit demütigem Herzen mich sucht. Nie wird der Vater in seinem gerechten Richtspruch die Stammeltern der Menschen in Erwägung ziehen. Ihr vom Wahnsinn des Hochmuts Betörten! Euer Stolz wird euch zu Falle bringen ... Die ihr auf eure Rasse schwört, wie lacht die Hölle über euch!"

Über die NS-Akten hinaus, in denen Hilfe für die Juden ja immer nur als zu ahndendes „Verbrechen" aufscheint, hat die Verfasserin nicht nur durch den Fragebogen 1979 andere Quellen zu finden versucht. Bereits im Juni 1969 hat sie den Österreichischen Rundfunk, das Fernsehen und die großen österreichischen Tages- und Wochenzeitungen um die Veröffentlichung eines Aufrufes ersucht, in dem alle Österreicherinnen und Österreicher, die persönlich 1938 bis 1945 verfolgten Juden geholfen haben, oder denen Hilfeleistungen anderer bekannt waren, um eine entsprechende Mitteilung gebeten wurden. Die Massenmedien kamen diesem Ersuchen fast ausnahmslos nach. Das Echo des Aufrufes war entgegen allen Erwartungen relativ groß. Bis 15. August 1969 trafen 150 Antworten ein. Ihre Auswertung wurde 1969 publiziert. Danach langten noch über Jahre hinweg verspätete Antworten von Personen ein, die über Umwege von der Aktion gehört hatten. Dieses Material wurde 1985 für die zweite Auflage des Buches „Zu wenig Gerechte. Österreicher und Judenverfolgung 1938—1945" herangezogen. Hier sei nur vermerkt, daß die Antworten insgesamt deutlich die Breite des Spektrums dessen zeigten, was in Österreich 24 Jahre nach dem Untergang des Dritten Reiches als Hilfe für Juden verstanden wurde. Es reichte von einer alten Frau, die sich viele Jahre über ihren lärmenden jüdischen Obermieter geärgert hatte und nach dem „Anschluß", als man bei ihr über ihn Erkundigungen einholte, trotzdem sagte, sie wisse nichts Nachteiliges, und darüber damals noch stolz war; von einer Krankenschwester, die jüdischen Zwangsarbeitern nicht ganz ausgekratzte Marmeladekübel auf den Dachboden stellte, bis zu Menschen, die unter eigener Lebensgefahr jahrelang Juden als „U-Boote" versteckt und gerettet haben.

Auffallend ist, daß in wenigen dieser Antworten eine besondere christliche Motivation aufscheint. Das gleiche trifft — von wenigen Ausnahmen abgesehen — auf jene von Yad Vashem bisher ausgezeichneten 68 österreichischen „Gerechten“ zu, deren Akten der Verfasserin zugänglich waren. Eine dieser Ausnahmen war die Wienerin Hilde Olsinger, die dem jüdischen Ehepaar Storfer von 1943 bis zum Kriegsende Zuflucht gewährte. „Sie versteckte uns ohne jede finanzielle Gegenleistung und teilte mit uns die Lebensmittelkarten. In ihrer kleinen Wohnung waren noch zwei Kinder, die zur Schule gingen, was die Gefahr vergrößerte, da die Kinder ihren Freunden von uns erzählen konnten, was jedoch nicht geschah. Frau Olsinger war gläubige Katholikin. Trotzdem in unserer Umgebung viele Häuser durch Fliegerbomben beschädigt wurden, sagte sie immer: ‚Gott hat euch zu uns geschickt, und unser Haus wird nicht beschädigt werden.‘ Sie war dessen sicher.“

Praktizierende Katholikinnen waren auch die schon genannte Wiener Studienrätin Dr. Anna Mathä und ihre Mutter. Sie haben drei Juden, ehemalige Schüler von Dr. Mathä, ab 1941 als „U-Boote“ verborgen. Als „Gerechte“ ausgezeichnet wurde Frau Anna Maria Haas aus dem 9. Bezirk. Sie war die einzige Christin, die dem angesehenen Juden Josef Rubin-Bittmann und seiner Familie, die als „U-Boote“ in ständig wechselnden Quartieren überlebten, unentgeltlich geholfen hat. Sie versorgte sie unter schwierigen und gefährlichen Umständen mit Lebensmitteln, ab September 1944 auch mit Milch für den als „U-Boot“ neugeborenen Sohn.

Ein in seiner Kürze besonders eindringlicher Bericht einer Geretteten wurde in den Anhang aufgenommen (vgl. Anhang Nr. 2).

Eine klare Ablehnung einer „Kollektivschuld“ der Juden am Tode Christi und von jedwedem Antisemitismus ist auf höchster kirchlicher Ebene durch die Judenerklärung 1965 des Zweiten Vatikanischen Konzils erfolgt. Für ihre ausführliche Interpretation und die Anwendung in der pastoralen Praxis, z. B. im Religionsunterricht, hat die Österreichische Bischofskonferenz, an ihrer Spitze Kardinal Dr. Franz König, der Nachfolger Kardinal Dr. Theodor Innitzers, gesorgt, wovon noch die Rede sein wird. König, der schon in der NS-Zeit als Religionsprofessor in

St. Pölten mit Schülern seines Vertrauens Juden geholfen hat, war und ist in dieser Frage mit einer Intensität engagiert, die noch vor wenigen Jahrzehnten bei einem österreichischen Bischof undenkbar gewesen wäre. Der Unterschied zwischen seiner Einstellung und jener von manchen älteren Klerikern, über die bereits berichtet wurde, ist allerdings auch heute noch beträchtlich. Dennoch wird sich die hierarchische Gliederung der Kirche gerade in diesem Fall hoffentlich positiv, d. h. in einer stetigen Einstellungsveränderung im Sinn Kardinal Königs auswirken, was langfristig auch Folgen für unsere pluralistische Gesellschaft haben sollte.

In der evangelischen Kirche Österreichs, unter deren Pastoren sich 1938 über hundert illegale Parteigenossen befanden, hatte der Protest des Pastors Erwin Kock gegen den Antisemitismus zunächst sogar Kocks Absetzung durch die Kirchenleitung zur Folge. Die im österreichischen Protestantismus aus historischen Gründen starke deutschnationale Tradition machte die Klärung seiner Position in der Judenfrage noch schwieriger als in der katholischen Kirche. Dabei wurden auch sehr konkrete Pläne für die Errichtung einer eigenen judenchristlichen Gemeinde entwickelt, die auf den 1938 nach Wien gekommenen Tübinger Theologen Prof. Gerhard Kittel zurückgingen.

Noch das 1940 von der österreichischen Landeskirche erlassene Pfarrgesetz verlangte ausdrücklich die arische Abstammung der Pastoren. Zu dieser Zeit nahmen sich allerdings auch schon zahlreiche Protestanten ihrer verfolgten jüdischen Glaubensgenossen an und versuchten, ihnen bei der Auswanderung behilflich zu sein. Das Zentrum dieser Aktionen war die „Schwedische Mission" in der Seegasse im 9. Wiener Bezirk, die bis zu ihrer Auflösung Ende 1941 nicht nur getauften Juden half.

Der für diese Mission in Wien vom September 1939 bis Mai 1941 tätige schwedische Pastor Johannes Ivarsson war noch zu jener Zeit zutiefst betroffen von dem Haß der Wiener gegen die Juden, nicht von dem Haß „einer kleinen Clique", sondern von einem „Volkshaß", wie er zu Weihnachten 1942 im Göteborger „Julbok" schrieb. Er berichtete, daß sich alle führenden Leute in Wien — vermutlich die Spitzen von Partei und Staat — darüber einig seien, wie das Judenproblem gelöst werden müsse:

„Die Juden müssen vernichtet werden. Sie müssen ausgeräuchert werden, wie man Läuse aus einem Haus ausräuchert." Gebildeten, wohlwollenden und vernünftigen Menschen — zumindest nach dem guten Glauben Ivarssons —, voller Sympathie für Schweden, war seine Hilfe für Juden unverständlich: „Helfen Sie Juden? Das ist nicht wahr! Das ist wohl nicht möglich!"

Bereits im April 1938 war von dem holländischen Pastor Gildemeester, der in Devisenfragen auch großes Vertrauen nationalsozialistischer Dienststellen besaß, die sogenannte „Gildemeester-Hilfsaktion" (G. H.) ins Leben gerufen worden. Ihre Hilfstätigkeit beschränkte sich nicht nur auf finanzielle Unterstützung der Ausreisenden, sondern es wurden auch Ausreisepapiere und Visa besorgt. Manchmal gelang es sogar, mit Visa und Fahrkarten nach Schanghai noch Menschen aus dem KZ zu befreien. In erster Linie bemühte sich die „G. H." jedoch um die Zusammenstellung von Kindertransporten, die mit Unterstützung der „Schwedischen Mission" und der „Society of Friends" der Quäker nach Schweden bzw. nach Großbritannien abgingen.

Neben diesen Organisationen hat eine Reihe evangelischer Christen, unter anderen der Superintendent Georg Traar, der ursprünglich radikal antisemitisch eingestellte Professor der Wiener evangelisch-theologischen Fakultät Gustav Entz, der damalige Pastor Wilhelm Dantine und Margarete Hoffer in Graz, in eigener Verantwortung bedrängten Juden geholfen. Auch in den evangelischen Kirchen hat wie in der katholischen angesichts der Judenverfolgung die Erkenntnis an Boden gewonnen, daß die Kirche nicht nur ihren Glaubensgenossen, sondern allen bedrängten Menschen zu Hilfe kommen muß. Darüber hinaus sind evangelische Christen noch während des Krieges zu einer tieferen Sicht der Problematik und zu Forderungen gelangt, die für alle Christen und für alle Zukunft gelten: 1943 wandte sich eine Gruppe deutscher evangelischer Laien an den bayrischen Landesbischof mit einem von Hermann Diem verfaßten Schreiben, in dem es hieß, sie könnten es als Christen nicht länger ertragen, daß die Kirche in Deutschland zu den Judenverfolgungen schweigt. Der Grund für ihre Forderung sei zunächst das einfache Gebot der christlichen Nächstenliebe, aber auch die in Schuld und Verheißung unlösbare Verbindung der Kirche, des wahren Israel, mit dem Judentum. „Die Kirche hat daher insbesondere jenem christlichen Antisemitismus in der Gemeinde selbst zu widerstehen, der das Vorgehen der nichtchristlichen Welt gegen die Juden bzw. die Passivität der Kirche in dieser Sache mit dem ‚verdienten' Fluch über Israel entschuldigt . . ."

*

NOSTRA AETATE

Es war ein weiter, schmerzvoller und von tragischen Irrtümern erfüllter Weg, den die katholische Kirche zurückgelegt hatte, bevor sie 1965 ihr Verhältnis zur jüdischen Religion auf eine neue, ökumenische Grundlage stellte. Seither muß die Konzilserklärung „Nostra Aetate Nr. 4" von Katholiken als Prüfstein für ihr Verhältnis zum Judentum betrachtet werden. Das gilt in besonderer Weise für Österreich, wie ein Blick in die jüngste Zeitgeschichte erweist.

Im Zusammenhang mit dem Bundespräsidentschaftswahlkampf kam es im Frühjahr 1986 in Österreich verschiedentlich zu antisemitischen Äußerungen und Aktionen. Dies löste auch unter Christen Protest und Widerstand aus. Neben vielen anderen Bischöfen sah sich auch Kardinal Dr. Franz König zu einer öffentlichen Erklärung veranlaßt, in der es heißt:

„Wenn u. a. der Präsident der Wiener Israelitischen Kultusgemeinde berichtet, daß orthodoxe Juden gelegentlich in den Straßen Wiens wieder angepöbelt werden, dann zeugt dies vom Fortleben einer Geisteshaltung, die wir für immer überwunden glaubten. Ihr mit aller Entschiedenheit entgegenzutreten muß angesichts der Tragödie des jüdischen Volkes in der Zeit des Nationalsozialismus Verpflichtung aller gutwilligen Österreicher sein. ... Daß — mehr als 20 Jahre nach dem Zweiten Vatikanischen Konzil und seiner Judenerklärung — Kritik am Judentum und seinen Vertretern zum Teil immer noch mit vorgeblich christlichen Beweggründen vorgebracht wird, hat mich als Teilnehmer dieses Konzils besonders betroffen gemacht. Ich bedaure es zutiefst, daß der versöhnende Text des Konzils über die Haltung zu den Juden immer noch zuwenig bekannt ist... Daß ein halbes Jahrhundert nach Auschwitz immer noch versucht wird, antijüdische Äußerungen christlich zu legitimieren, erscheint sicher nicht nur mir als Frivolität."

Das Zweite Vatikanische Konzil, auf das sich Kardinal König

bezog, war wohl das bedeutendste der katholischen Kirche in diesem Jahrtausend, ein noch keineswegs völlig ausgelotetes Ereignis: gerade auch im Hinblick auf die Judenfrage darf es als säkulare Leistung der Kirche verstanden werden. Die überragende Bedeutung von Papst Johannes XXIII. liegt in der Einberufung dieses Konzils und seinem besonderen Engagement für das christlich-jüdische Verhältnis.

„Die eigentliche Quelle für den Entschluß, dem Konzil den Erlaß einer Erklärung über das Verhältnis der Kirche zum jüdischen Volk nahezulegen, ist ... das Herz Johannes' XXIII., im besonderen seine Einfühlung in das jüdische Leiden", berichtet Prälat John Oesterreicher. Als Apostolischer Delegat in der Türkei hatte Giuseppe Roncalli, der spätere Papst, einige tausend jüdische Kinder aus Rumänien und Bulgarien durch Blanko-Taufscheine gerettet. Als im Jahr 1960 eine Delegation amerikanischer Juden dem Papst einen Dankbesuch abstattete, begrüßte er sie mit den berührenden und bedeutungsvollen Worten: „Ich bin Joseph, euer Bruder!" Am 18. September 1960 erteilte Papst Johannes XXIII. Kardinal Augustin Bea, dem Präsidenten des Sekretariats für christliche Einheit, zum ersten Mal den mündlichen Auftrag, den Entwurf einer Erklärung über die inneren Beziehungen zwischen der Kirche und dem Volk Israel vorzubereiten. Dazu schreibt Prälat Oesterreicher, dessen Anteil an der Judenerklärung bereits geschildert wurde (vgl. S. 258 ff): „Der weitaus bedeutendste Anwalt war Kardinal Bea. So überragend war sein Einsatz, daß man ihn den eigentlichen Vater der Judenerklärung nennen muß."

Bei der großen Debatte der Konzilsväter im September 1964 äußerte Kardinal Cushing von Boston — und nicht nur er allein — einen Gedanken, der bis heute als Wunsch auch von jüdischer Seite immer wieder vorgetragen wird: „Ich frage mich, ehrwürdige Brüder, ob wir nicht demütig vor der Welt bekennen sollen, daß Christen sich allzuoft ihren jüdischen Brüdern gegenüber nicht als wahre Christen, als die Getreuen Christi erwiesen haben. Wie viele (Juden) sind es, die in unseren Tagen gelitten haben? Wie viele, die gestorben sind, weil Christen gleichgültig waren und geschwiegen haben ... Wenn schon in den jüngst verflossenen Jahren nicht viele christliche Stimmen gegen jene Ungerechtigkeiten laut wurden, so laßt doch wenigstens jetzt die unsere in Demut erschallen ..." Kardinal König erinnerte daran, daß „wir alle die Ursache (von Christi Kreuzestod) waren" und es nicht die Aufgabe christlicher Predigt und Katechese sein könne, „die Schuld von Kaiphas, Pilatus und anderen aufs genaueste zu beschreiben".

Die feierliche Promulgation der „Erklärung über das Verhältnis der Kirche zu den nichtchristlichen Religionen" („Nostra Aetate"), deren Artikel 4 die Judenerklärung bildet, fand am 28. Oktober 1965 statt. An der letzten Abstimmung hatten 2.312 Bischöfe teilgenommen. Davon votierten 2.221 mit „Ja", 88 mit „Nein" und 3 ungültig.

Papst Paul VI. sprach in seiner feierlichen Rede anläßlich der Verkündigung des Dekrets von der „messianischen Bedeutung" des Dokuments und von der Hoffnung, daß das neue, verschönte Antlitz der Kirche erkannt werden möge, insbesondere von den Juden, die „Gegenstand unserer Achtung, Liebe und Hoffnung sein müssen".

Den entscheidenden, für die Praxis der Zukunft ausschlaggebenden Hinweis hatte Kardinal Bea schon 1964 gegeben: „Die Erklärung muß ... die wirksame Tat hervorrufen, damit die von ihr dargelegten Prinzipien und ihr Geist von allen Christen, ja von allen Menschen im eigenen Leben verwirklicht werden. ... In den Früchten, die die Erklärung nach dem Konzil gewiß hervorbringen muß und hervorbringen wird, liegen ihre Bedeutung und ihr höchster Wert."

Lucien Lazare, jüdischer Gesprächspartner eines nach dem Konzil in Straßburg abgehaltenen Kolloquiums, begrüßte die Wendezeichen in der Kirche „aus ganzem Herzen und ohne Vorbehalte". „Neu ist es, wenn die Kirche sich daran erinnert, daß Jesus Jude ist, daß die Apostel Juden sind, und es so lehrt." Neu sei die Anerkennung jüdischer Religiosität und Spiritualität. Der Text der Erklärung vom 28. Oktober 1965 ist im Anhang (Nr. 4) wiedergegeben.

Der Verbreitung, richtigen Verkündung und Anwendung von „Nostra Aetate" waren im Abstand von jeweils zehn Jahren zwei weitere vatikanische Dokumente gewidmet: 1975 „Vatikanische Richtlinien und Hinweise für die Durchführung der Konzilserklärung ‚Nostra Aetate 4'" und 1985 die „Hinweise für eine richtige Darstellung von Juden und Judentum in der

Predigt und in der Katechese der katholischen Kirche".

Papst Johannes Paul II. hat — wohl auch auf der Basis persönlicher Lebenserfahrungen — ein unumstrittenes Engagement in der jüdischen Frage gezeigt und entsprechende Zeichen gesetzt. Während seines ersten Polenbesuchs im Juni 1979 sprach er vor der hebräischen Gedenktafel in Auschwitz mit den Worten: „So komme ich denn und beuge mein Knie auf diesem Golgatha unserer Zeit" auch die grundlegende Einheit von Juden und Christen durch die „Passio Hebraica" an.

Am 13. April 1986 kam es zu dem weltweit beachteten Besuch des Papstes in der Synagoge von Rom. Johannes Paul II. hat sein hohes Interesse an der Förderung des christlich-jüdischen Dialogs durch zahlreiche Predigten, Ansprachen und Begegnungen mit jüdischen Vertretern in aller Welt unermüdlich zum Ausdruck gebracht.

Den offiziellen Dialog auf höchster Ebene zwischen dem Vatikan und dem Judentum dokumentiert ein im Frühjahr 1988 in englischer Sprache erschienener Band. Die gemeinsam vom Vatikan-Verlag und dem Verlag der Lateran-Universität herausgebrachte Dokumentation zeichnet insbesondere die zwölf Plenarsitzungen des 1970 gegründeten „Internationalen Verbindungskomitees" (ILC) nach.

Österreich

„Nostra Aetate" wurde bei der Wiener Diözesansynode 1969 bis 1971 Grundlage einer vielbeachteten Erklärung zum christlich-jüdischen Verhältnis.

Diese Wiener Diözesansynode hatte sich als eine der ersten und wenigen nachkonziliaren Synoden in Europa in Leitsätzen, Resolutionen, Empfehlungen, Noten und Appellen zur christlich-jüdischen Begegnung geäußert. Kardinal König selbst traf diese Feststellung bei einer Rede 1975 an der Universität Wien, bei der er die vatikanischen „Richtlinien" von 1975 persönlich vorstellte. Diese Rede war ein „Höhepunkt des jahrzehntelangen Bemühens des Kardinals um den Abbau des in unserem Land leider noch immer traditionellen Antisemitismus".

Betont wird in der Wiener Synodenerklärung der religiöse

Eigenwert des Alten Testamentes und die Notwendigkeit, „die Heilsbotschaft des Alten Testamentes im theologischen Denken und für das religiöse Leben der Gemeinden heranzuziehen und auszuwerten". Beide, Christen und Juden, werden als „verantwortliche Zeugen der Offenbarung Gottes vor der Welt" in den je eigenen und doch gemeinsamen Dienst gerufen, woraus notwendig folgt, daß es „nicht erlaubt" ist, die Juden als „verworfenes Gottesvolk anzusehen". Die gemeinsamen Glaubenswurzeln, Glaubensinhalte und Hoffnungen sollen anhand einer reicheren Verwendung alttestamentarischer Texte in Predigt und Katechese betont, gelehrt, richtiggestellt und im Sinne von „Nostra Aetate" befördert werden. Als unmißverständlichen Auftrag formulierte die Diözesansynode die für gläubige Christen gültige menschliche und gesellschaftspolitische Konsequenz, die für Österreich zweifellos besonderes Gewicht haben muß: „Es widerspricht der Lehre der Kirche Christi ..., die den Juden durch Jahrhunderte von Christen und Nichtchristen zugefügten Leiden und Demütigungen als Folge einer Verstoßung durch Gott zu deuten. Daher müssen sich alle Christen von antijüdischen Affekten freihalten und etwaigen antisemitischen Diskriminierungen seitens anderer entgegentreten. Die Kirche von Wien erwartet von den Katholiken, daß sie nichts unversucht lassen, um die zwischen ihnen und den Juden bestehende und durch traditionelle Mißverständnisse genährte Entfremdung zu überwinden".

An der Abfassung dieses Synodentextes waren auch Mitglieder des „Christlich-jüdischen Koordinierungsausschusses" beteiligt, der sich im November 1965 auf besonderen Wunsch von Kardinal König vereinsrechtlich konstituiert hatte und aus dem 1962 gegründeten „Christlich-jüdischen Koordinierungskomitee" hervorgegangen war. Univ.-Prof. Dr. Kurt Schubert (seit 1965 Vorstand des neugegründeten Instituts für Judaistik der Universität Wien), Univ.-Prof. Dr. Wilhelm Dantine, seit vielen Jahren im evangelischen Raum um christlich-jüdische Verständigung bemüht, und Rabbiner Dr. Meir Koffler bildeten den gewählten Vorstand. Der Verein will jüdisch-christliche Zusammenarbeit durch wissenschaftliche Forschungen, Bildungsprogramme und Aktionen aller Art fördern. Als wesentliches Beispiel seiner Tätigkeit darf die 1966/67 erfolgte Durchsicht und

Korrektur der katholischen Religionslehrbücher bezüglich ihrer Aussagen zum Judentum gelten. 1967 entstand im Kloster der Sionsschwestern in der Wiener Burggasse ein „Christlich-jüdisches Informationszentrum"; Prof. Kurt Schubert initiierte die Gründung eines Österreichischen Jüdischen Museums in Eisenstadt, und im Sommer 1972 entstand der „Christlich-jüdische Arbeitskreis" von Salzburg.

Im Anschluß an die Intentionen der vatikanischen „Richtlinien" von 1975 approbierte die Österreichische Bischofskonferenz im April 1982 einen Text der Pastoralkommission Österreichs über „Die Christen und das Judentum". Dieses Dokument, das als Arbeitsgrundlage für die Katholiken in Österreich konzipiert wurde, soll als richtungsweisende Erläuterung der Grundsätze von „Nostra Aetate" dienen und deren konkrete Anwendung im christlich-jüdischen Dialog erleichtern.

Alle diese Bemühungen um ein besseres Verständnis von Juden und Christen füreinander haben zwar einen grundlegenden Bewußtseinswandel eingeleitet, bei vielen Katholiken aber noch nicht zu einem völligen Abbau traditioneller antijüdischer Vorurteile geführt. Das zeigte sich an zwei bitteren Auseinandersetzungen: dem Streit um den sogenannten „Anderl-von-Rinn"-Kult und dem Wiederaufleben antisemitischer Emotionen während des Bundespräsidentschaftswahlkampfes 1986.

Die Verehrung des 1462 ermordeten Kindes Andreas Oxner in Rinn, Tirol, beruht auf einer historisch nicht haltbaren Legende über einen angeblichen Ritualmord durch jüdische Kaufleute. Da die Anderllegende in den vergangenen Jahrhunderten in Rinn eine besonders tiefe Verankerung im Brauchtum und in der Volksfrömmigkeit gefunden hatte, stieß die vom Innsbrucker Diözesanbischof Dr. Reinhold Stecher endgültig durchgesetzte Beendigung der Anderlverehrung auf erheblichen Widerstand in der Bevölkerung. Am 28. Februar 1985 stimmte der erweiterte Pfarrgemeinderat von Rinn der bischöflichen Entscheidung mit zwölf gegen zwei Stimmen zu. Der vorausgegangene Konflikt veranlaßte Bischof Stecher jedoch zu dem Hinweis, daß „Bedrohungen, Boykotte und die Ausübung eines Dorfterrors" gegenüber jenen, die die Einstellung ihres Bischofs unterstützten, „keineswegs überzeugende Zeichen des Christlichen darstellen". Für Bischof Stecher ging es um einen „Test der Glaubwürdigkeit einer Kirche", die fähig und bereit sein müsse, Irrtümer zu korrigieren. Die Ritualmordlegenden seien eine der größten Belastungen der Kirchengeschichte.

„Wie viele von uns denken daran, was es heute für ein Mitglied der jüdischen Gemeinde bedeutet, das durch Zufall, meist vereinsamt, übriggeblieben ist und alle Verwandten, auch die Kinder, in Auschwitz verloren hat, wenn es erlebt, daß die Kirche nach wie vor, als wäre nichts gewesen, eine Märtyrerlegende auf Basis des Ritualmords weiterschleppt oder weiterfeiert? Haben wir uns überhaupt jemals in die andern hineingedacht? In diesem Bereich haben wir es — das muß man offen zugeben — jahrhundertelang *nicht* getan. Und gerade hier ist der Aufbruch in der Kirche erfolgt, und dieser Aufbruch zu einer größeren Liebe hin ist sicher der Aufbruch des Heiligen Geistes. Es ist ein Aufbruch zur Wahrheit und zur Liebe. Und dieser Aufbruch hat auch schmerzliche Seiten."

Der Streit um den „Anderl-von-Rinn"-Kult wurde weit über die Grenzen Österreichs hinaus beachtet. Noch größer war die internationale Aufmerksamkeit, als es in und nach dem Bundespräsidentschaftswahlkampf 1986 zu antisemitischen Entgleisungen kam. Der Konflikt entzündete sich an der Darstellung der Weltkriegsvergangenheit von Dr. Kurt Waldheim bzw. damit zusammenhängenden Angriffen des „World Jewish Congress" gegen ihn.

Mit großer Entschiedenheit verurteilten mehrere Bischöfe jede Form des Antisemitismus. „Die österreichischen Bischöfe beobachten die jüngsten Manifestationen eines offenbar latenten Antisemitismus in Österreich mit tiefem Bedauern und ernster Sorge", stellte der Vorsitzende der Österreichischen Bischofskonferenz, der Salzburger Erzbischof Dr. Karl Berg, fest. Niemand in Österreich dürfe die Alarmsignale überhören. In seiner am 17. Juli 1987 veröffentlichten Erklärung sprach Berg von einer „hoffentlich verschwindenden Minderheit von Österreichern", die aber „eine große Schuld auf sich laden" könne. „Feindseligkeit oder gar Haß gegenüber dem Judentum widersprechen zutiefst dem christlichen Verständnis von der Personwürde jedes Menschen. Keine Form des Antisemitismus darf sich auch nur im geringsten auf christliche Motive berufen."

Der Wiener Alterzbischof Kardinal Dr. Franz König ging

auf die christlichen Wurzeln des Antisemitismus ein und erklärte: „Die Auslegung und Kommentierung des Neuen Testaments, wie sie durch die christlichen Jahrhunderte erfolgte, hat nicht unwesentlich dazu beigetragen, antijudaistisch-heidnische Vorurteile zu verschärfen. Ab dem frühen Mittelalter bis in die Neuzeit hat diese Auslegung zu Unterdrückung und Tötung von Juden, zur Vertreibung jüdischer Gemeinden geführt. Aus dieser Sicht ergeben sich Mitursachen für die Möglichkeit von Auschwitz."

Im Sommer 1986 hatte sich die Katholische Aktion Österreichs zu demonstrativen Schritten im christlich-jüdischen Dialog entschlossen, um dem Antisemitismus entgegenzuwirken und das von Papst Johannes XXIII. begonnene Werk der Denkumkehr fortzusetzen. Am 12. Oktober 1986, dem Vorabend von Yom Kippur, kam es im Prunksaal der Österreichischen Nationalbibliothek zu einer christlich-jüdischen „Stunde der Besinnung und Versöhnung". Der Wiener Erzbischof P. Dr. Hans Hermann Groër hatte sich bereits kurz nach seiner Ernennung zur Mitwirkung bereit erklärt, ebenso die evangelische Kirche. Besonders beachtet wurde, daß erstmals ein Wiener Erzbischof mit dem Oberrabbiner im Rahmen einer solchen Begegnung zusammentraf. In seiner Ansprache wies der Oberrabbiner von Wien, Paul Chaim Eisenberg, abschließend auf die entscheidende Bedeutung eines breit abgestützten Bewußtseinswandels hin: „Für das Treffen zweier Bekenntnisse ist es wichtig, daß das heilbringende Wasser, das in den Höhen seine Quellen hat, auch bis ins Tal hinabfließen kann und rein in alle Häuser und Herzen gelangt."

Das verstärkte Bemühen der Katholischen Aktion Österreichs um die christlich-jüdische Verständigung führte im Herbst 1987 zu einer weiteren zeichenhaften Begegnung. Im Redoutensaal der Wiener Hofburg versammelten sich am 25. Oktober 1987, dem Vortag des Nationalfeiertages, Spitzenvertreter der Politik, der christlichen Kirchen und der Israelitischen Kultusgemeinde zu einer Feierstunde unter dem Motto „Schalom für Österreich — Wege in die Zukunft". Ein gemeinsames Psalmengebet von Erzbischof Groër, dem evangelischen Oberkirchenrat Dr. Arthur Dietrich und Oberrabbiner Paul Chaim Eisenberg beschloß die Veranstaltung, die angesichts der zunehmenden

Spannungen im Zusammenhang mit der österreichischen „Vergangenheitsbewältigung“ zu einem gewichtigen Auftakt des folgenden „Gedenkjahres“ 1988 wurde.

50 Jahre, nachdem am 12. März 1938 die Erste Republik durch den Einmarsch deutscher Truppen ein gewaltsames Ende gefunden hatte, waren die Gedenkakte und -äußerungen in Österreich von einer deutlichen Ambivalenz geprägt: einerseits überschattet von der heftigen Auseinandersetzung um die Person von Bundespräsident Dr. Kurt Waldheim, gerade deshalb andererseits auch vom Wunsch nach einer ehrlichen Konfrontation mit der Vergangenheit bestimmt.

Bei einer Gedenkmatinee in der Wiener Staatsoper sprach Kardinal König sein tiefes Bedauern darüber aus, daß die katholische Kirche Österreichs — und nicht nur sie — in der Vergangenheit zu wenig getan habe, um die Menschen „gegen die Schlagworte der falschen Propheten des Nationalsozialismus zu immunisieren“; die Christen seien sich der Schuld bewußt, auch einem religiös verbrämten Antisemitismus nicht entsprechend entgegengetreten zu sein. Dieser Antisemitismus sei eine „schwärende Wunde am Leib der Kirche“ gewesen und mit schuld daran, daß sich so wenig helfende Hände regten, als die Nationalsozialisten darangingen, „ihre Vorstellungen eines rassistischen Antisemitismus in die Praxis umzusetzen“.

Erzbischof Dr. Karl Berg sprach sich in mehreren Erklärungen eindringlich dafür aus, „die *harte Arbeit der Versöhnung“* voranzutreiben. *„Versöhnung geschieht durch Erinnerung ... Dinge, die geschehen sind, sind nicht zu erlösen, indem man sie verschweigt.“* (Hervorheb. v. Verf.)

Am 24. Juni 1988 traf Papst Johannes Paul II. während seines zweiten Pastoralbesuchs in Österreich mit Vertretern der jüdischen Gemeinden zusammen, an ihrer Spitze Paul Grosz, Präsident des Bundesverbandes der Israelitischen Kultusgemeinden, und der Oberrabbiner von Österreich, Paul Chaim Eisenberg.

Dieses Gespräch in der Wiener Nuntiatur, geprägt vom Streben nach Frieden — „Schalom“ — durch „brüderliche Annäherung“ (Paul Grosz) war zweifellos ein Höhepunkt christlich-jüdischer Begegnung in Österreich.

Präsident Grosz betonte in seiner Ansprache, der Papst

möge dem österreichischen Volk „die Bedeutung der Gewissenserforschung und die bewußte Verarbeitung der eigenen Vergangenheit“ als unumgängliche Eigenleistung in Erinnerung rufen. „Wir hoffen, daß die Worte Ew. Heiligkeit den Weg zum Herzen der Österreicher finden, sodaß der Beitrag des Zweiten Vatikanischen Konzils sich tatsächlich durchsetzen kann.“

Damit wies Grosz unverschlüsselt auf drei Kernpunkte hin: daß die im Nachkriegsösterreich vielfach geübte Verdrängung einer wirklichen Aussöhnung bisher im Wege stand, daß für diesen moralischen Nachholprozeß entschiedene Anstöße der kirchlichen Autorität hohe Bedeutung haben und daß dies in jüdischer Sicht umso wichtiger ist, als sich sehr viele Katholiken in Österreich die mit „Nostra Aetate“ vollzogene Wende noch nicht zu eigen gemacht haben.

Papst Johannes Paul II. erwiderte den Friedensgruß seiner jüdischen Gesprächspartner „mit Liebe und Wertschätzung“, die „auch die bewußte Kenntnis all dessen einschließt, was Sie schmerzt. Vor fünfzig Jahren brannten in dieser Stadt die Synagogen, Tausende Menschen wurden von hier in die Vernichtung geschickt, unzählige zur Flucht getrieben!“ Das Verhältnis zwischen Juden und Christen habe sich seit dem Zweiten Vatikanischen Konzil „wesentlich verändert und verbessert“. „Dennoch lastet weiter auf Ihnen und auch auf uns die Erinnerung an die Schoah, den millionenfachen Mord an den Juden in den Vernichtungslagern.“

Johannes Paul II. betonte eindringlich, daß der Prozeß der vollen Versöhnung zwischen Juden und Christen besondere Anstrengungen nötig mache, auf allen Ebenen und mit aller Kraft sollten beide Glaubensgemeinschaften weiterhin zusammenarbeiten, um „die Bedeutung der Schoah tiefer zu erforschen.“ *„Aufzuspüren und möglichst zu beseitigen sind die Ursachen, die für den Antisemitismus verantwortlich sind“* (Hervorheb. v. Verf.) „oder noch allgemeiner zu den sogenannten ‚Religionskriegen‘ führen. Nach dem Vorbild dessen, was auf dem Weg der Ökumene bisher bereits geschehen ist, vertraue ich darauf“, betonte der Papst, „daß es möglich sein wird, über die Rivalitäten, die Radikalisierungen und Konflikte der Vergangenheit offen miteinander zu sprechen.“

Es ist zu hoffen, daß dieses vom Papst in Österreich formulierte „Arbeitsprogramm" mehr engagierte Teilnehmer findet, als dies bisher der Fall war. Die Konzilsdeklaration „Nostra Aetate" setzt einer jahrhundertelang eingewurzelten antijüdischen Mentalität den Geist der Umkehr und Erneuerung entgegen; John Oesterreicher nennt sie ein „im guten Sinne revolutionäres Dokument". Träger dieser von den Konzilsvätern und den Juden erhofften lebendigen Umkehrbewegung kann aber nicht allein die Hierarchie sein; alle Katholiken sind aufgerufen, jeder einzelne nach dem Maß seiner Kenntnis und Erkenntnis, seiner Bereitschaft zu Erinnerung und Verantwortung.

Im Hinblick auf den 50. Jahrestag der Novemberpogrome von 1938 („Reichskristallnacht") entschlossen sich die katholischen Bischöfe Österreichs, der Bundesrepublik Deutschland und der Deutschen Demokratischen Republik zu einem ungewöhnlichen Schritt. Sie verabschiedeten im Herbst 1988 ein 18 Manuskriptseiten umfassendes „Wort der Bischöfe zum Verhältnis von Christen und Juden". Die Bischöfe beklagen dabei im Rückblick „Versagen und Schuld", die es „auch unter uns Katholiken" gegeben habe, insbesondere das „bedrückende" Fehlen „brüderlicher Solidarität" — etwa eines gemeinsamen Kanzelprotestes ihrer bischöflichen Amtsvorgänger — angesichts der Judenverfolgung in der Nacht vom 9. zum 10. November 1938. Das Hirtenwort spiegelt in einprägsamer Weise den Stand der christlich-jüdischen Bemühungen um ein besseres gegenseitiges Verständnis und um Aussöhnung wider.

Die österreichischen Bischöfe haben darüber hinaus eine Kurzfassung aller wesentlichen Abschnitte erstellt, die als Kanzelwort am Sonntag, dem 6. November 1988, den Gläubigen verkündet wurde. Dieses Kanzelwort wird im Anhang vollinhaltlich dokumentiert.

Nachwort

Die katholische Kirche hat auch in Österreich eine lange, wechselvolle Geschichte. Sieben Jahre sind angesichts dessen nicht einmal ein Tag. Dennoch hat die NS-Herrschaft in unserem Land 1938 bis 1945 nicht nur für die Akzeptanz der Republik durch ihre Bürger und das österreichische Nationalbewußtsein prägende, ja sogar entscheidende Bedeutung. Ähnliches gilt auch von der österreichischen Kirche. Ernst Hanisch hat erst kürzlich die von mir weitgehend geteilte Meinung vertreten, daß in jenen Jahren die Kirche in Österreich — zwar gegen ihren Willen — einem weitgehenden Modernisierungsprozeß im Sinn von „gesellschaftlicher Entflechtung von Staat und Kirche“ unterworfen wurde, wodurch sie letztlich gestärkt und verjüngt aus dem NS-Kirchenkampf hervorging. Als Beispiele führt er dafür die Einführung des deutschen Eherechtes (obligatorische Zivilehe) im Juli 1938, die Einführung des Kirchenbeitrages 1939 und die Auflösung des „wildwüchsigen Vereinswirrwarrs“ an, die viele Priester für wichtigere seelsorgerische Aufgaben entlastete.

Für die österreichische Innenpolitik seit 1945 von Wert war die entschiedene Absage an den politischen Katholizismus, der in seinen Ansätzen bis in die Mitte des 19. Jahrhunderts zurückreichte. Sie ist schon im ersten gemeinsamen Hirtenbrief der österreichischen Bischöfe nach dem Ende des Zweiten Weltkrieges im Oktober 1945 öffentlich kundgetan worden: „Habt keine Angst, die Kirche wird keine Politik treiben, ihr einziges Bemühen wird sein, das Reich der Wahrheit und Gnade, der Gerechtigkeit und der Liebe, des Friedens und der Heiligkeit aufzurichten.“ Katholische Laien, vor allem der langjährige Chefredakteur und Herausgeber der „kath-press“ Dr. Richard Barta, haben diese Linie anläßlich der Vorbereitung des ersten österreichischen Katholikentages nach 1945 im „Mariazeller Manifest“ von 1952 weiter ausformuliert. Die österreichischen Bischöfe mit dem langjährigen Vorsitzenden ihrer Konferenz, dem Wiener Kardinal Dr. Franz König (von 1956 bis 1985 Erzbischof von Wien), haben sie auch angesichts belastender Probleme wie z. B. in der Auseinandersetzung um die sogenannte „Fristenlösung" in der ersten Hälfte der siebziger Jahre durchgehalten. Der Nachfolger Kardinal Königs als Vorsitzender der Bischofskonferenz, der Salzburger Erzbischof Dr. Karl Berg, ist nicht von ihr abgewichen. 1967 hat auch der damalige Generalsekretär der Österreichischen Volkspartei, die in mancher Hinsicht doch bewußt christlichsoziale Traditionen weiterführt, Dr. Hermann Withalm, in einem Interview mit der „Wiener Kirchenzeitung" seinerseits dem politischen Katholizismus früherer Zeiten eine klare Absage erteilt.

Auch im Verhältnis zu den Juden haben die Weltkirche und die österreichische Kirche wiederum mit Kardinal König an der Spitze eine grundlegende Wandlung vollzogen, wie das Kapitel „Nostra Aetate" beweist. Daß politischer Katholizismus und der noch viel ältere christliche Judenhaß auch in unserer Zeit artikuliert werden, ist traurig und erschreckend, aber angesichts der langen Geschichte dieser Einstellungen in Österreich nicht allzu erstaunlich. Die Judendeklaration des II. Vatikanischen Konzils ist noch kein Vierteljahrhundert alt. Was österreichische Katholiken vor 50 Jahren gesagt und geschrieben haben, wurde mit voller Absicht in diesem Buch ausführlich dargestellt. Im Vergleich dazu sind beträchtliche Fortschritte unbestreitbar, gelegentliche Rückschläge unvermeidbar. Es ging und geht, wie schon anfangs gesagt, nicht um die Ausübung eines Richteramtes, sondern um das für die Verfasserin nicht ohne Trauer mögliche Aufzeigen jener historischen Phänomene, die dazu führten, daß auch überzeugte Katholiken Antisemiten waren und Nationalsozialisten geworden sind. Das Wissen darum ist kein undurchdringlicher Schild gegen künftige Irrwege und Schuld. Doch es kann und muß uns sensibler dafür machen, wie früh und auf welche Weise Wege in den Abgrund beginnen. Bereits das Wort, die Sprache sind gefährliche Waffen bei der Verletzung von Menschenrechten. Schon jene des Nachbarn zu bewahren gehört zur Erfüllung des Gebotes christlicher Nächstenliebe ebenso wie zum Schutz der Freiheit und Würde, die jedem Menschen auf dieser Erde zustehen.

Anhang

Quellen und Literatur

Personenregister

Anhang

1

Vorwort zur feierlichen Erklärung der österreichischen Bischöfe in Sachen der Volksabstimmung

Nach eingehenden Beratungen haben wir Bischöfe von Oesterreich angesichts der großen geschichtlichen Stunden, die Oesterreichs Volk erlebt, und im Bewusstsein, dass in unseren Tagen die tausendjährige Sehns_ucht unseres Volkes nach Einigung in einem grossen Reich der Deutschen ihre Erfüllung findet, uns entschlossen, nachfolgenden Aufruf an alle unsere Gläubigen zu richten.

Wir können das umso unbesorgter tun, als uns der Beauftragte des Führers für die Volksabstimmung in Oesterreich, Gauläter Bürckel, die aufrichtige Linie seiner Politik bekanntgab, die unter dem Motto stehen soll: „Gebet Gott, was Gottes ist und dem Kaiser, was des Kaisers ist."

Wien, am 21. März 1938.

Für die Wiener Kirchenprovinz:

+ Th. Kard. Innitzer

Für die Salzburger Kirchenprovinz:

+ S. Waitz
Fürst-Erzbischof.

Feierliche Erklärung !

Aus innerster Überzeugung und mit freiem Willen erklären wir unterzeichneten Bischöfe der österreichischen Kirchenprovinz anlässlich der grossen geschichtlichen Geschehnisse in Deutsch-Österreich:

Wir erkennen freudig an, dass die nationalsozialistische Bewegung auf dem Gebiet des völkischen und wirtschaftlichen Aufbaues sowie der Sozial-Politik für das Deutsche Reich und Volk und namentlich für die ärmsten Schichten des Volkes Hervorragendes geleistet hat und leistet. Wir sind auch der überzeugung, dass durch das Wirken der nationalsozialistischen Bewegung die Gefahr des alles zerstörenden gottlosen Bolschewismus abgewehrt wurde.

Die Bischöfe begleiten dieses Wirken für die Zukunft mit ihren besten Segenswünschen und werden auch die Gläubigen in diesem Sinne ermahnen.

Am Tage der Volksabstimmung ist es für uns Bischöfe selbstverständliche nationale Pflicht, uns als Deutsche zum Deutschen Reich zu bekennen, und wir erwarten auch von allen gläubigen Christen, dass sie wissen, was sie ihrem Volke schuldig sind.

Wien, am 18. März 1938.

+ Th. Card. Innitzer

+ Adam Hefter

+ S. Waitz F. EB.

+ Ferdinand Pawlikowski F.B.

+ Johannes Maria Gföllner

+ Michael Memelauer

Der Erzbischof von Wien

Wien,am 18.März 1938

Sehr geehrter Herr Gauleiter,

Beigeschlossene Erklärung der Bischöfe übersende ich hiemit.Sie ersehen daraus,dass wir Bischöfe freiwillig und ohne Zwang unsere nationale Pflicht erfüllt haben.Ich weiss,dass dieser Erklärung eine gute Zusammenarbeit folgen wird.

Mit dem Ausdruck ausgezeichneter Hochachtung

und Heil Hitler!

† Th. Card. Innitzer

2

Bericht von Else Baum, Wien, 1969

Meinem Bruder Walter Katz (damals 16 Jahre alt) wurde durch Frau Maria Kosteletzky, 1100 Wien, Laxenburger Straße 77, das Leben gerettet. Ich möchte dazu bemerken, daß Frau K. gute Christin ist. Der Sachverhalt ist folgender: Mein Vater war 1938 in Haft und mußte das Land verlassen. Ich und mein Mann mußten nach Shanghai. Für meinen Bruder, damals noch ein halbes Kind, gab es keine Auswanderungsmöglichkeit. Da wandte sich meine Mutter voll Verzweiflung an Frau K., die uns immer gut gesinnt war. Auf den Knien bat sie sie, ob es nicht möglich wäre, für das Kind etwas zu tun. Darauf Frau K.: „Knien tut man nur vor Gott." Frau K. hatte zwei Töchter in England, die dort als Erzieherinnen lebten. Sie schrieb ihnen den Sachverhalt, und die beiden nützten alle ihre Freizeit, um meiner verzweifelten Mutter zu helfen. Sie gingen sämtliche Institutionen ab, bis es ihnen gelang, meinen Bruder in England in einer Farmschule unterzubringen. Er lebte dort vier Jahre unentgeltlich, bis er sich eine Existenz gründen konnte. Meine Mutter war ihr ewig dankbar, und ich glaube es auch von mir behaupten zu können.

Während ich diesen Brief schreibe, sitze ich hier bei Frau Kosteletzky in der Wohnung, wo auch die eine Tochter lebt. Die zweite blieb in England, hat dort inzwischen Familie, und es geht ihr gut.

3

Rundfunkansprache von Johannes Österreicher aus Paris 1940

SCHÄNDET NICHT DIE EINZIG EDLE RASSE, DIE MENSCHHEIT

Epiphanie — 6. Jänner 1940

Freunde in der Heimat!

Gewiß seid Ihr altem Brauch gefolgt und habt am Fest der Erscheinung des Herrn Eure Türzeichen erneuert. Ihr habt die Namen der Weisen, wie sie uns die Legende überliefert hat und, in der Form des Kreuzes, den Namen Christi über den Eingang Euerer Häuser geschrieben, um davon Zeugnis zu geben, daß Ihr nicht irgendwelchen Irrlichtern, sondern allein dem Stern von Bethlehem folgt. Sicher durchziehen auch Sternsinger das Land und verkünden, daß der gekommen ist, auf den jedes Menschenherz wartet. Gewiß waren auch, wie all die Jahre bevor, Euere Kinder im Gefolge der „Könige", die sich vom Wunderstern den Weg weisen ließen. Es ist der Heiland der Welt, dem Euere Kinder ihre Huldigung darbringen.

Doch während Ihr mit Eueren Kleinen, gleich den Weisen vom Morgenland, den König aller Welt anbeten wollt, treiben andere das Spiel des Herodes und seiner Kriegsknechte, des Herodes, der die Kinder von Bethlehem erdolchen ließ, um so auch den zu ermorden, der gekommen war, damit Er auf Erden die Herrschaft der Güte aufrichte. Die Erscheinung des Herrn enthüllt das Geheimnis der Liebe Gottes zu allen Menschen: alle Menschen der Erde sollen das Heil Gottes schauen. Alle Menschen, einander ebenbürtig in Ursprung und Bestimmung, ebenbürtig in ihrer geistigen Natur und in ihrem übernatürlichen Ziel, haben denselben Erlöser. Alle sind Kinder des Einen Vaters, aber berufen in der Liebe des Einen Gottes zu leben.

Der Herodes unserer Tage aber schreit in die Welt: Der Abstand zwischen den Angehörigen der (sogenannten) niederen Rassen und denen der (sogenannten) höheren Rassen ist so groß, daß die „niederen" Rassen Tieren ähnlicher sind als Menschen. Mißgeburten sind sie, nicht edle Früchte am Baum des Lebens. Untergehen müssen sie oder Sklavendienste leisten! Die „edleren" Rassen und Völker aber werden triumphieren, es sei denn, daß sie sich der Rassenschande, der Vermischung des Blutes, schuldig machen.

Gott ist nun nicht mehr der Schöpfer aller Menschen, der Mensch nicht mehr ein geistiges, seinem Schöpfer ebenbildliches Wesen. So schreit der Rassenwahn: Weg mit der Einheit des Menschengeschlechtes! Es gibt keine unsterbliche Einzelseele, kein ewiges Leben, keine Auferstehung; es gibt nur „die unzerstörbare arische Seele", „die unsterbliche nordische Rasse", „das ewige Deutschland"! Das ist das Credo der Feinde des Kindes von Bethlehem.

Wo der Rassenwahn seine Tyrannei aufrichtet, da zerstört er die natürliche Gemeinschaft der Menschen. Um schneller an sein Ziel zu gelangen, hat der Herodes unserer Zeit sich mit einem Spießgesellen verbunden, der gleich ihm seine Opfer mit Drogen verwirrt; der Verwandte und Freunde hinschlachtet; der niemanden schont, um seinen Thron zu sichern; dem Grausamkeit Leben bedeutet. Das Hakenkreuz, das sich dem Sowjetstern zugesellt hat, ist ein Fanal des Todes.

Christus aber lebt, Er herrscht in Ewigkeit. Wenn Er heute fliehen muß aus dem Land des Herodes, Er wird zurückkehren. Seine Feinde aber werden sterben. Darf ich Euch die unglaubliche Geschichte eines alten Juden erzählen, dem Freunde die Möglichkeit angeboten hatten, unbemerkt die Grenze zwischen Österreich und dem Fürstentum Liechtenstein zu überschreiten und von dort in die Schweiz zu entkommen. Der alte Jude aber machte von dieser Chance keinen Gebrauch. Er ging anstatt dessen auf das Polizeiamt. „Bitte, lassen Sie mich doch in Österreich bleiben", bat er die Beamten der Gestapo. „Ich bin doch hier geboren, und mein Sohn fiel im Krieg für das österreichische Vaterland. Ich kann doch nicht in meinen alten Tagen mittellos in die Fremde ziehen. Sie können mir doch sicher nachfühlen, wie es mir zumute ist. Sie sind doch auch ein Mensch." Darauf gab der Diener des Dritten Reiches zur Antwort: „Maul halten! Ich bin ein Deutscher!"

„Maul halten, ich bin ein Deutscher!" — das ist die Weltanschauung des Herodes unserer Tage. Die Nazis haben sich aus dem Verband der Völker gelöst, sie stehen außerhalb jeder menschlichen Zivilisation. Sie haben sich getrennt von der Gemeinschaft derer, die in Christus den Erlöser sehen. Darum rasen sie auch gegen alle, die sich zu Christus und zur Gemeinschaft aller Menschen bekennen. Darum sperren sie Priester und Laien in Konzentrationslager, darum haben sie auch unserer Heimat ihren Namen geraubt. Nichts soll mehr an die Zeit erinnern, da Österreich noch die Heimat vieler Völker war. Es soll nur mehr die Ostmark sein, ein Grenzland, von dem aus der Tyrann seine Überfälle auf die Nachbarvölker unternehmen kann. Die Vergewaltigung Österreichs und die Tilgung seines Namens sollen nur Etappen sein auf dem Weg zur Auflösung des Lichtes, das über Bethlehem leuchtete.

Freunde in der Heimat! Meidet den Euch aufgezwungenen Namen. Bleibt allen Völkern und Menschen im Namen Gottes und durch Christus verbunden. Bewahrt in diesen Tagen der Not Euer Menschen- und Christentum. Schändet nicht die Menschheitsrasse! Österreich, geliebtes Vaterland! Möge der Stern von Bethlehem immerdar über dir leuchten!

4

Text der Judenerklärung aus der Erklärung über die nichtchristlichen Religionen des Zweiten Vatikanischen Konzils „Nostra Aetate" vom 28. Oktober 1965

„4. Bei ihrer Besinnung auf das Geheimnis der Kirche gedenkt die Heilige Synode des Bandes, wodurch das Volk des Neuen Bundes mit dem Stamme Abrahams geistlich verbunden ist.

So anerkennt die Kirche Christi, daß nach dem Heilsgeheimnis Gottes die Anfänge ihres Glaubens und ihrer Erwählung sich schon bei den Patriarchen, bei Moses und den Propheten finden. Sie bekennt, daß alle Christgläubigen als Söhne Abrahams dem Glauben nach in der Berufung dieses Patriarchen eingeschlossen sind und daß in dem Auszug des erwählten Volkes aus dem Lande der Knechtschaft das Heil der Kirche geheimnisvoll vorgebildet ist. Deshalb kann die Kirche auch nicht vergessen, daß sie durch jenes Volk, mit dem Gott aus unsagbarem Erbarmen den Alten Bund geschlossen hat, die Offenbarung des Alten Testamentes empfing und genährt wird von der Wurzel des guten Ölbaums, in den die Heiden als wilde Schößlinge eingepfropft sind. Denn die Kirche glaubt, daß Christus, unser Friede, Juden und Heiden durch das Kreuz versöhnt und beide in sich vereinigt hat.

Die Kirche hat auch stets die Worte des Apostels Paulus vor Augen, der von seinen Stammverwandten sagt, daß „ihnen die Annahme an Sohnes Statt und die Herrlichkeit, der Bund und das Gesetz, der Gottesdienst und die Verheißungen gehören wie auch die Väter und daß aus ihnen Christus dem Fleische nach stammt" (Röm 9, 4—5), der Sohn der Jungfrau Maria. Auch hält sie sich gegenwärtig, daß aus dem jüdischen Volk die Apostel stammen, die Grundfesten und Säulen der Kirche, sowie die meisten jener ersten Jünger, die das Evangelium Christi der Welt verkündet haben.

Wie die Schrift bezeugt, hat Jerusalem die Zeit seiner Heimsuchung nicht erkannt, und ein großer Teil der Juden hat das Evangelium nicht angenommen, ja nicht wenige haben sich seiner Ausbreitung widersetzt. Nichtsdestoweniger sind die Juden nach dem Zeugnis der Apostel immer noch von Gott geliebt um der Väter willen; sind doch seine Gnadengaben und seine Berufung unwiderruflich. Mit den Propheten und mit demselben Apostel erwartet die Kirche den Tag, der nur Gott bekannt ist, an dem alle Völker mit *einer* Stimme den Herrn anrufen und ihm „Schulter an Schulter dienen" (Soph 3, 9).

Da also das Christen und Juden gemeinsame geistliche Erbe so reich ist, will die Heilige Synode die gegenseitige Kenntnis und Achtung fördern, die vor allem die Frucht biblischer und theologischer Studien sowie des brüderlichen Gespräches ist.

Obgleich die jüdischen Obrigkeiten mit ihren Anhängern auf den Tod Christi gedrungen haben, kann man dennoch die Ereignisse seines Leidens weder allen damals lebenden Juden ohne Unterschied noch den heutigen Juden zur Last legen. Gewiß ist die Kirche das neue Volk Gottes, trotzdem darf man die Juden nicht als von Gott verworfen oder verflucht darstellen, als wäre dies aus der Heiligen

Schrift zu folgern. Darum sollen alle dafür Sorge tragen, daß niemand in der Katechese oder bei der Predigt des Gotteswortes etwas lehre, das mit der evangelischen Wahrheit und dem Geiste Christi nicht im Einklang steht.

Im Bewußtsein des Erbes, das sie mit den Juden gemeinsam hat, beklagt die Kirche, die alle Verfolgungen gegen irgendwelche Menschen verwirft, nicht aus politischen Gründen, sondern auf Antrieb der religiösen Liebe des Evangeliums alle Haßausbrüche, Verfolgungen und Manifestationen des Antisemitismus, die sich zu irgendeiner Zeit und von irgend jemandem gegen die Juden gerichtet haben.

Auch hat ja Christus, wie die Kirche immer gelehrt hat und lehrt, in Freiheit, um der Sünden aller Menschen willen, sein Leiden und seinen Tod aus unendlicher Liebe auf sich genommen, damit alle das Heil erlangen. So ist es die Aufgabe der Predigt der Kirche, das Kreuz Christi als Zeichen der universalen Liebe Gottes und als Quelle aller Gnaden zu verkünden."

5

Hirtenwort der österreichischen Bischöfe zum 50. Jahrestag der Novemberpogrome 1938

„Jene unfaßbaren Schmerzen, Leiden und Tränen stehen mir vor Augen, und sie sind meiner Seele tief eingeprägt. In der Tat, nur wen man kennt, den kann man lieben." Mit diesen Worten hat Papst Johannes Paul II. heuer in Wien bei der Begegnung mit den Vertretern der Israelitischen Kultusgemeinde der Ereignisse vor 50 Jahren gedacht.

Damals, in der Nacht vom 9. zum 10. November 1938 und am folgenden Tag, wurden überall im „Großdeutschen Reich", zu dem seit dem sogenannten „Anschluß" auch Österreich gehörte, Synagogen in Brand gesetzt oder zerstört. Jüdische Friedhöfe wurden geschändet und zahllose Geschäfte und Wohnungen der Juden demoliert und ausgeplündert. Viele jüdische Mitbürger wurden ermordet und unzählige mißhandelt.

Bald machte das verharmlosende Wort von der „Reichskristallnacht" die Runde. Doch jedermann wußte, daß diese Krawalle von der NS-Führung befohlener und organisierter Terror übelsten Ausmaßes waren. Zwar hat es in der Bevölkerung neben aktiver Beteiligung auch demonstratives Fernbleiben, neben Schadenfreude auch Beschämung, neben Gleichgültigkeit auch inneres Entsetzen und neben ängstlichem Wegsehen auch Hilfsbereitschaft gegeben, aber nirgendwo kam es zu Protestkundgebungen.

Am kompromißlosen Nein der Kirche zu Hitlers Rassenpolitik kann jedoch kein Zweifel bestehen. In seiner Enzyklika *Mit brennender Sorge* vom 21. März 1937 hatte Papst Pius XI. festgestellt, wer Rasse, Volk oder Staat zur höchsten Norm erhebe, der verfälsche „die gottgeschaffene und gottbefohlene Ordnung der Dinge". Der gleiche Papst sagte im September 1938: „Der Antisemitismus ist eine abstoßende Bewegung, an der wir Christen keinerlei Anteil haben können. Wir Christen sind im geistlichen Sinne Semiten."

Genügten Gewissensbildung und weltanschauliche Abgrenzungen angesichts brennender Synagogen und Tausender mißhandelter jüdischer Mitbürger? — so fragen wir nach 50 Jahren zurückblickend. Wäre nicht öffentlicher Protest, eine weit sichtbare Geste der Mitmenschlichkeit und Anteilnahme der vom Wächteramt der Kirche geschuldete Dienst gewesen? Diese Fragen bedrücken uns umso mehr, als wir sie — im Unterschied zu den damaligen Zeitgenossen — im Wissen um „Auschwitz" stellen. Die Zurückhaltung der Bischöfe ist überhaupt nur vor dem Hintergrund des nationalsozialistischen Kirchenkampfes zu verstehen, bei dem es für die Kirche um Sein oder Nichtsein ging. Bekanntlich hatte der Kirchenkampf in Österreich Anfang Oktober 1938 mit der Verwüstung des Erzbischöflichen Palais in Wien einen ersten Höhepunkt erreicht. Schon stand auch Österreich unter einer lückenlosen Überwachung. Die Angst vor schweren Bestrafungen lähmte den Geist des Widerstandes.

Doch unbeschadet aller damaligen Erwägungen fragen wir, ob im November 1938 nicht auch andere Formen brüderlicher Solidarität möglich und gefordert gewesen wären. Daß dies unterblieb, bedrückt uns heute.

Wir müssen die Last der Geschichte annehmen. Das sind wir den Opfern schuldig, deren Leiden und Tod nicht vergessen werden dürfen; das sind wir den Überlebenden und Angehörigen schuldig, weil sonst jedes Gespräch mit ihnen und jedes Miteinander unmöglich wäre. Aber wir sind es auch der Kirche und uns selbst schuldig. Denn die Geschichte ist nicht etwas Äußerliches, sie ist Teil der eigenen Identität der Kirche und kann uns daran erinnern, daß die Kirche, die wir als heilig bekennen und als Geheimnis verehren, auch eine sündige und der Umkehr bedürftige Kirche ist. Die Geschichte annehmen heißt, sich ihren Licht- und Schattenseiten zu stellen. Auch wenn man nicht ein ganzes Volk schuldigsprechen kann und darf, so bleibt doch die Mitverantwortung aller für das schwere geschichtliche Erbe bestehen. Das gilt auch für die Kirche. Wir wissen uns verpflichtet zum dauernden Bemühen, die Folgen aus den Irrtümern und Verwirrungen dieser schrecklichen Zeit zu ziehen.

Gedenktage dürfen kein einzelnes Ereignis bleiben. Sie müssen eingebettet sein in ein beständiges Bemühen, unter Besinnung auf die Vergangenheit zu einer positiven Änderung von Einstellungen und Verhalten beizutragen.

Gott sei Dank — es gibt auch Zeichen und Aufbrüche, die Mut machen. Zu erinnern ist an das vom II. Vatikanischen Konzil 1965 publizierte Konzilsdekret „Nostra aetate", das einen Neuanfang im christlich-jüdischen Gespräch einleitete. Bei uns in Österreich haben die beiden Wiener Zusammenkünfte unter dem Titel „Schalom" wesentlich zu einem weiterführenden Dialog zwischen Juden und Christen beigetragen.

Über Jahrhunderte haben Irrtümer, Mißverständnisse und Vorurteile über Glaube und Religion das Verhältnis zwischen Christen und Juden auf beiden Seiten schwer belastet. Hier liegen — neben politischen, sozialen und wirtschaftlichen Vorbehalten — die Quellen des Antijudaismus, der auch unter Katholiken verbreitet war. Die Judenvernichtung des „Dritten Reiches" hat uns die eigenen Schwächen und Versäumnisse schmerzlich bewußt gemacht. Dabei durften wir — beschämt und beschenkt zugleich — das jüdische Volk als das Volk des ersten, nie gekündigten Bundes Gottes mit den Menschen wiederentdecken. Bei seinem Besuch in der Synagoge von Rom sagte Papst Johannes Paul II.: „Die jüdische Religion ist für uns nicht etwas ‚Äußerliches', sondern gehört in gewisser Weise zum ‚Inneren' unserer Religion. Ihr seid unsere bevorzugten Brüder und, so könnte man gewissermaßen sagen, unsere älteren Brüder!"

Wir Christen sind aufgerufen, unsere Auffassungen über Juden und Judentum unter diesem Gesichtspunkt der Gemeinsamkeit zu prüfen und, wo nötig, zu ändern. Dabei kann es nicht darum gehen, wahrhaft Trennendes zu leugnen oder falsche Kompromisse zu schließen. Uns eint und trennt vor allem die Person Jesu, der Jude war und für uns Christen Sohn Gottes und Erlöser der Welt ist.

Zu einer Aussöhnung mit den Juden aller Welt zu gelangen ist eine Aufgabe, die noch lange nicht bewältigt ist. Der Wille zur Offenheit und Gesprächsbereitschaft ist auf beiden Seiten notwendig. Aber so, wie wir nicht vergessen *dürfen,* müssen wir auch akzeptieren, daß viele Juden nicht vergessen *können.* Zu tief ist ihr Schmerz. Ihnen müssen wir Respekt entgegenbringen. Aussöhnung läßt sich weder erzwingen noch erkaufen, sondern nur in einem langen Prozeß des Aufeinanderzugehens erringen. Man kann diese Versöhnung nicht mit den Händen schaffen, sie ist im letzten Gottes Werk. Daher wollen wir die Geschehnisse, die Anlaß unseres Gedenkens sind, im Gebet vor den Herrn der Geschichte tragen. Nur von dort kann uns Kraft und Mut auf dem beschwerlichen Weg zur Aussöhnung zufließen.

Salzburg, den 20. Oktober 1988

Die Erzbischöfe und Bischöfe Österreichs

Dieses Hirtenwort ist am Sonntag, dem 6. November 1988, bei allen Gottesdiensten zu verlesen.

Quellen und Literatur

I. Ungedruckte Quellen

Akten und Fotokopien des Dokumentationsarchivs des österreichischen Widerstandes, Wien
Antworten auf den im Juni 1969 veröffentlichten Aufruf „Wer hat Juden geholfen?"
Antworten aus dem 1979 an alle über 60 Jahre alten österreichischen Priester versendeten Fragebogen „Kirche und Nationalsozialismus"

II. Verwendete Artikel von Erika Weinzierl 1963 bis 1988

Österreichs Katholiken und der Nationalsozialismus 1918—1945, in: Wort und Wahrheit 18, 1963, Erster Teil: 1918—1933, S. 417—439, Zweiter Teil: 1933—1945, S. 493—526, Dritter Teil: Die Verhandlungen über einen „Modus vivendi" im Sommer 1938, in: Wort und Wahrheit, 20, 1965, 12, S. 777—804.
Der Episkopat, in: Kirche in Österreich 1918—1965, hrsg. von Ferdinand Klostermann, Hans Kriegl, Otto Mauer, Erika Weinzierl, 1. Bd., Wien — München 1966, S. 466—480.
Antisemitismus in der österreichischen Literatur 1900—1938, in: Mitteilungen des Österreichischen Staatsarchivs 20, 1967, S. 356—371.
Die Kirche in Österreich 1918 bis 1968, in: Österreich — 50 Jahre Republik, hrsg. vom Institut für Österreichkunde, Wien 1968, S. 303—314.
Antisemitismus als österreichisches Phänomen, in: die republik, 1970, S. 28—35.
Der österreichisch-ungarische Raum. A. Katholizismus in Österreich, in: Kirche und Synagoge. Handbuch zur Geschichte von Christen und Juden. Darstellung mit Quellen, hrsg. von Karl Heinrich Rengstorf und Siegfried von Kortzfleisch, Bd. II, Stuttgart 1970, S. 493 ff.
Stereotypen christlicher Judenfeindschaft, in: Wort und Wahrheit 25, 1970, S. 343—355.

Ecce homo! Michael Pflieglers Zeit- und Kirchenkritik in der Zeitschrift „Der Seelsorger“ 1925—1964, in: Beiträge zur neueren Geschichte Österreichs. Adam Wandruszka zum 60. Geburtstag gewidmet, hrsg. von Heinrich Fichtenau und Erich Zöllner, Wien — Graz — Köln 1974, S. 511—525 (= Veröffentlichungen des Instituts für österreichische Geschichtsforschung 20).

On the Pathogenesis of the Anti-Semitism of Sebastian Brunner (1814—1893), in: Yad Vashem Studies on the European Jewish Catastrophe and Resistance. (Jerusalem) X, 1974, S. 217—239.

... Und nur deshalb, weil es Juden sind, in: Dimensionen des Rechts. Gedenkschrift für René Marcic, hrsg. von Michael Fischer, Raimund Jakob, Erhard Mock, Helmut Schreiner, Bd. 2, Berlin 1974, S. 1.179—1.190.

Der österreichische Widerstand 1938 bis 1945, in: Das neue Österreich. Geschichte der Zweiten Republik, hrsg. von Erika Weinzierl und Kurt Skalnik, Graz — Wien — Köln 1972, 1, S. 109—128, 544—547 (Anmerkungen).

Antisemitismus in Österreich. Seine Wurzeln und sein Fortbestehen, in: Austriaca. Cahiers universitaires d'information sur l'Autriche, Juillet 1978 — numéro spécial. Quatrième Année. Université de Haute-Normandie, 5, S. 309—332.

Kirche und Nationalsozialismus in Wien im März 1938, in: Wien 1938. Forschungen und Beiträge zur Wiener Stadtgeschichte, 2, 1978, S. 164—171.

Die gesellschaftspolitischen Grundlinien des Kardinals König, in: Österreichisches Jahrbuch für Politik, hrsg. von Andreas Khol u. Alfred Stirnemann, Wien — München 1979, S. 153—176.

Aus den Anfängen der Arbeit von Johannes Österreicher im Dienst der christlich-jüdischen Verständigung, deutsche Fassung von: The Beginnings of John M. Oesterreicher's Work for Christian-Jewish Understanding, in: Standing Before God. Studies on Prayer in Scriptures and in Tradition with Essays. In Honor of John M. Oesterreicher, ed. by A. Finkel and L. Frizzell, New York 1981, p. 13—19.

Christen und Juden nach der NS-Machtergreifung in Österreich, in: Anschluß 1938. Protokoll des Symposiums in Wien am 14. und 15. März 1978, Wien 1981, S. 175—205 (Veröffentlichungen der Wissenschaftlichen Kommission des Theodor-Körner-Stiftungsfonds und des Leopold-Kunschak-Preises zur Erforschung der österreichischen Geschichte der Jahre 1918—1938).

Kirche und Politik, in: Österreich 1918—1938. Geschichte der Ersten Republik, hrsg. von Erika Weinzierl und Kurt Skalnik, Graz — Wien — Köln 1983, 1, S. 437—496.

Österreichische Priester über den katholischen Widerstand gegen den Nationalsozialismus. Ergebnisse einer Umfrage, in: Arbeiterbewegung — Faschismus — Nationalbewußtsein. Festschrift zum 20jährigen Bestand des Dokumentationsarchivs des österreichischen Widerstandes und zum 60. Geburtstag von Herbert Steiner, hrsg. von Helmut Konrad und Wolfgang Neugebauer, Wien — München — Zürich 1983, S. 263—271 und (Anm.) S. 471—474.

Katholischer Widerstand gegen den Nationalsozialismus in Österreich, in: Religion und Kultur an Zeitenwenden. Ring-Vorlesung. Auf Gottes Spuren in Österreich. Hrsg. von Norbert Leser, Wien — München 1984, S. 294—307.

Religious Antisemitism, in: The Antisemitism in Our Time. A Threat against Us All, ed. Leo Eitinger, Oslo, The Nansen Committee 1984, p. 20—27.

Mönche gegen Hitler am Beispiel des Zisterzienserstiftes Wilhering, in: Römische Historische Mitteilungen, hrsg. von Otto Kresten und Adam Wandruszka, 28. Bd., Wien 1986 (Österreichische Akademie der Wissenschaften, Historisches Institut beim Österreichischen Kulturinstitut in Rom), S. 365—378.

Austrian Catholics and the Jews, in: Judaism and Christianity under the Impact of National Socialism, ed. Otto Dov Kulka, Paul R. Mendes-Flohr, The Historical Society of Israel and the Zalman Shazar Center for Jewish History, Jerusalem 1987, p. 283—303.

Religiös motivierter Widerstand österreichischer Frauen gegen den Nationalsozialismus, in: Die eine Ethik in der pluralistischen Gesellschaft. Festschrift zum 25jährigen Bestehen des Internationalen Forschungszentrums in Salzburg, hrsg. von Paul Weingartner, Innsbruck — Wien 1987, S. 123—139.

Christen und Juden in der Epoche des Faschismus, in: Forschungsgespräch des Internationalen Forschungszentrums für Grundfragen der Wissenschaften Salzburg vom 3. bis 4. November 1987 „Christen und Juden in Offenbarung und kirchlichen Erklärungen vom Urchristentum zur Gegenwart", hrsg. von Erika Weinzierl (im Druck).

Die Anfänge des österreichischen Widerstandes in Österreich und die Mächte. Internationale und österreichische Aspekte des „Anschlusses" vom März 1938, hrsg. von Gerald Stourzh und Birgitta Zaar, Verlag der Österreichischen Akademie der Wissenschaften, Wien (im Druck).

Die Kirche und der „Anschluß", in: Der Weg zum Zweiten Weltkrieg, Internationales Symposium an der Universität Bern, 24.—26. Juni 1988, Verlag der Neuen Zürcher Zeitung (im Druck).

III. Literatur (Monographien und Quelleneditionen)

Oskar Achs, Eva Tesar (Hrsg.), Jugend unterm Hakenkreuz. Erziehung und Schule im Faschismus. Mit Beitr. v. Markus Bittner, Eduard Hausner, Senta Göhring u. a., Wien — München 1988.

Walter Adolph, Geheime Aufzeichnungen aus dem Nationalsozialistischen Kirchenkampf 1935—1943, bearb. v. Ulrich v. Hehl (Veröffentlichungen der Kommission für Zeitgeschichte, Reihe A, Bd. 28.) Mainz [2]1980.

Akten deutscher Bischöfe über die Lage der Kirche 1933—1945. Bd. 1—3, hrsg. v. Bernhard Stasiewski, Mainz 1968—1979. Bd. 4—6, bearb. v. Ludwig Volk, Mainz 1981—1985.

Thomas Albrich, Klaus Eisterer, Rolf Steininger (Hrsg.), Tirol und der Anschluß. Voraussetzungen, Entwicklungen, Rahmenbedingungen 1918—1938, Innsbruck 1988 (Innsbrucker Forschungen zur Zeitgeschichte, Bd. 3.)

Klaus Amann, Der Anschluß österreichischer Schriftsteller an das Dritte Reich. Institutionelle und bewußtseinsgeschichtliche Aspekte, Frankfurt 1988.

„Anschluß" 1938. Eine Dokumentation. Hrsg. v. Dokumentationsarchiv des österreichischen Widerstandes. Wien 1988.

Leopold Arthofer, Als Priester im Konzentrationslager, Graz — Wien 1947.

Gottfried Bachl, Günther Rombold, Auch Dinge haben ihre Tränen. Mit Abb. v. Herbert Friedl, Innsbruck — Wien 1988.

Hans Becker, Österreichs Freiheitskampf, Wien 1946.

Betrifft: „Anschluß". Mit e. Vorwort v. Erika Weinzierl u. Beitr. v. Hanns Haas, Albert Massiczek, Lili Körber u. a., Wien 1988.

Gerhart Binder, Irrtum und Widerstand. Die deutschen Katholiken in der Auseinandersetzung mit dem Nationalsozialismus, München 1968.

Fritz Bock: Zeitzeuge, hrsg. v. Maria Sporrer, Herbert Steiner, Wien — München — Zürich 1984.

Dietrich Bonhoeffer, Gesammelte Schriften, hrsg. v. Eberhard Bethge, Bd. 1—6, München 1958—1974.

Ludger Born SJ, Die Erzbischöfliche Hilfsstelle für nichtarische Katholiken in Wien. Hrsg. u. bearb. von P. Lothar Groppe SJ, 3. Aufl., Wien 1979 (Wiener Katholische Akademie, Miscellanea LXII).

Gerhard Botz, Der 13. März 1938 und die Anschlußbewegung. Selbstaufgabe, Okkupation und Selbstfindung. Österreich 1918—1945, Wien 1978 (Zeitdokumente. 14.)

Gerhard Botz, Wien vom „Anschluß" zum Krieg. Nationalsozialistische

Machtübernahme und politisch-soziale Umgestaltung am Beispiel der Stadt Wien 1938/39, 2. Aufl., Wien — München 1980.
Gerhard Botz, Wohnungspolitik und Judendeportation in Wien 1938—1945. Zur Funktion des Antisemitismus als Ersatz nationalsozialistischer Sozialpolitik, Wien — Salzburg 1975 (Veröffentlichungen des Historischen Instituts der Universität Salzburg. 13.)
Hellfried Brandl, Auch das war Wien. Vom Jubel zur Zerstörung. Politisches Feature. (Gesprächspartner: Ella Lingens, Else Pappenheim, Erich Bielka, Bruno Bettelheim, Fritz Bock, Josef Hindels, Felix Kreissler, Alfred Maleta, Herbert Steiner, Adam Wandruszka, Ernst Koref, Bruno Sokoll), Hamburg: Norddeutscher Rundfunk, 16. März 1988.
Inge Brauneis, Widerstand von Frauen in Österreich gegen den Nationalsozialismus 1938—1945, ungedr. phil. Diss., Wien 1974.
Robert Breuer, Nacht über Wien. Ein Erlebnisbericht aus den Tagen des Anschlusses im März 1938, Wien 1988.
Gordon Brook-Shepherd, Der Anschluß, Graz — Wien — Köln 1983 (Fotomechan. Wiedergabe d. Ausg. Graz 1963)
Hans Buchheim, Glaubenskrise im Dritten Reich, Stuttgart 1953.
Eberhard Busch, Juden und Christen im Schatten des Dritten Reiches, München 1979.
Francis L. Carsten, Faschismus in Österreich. Von Schönerer zu Hitler, München 1977.
Thomas Chorherr (Hrsg.), 1938 — Anatomie eines Jahres, Wien 1987.
Die Christen und das Judentum, Texte der Pastoralkommission Österreichs für die Seelsorger, Pfarrgemeinderäte und Apostolatsgruppen, hrsg. v. Österreichischen Pastoralinstitut, Wien 1982.
Wilhelm Corsten, Kölner Aktenstücke zur Lage der katholischen Kirche in Deutschland 1933—1945, Köln 1949.
Maria Czedik, Uns fragt man nicht . . . Ein Tagebuch 1941—1945, Wien 1988 („Die Wahrheit 38—45“, Bd. 2.)
Alfred Diamant, Die österreichischen Katholiken und die Erste Republik, Wien 1965.
Dokumentation zur österreichischen Zeitgeschichte 1928—1938. Hrsg. von Christine Klusacek u. Kurt Stimmer, Wien — München 1982.
Dokumentation zur österreichischen Zeitgeschichte 1938—1945. Hrsg. von Christine Klusacek, Herbert Steiner u. Kurt Stimmer, 3. Aufl., Wien — München 1980.
Max Domarus, Hitler, Reden und Proklamationen 1932—1945, Bd. 1. 2., Wiesbaden 1973.
Rudolf Ebneth, Die österreichische Wochenschrift „Der christliche Ständestaat“. Deutsche Emigration in Österreich 1933—1938, Mainz 1976 (Veröff. der Kommission für Zeitgeschichte, Reihe B, Bd. 19.)

Ulrich Eichstädt, Von Dollfuß zu Hitler, Geschichte des Anschlusses Österreichs 1933—1938, Wiesbaden 1955 (Veröffentlichungen des Instituts für Europäische Geschichte, Mainz. 10.)
Friedrich Engel-Janosi, Vom Chaos zur Katastrophe. Vatikanische Gespräche 1918—1938, Wien — München 1971.
Peter Eppel, Zwischen Kreuz und Hakenkreuz. Die Haltung der Zeitschrift „Schönere Zukunft" zum Nationalsozialismus in Deutschland 1934—1938, Wien — Köln — Graz 1980 (Veröffentlichungen der Kommission für Neuere Geschichte Österreichs. 69.)
Günter Fellner, Antisemitismus in Salzburg 1918—1938, Wien — Salzburg 1979 (Veröffentlichungen des Historischen Instituts der Universität Salzburg. 15.)
Joachim Fest, Hitler. Eine Biographie, Frankfurt — Berlin — Wien 1973. Lizenzausg. Berlin — Darmstadt — Wien 1975.
Finis Austriae: Österreich, März 1938, hrsg. von Franz Danimann, Wien — München — Zürich 1978.
Pius Frank, Das Chorherrenstift Vorau, Vorau 1959.
Florian Freund, Bertrand Perz, Das KZ in der „Serbenhalle". Zur Kriegsindustrie in Wiener Neustadt, Wien 1988.
Jakob Fried, Nationalsozialismus und katholische Kirche in Österreich, Wien 1947.
Herbert Fritz, Reinhard Handl, Peter Krause, Gerhard Taus, Farben tragen, Farbe bekennen 1938—1945. Katholische Korporierte in Widerstand und Verfolgung, Wien 1988 (Acta Studentica. 71 B.)
Gotthard Fuchs (ed.), Glaube als Widerstandskraft. Edith Stein, Alfred Delp, Dietrich Bonhöffer, Frankfurt 1986.
Friedrich Funder, Als Österreich den Sturm bestand, Wien 1957.
Friedrich Funder, Vom Gestern ins Heute, 3. Aufl., Wien — München 1971.
Hans Gamsjäger, Die evangelische Kirche in Österreich in den Jahren 1933—1938 unter besonderer Berücksichtigung der deutschen Kirchenwirren, ungedr. phil. Diss., Wien 1967.
Siegwald Ganglmair, Widerstand und Verfolgung in Österreich 1938—1945, Wien 1988.
George E. R. Gedye, Als die Bastionen fielen. Die Errichtung der Dollfuß-Diktatur und Hitlers Einmarsch in Wien und den Sudeten. Eine Reportage über die Jahre 1927 bis 1938 (Reprint der Ausg. 1947), Wien 1981.
Geistiges Leben im Österreich der Ersten Republik, Wien 1986 (Wissenschaftliche Kommission zur Erforschung der Geschichte der Republik Österreich, Veröffentlichungen Bd. 10.)
Edmund Glaise von Horstenau, Ein General im Zwielicht. Die Erinne-

rungen Edmund Glaises von Horstenau, hrsg. von Peter Broucek, 3 Bde., Wien 1980—1988 (Veröffentlichungen der Kommission für Neuere Geschichte Österreichs. 67.)
Hugo Gold, Geschichte der Juden in Österreich, Tel Aviv 1971.
Hugo Gold, Geschichte der Juden in Wien, Ein Gedenkbuch, Tel Aviv 1966.
Walter Goldinger, Geschichte der Republik Österreich, Wien 1962.
Hermann Greive, Theologie und Ideologie. Katholizismus und Judentum in Deutschland und Österreich 1918—1935, Heidelberg 1969 (Arbeiten aus dem Martin-Buber-Institut der Universität Köln. 1.)
Karl Gruber, Zwischen Befreiung und Freiheit, Wien 1953.
Franco Gualdrini u. a., Il Cardinale Gaetano Cicognani (1881—1962), Note per una biografia, Rom 1983.
Emile Guerry, L'église catholique en France sous l'occupation, Paris 1946.
Charles A. Gulick, Österreich von Habsburg zu Hitler, 5 Bde., Wien 1950 (gekürzte, überarb., einbändige Ausg. Wien 1976.)
Ernst Hanisch, Die Ideologie des Politischen Katholizismus in Österreich 1918—1938, Wien — Salzburg 1977 (Veröffentlichungen des Instituts für kirchliche Zeitgeschichte Salzburg. Ser. 2, 5.)
Ernst Hanisch, Nationalsozialistische Herrschaft in der Provinz. Salzburg im Dritten Reich, Salzburg 1983 (Salzburg-Dokumentationen. 71.)
Irene Harand, „Sein Kampf“, Wien 1935.
Friedrich Heer, Der Glaube des Adolf Hitler. Anatomie einer politischen Religiosität, München 1968.
Friedrich Heer, Der Kampf um die österreichische Identität, Wien — Köln — Graz 1981.
Karl Hans Heinz, E. K. Winter. Ein Katholik zwischen Österreichs Fronten 1933—1938, Wien — Köln — Graz 1984 (Dokumente zu Alltag, Politik und Zeitgeschichte. 4.)
Isak Arie Hellwing, Der konfessionelle Antisemitismus im 19. Jahrhundert in Österreich, Wien — Freiburg — Basel 1972 (Veröffentlichungen des Inst. f. kirchl. Zeitgeschichte am Internat. Forschungszentrum f. Grundlagen der Wissenschaften, Salzburg, Serie 2, 2.)
Der Himmel ist blau. Kann sein. Frauen im Widerstand. Österreich 1938—1945, hrsg. von Karin Berger, Elisabeth Holzinger, Lotte Podgornik, Lisbeth N. Trallori, Wien 1985.
Hirtenbriefe der deutschen, österreichischen und deutschschweizerischen Bischöfe. 1936, Paderborn 1936.
Der Hochverratsprozeß gegen Dr. Guido Schmidt vor dem Wiener Volksgericht, Wien 1947.

Hans Günter Hockerts, Die Sittlichkeitsprozesse gegen katholische Ordensangehörige und Priester 1936/1937, Mainz 1971 (Veröffentlichungen der Kommission für Zeitgeschichte. B, 6.)
Walter Hofer, Der Nationalsozialismus. Dokumente 1933 bis 1945, Fischer-Bücherei 6084, 36. Aufl., 1983.
Peter Hoffmann, Widerstand, Staatsstreich, Attentat. Der Kampf der Opposition gegen Hitler, München 1969 (Text d. 2. verb. u. erw. Aufl. Frankfurt — Wien — Berlin 1974, Ullstein-Buch 3077.)
Holländische Kirchendokumente. Der Kampf der holländischen Kirche um die Geltung der göttlichen Gebote im Staatsleben. Dokumente gesammelt und eingeleitet von W. A. Visser't Hooft, 2. Aufl., Zürich 1946.
C. Honegger, B. Heinz (Hrsg.), Listen der Ohnmacht. Zur Sozialgeschichte weiblicher Widerstandsformen, Frankfurt 1981.
Anton Hopfgartner, Kurt von Schuschnigg. Ein Staatsmann im Kampf gegen Hitler, Wien 1988.
Alois Hudal, Die Grundlagen des Nationalsozialismus, Leipzig — Wien 1936.
Alois Hudal, Der Katholizismus in Österreich, Innsbruck — Wien — München 1931.
Alois Hudal, Römische Tagebücher. Lebensbeichte eines alten Bischofs, Graz — Stuttgart 1976.
Heinz Hürten, Verfolgung, Widerstand und Zeugnis, Mainz 1987.
Hugo Huppert, Der Heiland von Dachau, Wien 1945.
Hans Jablonka, Waitz — Bischof unter Kaiser und Hitler, Wien 1971.
Ludwig Jedlicka, Der 20. Juli 1944 in Österreich, Wien — München 1965 (Das einsame Gewissen. 2.)
The Jews of Austria. Essays on their life, history and destruction. Ed. by Joseph Fraenkel, London 1967.
Robert A. Kann, Kanzel und Katheder, Wien 1962.
Franz Maria Kapfhammer, Neuland. Erlebnis einer Jugendbewegung, Graz — Wien — Köln 1987.
Stefan Karner, Die Steiermark im Dritten Reich 1938—1945, Graz — Wien ^{2}1986.
Benedikt Kautsky, Teufel und Verdammte. Erfahrungen und Erkenntnisse aus sieben Jahren in deutschen Konzentrationslagern, Wien 1961.
Benedicta Maria Kempner, Priester vor Hitlers Tribunalen, München 1966.
Kirche in Österreich 1918—1965, hrsg. von Ferdinand Klostermann, Hans Kriegl, Otto Mauer, Erika Weinzierl, 2 Bde., Wien — München 1966—1967.

Die Kirche und die Rassenfrage, hrsg. von Klaus-Martin Beckmann, Kirche im Volk, 34, Stuttgart — Berlin 1967.
Hans Klecatsky, Hans Weiler, Österreichisches Staatskirchenrecht, Wien 1958 (Handausgabe österreich. Gesetze u. Verordnungen. N. F. 1, 15.)
Walter Kleindel, „Gott schütze Österreich!" Der Anschluß 1938, Wien 1988.
Klemens Klemperer, Ignaz Seipel, Staatsmann einer Krisenzeit, Graz — Wien — Köln 1976.
Jochen Klepper, Unter dem Schatten deiner Flügel. Aus den Tagebüchern der Jahre 1938—1942, dtv 235/37, 1964.
Christine Klusacek, Die österreichische Freiheitsbewegung. Gruppe Roman Karl Scholz, Wien — Frankfurt — Zürich 1968.
Franz Kard. König (Hrsg.), Ganz in Gottes Hand. Briefe gefallener und hingerichteter Katholiken 1939—1945, Wien 1957.
Lili Körber, Eine Österreicherin erlebt den Anschluß. Mit e. Nachwort v. Viktoria Hertling, Wien 1988.
Ernst Koref, Die Gezeiten meines Lebens, Wien — München 1980.
Felix Kreissler, Von der Revolution zur Annexion. Österreich 1918—1938, Wien — Frankfurt — Zürich 1970.
Josef Kremsmair, Der Weg zum österreichischen Konkordat von 1933/34, Wien 1980 (Dissertationen der Universität Salzburg. 12.)
Robert Kurij, Nationalsozialismus und Widerstand im Waldviertel. Die polit. Situation von 1938—1945, Krems a. d. Donau, Horn 1987 (Schriftenreihe des Waldviertler Heimatbundes. 28.) (Buchhandelsausg. d. Diss.)
Richard Kutschera, Johannes Maria Gföllner, Bischof dreier Zeitenwenden, Linz 1972.
Alfred Läpple, Kirche und Nationalsozialismus in Deutschland und Österreich. Fakten, Dokumente, Analysen, Aschaffenburg 1980.
Wolfgang Lauber, Wien. Ein Stadtführer durch den Widerstand 1934—1945, Wien — Köln — Graz 1987.
Leben und Wirken der Kirche von Wien. Handbuch der Synode 1969—1971, Hrsg. Erzbischöfliches Ordinariat, Wien 1972.
Johann Maria Lenz, Christus in Dachau oder Christus der Sieger, Selbstverl. Lenz [1956].
Josef Levit, Jakob Gapp. Zeuge seines Glaubens, Innsbruck — Wien 1988.
Guenter Lewy, Die katholische Kirche und das Dritte Reich, München 1965.
Lexikon für Theologie und Kirche, hrsg. von Michael Buchberger, 2. neubearb. Aufl., Bd. 1—10, Freiburg i. Brsg. 1930—1938.

Lexikon für Theologie und Kirche, 2., völlig neu bearb. Aufl., hrsg. von Josef Höfer und Karl Rahner, Bd. 1—10, Register, Das Zweite Vatikanische Konzil, Freiburg 1957—1968.

Renate Lichtenegger, Wiens Bibelforscherinnen im Widerstand gegen den Nationalsozialismus, ungedr. phil. Diss., Wien 1984.

Maximilian Liebmann, Kardinal Innitzer und der Anschluß. Kirche und Nationalsozialismus in Österreich 1938, Graz 1982 (Grazer Theologische Beiträge zur Theologiegeschichte und Kirchlichen Zeitgeschichte. 1.)

Maximilian Liebmann, Theodor Innitzer und der Anschluß, Österreichs Kirche 1938, Graz — Wien — Köln 1988 (Grazer Beiträge zur Theologie-Geschichte und kirchlichen Zeit-Geschichte, Bd. 3.)

Max Löwenthal, Doppeladler und Hakenkreuz. Erlebnisse eines österreichischen Diplomaten, Innsbruck 1985.

Franz Loidl, „Arbeitsgemeinschaft für den religiösen Frieden" 1938/39, Dokumentation und Ergänzungsdokumentation, Wien 1973 (Miscellanea aus dem Kirchenhistorischen Institut der Katholisch-Theologischen Fakultät Wien, 38.)

Franz Loidl, Jugendfeierstunde im Stephansdom 7. Oktober 1938. Sturm auf das Wiener erzbischöfliche Palais 8. Oktober 1938, Wien 1978 (Miscellanea. Arbeitskreis für kirchliche Zeit- und Wiener Diözesangeschichte an der Wiener katholischen Akademie. 53.)

Radomir Luža, Österreich und die großdeutsche Idee in der NS-Zeit, Wien — Köln — Graz 1977 (Forschungen zur Geschichte des Donauraumes. 2.)

Radomir Luža, The Resistance in Austria, 1938—1945, Minneapolis 1984. Deutsche Ausg.: Der Widerstand in Österreich 1938—1945, Wien 1985.

Sylvia Maderegger, Die Juden im österreichischen Ständestaat 1934—1938, Wien — Salzburg 1973 (Veröffentlichungen des Historischen Instituts der Universität Salzburg. 8.)

Alfred Maleta, Bewältigte Vergangenheit. Österreich 1932—1945, Graz 1981.

Alfred Maleta, Horst Haselsteiner (Hrsg.), Der Weg zum „Anschluß" 1938. Daten und Fakten. Mit Beitr. v. Rainer Stepan, Maximilian Liebmann, Ernst Panzenböck u. a., Wien 1988.

Hans Marsalek, Die Geschichte des Konzentrationslagers Mauthausen. Dokumentation, 2. Aufl., Wien 1980.

Albert Massiczek, Ich war Nazi. Faszination, Ernüchterung, Bruch. Ein Lebensbericht: Erster Teil (1916—1938), Wien 1988.

Meldungen aus dem Reich 1938—1945. Die geheimen Lageberichte des Sicherheitsdienstes der SS, 2. Aufl., hrsg. u. eingeleitet von Heinz

Boberach, Paperback-Ausg., 17 Bde., Hersching 1984.
Lucian O. Meysels, Nationalsozialismus, Das Phänomen einer Massenbewegung: Es begann im Chaos und endete im Chaos, Wien 1988.
Hermann Mitteräcker, Kampf und Opfer für Österreich, Ein Beitrag zur Geschichte des österreichischen Widerstandes 1938—1945, Wien 1963.
Fritz Molden, Die Feuer in der Nacht, Opfer und Sinn des österreichischen Widerstandes 1938—1945, Wien — München 1988.
Otto Molden, Der Ruf des Gewissens, Der österreichische Freiheitskampf 1938—1945, Wien — München ³1970.
Jonny Moser, Die Judenverfolgungen in Österreich 1938—1945, Wien — Frankfurt — Zürich 1966.
Hans Müller, Katholische Kirche und Nationalsozialismus, Dokumente von 1930—1935, München 1963.
Josef Nadler, Heinrich Srbik, Österreich. Erbe und Sendung im deutschen Raum, Salzburg — Leipzig 1936.
Das neue Österreich: Geschichte der Zweiten Republik, hrsg. von Erika Weinzierl und Kurt Skalnik, Graz — Wien — Köln 1975.
Der Notenwechsel zwischen dem Hl. Stuhl und der deutschen Reichsregierung, bearb. von Dieter Albrecht. Bd. 3: Der Notenwechsel und die Demarchen des Nuntius Orsenigo, Mainz 1980 (Veröffentlichungen der Kommission für Zeitgeschichte, Reihe A, 29. Bd.)
Österreich: Die Zweite Republik, hrsg. von Erika Weinzierl und Kurt Skalnik, Graz — Wien — Köln 1972.
Österreich und die deutsche Frage im 19. und 20. Jahrhundert: Probleme der politisch-staatlichen und soziokulturellen Differenzierung im deutschen Mitteleuropa, hrsg. von Heinrich Lutz und Helmut Rumpler, Wien 1982 (Wiener Beiträge zur Geschichte der Neuzeit. 9.)
Johannes Oesterreicher, Wider die Tyrannei des Rassenwahns, Rundfunkansprachen aus dem 1. Jahr von Hitlers Krieg, Wien — Salzburg 1986 (Publikationen des Instituts für kirchl. Zeitgeschichte. 2, 18) (Veröffentlichungen d. Intern. Forschungszentrums f. Grundfragen d. Wissenschaften Salzburg. N. F., 25.)
Österreicher im Exil 1934 bis 1945. Protokoll des internationalen Symposiums zur Erforschung des österreichischen Exils von 1934 bis 1945. 3.—6. Juni 1975, Red. Helene Maimann, Hans Lunzer, Wien 1977.
Das österreichische Judentum, Voraussetzungen und Geschichte. Mit Beiträgen von Anna Drabek, Wolfgang Häusler, Kurt Schubert, Karl Stuhlpfarrer, Nikolaus Vielmetti, 3. aktualisierte Aufl., Wien 1988.
Die österreichischen Bundeskanzler, hrsg. von Friedrich Weissensteiner und Erika Weinzierl, Wien 1983, Nachtrag 1987.

Die österreichischen Bundespräsidenten, Leben und Werk, hrsg. von Friedrich Weissensteiner, Wien 1982, Nachtrag 1987.
Österreichischer Widerstand — Dolchstoß oder nationale Pflicht? Wien 1981 (Informations- und Pressedienst der österreichischen Widerstandsbewegung. 3.)
Österreichs Eisenbahner im Widerstand, hrsg. von Friedrich Vogl, Wien 1968.
Franz v. Papen, Der Wahrheit eine Gasse, Innsbruck 1952.
Bruce F. Pauley, Der Weg in den Nationalsozialismus, Ursprünge und Entwicklung in Österreich. A. d. Amerikan. v. Gertraud und Peter Broucek, Wien 1988.
Anton Pelinka, Erika Weinzierl, Das große Tabu, Österreichs Umgang mit seiner Vergangenheit, Wien 1987.
Anton Pelinka, Stand oder Klasse? Die christliche Arbeiterbewegung Österreichs 1933—1938, Wien — München — Zürich 1972.
Edda Pfeifer, Beiträge zur Geschichte der österreichischen Widerstandsbewegung des konservativen Lagers 1938—1940. Die Gruppen Karl Roman Scholz, Dr. Karl Lederer und Dr. Jakob Kastelic, ungedr. phil. Diss., Wien 1963.
Henry Picker, Hitlers Tischgespräche im Führerhauptquartier, 3., vollst. überarb. u. erw. Neuausg. mit bisher unbekannten Selbstzeugnissen Adolf Hitlers, Abb., Augenzeugenberichten und Erl. des Autors: Hitler, wie er wirklich war, Stuttgart 1977.
Kardinal Fr. G. Piffl und der österreichische Episkopat zu sozialen und kulturellen Fragen 1913—1932, hrsg. von August M. Knoll, Wien — Leipzig 1932.
Papst Pius XI. Das Rundschreiben Mit brennender Sorge. Über die Lage der katholischen Kirche im Dritten Reich, Enzyklika vom 14. März 1937, Luzern 1937.
Leon Poliakov, Geschichte des Antisemitismus, Bd. 1—5, Worms 1977—1981.
Gerhard Popp, CV in Österreich 1864—1938, Wien — Köln — Graz 1984 (Schriften des Karl v. Vogelsang-Inst. 2.)
Peter Pulzer, Die Entstehung des politischen Antisemitismus in Deutschland und Österreich 1867—1914, Gütersloh 1966.
Erna Putz, Franz Jägerstätter „. . . besser die Hände als der Wille gefesselt . . .", 2. Aufl., Linz — Wien 1987.
Hermann Rauschning, Gespräche mit Hitler, Lizenzausg., Wien 1973.
Fritz M. Rebhann, Bis in den Tod: Rot-Weiß-Rot, Österreichs Untergang im März 1938, Wien 1988.
Jan Rehmann, Die Kirchen im NS-Staat. Unters. zur Interaktion ideolog. Mächte. Mit e. Vorw. von W. F. Haug. — 1. Aufl., Berlin 1986

(Ideologische Mächte im deutschen Faschismus, Bd. 2) (Das Argument, Sonderbd. 160)
Ludwig Reichhold, Kampf um Österreich. Die Vaterländische Front und ihr Widerstand gegen den Anschluß 1933—1938, Eine Dokumentation, 2. Aufl., Mit e. Einl. von Fritz Bock, hrsg. vom Dokumentationsarchiv des österreichischen Widerstandes, Wien 1985.
Viktor Reimann, Innitzer, Kardinal zwischen Hitler und Rom, Wien — München — Zürich 1967.
Gerald Reitlinger, Die Endlösung. Hitlers Versuch der Ausrottung der Juden Europas 1939—1945, Berlin ²1957.
Friedrich Rennhofer, Ignaz Seipel, Mensch und Staatsmann. Eine biographische Dokumentation, Wien — Köln — Graz 1978.
Robert Rill, CV und Nationalsozialismus in Österreich, Wien — Salzburg 1987 (Publikationen des Instituts f. kirchl. Zeitgeschichte. 2, 19.) (Veröffentlichungen d. Intern. Forschungszentrums f. Grundfragen d. Wissenschaften Salzburg. N. F., 28.)
R[obert] Rill, Geschichte des Augustiner-Chorherrenstiftes Klosterneuburg 1938—1945, Wien — Salzburg 1985 (Publikationen des Instituts f. kirchl. Zeitgeschichte. 2, 16.) (Veröffentlichungen d. Intern. Forschungszentrums f. Grundfragen d. Wissenschaften Salzburg. N. F., 22.)
Wolfgang Rosar, Deutsche Gemeinschaft. Seyss-Inquart und der Anschluß, Wien — Frankfurt — Zürich 1971.
Herbert Rosenkranz, „Reichskristallnacht" — 9. November 1938 in Österreich, Wien — Frankfurt — Zürich 1968.
Herbert Rosenkranz, Verfolgung und Selbstbehauptung. Die Juden in Österreich 1938—1945, Wien — München 1978.
Karl Rudolf, Aufbau im Widerstand. Ein Seelsorgebericht aus Österreich 1938—1945, Salzburg 1947.
Hans Safrian, Hans Witek, Und keiner war dabei. Dokumente des alltäglichen Antisemitismus in Wien 1938. Mit e. Vorwort von Erika Weinzierl, Wien 1988.
Erwin Scharf, Ich hab's gewagt mit Sinnen. Entscheidungen im antifaschistischen Widerstand. Erlebnisse in der politischen Konfrontation, Wien 1988.
Norbert Schausberger, Der Griff nach Österreich, aktualisierte Neuaufl., Wien — München 1988.
Gerald Scheidl (Hrsg.), Christlich motivierter Widerstand, Mit Beiträgen von Fritz Bock, Richard Georg Plaschka, Maximilian Liebmann u. a., Wien 1988 (Academia 1 A/1988)
Erwin A. Schmidl, März 1938. Der deutsche Einmarsch in Österreich, Wien 1987.

Klaus Scholder, Die Kirchen und das Dritte Reich, Bd. 1, Vorgeschichte und Zeit der Illusionen 1918—1934, Frankfurt — Berlin — Wien, erg. Aufl. 1986.
Kurt Schuschnigg, Im Kampf gegen Hitler, Neuaufl. mit einem Vorwort von Fritz Molden, Wien — München 1988.
Peter Schuster, Peter Zumpf (Hrsg.), Wiener Neustadt 1938. Wie es war, Mit Beiträgen von Erwin Stöcklmayer, Fritz Karall, Karl Flanner u. a., Wiener Neustadt 1988.
Gerhard Dieter Seewann, Österreichische Jugendbewegung 1900 bis 1983. Die Entstehung der Deutschen Jugendbewegung in Österreich-Ungarn 1900—1914 und die Fortsetzung in ihrem katholischen Zweig „Bund Neuland" von 1918—1938, Frankfurt [2]1974.
Harry Slapnicka, Christlichsoziale in Oberösterreich. Vom Katholikenverein 1848 bis zum Ende der Christlichsozialen 1934, Linz 1984 (Beiträge zur Zeitgeschichte Oberösterreichs. 10.)
Harry Slapnicka, Oberösterreich — als es „Oberdonau" hieß (1938—1945), Linz 1978 (Beiträge zur Zeitgeschichte Oberösterreichs. 5.)
Harry Slapnicka, Oberösterreich — Die politische Führungsschicht. 1918—1938, Linz 1976.
Harry Slapnicka, Oberösterreich — Zwischen Bürgerkrieg und Anschluß (1927—1938), Linz [2]1979 (Beiträge zur Zeitgeschichte Oberösterreichs. 2.)
Tilly Spiegel, Frauen und Mädchen im österreichischen Widerstand, Wien — Frankfurt — Zürich 1969.
Leopold Spira, Feindbild „Jud". 100 Jahre politischer Antisemitismus in Österreich, Wien — München 1981.
Friedrich Stadler (Hrsg.), Kontinuität und Bruch 1938—1945—1955. Beiträge zur österreichischen Kultur- und Wissenschaftsgeschichte. Mit Beiträgen von Johann Dvorak, Oliver Rathkolb, Erika Weinzierl u. a., Wien — München 1988 (Veröffentlichungen des Ludwig-Boltzmann-Institutes für Geschichte der Gesellschaftswissenschaften, Sonderband 3.)
Friedrich Stadler (Hrsg.), Vertriebene Vernunft I. Emigration und Exil österreichischer Wissenschaft 1930—1940. Mit Beiträgen von Josef Langer, Irene Etzersdorfer, Hans-Joachim Dahms u. a., Wien — München 1987 (Veröffentlichungen des Ludwig-Boltzmann-Institutes für Geschichte der Gesellschaftswissenschaften, Sonderband 2.)
Karl Stadler, Österreich 1938—1945 im Spiegel der NS-Akten, Wien — München 1966.
Herbert Steiner, Gestorben für Österreich. Widerstand gegen Hitler. Eine Dokumentation, Wien — Frankfurt — Zürich 1968.

Herbert Steiner, Zum Tode verurteilt. Österreicher gegen Hitler. Eine Dokumentation, Wien 1964.

S. Stokman, Het verzet van de Nederlandsche bisschoppen tegen nationaal-socialisme en Duitsche tyrannie. Herderlijke brieven, instructies en andere documenten. Utr., het spectrum, 1946.

Maria Szecsi, Karl Stadler, Die NS-Justiz in Österreich und ihre Opfer, Wien — München 1962 (Das einsame Gewissen. 1.)

Emmerich Talos, Ernst Hanisch, Wolfgang Neugebauer (Hrsg.), NS-Herrschaft in Österreich 1938—1945. Mit Beiträgen von Hanns Haas, Klaus-Dieter Mulley, Jonny Moser u. a., Wien 1988.

Gerhard Tomkowitz, Dieter Wagner, „Ein Volk, ein Reich, ein Führer!" Der „Anschluß" Österreichs 1938, 2. Aufl., München — Zürich 1988 (Serie Piper, Bd. 796.)

Helfried Valentinitsch, Friedrich Bouvier (Schriftl.), Graz 1938. Mit Beiträgen von Helmut Konrad, Gernot Fournier, Eduard Staudinger u. a., Graz 1988 (Historisches Jahrbuch der Stadt Graz, Bd. 18/19.)

Oskar Veselsky, Bischof und Klerus der Diözese Seckau unter nationalsozialistischer Herrschaft, Graz 1981 (Dissertation der Karl-Franzens-Universität Graz. 54.)

Friedrich Vogl, Widerstand im Waffenrock. Österreichische Freiheitskämpfer in der Deutschen Wehrmacht 1938—1945, Wien 1977 (Materialien zur Geschichte der Arbeiterbewegung. 7.)

Wilhelm Wadl, Alfred Ogris, Das Jahr 1938 in Kärnten und seine Vorgeschichte. Ereignisse, Dokumente, Bilder, Klagenfurt 1988 (Das Kärntner Landesarchiv. Bd. 15.)

August Walzl, Die Juden in Kärnten und das Dritte Reich, Klagenfurt 1987.

Gerhard Wanner, Kirche und Nationalsozialismus in Vorarlberg, Dornbirn 1972 (Schriften zur Vorarlberger Landeskunde. 9.)

Gerhard Wanner, 1938. Der Anschluß Vorarlbergs an das Dritte Reich, Lochau am Bodensee 1987.

Lois Weinberger, Tatsachen, Begegnungen und Gespräche, Wien 1948.

Erika Weinzierl, Die österreichischen Konkordate von 1855 und 1933, Wien 1960.

Erika Weinzierl, Zu wenig Gerechte. Österreicher und Judenverfolgung 1938—1945, 2. Aufl., Graz — Wien — Köln 1985.

Ulrich Weinzierl (Hrsg.), Österreichs Fall. Schriftsteller berichten vom „Anschluß". Mit Beiträgen von Franz Theodor Csokor, Stefan Zweig, Hilde Spiel u. a., Wien — München 1987.

Hilde Weiss, Antisemitische Vorurteile in Österreich. Theoretische und empirische Analysen, Wien 1984 (Sociologica. 1.)

Widerstand und Verfolgung im Burgenland 1934—1945. Eine Dokumentation, hrsg. vom Dokumentationsarchiv des österreichischen Widerstandes. Auswahl, Bearbeitung und Zusammenstellung: Wolfgang Neugebauer, Wien 1979.
Widerstand und Verfolgung in Niederösterreich 1934—1945, Eine Dokumentation, hrsg. vom Dokumentationsarchiv des österreichischen Widerstandes. 3 Bde., Wien 1987.
Widerstand und Verfolgung in Oberösterreich 1934—1945. Eine Dokumentation, hrsg. vom Dokumentationsarchiv des österreichischen Widerstandes. Bearbeitung: Wolfgang Neugebauer u. a., 2 Bde., Wien 1982.
Widerstand und Verfolgung in Tirol 1934—1945. Eine Dokumentation, hrsg. vom Dokumentationsarchiv des österreichischen Widerstandes. Bearbeitung: Wolfgang Neugebauer u. a., 2 Bde., Wien 1984.
Widerstand und Verfolgung in Wien 1934—1945. Eine Dokumentation, hrsg. vom Dokumentationsarchiv des österreichischen Widerstandes. Auswahl, Bearbeitung und Zusammenstellung: Wolfgang Neugebauer, 3 Bde., Wien 1975.
Kurt Wimmer, Damals, 1938. Grazer Zeitgenossen erinnern sich, Graz 1988.
Wissenschaftliches Kolloquium anläßlich des 50. Jahrestages der Annexion Österreichs. Veranstaltet von der österreichischen und DDR-Sektion im Internationalen Komitee zur Geschichte des Zweiten Weltkrieges vom 27. bis 30. Oktober 1987 in Bad Stuer. Mit Ref. v. Helmut Bleiber, Joachim Petzold, Winfried R. Garscha, Eckart Früh, Peter Malina, Dietrich Eichholtz, Norbert Schausberger, Herbert Steiner, Klaus Mammach und Wolfgang Neugebauer, Berlin 1988 (Bulletin des Arbeitskreises „Zweiter Weltkrieg" Nr. 1—4, 1988.)
Josef Wodka, Kirche in Österreich, Wien 1959.
Johann Wollinger, Der Anteil der Akademikerschaft an Österreichs Freiheitskampf, Wien 1946.
Gordon C. Zahn, Die deutschen Katholiken und Hitlers Kriege, Graz — Wien — Köln 1965.
Gordon C. Zahn, Er folgte seinem Gewissen. Das einsame Gewissen des Franz Jägerstätter, Graz — Wien — Köln, unveränderter Nachdruck 1979.
Heinrich Zeder, Judas sucht einen Bruder, Wien 1947.
Guido Zernatto, Die Wahrheit über Österreich, London — New York 1938.
Rudolf Zinnhobler (Hrsg.), Das Bistum Linz im Dritten Reich, Linz 1979 (Linzer philosophisch-theologische Reihe. 11.)

Personenregister

Bildnachweis

Wir danken folgenden Stellen, die uns das Bildmaterial zur Verfügung gestellt haben:

Diözesanarchiv Wien: Bildteil IV, V, VII, XIII, XV
Diözesan-Bildstelle Linz: XVI
Dokumentationsarchiv des Österreichischen Widerstandes, Wien: I, III, IX, X, XI, XII (4), XIV
Library of Congress, Washington, USA: VIII
Österreichische Nationalbibliothek, Wien: II, VI